“十三五”国家重点出版物出版规划项目
智慧物流：现代物流与供应链管理丛书

仓储与配送管理

第2版

主　编　贾春玉　刘富成　钟耀广
副主编　赵　静　温　良
参　编　刘莹琳　贾宇琦　蒋雪飞
　　　　陈彦如　杨　杰

机 械 工 业 出 版 社

本书共有 8 章，分别为仓储与配送管理概述、仓储与配送系统规划、仓储与配送设备、仓储收货管理、在库作业管理、出库作业管理、配送作业管理、仓储配送成本与绩效管理。

本书的编写团队包括许多经验丰富的物流实战人员，他们提供了很多实际应用中的经验与案例，使本书的内容更贴近实际。

本书适合物流管理、物流工程等相关专业的大学生使用，也可供物流从业者参考。

图书在版编目（CIP）数据

仓储与配送管理／贾春玉，刘富成，钟耀广主编. —2 版. —北京：机械工业出版社，2023. 12（2025. 9 重印）

（智慧物流：现代物流与供应链管理丛书）

“十三五”国家重点出版物出版规划项目

ISBN 978-7-111-74645-4

Ⅰ. ①仓… Ⅱ. ①贾… ②刘… ③钟… Ⅲ. ①仓库管理 ②物流管理-物资配送 Ⅳ. ①F253②F252. 14

中国国家版本馆 CIP 数据核字（2024）第 013289 号

机械工业出版社（北京市百万庄大街 22 号 邮政编码 100037）

策划编辑：常爱艳　　　　责任编辑：常爱艳　韩效杰

责任校对：张慧敏　张　薇　　封面设计：鞠　杨

责任印制：任维东

河北宝昌佳彩印刷有限公司印刷

2025 年 9 月第 2 版第 5 次印刷

184mm×260mm · 19. 5 印张 · 482 千字

标准书号：ISBN 978-7-111-74645-4

定价：59. 80 元

电话服务

客服电话：010-88361066

010-88379833

010-68326294

网络服务

机　工　官　网：www. cmpbook. com

机　工　官　博：weibo. com/cmp1952

金　　书　　网：www. golden-book. com

机工教育服务网：www. cmpedu. com

前言

党的二十大报告提出，教育、科技、人才是全面建设社会主义现代化国家的基础性、战略性支撑。教育是国之大计、党之大计；要落实立德树人根本任务，培养德智体美劳全面发展的社会主义建设者和接班人。报告明确提出要加强教材建设和管理，教材建设首次出现在党代会的报告之中。

当今社会，新的技术、新的方法、新的模式不断涌现，颠覆了许多领域传统的运作模式。企业之间、国家之间的竞争日趋激烈，如何抓住机遇、持续改进、不断创新、降低成本，成为企业关注的问题。仓储、物流活动古而有之，但将其作为产业发展却只有几十年的时间。物流产业经历了起步探索期、整体发展期和独立扩展期，发展日趋成熟。物流成本过高成为影响企业和国家经济效益的重要因素之一，人们一直致力于研究解决这一问题。改革开放以来，尽管我国物流成本占国家 GDP 的比重持续下降，但与先进国家相比还有很大差距，我国企业的物流成本比先进国家企业的物流成本高 20% 左右。

为了降低物流成本，提高企业和国家竞争力，从事物流及物流相关工作的人员，首先应熟悉物流业务；其次应掌握科学、先进的理念以及物流管理优化方法和技术，抓住机遇进行模式创新，持续改进，不断降低成本，提高经济效益。

本书为了满足物流人才培养的需要、满足社会的实际需求，邀请了具有实战经验的物流管理专家参与编写，借鉴了国内外物流管理理论与方法和其他相关学科的理论与方法，融入了先进的科学理念、简便实用的优化方法和丰富的实际经验，力求理论联系实际，使本书的内容既有理论基础，又有可操作性。本书根据仓储与配送管理的主要内容，分为仓储与配送管理概述、仓储与配送系统规划、仓储与配送设备、仓储收货管理、在库作业管理、出库作业管理、配送作业管理和仓储配送成本与绩效管理 8 章。

本书的特点是：介绍了一些新的物流管理理论和理念，以及一些简便实用的定量优化方法，其中，许多优化方法都采用了 Excel 软件进行求解并给出了具体的 Excel 运算公式或规划求解参数设计方案，既能提高学生运用 Excel 解决实际问题的能力，又能提升教学效果和效率；配有多个线上扩展内容，可扫相应二维码获取；在大部分章节设置了“实训题”“课堂讨论”“小案例”“小思考”“小资料”“小词典”等模块，便于读者拓展视野，丰富理论知识，提高解决实际问题的能力。

本书编写分工如下：第 1 章由贾春玉（广东培正学院）、刘富成（长春大学）、刘莹琳（辽宁正邦物流有限公司）编写，第 2 章由刘富成、贾春玉编写，第 3 章由赵静（广东科技学院)、贾春玉编写，第4章由贾春玉、贾宇琦编写，第5章由温良（长春大学）、贾春玉编写，第6章由贾春玉、蒋雪飞编写，第7章由贾春玉、陈彦如（广东培正学院）、杨杰（广东培正学院）编写，第8章由钟耀广（东莞理工学院）编写，全书由贾春玉统稿。

在本书的编写过程中，我的家人和同事都给予了很大帮助，部分案例中的企业及相关专家也给予了大力支持，为高质量且顺利完成编写任务做出较大贡献，如广东百捷教育投资有限公司蔡波经理、广州智曜供应链管理有限公司葛真祯经理，以及广东云山供应链科技有限公司和盛唐供应链科技有限公司等多家企业的高管及专家，在这里向他们深表谢意！

本书的编写还参阅了大量国内外教科书、专著、期刊和网上资料等，特此向相关作者表示感谢。参考文献已尽可能一一列出，如有遗漏，敬请谅解。

因时间和编者水平有限，书中难免有不当之处，敬请批评指正。

贾春玉

2023年5月

目　录

第 1 章

仓储与配送管理概述

案例导入

德邦物流的经营状况

德邦物流股份有限公司（以下简称德邦物流）创建于1996年，总部位于上海市青浦区。德邦物流致力成为以客户为中心，以大件快递为核心业务，涉及快运、整车、仓储与供应链等多元业务的综合性快递、物流供应商。公司先后获得“守合同重信用企业”“十佳电子商务服务商”“中国物流杰出企业”等荣誉。2018年公司在上海证券交易所正式登陆A股市场；同年7月，德邦物流上榜财富中文网发布的2018年《财富》中国500强排行榜，并连续上榜多年，2022年位列《财富》中国500强排行榜第385位。2021年，德邦物流全年实现营业收入313.59亿元，同比增长14.02%。其中，快递业务营业收入为197.33亿元，同比增长18.43%；快运业务营业收入为106.78亿元，同比增长6.28%；其他业务主要为仓储与供应链业务，营业收入为9.48亿元，同比增长19.42%。

公司秉承“承载信任、助力成功”的服务理念，以每年超过60%的增长速度在中国物流行业迅速崛起。

公司始终以客户为中心，随时候命、持续创新，始终坚持自建营业网点、自购车辆、搭建最优线路，优化运力成本，为客户提供快速高效、便捷及时、安全可靠的服务体验，助力客户创造最大的价值。

德邦物流的经营状况如下：

1）网点“重设”。过去十年一直“狂奔前进”的公路运输业中，不买地囤地、不加盟只直销、不搞多元化的德邦物流是个异类。德邦物流从2012年开始在国内六大核心区域（广州、深圳、上海、华北、中部和西南）开展战略重设，对这些地方的运营中心重新选址和扩建，“扎营计划”就此形成。

2）网点数量翻一翻。从这几年网点的增加速度可以看出德邦物流整体业务的状况。80%的销售额来自终端网点，只有20%来自电话呼叫中心和网上下单。德邦从2003年开始在全国开设统一标识、统一装修的店面，到2008年这种网点的数量只是个位数，但到2012年，网点数达2900个，2013年全国所有网点的月平均营业额在24万元左右。截至2023年上半年，公司拥有末端网点8986个，包括5895个直营网点、3091个合伙人网点，乡镇覆盖率93.82%。新网点的选址非常考究，德邦物流表示基本“与当地GDP正相关”，越是发达的区域网点越密集。“选点有一个评分机制，地区经济、交通量、人流量，附近有多少餐厅、银行、超市，所有这些和潜在货量有关系的指标都要考虑。如果分数达到80分，这个地方就可以开店；达到90分，负责找地点的员工就可以拿到1000元的选址奖励。”一般来讲，一个店开业之后半年左右才能开始盈利，物流行业里很少有公司愿意出资自建网点，而是采取加盟的方式。但德邦物流选择自建网点，不允许加盟。随着网点的增多，各个网点间的联系加强，网点间的区域往返线路也变得密集起来。

3）联手阿里巴巴开设网上营业网点，德邦物流成为淘宝“推荐物流供应商”。随着消费者习惯的改变，德邦物流拓展网上、电话等非门店下单的比例，这个比例从20%提高到25%。

资料来源：https://www.xuexila.com/chuangye/kaidian/jingying/2219935.html，有改编。

现代物流的发展为企业的发展带来了巨大的经济效益，物流被誉为“第三利润源泉”，受到企业的高度重视。仓储活动作为现代物流系统中的一个重要环节，涉及物流管理和技术等多学科领域，对保持企业再生产的顺利进行起着重要的作用。

随着科学技术的进步和生产力的发展，仓储的场所由仓库向配送中心、物流中心等形式发展，仓储的功能也由过去单纯的“储存、保管”功能向“分拣配货、流通加工、物流金融”等增值功能转变。仓储克服了商品产销在时间、地点上的隔离，保证了商品流通的连续，还解决了由于商品产销方式不同及商品产销量的不平衡所带来的问题。特别是近20年，电商的飞速发展和人工智能技术、云技术、区域链、互联网+、物联网、大数据、5G、3D打印技术、复杂网络技术等技术的不断出现，颠覆了原有物流运作模式。“智慧仓储”“云仓储”“前置仓”“仓配一体化”“海外仓”等新名词层出不穷，给仓储这个传统的行业带来新的挑战和机遇。良好的仓储管理不仅能保证企业在生产过程中获得及时、准确、质量完好的物资供应，还有利于企业占用较少的流动资金，降低产品成本，从而提高企业经济效益和竞争力。

1.1 仓储与配送管理的概念及发展

1.1.1 仓储管理概述

1. 仓储的概念

为了有效描述仓储与配送的对象与内容，制定相应的策略与管理方法，我们首先介绍一下基础的物流术语。本书中出现的主要物流术语采用国家标准，即中华人民共和国国家标准《物流术语》（GB/T 18354—2021），以下简称《物流术语》；其余有关物流术语采用主流定义。以后章节不再特别说明。

（1）基本概念

1）物品（Goods）：经济与社会活动中实体流动的物质资料。

2）物流（Logistics）：物品从供应地向接收地的实体流动过程，根据实际需要，将运输、储存、装卸、搬运、包装、流通加工、配送、信息处理等基本功能进行有机的结合。

3）物流活动（Logistics Activity）：物流过程中的运输、储存、装卸、搬运、包装、流通加工、配送等功能的具体运作。

（2）仓储的定义

仓储（Warehousing）是商品流通的重要环节，也是物流系统的构成要素。仓储利用仓库及相关设施设备进行物品的入库、存储、出库的活动。仓储可分为“仓”和“储”。“仓”指的是仓库（Warehouse），是保管、储存物品的建筑物和场所的总称，具体包括露天堆货场、简易货棚、全封闭的普通仓库和具有特殊保管条件的特种仓库（见图1-1）；“储”即储存（Storing），是指保护、管理、储藏物品，表示收存物品以方便使用和管理，具有保管、收存、交付使用的意思；“仓储”则为物品在使用之前利用仓库而进行的保管。

春秋时期著名政治家管仲在《管子·牧民》有言：“仓廪实则知礼节。”这里的“仓”指的是谷仓，而“廪”则为米仓。《礼记》中提到：“国无三年之储，谓国非其国。”可见在农业生产力相对落后的古代社会，粮食的储存已受重视。马克思在《资本论》中说道：“没有商品的储存就没有商品的流通。”可见仓储对社会再生产过程中的货物流通非常重要。

理解仓储的内涵，要注意以下要点：

1）既有物品储存的静态过程，也包含对物品存取、保管、控制的动态过程。

2）仓储的对象是有形的物品。

3）仓储创造时间价值。

4）储存虽不限于但主要发生于仓库。

2. 仓储的分类

根据不同的划分标准，仓储可划分为不同的类型。

（1）按经营主体划分

1）企业自营仓储。企业自营仓储包括生产企业和流通企业两种自营仓储。生产企业自营仓储是生产企业使用自有的仓库设施对生产产品的原材料、生产的中间产品和最终产品实施的仓储行为。流通企业自营仓储则是流通企业以其拥有的仓储设施对其经营的商品进行仓储的行为。

2）商业营业仓储。商业营业仓储是指仓储经营人以其拥有的仓储设施，向社会提供商业性仓储服务的仓储行为。仓储经营人与存货人通过仓储合同建立仓储关系，依据合同约定提供服务并收取仓储费。

3）战略储备仓储。战略储备仓储是指国家根据国防安全、社会稳定的需要，实行战略物资储备而产生的仓储。战略储备仓储由国家政府整体控制，通过立法、行政命令的方式进行。

4）公共仓储。公共仓储是公用事业的配套服务设施，为车站、码头提供相应的仓储配套服务。

（2）按仓储物的处理方式划分

1）保管式仓储。保管式仓储又称纯仓储，是指存货人将特定的物品交由保管人保管，在双方约定的保管期过后，保管人将原物品交还存货人的方式（见图1-1～图1-3）。保管式仓储又分为仓储物独立保管仓储和将同类仓储物混合在一起的混藏式仓储。

图1-1　化工品保管式仓储库

图1-2　移动货架式保管式仓储库

图1-3　轮胎保管式仓储库

2）加工式仓储。加工式仓储是指保管人在保管期间根据存货人的要求对保管物进行一定加工的仓储方式。在保管期间，保管人根据存货人提出的要求对保管物进行形状、外观、成分构成、尺寸等方面的加工，使仓储物符合存货人的要求（见图1-4）。

在加工式仓储方式下，仓储物的所有权不发生转移，保管人靠收取加工费获取利润。

3）消费式仓储。消费式仓储是指保管人在接受保管物时，同时拥有对保管物的所有权，保管人在仓储期间有权对仓储物行使所有权，仓储期满，保管人将相同品种、种类和数量的替代物交还给存货人的仓储方式（见图1-5）。消费式仓储特别适合保存期较短（如农产品）、市场供应价格变化较大的商品的存放。

图1-4　加工式仓储中的包装设备

图1-5　消费式仓储酒窖库

消费式仓储方式下，保管人一般具有消费商品的能力，如面粉加工厂的小麦仓储、加油站的油库仓储、经营期货交易的保管人等。消费式仓储的特点是仓储物所有权转移给保管人，保管人需要承担所有人的权利和义务。

（3）按存储对象的性质划分

1）普通物品仓储。普通物品仓储为那些无特殊存储要求的物品提供仓储。一般的生产物资（如汽车配件）、生活用品、普通工具等杂货类物品，不需要针对货物本身设置特殊的保管条件，可采取无特殊装备的通用仓库来仓储（见图1-6）。

图1-6　汽车配件生产物资仓库

2）特殊物品仓储。特殊物品仓储为有特殊存储要求的物品提供仓储，如危险品仓储（见图 1-7 和图 1-8）、冷库仓储等。特殊物品仓储一般使用专用仓库，按照物品的物理、化学、生物特性的要求，以及法规规定进行仓库建设和管理。

图 1-7　危险品仓库卸货区域

图 1-8　危险品仓库内危险品

（4）按仓储在物流系统中的功能划分

1）储存仓储。储存仓储为存放很长时间的物品提供仓储。其存储物品的品种通常较少，但存量较大。由于物品存期长，储存仓储特别注重对物品的质量保管。

2）配送仓储。配送仓储又称配送中心仓储，是商品在交付用户之前所进行的短期仓储，也是商品在销售或者进行生产使用前的最后储存。商品在该环节进行销售或使用的前期处理（见图 1-9）。配送仓储一般设在商品的最终消费地区，以便迅速地将商品送达消费者和销售者。配送仓储的物品种类繁多、批量小，需要大量入库、分批少量出库，往往还需要进行分拣、拆包、组配等作业以支持销售。配送仓储注重对物品存量的控制。

图 1-9　配送中心自动化立体仓库货物入库区域

3）物流中心仓储。物流中心仓储是以物流管理为目的的仓储活动，是为了实现有效的物流管理，对物流的数量、过程、方向进行的控制，是实现物流时间价值的环节。其活动一般在一定地区范围内交通较为便利、储存成本较低的经济中心开展。物流中心仓储的物品品种较少，进库批量较大，按照一定批次分批出库，整体上周转能力强。

4）转换运输仓储。转换运输仓储是指衔接不同交通方式的仓储。在不同运输方式转换地（如港口、车站）进行仓储，是为了保证不同运输方式的高效衔接，减少运输途中装卸和停留的时间。转换运输仓储具有大进大出、货物存期短、注重货物的周转作业效率和周转率等特点。

3. 仓储的功能

(1) 储存和保管功能

储存和保管是仓储的基本功能。仓库具有一定的空间，用于储存物品；根据物品的特性，仓库内配有相应的设备，以保持储存物品的完好性。传统仓储企业的直接经济利益来源于此。

对于生产过程而言，储存能防止因缺货造成的生产停顿；对于销售过程而言，储存尤其季节性储存能为企业的市场营销创造良机。储存的经济利益来源于：克服商品产销在时间上的间隔（如季节性生产，但需全年消费），克服商品产销在地点上的间隔（如甲地生产，乙地销售），克服商品产销量的不平衡（如供过于求）等。

(2) 调节和整合功能

仓储在物流中起着“蓄水池”“火车站”的作用。一方面，仓储可以调节生产和消费的平衡，使它们在时间和空间上得到协调，保证社会再生产的顺利进行。另一方面，由于不同的运输方式在运向、运程、运力和运输时间上存在着差异，通过一种运输方式一般不能直接将货物运达目的地，需要在中途改变运输方式、运输路线、运输规模、运输工具，需要协调运输时间和完成物品倒装、转运、分装、集装等物流作业，需要进行运输整合和配载。通过整合，仓库可以将来自于多个制造企业的产品或原材料整合成一个单元，进行一票装运。其好处是有可能实现运输成本最低，也可以减少由多个供应商向同一客户进行供货带来的拥挤和不便。

(3) 流通加工服务功能

流通加工是指物品从生产地到使用地的过程中，根据需要施加包装、分割、计量、分拣、组装、价格贴附、标签贴附、商品检验等简单作业的活动。仓储流通加工实际上是一种辅助性的生产作业。尽管流通加工的深度和范围有限，但是它在流通以及再生产运动中所起的作用是很大的：① 流通加工弥补了生产的不足；② 流通加工方便了客户，满足了客户的不同需求；③ 流通加工也会为仓储企业增加收益。

(4) 信息传递功能

信息是进行物流调度指挥的手段。只有有效地运用信息，才能使物流活动顺利进行。商品在储存时，商品的数量、品种、价格、生产日期、重量、体积等信息得以提取和存储，并可以运用电子数据交换（EDI）等计算机化的信息传递手段共享给物流中的其他环节和协作部门，这对于物流运营至关重要。

(5) 配送服务功能

配送是在经济合理的区域范围内，根据用户的需求，对物品进行拣选、加工、包装、分割、组配等作业，并按时送达指定地点的物流活动。仓储配送功能是仓储保管体制功能的外延，提高了仓储的社会服务效能。

小资料

陕西大荔县“天下第一仓”

丰图义仓，位于朝邑镇大寨，距县城16.3km，是一座储藏粮食的民办仓库，光绪八年（1882年）由东阁大学士阎敬铭倡议修建，光绪十一年（1885年）竣工（见图1-10），因慈禧太后朱批“天下第一仓”而驰名全国。该仓坐北向南，高14.89m，东西宽133m，南北长83m，总面积1.1万m^2。仓院内西南角有台阶通往仓顶，砖铺顶面，外高内低，四方共筑排水道12个，并周砌女墙卫护。北仓顶正中有朱文公祠。两侧镶嵌有慈禧太后手书石刻“龙”“虎”两个大字。仓外又筑外城，高7.7m，西有城门，东开小门，可谓城中有城，既安全，又别具风格。该仓从建至今，一直用作粮站，为“朝邑十二景”之一，现为国务院批准的重点文物保护单位。

图1-10　丰图义仓

资料来源：http://www.dalisn.gov.cn，有改编。

4. 仓储管理

（1）仓储管理的概念

仓储管理就是对仓库及仓库内储存的商品所进行的管理，是仓储机构为了充分利用所拥有的资源提供仓储服务所进行的计划、组织、指挥、控制与协调的过程，具体包括仓储资源的获得、经营决策、商务管理、作业管理、仓储保管、安全管理、人力资源管理、财务管理等一系列工作。

（2）仓储管理的基本内容

仓储管理是服务于一切库存物资的经济技术方法与活动。它的对象是“一切库存物资”，管理的手段既有经济的，又有技术的，具体包括以下几个方面。

1）仓库的选址与建筑。仓库的选址与建筑问题包括仓库选址原则的确定、仓库建筑面积的确定、库内运输道路与作业的布置等。

2）仓库机械作业的选择与配置。仓库机械作业的选择与配置问题包括：如何根据仓库作业特点和所储存物资的种类及其理化特性，选择机械装备，确定应配备的数量，明确如何对这些机械进行管理等。

3）仓库的业务管理。仓库的业务管理问题包括：如何组织物资入库的验收，如何存放入库物资，如何对在库物资进行保管保养，如何发放出库等。

4）仓库的库存管理。仓库的库存管理问题包括如何根据需求状况储存合理数量的物资，既不因为储存过少引起缺货造成损失，又不因为储存过多占用过多的流动资金等。

5）人力资源管理。人力资源管理问题包括：仓储人员的招聘与后期的培训，各岗位职责的建立健全，各岗位人员配置与优化，人机系统的高效率组合等。

6）仓库的信息管理。仓库的信息管理问题是指仓储管理中计算机及相关技术的应用，以及仓储管理信息系统的建立和维护等问题。

此外，仓库业务考核问题，新技术、新方法在仓库管理中的运用问题，仓库安全与消防问题等，都是仓储管理所涉及的内容。

(3) 仓储管理的任务与目标

仓储管理的基本任务就是满足客户需求，科学合理地做好物品的入库、保管保养和出库等工作，为客户创造价值，为企业创造利润。

仓储管理的目标是低成本、高效、高质量、快速地提供优质服务，获得理想的经济效益。

1.1.2 配送及配送中心概述

1. 配送的概念及特点

(1) 配送的概念

配送（Distribution）是指在经济合理区域范围内，根据客户要求，对物品进行拣选、加工、包装、分割、组配等作业，并按时送达指定地点的物流活动。

配送是现代社会的产物，是竞争环境下的产物。企业要取得竞争优势，就必须采取正确的竞争策略和措施，不断提高送货服务水平，持续降低送货成本，实施流程和作业优化、科学的货物配备、合理的车辆调配与路线规划，高质量、低成本、快速地完成配送服务。

(2) 配送的特点

从以上对配送概念的分析中，可以看出配送活动具有以下特点。

1）任务的多重性。在配送业务中，除了送货，还有拣选、加工、包装、分割、组配等工作，这些工作难度很大，只有具有发达的商品经济和现代化的经营水平才能做好（见图1-11）。在商品经济不发达的国家及历史阶段，很难按用户要求实现配货，要实现广泛高效率的配货就更加困难。配送与一般意义的送货和配货存在着时代差异。

图1-11 汽车配件配送中心作业现场

2）各种业务的有机结合。配送是分货、配货、送货等许多业务活动有机结合的整体，同时还与订货、进货、库存管理紧密联系。

3）技术手段现代化。配送的全过程要有现代化技术手段作为基础。现代化技术和装备的采用，使配送在规模、水平、效率、速度、质量等方面远远超过以往的送货形式。在配送活动中，由于利用条码技术和读码、拣选等现代化设备，整个配送作业呈现流水线作业状态。

4）分工专业化。配送是一种专业化的分工方式。配送为客户提供定制化的服务，根据客户的订货要求准确、及时地为其提供物资，在提高服务质量的同时，可以通过专业化的规模经营获得单独送货无法得到的低成本。

课堂讨论：实施准时化生产，取消仓储与配送中心，从工厂直接送货到客户是否可行？什么条件下适用该模式？这么做的利弊分别有哪些？

实训题 1-1　设有 m 个供应工厂，n 个需求客户，若采用直销、直运模式，业务联系（关系）次数和运输次数分别为多少？若中间设有一个配送中心且经营该产品，m 个工厂只与配送中心发生业务联系，并把产品运送到配送中心，然后再由配送中心根据 n 个客户的具体需求，把产品配送到客户处。在这种情况下，业务联系（关系）次数和运输次数分别为多少？从配送中心把货物配送到 n 个客户，运输次数可以小于 n 吗？为什么？请画出示意图说明情况。

2. 配送的分类

（1）根据配送商品的种类及数量分类

1）单品种、大批量配送。单品种、大批量配送的物流成本比较低，可以获得较高的经济效益。

2）多品种、小批量配送。多品种、小批量配送是按照用户的要求，将所需要的各种物资选好、配齐，少量而多次地运抵客户指定地点的配送形式。这种配送作业难度较大，技术要求高，使用的设备复杂，管理难度大，挑战性高，管理水平直接影响物流成本及竞争力。

3）配套配送。这是按照生产企业的要求，将其所需要的多种物资（配套产品）配备齐全后直接运送到生产厂家或建设工地的一种配送形式。通常，生产零配件的企业向总装厂供应协作件时多采用这种形式配送物资。

（2）根据配送时间和数量分类

1）定时配送。定时配送是指配送企业（配送中心）根据与用户签订的协议，按照商定的时间准时配送货物的一种配送形式。由于定时配送的时间固定，因此易于安排工作计划和运输工具；对于用户来说，则便于安排接收货物的人员和设备，便于开展准时制生产，降低生产或物流成本。

2）定量配送。定量配送即在一定的时间范围内，按照规定的批量配送货物的一种方式。因配送的货物数量是固定的，这种配送便于充分利用托盘、集装箱及车辆等装载能力，提高配送的作业效率。

3）定时、定量配送。定时、定量配送是按照商定的时间和规定的数量配送货物的一种形式。这种配送活动是上述两种活动的综合，它兼有定时、定量配送两种方式的优点。

4）定时、定路线配送。定时、定路线配送是通过对客户的分布状况进行分析，设计出合理的运输路线，根据运输路线安排到达站点的时刻表，按照时刻表，沿着规定的运行路线进行配送。这种方式对于配送中心来说，易于安排车辆和驾驶人员完成接、运货工作；对于用户来讲，可以就一定路线和时间进行选择，可以有计划地安排接货力量，提高接货效率。

5）即时配送。即时配送是完全按照用户突然提出的时间和数量方面的配送要求，立即将商品送达指定地点的配送方式。即时配送可以灵活高效地满足用户的临时需求，但是对配送中心的要求比较高，特别是对配送速度和配送时间要求比较严格。

6）快递配送。快递配送是一种面向社会的快速的配送方式，配送的主要是小件物品。

（3）根据配送企业专业化程度分类

1）专业配送。专业配送是配送经营者根据产品的性质将其分类，且专做某一类物资的配送，如金属材料配送、燃料煤配送、水泥配送、燃油配送、木材配送、生鲜食品配送、家具配送等。

2）综合配送。综合配送是指配送商品种类较多，不同专业领域的产品在一个配送网点中组织对客户的配送。综合配送有一定的局限性：由于产品性能、形式差别很大，在组织时技术难度较大，因此，一般只是在性状相同或相近的不同类产品方面实行综合配送，差别过大的产品难以综合化。

（4）根据配送经营模式分类

1）企业自营配送。这是指企业物流配送的各个环节由企业自身筹建并组织管理，实现对企业内部及外部货物配送的模式。这种模式有利于企业供应、生产和销售的一体化作业，系统化程度相对较高。商贸企业广泛采用自营配送模式（见图1-12），通过独立组建配送中心，实现对内部各零售店的商品供应配送。

图1-12 企业自营配送模式

2）第三方物流企业配送。这是指在社会化配送模式中，企业可以将全部或部分物流活动委托给第三方物流公司来承担。其优势在于专业配送公司更能够通过规模化操作带来经济利益，因此成本较低。另外，专业配送公司能够通过提供更多的物流作业和物流管理方面的专门知识，降低经营风险。在该配送模式中，第三方物流企业为制造商或供应商提供物流服务，而配送中心的货物仍属于制造商或供应商，第三方物流企业只是提供仓储管理和运输配送服务。因此，在这种配送模式中，商流和物流往往是分离的。第三方物流企业配送模式如图1-13所示。

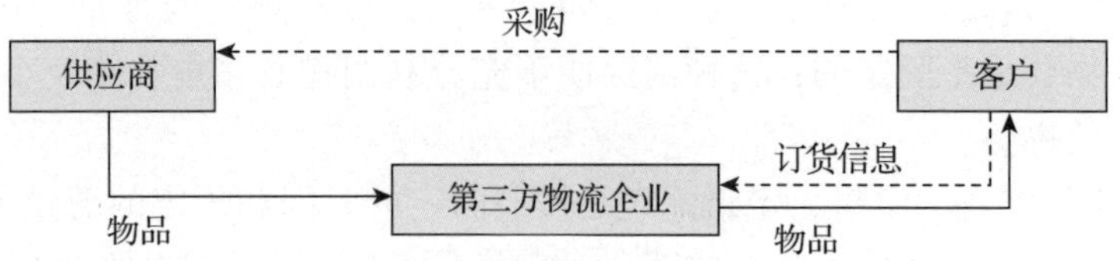

图1-13 第三方物流企业配送模式

3）共同配送。共同配送就是在同一个地区，许多企业在物流活动中互相配合、联合运作，共同进行理货、送货等活动的一种组织形式。共同配送的目的是降低配送成本、提高配送效率。

小资料

益嘉物流实施供给网络重构，实现集约配送

成立于2007年的上海益嘉物流是益海嘉里集团（金龙鱼）旗下的专业物流公司，曾获4A级物流企业认证，同时拥有食品流通许可证。该公司主要业务包括为“金龙鱼”提供上海所有商超系统的仓储配送，以及面向江苏、浙江、安徽和上海的经销商运输服务。

益嘉物流对原有供给网络进行了重构，实现了集约配送。

重构前的传统模式为：

工厂→仓库（米仓、面仓、油仓）→经销商仓库（一级批发商）→二级经销商（二级批发商）→批发市场（三级批发商）、商店、超市→消费者。

重构后的集约配送模式为：

工厂→仓库（米仓、面仓、油仓）→整合经销商仓库＋物流仓→高频小单配送至前置仓→批发市场（大单直送终端）、商店、超市→消费者。

3. 配送中心与物流中心

（1）配送中心的概念

配送中心（Distribution Center）是指从事配送业务且具有完善信息网络的场所或组织，应基本符合下列要求：① 主要为特定客户或末端客户提供服务；② 配送功能健全；③ 辐射范围小；④ 提供高频率、小批量、多批次配送服务。

配送中心实际上是将集货中心、分货中心和流通加工中心合为一体的现代化物流基地，是执行以实物配送为主要职能的流通型节点。

（2）物流中心的概念

物流中心（Logistics Center）是指从事物流活动且具有完善信息网络的场所或组织，应基本符合下列要求：① 主要面向社会提供公共物流服务；② 物流功能健全；③ 集聚辐射范围大；④ 存储、吞吐能力强；⑤ 为下游配送中心客户提供物流服务。

（3）配送中心、物流中心与仓库的区别

配送中心的特点有三个：① 其位置处于物流的下游；② 一般储存物品的品种较多、存储周期短；③ 一般采用“门到门”的汽车运输，作业范围较小（20～300km），为本地区的最终客户服务。

物流中心的特点也有三个：① 其位置处于物流的中游，是制造厂仓库与配送中心的中间环节；② 一般离制造厂仓库与配送中心较远；③ 为实现运输经济，通常采用大容量汽车或铁路运输和少批次大量的出入库方式。

仓库、物流中心、配送中心都是自营或代客户保管和运输物品的场所，要绝对区分是较困难的，有时它们的业务有明显的交叉性；所谓的提供多客户、多品种、多频次、少量的拣选服务或采用大容量汽车或铁路运输和少批次大量的出入库方式等，也是相对而言的。仓库已逐步被物流中心和配送中心所替代，具有综合功能，只有季节性生产明显的储备粮库、棉花库、果品库、冷藏海产品库及军需储备库等，仍以保管保养为主。

因为三者都有保管和保养物品的功能以及其他相同的功能，只存在功能大小的不同，此外物流中心和配送中心是由仓库发展而成的，所以有时我们说的仓库也包括物流中心和配送中心，是三者的统称。

4. 配送要素

配送要素（或称为配送管理的基本内容）有不同的划分方法，通常可分为备货、储存、配送加工、分拣及配货、配装、配送运输及送达服务七个要素，这些要素构成配送一般作业流程。也有人把配送作业分为客户及订单管理、入库作业、理货作业、装卸搬运作业、流通加工作业、出库作业和配送七项作业活动（这里从略，不展开论述）。

(1) 备货

备货是配送的准备工作或基础工作。备货工作包括筹集货源、订货或购货、集货、进货及有关的质量检查、结算、交接等。配送的优势之一，就是可以集中用户的需求进行一定规模的备货。备货是决定配送成败的初期工作，如果备货成本太高，会大大降低配送的效益。

(2) 储存

配送中的储存有储备及暂存两种形态。

配送储备是按一定时期的配送经营要求，形成对配送的资源保证。这种类型的储存数量较大，储存结构也较完善，视货源及到货情况，可以有计划地确定周转储备及保险储备的结构及数量。配送储备有时在配送中心附近单独设库解决。

暂存是具体执行日配送时，按分拣配货要求，在理货场地所做的少量储存准备。由于总体储存效益取决于储存总量，因此这部分暂存数量只会造成工作不便，不会影响储存的总效益，因而在数量上控制并不严格。

还有另一种形式的暂存，是分拣、配货之后形成的发送货载的暂存。这种暂存主要是调节配货与送货的节奏，时间不长。

(3) 配送加工

在配送中，配送加工这一功能要素虽然不具有普遍性，但往往具有重要作用，主要原因是配送加工可以大大提高用户的满意程度。配送加工是流通加工的一种，但不同于一般流通加工，配送加工一般只按用户要求进行作业，其加工的目的较为单一。

(4) 分拣及配货

分拣及配货是配送不同于其他物流活动的独特功能要素，也是配送成功的一项重要支持性工作。分拣及配货是完善送货、支持送货的准备性工作，是不同配送企业在送货时进行竞争和提高自身经济效益的必然延伸，也可以说是送货向高级形式发展的必然要求。分拣及配货会大大提高送货服务水平，因此分拣及配货是决定整个配送系统水平的关键要素。

小资料

配送中心组织结构

配送中心组织结构可分为直线职能型、产品型（产品多样化）和区域型。以产品型为例，其组织结构如图1-14所示。

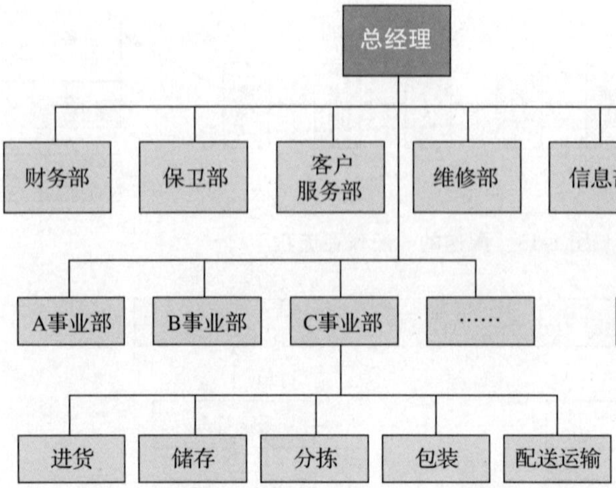

图1-14 配送中心组织结构（多品种）

（5）配装

在单个用户配送数量不能达到车辆的有效载运负荷时，就存在如何集中不同用户的货物进行搭配装载以充分利用运能、运力的问题，这就需要配装。配装和一般送货的不同之处在于，通过配装送货可以大大提高送货水平及降低送货成本，配装是配送系统中具有现代特点的功能要素，也是现代配送不同于以往送货的重要区别。

（6）配送运输

配送运输属于运输中的末端运输、支线运输，和一般运输形态的主要区别在于：配送运输是距离较短、批量较小、频率较高的运输形式，一般使用汽车作为运输工具。配送运输的路线选择问题是一般干线运输所没有的，干线运输的干线是唯一的运输线，而配送运输由于配送用户多，城市交通路线又较复杂，所以如何组合成最佳路线、如何使配装和路线有效搭配等，成为配送运输的难点。

（7）送达服务

配好的货运输到用户指定位置还不算配送工作的完结，这是因为货物送达和用户接货往往还会出现不协调的情况，使配送前功尽弃。因此，要圆满地实现送达货物的移交，有效地、方便地处理相关手续并完成结算，还应讲究卸货地点、卸货方式等。送达服务也是配送独具的功能要素。

5. 配送作业流程

配送的作用在于化零为整和化整为零，使产品迅速流转。无论是以人工作业为主的物流系统还是机械化的物流系统，或者是自动化、智能化的物流系统，如果没有正确有效的作业方法相配合，那么不论多么先进的系统和设备，都未必能获取最佳的经济效益。

不同模式的配送，其作业内容有所不同。配送作业流程可由前面提到的配送七个要素构成，也可由客户及订单管理、入库作业、理货作业、装卸搬运作业、流通加工作业、出库作业和配送七项作业活动构成。配送的一般作业流程如图1-15所示，配送业务流程如图1-16所示。

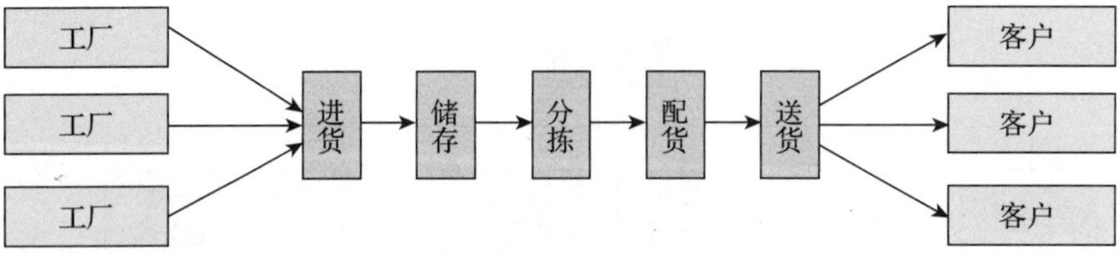

图1-15 配送的一般作业流程

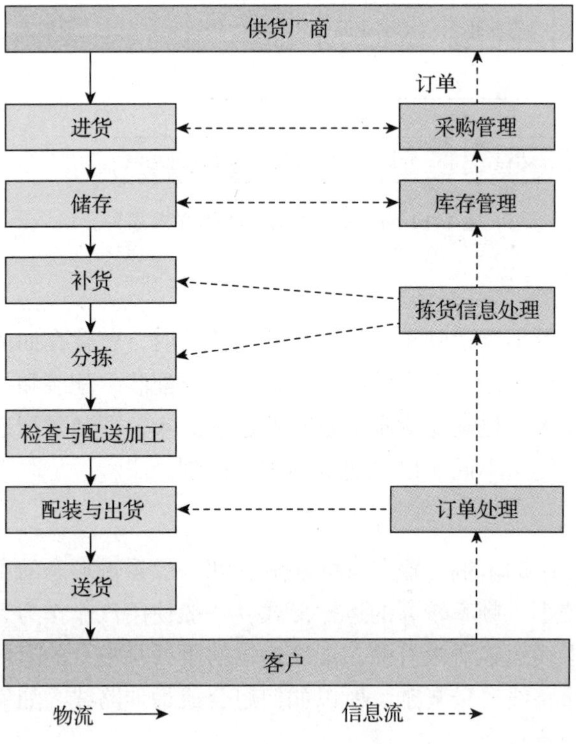

图1-16 配送业务流程

1.1.3 中国仓储业的现状和发展趋势

1. 中国仓储业的现状

据统计，目前我国物流成本占生产成本的30%~40%（发达国家占10%~15%），企业利润的20%被物流所吞食。仓储业发展水平及仓储与配送管理水平较低是导致这种现象的主要原因之一。仓储业总体上还不够先进，发展不够平衡。

中国仓储与配送协会组织编纂的《2022年中国仓储配送行业发展报告》显示，2021年仓储企业（法人）数量约4.7万家，同比增长2.2%；2021年仓储业（含装卸搬运）固定资产投资额约 7317 亿元，同比增长 6.6%；2021 年社会消费品零售总额为 440823 亿元，同比增长 12.5%；网上零售总额为 130883.5 亿元，同比增长 14.1%；2021 年我国营业性通用（常温）仓库面积约 12 亿 m^2，同比增长 4.8%，其中，立体库（高标库）约 3.95 亿 m^2，同比增长 14.5%，占设施总量比例已达 32.9%。

中国仓储业的现状主要体现在以下八个方面。

（1）仓储业转型升级取得了一定的成效，但传统弊病仍然存在

一方面，随着经济和仓储业的不断发展，经济实力不断增强，仓储业转型升级取得了一定的成效。仓储业逐步完善服务功能，转变经营模式和理念，向各种类型的配送中心模式转变，通过资源重组、优势互补、延伸服务链，向网络化与一体化转变。另一方面，受计划经济和经营方式的惯性影响，“条块分割”“小而全”“大而全”的经营组织方式的痕迹仍然可见，尽管成本高、效益低仍坚持自己干，不愿外包物流业务，企业内部物流更是如此，这就导致对高效率、专业化、社会化的现代物流服务的需求不足。

（2）标准化工作日趋完善，满足物流行业健康发展需要

2021 年 4 月，商务部、市场监管总局联合印发《关于开展国家级服务业标准化试点（商贸流通专项）的通知》，以标准化推动流通新技术、新业态、新模式的发展，推进绿色化、数字化、智能化改造和跨界融合。标准化工作日趋完善，2022 年开始执行的四项行业标准分别为：《通用仓库及库区规划设计参数》（GB/T 28581—2021）和《通用仓库等级》（GB/T 21072—2021），2022 年 6 月 1 日起实施；《仓储服务质量要求》（GB/T 21071—2021）和《仓储绩效指标体系》（GB/T 30331—2021），2022 年 7 月 1 日起实施。其中，《仓储服务质量要求》（GB/T 21071—2021）规定了仓储服务的基本要求、服务质量指标及要求、客户满意度调查的要求，适用于通用和低温仓储服务质量管理。

（3）高端物流人才匮乏

物流行业涉及面广，以仓储为例，从业者既要懂得货物保管、储存等技术，又要具备一定的机电、自动化、信息处理、优化设计等知识，普通人才难以胜任。物流行业高端人才匮乏是影响高效物流的主要因素之一。尽管我国已经培养了一定数量的物流相关专业学生，但是人才储备仍然不能适应物流仓储等行业发展的需要，高层次的管理人员更是难求。

（4）发展不均衡，管理水平参差不齐

21 世纪以来，物流业得到快速发展，但发展不均衡，主要体现在布局不均衡，经济发达地区的物流企业非常集中、数量众多，而经济欠发达的边远地区物流企业数量极少。有些企业的设施与技术居世界领先水平，如武汉九州通医药配送中心自动化仓库设备及管理系统、慈溪太平鸟物流公司分拣系统等设施均居世界领先水平；有些物流仓储企业却仅使用计算机和简单的系统软件，其他设施、设备、物流管理方法还相当落后，所提供的服务方式和手段也比较单一，没有形成物流供应链上的一体化服务，智能化程度不高。

（5）各类专业仓储快速、创新发展

冷链物流、气调储藏、低温仓储、医药物流、电商物流等模式快速发展，例如武汉九州通医药配送中心、武汉国药集团配送中心、慈溪太平鸟物流公司、美团餐饮配送服务等典型案例，又如电商 + 低温宅配、电子快递柜、无人售货超市、自动购物车、无人机配送、电子化运作、扫码统计等新模式层出不穷。

(6) 经济发展模式改变需求格局，园区和供应链构建备受关注

2013年，“一带一路”倡议的提出，极大地促进了我国对外贸易的开展，也在很大程度上增强了我国的国际物流需求。物流园区业务辐射范围扩大到国际范围，物流园区数量占比从2012年的10%增长至33%。近年来，受新冠疫情影响，世界各国的线上销售量均显著增长，但是国际供应链中断等现象的存在严重困扰着人们。为了解决这一问题，增设海外仓、防止国际供应链中断的措施备受青睐。2021年年底，我国海外仓数量已超过2000个，同比增长11%；总面积超1600万m^2，同比增长33.3%。除了物流园区外，供应链网络等新的经济发展模式也进入了人们视野。

(7) 流通结构引发物流变化，电商促进园区转型升级

随着我国经济发展方式的转变，钢铁、煤炭、化工等生产资料领域的增速进一步放缓，第三产业产值增速逐步加快，加之电子商务快速发展，物流需求出现了“黑冷白热”“网涨店缩”的现象。建材、日用品、食品等生活资料占物流园区流转商品的主要品类。只有不足50%的物流园区的流转商品中含有钢材、纺织品，而流转商品中含有色金属和化工品的物流园区仅占28%，含有煤炭的物流园区仅占6%。企业为了满足线上销售量持续增长的需要，提高配送效率，电商的发展促进园区转型升级。

(8) 市场竞争日趋激烈、兼并重组与网络化发展提速

近年来，物流园区投资增势快速上升，各类生产流通企业、物流企业、地产企业、电子商务企业、境外投资商等纷纷加入投资建设行列。物流园区的数量高速增长，市场竞争已经趋于白热化。激烈的市场竞争催生着物流园区运营模式不断创新，优势互补的各方跨界合作、不同地区功能相近的园区跨区域联合运营等模式迅速发展，物流园区的兼并、重组和整合更为常见。

另外，云计算、大数据、物联网等技术和“互联网+物流”的应用正在对物流园区的发展产生深刻影响。加快园区传统作业和服务模式的创新和改变，物流园区实体平台与“互联网+物流”的网络化平台的结合及其跨区域整合将进一步加强。例如，“公路港”模式、车货配载虚拟平台模式通过连锁复制迅速扩张，虚拟平台和实体平台逐渐实现融合发展，物流园区正向着多元化、网络化的方向发展。

2. 中国仓储业的发展趋势

随着社会、经济的发展，仓储业未来更多的是向供应链业务和众多条供应链交织在一起的供应链网业务发展。仓储企业的转型升级会加快，仓储业的社会化、标准化、信息化、机械化、自动化、智能化水平将进一步提高；仓储业的经营方式会加快转变，服务功能进一步完善，管理与技术水平进一步提升，业务向精益化、综合化方面发展，人才向国际化发展。

(1) 仓储社会化

在市场经济的环境中，仓储业将以“产权清晰、权责明确、政企分开、管理科学”为原则，进行体制改革，根据市场经济的要求和仓储企业的特点，打破部门、条块分割的行政管理体制局面，广泛开展部门间仓储企业的横向联合，实行仓储全行业的管理，改变我国仓储业目前利用率不高、效率低、自身发展能力弱的不良状况，整合市场资源。

(2) 仓储标准化

仓储标准化是物流标准化的重要组成部分。为了提高物流效率，保证物流的统一性与各

物流环节的有机联系，并与国际接轨，必须制定物流标准。仓储标准化是一项基础性工作，由于仓储活动分散在商业、物资、外贸、铁路等各部门，因此，更有必要从标准入手，切入仓储行业的整体发展。仓储标准化的内容主要包括包装标准化、标志标准化、托盘标准化、计量标准化等。

（3）仓储智能化

仓储智能化主要包括仓储自动化和仓储信息化两个方面。

仓储自动化是指借助机电设施、设备和管理软件对仓储作业进行自动化管理和控制。在仓储作业中依托条码技术、射频通信、信息管理等技术指挥、控制堆垛机、传送带、自动导引车、自动分拣等自动设备完成仓储作业，并同时完成报表和单证的制作、业务量统计等工作。对于特殊仓储，采用温度、湿度自动控制技术和自动监控技术，确保仓储安全。

仓储信息化是指通过计算机、互联网系统和相关信息输入输出设备，对货物识别、理货、入库、保管、出库进行操作管理，进行账目处理、货位管理、存量控制，制作各种报表和提供实时的查询，与供应链上下游企业实施信息共享，减少库存，提高服务质量。

（4）仓储管理科学化

仓储管理科学化是指在仓储管理中采用合理、高效、先进的管理模式和先进的管理理念及优化方法。仓储管理科学化包括管理体制、管理组织、管理方法等几个方面。一方面，采用科学的管理体制、组织机构和管理激励制度实现仓储管理科学化；另一方面，借鉴精益生产理念，实施精益物流，运用优化方法优化物流作业，提高仓储运作经济效益和效率。

线上扩展

1-1　气调技术的产生与发展

1-2　仓储的产生

1-3　发达国家配送发展过程

1-4　我国配送的产生与发展

1.2　仓储与配送管理的科学理念与优化方法

1.2.1　仓储与配送管理的科学理念

仓储与配送管理可借鉴精益生产的理念，形成精益仓储与配送的物流管理理念。

1）消除仓储与配送环节中一切浪费、一切不创造价值的活动与作业。

2）提高效率，创造价值。

3）准时制生产。

4）持续改进（各行各业成功的黄金定律）。

5）成本无底线，改善无止境。成本取决于物流运作的方法。

6）质量无极限，没有最好的，只有更好的。

靠扩大生产规模来增加经营利润是高投资和高风险的策略。提高价格会破坏市场秩序和竞争格局，降低竞争力。而采用降低成本策略则无须投资，回报率高。通常，成本降低10%，相当于经营规模扩大一倍。降低成本靠的是消除浪费。

1.2.2 仓储与配送管理常用的科学方法

1. 系统工程优化方法

系统工程优化方法是指追求整体最优、动态平衡和持续改进，借助目标手段分析法、企业整体分析法和价值链分析法等方法，使系统达到最优。

优化方法是指寻找最优解或近似最优解的方法。最常用的方法有高等数学中的求导数法和拉格朗日乘数法。在不能求导数时，有时可用线性规划法求最优解；也可根据图论理论，把问题描绘成图，用图解法求最优解。例如，在河边修建一码头，在何处建，使得到两个城市距离之和最短，用几何画图办法很容易找到最优解。对于组合问题，可用组合优化法寻求近似最优解；也可借鉴自然界优化现象求最优解（这里称为仿自然法），如光走的距离最短、液体表面之间成120°角时表面张力最小、蜜蜂蜂巢壁间夹角接近108°时容积最大等。

2. 价值工程

这是一种科学的活动和方法，追求的目标是在使产品生命周期内成本最低的条件下实现产品的必要功能，或通过功能定义、整理和分析等手段实现更高的产品价值。

3. 防错法

防错法又称防御愚法，也称愚巧法、防呆法等。其意为防止愚笨的人做错事，也就是说为愚笨的人不会做错事所设计的方法，即设计一个东西（一套方法），使错误绝不发生。

4. 成败规律分析法

这种方法是利用成败关键因素分析法，模仿法，同中求异、异中求同法和PDCA循环法等方法，分析成功的经验和失败的教训，做到事半功倍、少走弯路，高效率工作。

5. 理想状态法

没有思路，就没有出路。通过运用“设计一个理想状态，然后想办法去实现”的方法，新的产品、新的工艺、新的加工方法和新的生产运作模式等创新往往就诞生了。

6. ECRS法

ECRS法是工业工程常用的方法之一。ECRS即取消（Eliminate）、合并（Combine）、重排（Rearrange）和简化（Simple）四种方法对应英文单词的第一个字母。这是从四个维度探讨提高效率的方法，见表1-1，该方法可以与5W1H法和价值工程法交替使用。

E代表取消，就是取消一切不必要的工作。一方面，从价值工程角度看，没有价值、没有目的的功能（作业）都是多余的和浪费的，必须取消。此外，如果这道工序使产品增加的功能对客户来讲是过剩的或不需要的，那么这时该工序也应被取消。另一方面，如果其他工序也可以实现该工序的作用，而且效率更高、质量更好、时间更快，那么，该工序就应合并到其他工序中，取消该工序。

C 代表合并，是指合并需要而且可以合并的工作。例如，设计一个特殊咖啡壶，使壶中间可以加热面包片，而四周的咖啡壶体可以煮咖啡，这样这两道工序（煮咖啡和加热面包片）就合二为一了。

R 代表重排，是指重排所有必需的工作程序。首先，从整个企业（组织）流程角度出发，看业务流程是否合理，是否有必要重排；其次，看某个产品或业务流程是否合理，是否需要改进；最后，看工艺和工序能否重排，重排后流水线是否更均衡、效率更高。这实际上也是流程再造的过程。

S 代表简化，就是简化所有必需的工作。这是一种战略，理想状态就是工作简单化，这样既可提高效率、降低成本、提高质量，又可减少招聘和培训的烦恼。简化通常与自动化、机械化相关联。

表 1-1　ECRS 法

维度	目　的	事　例
取消	消除浪费 排除不必要的作业	① 合理布置，减少搬运，减少等待时间 ② 取消不必要的外观检查
合并	配合作业 同时进行 合并作业	① 测量尺寸与测量重量同时进行 ② 一边加工一边运输 ③ 包装与分拣同时进行，钻孔与倒角同时进行
重排	改变次序 改用其他方法 改用其他东西	① 事前确定货物存放货位，减少寻找空货位的时间 ② 用传送带代替人工搬运 ③ 用塑料件代替钢铁件
简化	连接更合理、更简单	① 改变布置，改变流程，使作业更顺畅 ② 流通加工中使机器自动定位切割，代替凭感觉定位切割；货物摆放在托盘上，使用直角定位装置，使货物更容易码放整齐

7. 提问技术（5W1H）法

5W1H 法也是工业工程常用的方法之一，5W1H 法是一种科学改善方法，它通过三次提问来获得解决问题的方法。5W1H 分别是：目的是什么（Why）；何处做（Where）；何时做（When）；何人做（Who）；做什么（What）；如何做（How）。

该方法是经过三次提问，回答六个方面的问题，厘清现状和原因，最终解决问题（见表 1-2）。

表 1-2　5W1H 法

5W1H	分析现状	提出问题	改进建议
	第一次提问	第二次提问	第三次提问
Why	目的是什么	为何需要做	有无其他方法代替
Where	何处做	为何要在此处做	有无其他更合适的地点
When	何时做	为何要在此时做	有无其他更合适的时间
Who	何人做	为何要此人做	有无其他更合适的人员
What	做什么	为何要做这些	可否简化作业内容
How	如何做	为何要如此做	有无其他更合适的方法

第一次提问分别是：目的是什么？何处做？何时做？何人做？做什么？如何做？从价值工程功能系统图的角度出发，必须首先明白它的目的是什么，没有目的的功能就是多余的和浪费的；做什么和如何做是手段和途径，因此有必要弄清有无其他更好的手段和途径实现这一功能。从计划的角度看，计划必须包含这六个方面。

第二次提问是回答为什么，没有原因或原因不充分说明不够合理和科学。

第三次提问是改进建议。

【小案例】

高效率的秘诀

美国有一个农庄，经过统计，发现其农作物的产出值达平均上限的两倍，这是令人难以置信的，因一般超过上限就很难，这里不但超过上限而且竟然是两倍。

有一位效率专家去研究高效率的原因。他千里迢迢来到这个农庄，看到一户农家，就推门而入，发现有一位农妇正在工作。她怎么工作呢？两只手打毛线，面前放着一个架子，架子上用夹子夹着一本书，她两眼看书，一只脚正踏着摇篮踏板来摇摇篮，摇篮里睡着一个刚出生不久的婴儿，另外一只脚负责一个由链条带动的搅拌器，嘴里哼着催眠曲，炉子上烧着有汽笛的水壶，耳朵注意听水有没有烧开。

各位看看她怎么工作，两手打毛线，两眼看书，耳朵注意听水开的声音，嘴里哼着催眠曲，一只脚负责摇篮，另一只脚负责搅拌器。但是效率专家觉得很奇怪，为什么每隔一会儿，她就站起来，再重重地坐下去，这样一直重复。效率专家再仔细一看，才发现这位农妇的坐垫竟是一大袋必须重复压才会好吃的奶酪。效率专家说不必查了，他已经知道高效率的原因了。

资料来源：https://wenku.so.com/d/b0ee9809a7ed98b0cfab12cf48f3ee41，有改编。

思考：农妇为何工作效率高？

小资料

仓　单

仓单（Warehouse Receipt）是保管人收到仓储物后给存货人开具的提取仓储物的凭证。仓单除作为已收取仓储物的凭证和提取仓储物的凭证外，还可以通过背书，转让仓单项下货物的所有权，或者用于出质。存货人在仓单上背书并经保管人签字或者盖章，转让仓单始生效力。存货人以仓单出质应当与质权人签订质押合同，在仓单上背书并经保管人签字或者盖章，将仓单交付质权人后，质押权始生效。

仓单作为收取仓储物的凭证和提取仓储物的凭证，依据法律规定还具有转让或出质的记名物权证券的流动属性，它应当具备一定的形式，其记载事项必须符合《中华人民共和国民法典》及物权凭证的要求，使仓单关系人明确自己的权利并适当行使自己的权利。根据《中华人民共和国民法典》第九百零九条的规定，仓单应包括下列内容：① 存货人的姓名或者名称和住所；② 仓储物的品种、数量、质量、包装及其件数和标记；③ 仓储物的损耗标准；④ 储存场所；⑤ 储存期限；⑥ 仓储费；⑦ 仓储物已经办理保险的，其保险金额、期间以及保险人的名称；⑧ 填发人、填发地和填发日期。

线上扩展

1-5　价值工程

1-6　防错（零缺陷）法

1-7　成败关键因素分析法

1-8　物流公司发展的特征

案例

京东和菜鸟 B2C 电子商务物流模式

21 世纪以来，互联网让以 B2C 电子商务为经营模式的企业快速发展，给零售业带来了巨大的改变。与此同时，这种变化使得物流配送问题成为 B2C 电子商务发展中备受关注的焦点之一。得益于大数据时代的快速发展，“双十一”“618”等购物狂欢节使网上购物呈现出一种火爆的状态。消费者在 B2C 电商平台购买商品，商家再通过物流环节将商品送至消费者手中，其中物流配送服务的质量对于消费者再次购买行为和购物体验的影响越来越显著。购物狂欢节会引起消费者的集中购买行为，此时单一的自营物流服务能力有限，无法满足需求，从而会出现订单延迟、爆仓等现象。如果电商企业的自营物流公司不与第三方物流商合作，电商企业就需要为自营物流服务投入更多的资金，这不仅会给电商企业带来资金压力，还会造成促销后的资源浪费；而如果电商企业仅采用第三方物流，在配送服务的质量、与客户关系的管理等方面又存在很大的风险。所以，B2C 电子商务企业应如何选择物流模式成为企业和学术界关注的热点问题。

1. 我国 B2C 电子商务企业的主要物流模式

目前，我国 B2C 电子商务企业众多，采用的物流模式多种多样，从物流服务的系统资源角度可以将物流模式主要分为以下四类。

（1）平台自建物流模式

这种模式是在全国各地以投资自建仓库为主，搭建智慧物流服务体系，实现仓配一体化，是一种重资产的物流模式，例如京东物流采用的就是典型的平台自建物流模式。据京东财报显示，截至 2020 年年底，京东物流在全国运营的仓库超过 900 个，其在全国范围内已经落地运营使用了 30 座“亚洲一号”智能物流园区，形成了目前亚洲最大的智能仓群。这些在全国各地的仓储设施成为京东物流服务网络的关键网络节点，通过“智能大脑”的大数据技术进行监控和管理。在智能大数据方面，京东物流自主研发、自主集成的仓库控制系统（WCS）、仓储管理系统（WMS）、企业资源计划（ERP），共同组成“亚洲一号”的“智能大脑”。通过其全方位的智慧功能和京东物流积累的多年经验，物流各环节的运转效率和质量得到了很大程度的提高。

在这一模式中，京东物流重点把控的是设施、技术和配送。通过在全国各地建立仓储设施、用大数据技术研发出“智能大脑”并以标准化的配送服务树立企业形象，物流逐渐成为京东的优势，这也是京东有别于其他电商的关键。

（2）平台整合物流资源模式

这种模式是利用智慧物流平台，搭建中国智能物流骨干网，通过全面整合社会资源，建设服务于电子商务网购平台的智慧物流体系，提供智慧供应链服务。例如，菜鸟物流是基于淘宝、天猫等电商平台的物流需求，由阿里巴巴集团联合多家物流公司、相关金融机构等企业共同建立的大物流平台。菜鸟物流通过大数据建设了基于数据驱动的社会化协同平台，这种企业合作和技术创新的方式提高了物流效率和消费者的体验感，同时降低了物流成本，可以使电商企业将更多的资金投入到其主体运营部分。把“大数据”“智慧”“智能”等新时代、新鲜、有活力的东西组合在一起，是菜鸟物流不断发展、进步的动力。

在这一模式中，菜鸟物流重点把控的是数据、技术和关键的网络节点。菜鸟在关键的网络节点处会投资自建或者租赁仓储设施作为仓储物流中心，在物流末端建设菜鸟驿站和社会自提柜。在由各个关键网络节点串联起来的整个物流网络中，菜鸟物流利用大数据技术进行监控和管理。

（3）电商物流服务外包模式

这种模式是电子商务企业把物流配送服务外包给第三方物流企业的物流模式。例如，电子商务平台拼多多主要采用的就是这种电商物流服务外包模式（见图1-17）。目前，很多B2C电子商务平台在创立初期会采用此种物流模式，以便将其核心力量集中于平台建设和销售业务上，淘宝在创立初期选择的也是这种物流模式。

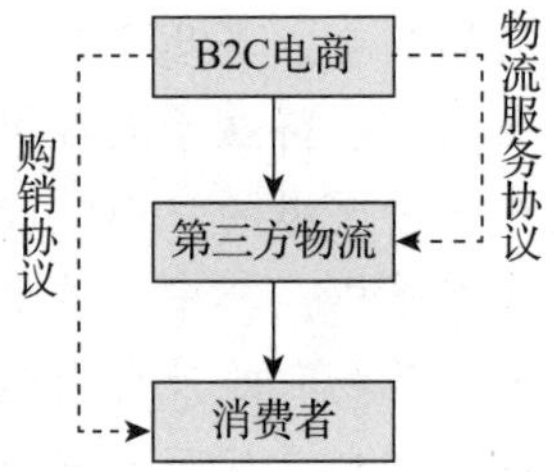

图1-17 电商物流服务外包模式

（4）即时配送物流服务模式

这种模式是不经过仓储网点周转，直接点对点配送的物流模式（见图1-18）。即时配送是从外卖服务业兴起的，随着新电商购物模式的发展，逐渐扩展到生鲜新零售、大型购物超市、药品等B2C电商平台的物流配送，如饿了么、美团、大润发优鲜等电商平台目前采用的是这种物流服务模式。

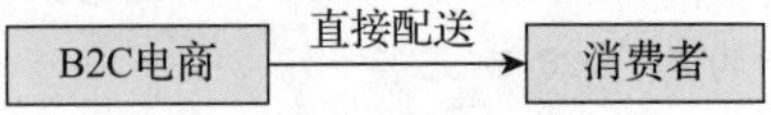

图1-18 即时配送物流服务模式

2. 京东物流模式的优缺点分析

（1）京东物流模式优点

1）物流服务品质高，消费者体验感好。目前，京东物流已在全国各地建设仓储设施群，并通过智能大数据技术在全国建立了六大物流网络，包括中小件网、冷链网、大件网、B2B网、跨境网和综包网。京东物流通过智慧供应链物流网络可以实现商品的快速调配，为顾客提供高效的物流服务。例如，在B2C电子商务端，京东为消费者推出了“当日达”“次日达”等物流产品，大大缩短了物流时间，提高了消费者网上购物的物流速度和购物体验。

2）自建物流体系，形成品牌效应。京东通过自建物流体系，拥有自己的物流运输、配送人员和运输车辆。当京东物流在配送商品时，统一印有京东 Logo 的车辆在城市中穿梭，起到了品牌宣传的作用；同时，京东物流的配送人员配有专门的配送车辆并穿着印有京东 Logo 的工作服，在配送商品时也间接地为京东做宣传，提高了人们对京东的熟识度。

（2）京东物流模式缺点

1）建设资金高昂，资金回收风险大。以平台自建物流模式为代表的京东物流从 2007 年建立开始，在基础设施建设、人才招聘、技术研发等方面投入了大量的资金，这对于京东来说是一个巨大的资金负担。从京东物流财报的数据显示，自 2018 年以来投入的研发资金近 46 亿元。从利润的角度看，2020 年京东物流前三季度的毛利率相较于 2018 年的毛利率增长了 8%，但 2020 年前三季度税前利润仍亏损 360 万元。从发展的角度来看，京东物流已逐渐开始扭转亏损的局面，转向盈利，但其资金回收期长、回收风险大。

2）物流体系不断扩大，管理难度增加。京东物流自建设以来一直在不断扩大其基础设施群和员工数量，截至 2020 年年底，京东物流拥有 30 座“亚洲一号”智能物流园区、7 个大型物流配送中心、超 900 个仓库，其企业员工达 36 万人，是一个劳动密集型企业。庞大的企业规模给京东物流在设施管理、员工管理以及客户关系维系上带来了巨大的挑战。在设施管理方面，京东物流在偏远地区建设的基础设施因交通、环境等因素，很难达到高水平化的统一管理；在员工管理方面，由于京东物流员工基数大，员工素质水平参差不齐，管理难度加大；在客户关系维护上，京东物流目前在全国建立的物流网络体系可以达到近 99% 的覆盖率，但仍有少数偏远地区无法实现送达，需要与第三方物流合作，这对客户信息的维护造成了一定的影响与威胁，不利于企业的管理。

3. 菜鸟物流模式的优缺点分析

（1）菜鸟物流模式优点

1）企业资金雄厚，可分摊资金风险。以平台整合物流资源模式为代表的菜鸟物流是 2013 年由阿里巴巴集团联合多家物流企业和金融机构共同建立的。相较于京东物流的平台自建物流模式，菜鸟物流模式在资金方面具有雄厚的实力。同时多家企业平摊资金风险，为菜鸟物流平台的平稳运行增加了资金安全保障。

2）智能化服务，提高包裹安全性。菜鸟物流由多家快递公司整合而成，在资源、信息和技术等方面实现了开放共享，使得菜鸟物流在包裹信息智能化处理方面表现突出。相较于京东物流包裹信息呈现明显供应链特征、很多商品的原产地等信息模糊的状况，菜鸟物流在包裹信息处理上则更加透明，可以对包裹进行实时追踪，提高了包裹的安全性，同时给予消费者更多的安全感。

（2）菜鸟物流模式缺点

1）缺乏专业化团队，物流服务质量低。菜鸟物流由多家物流企业整合而成，其没有专业化的物流团队，在包裹的仓储、运输、配送等方面服务难以实现标准统一，其物流服务的质量与效率呈现参差不齐的状况。而对于 B2C 电子商务的消费者端而言，物流服务的效率和质量是影响其购物体验感的重要影响因素之一。

2）合作企业多，管理难度大。菜鸟物流合作的企业众多，在运输配送管理、员工管理等方面难度大。在运输配送管理方面，菜鸟物流目前没有专业化的物流团队，在运输配送服务质量上的管理难以全面落实；在员工管理方面，菜鸟物流的员工来自不同物流企业，员工素质和专业化水平不统一，管理制度有待改善。

资料来源：杨晓燕，李军祥. 国内B2C电子商务物流模式分析研究——以京东、菜鸟物流为例[J]. 商场现代化. 2021(13)：45－47，有改编。

本章小结

1.1节仓储与配送管理的概念及发展，论述了仓储是商品流通的重要环节，也是物流系统的构成要素。仓储利用仓库及相关设施设备进行物品的入库、存储、出库的活动。仓储的基本功能有储存和保管功能、调节和整合功能、流通加工服务功能、信息传递功能和配送服务功能。

仓储管理就是对仓库及仓库内储存的物品所进行的管理，是仓储机构为了充分利用所拥有的资源提供仓储服务所进行的计划、组织、指挥、控制与协调的过程。它包括仓储资源的获得、经营决策、商务管理、作业管理、仓储保管、安全管理、人力资源管理、财务管理等一系列工作。

仓储管理的目标就是低成本、高效、高质量、快速地提供优质服务，获得理想的经济效益。

配送是在经济合理区域范围内，根据客户要求，对物品进行拣选、加工、包装、分割、组配等作业，并按时送达指定地点的物流活动。1.1.2节介绍了配送的几种常见分类方法、配送中心与物流中心、配送要素和配送作业流程等。

中国仓储业的发展现状呈现八个方面的特点：① 仓储业转型升级取得了一定的成效，但传统弊病仍然存在；② 标准化工作日趋完善，满足物流行业健康发展需要；③ 高端物流人才匮乏；④ 发展不均衡，管理水平参差不齐；⑤ 各类专业仓储快速、创新发展；⑥ 经济发展模式改变需求格局，园区和供应链构建备受关注；⑦ 流通结构引发物流变化，电商促进园区转型升级；⑧ 市场竞争日趋激烈、兼并重组与网络化发展提速。

中国仓储业将呈现仓储社会化、仓储标准化、仓储智能化和仓储管理科学化的发展趋势。

1.2节仓储与配送管理的科学理念与优化方法，首先介绍了科学理念，即可借鉴精益生产的理念，形成精益仓储与配送物流管理理念：消除仓储与配送环节中一切浪费、一切不创造价值的活动与作业；提高效率，创造价值；准时制生产；持续改进（各行各业成功的黄金定律）；成本无底线，改善无止境，成本取决于物流运作的方法；质量无极限，没有最好的，只有更好的。其次介绍了仓储与配送管理常用的科学方法：系统工程优化方法、价值工程、防错法、成败规律分析法、理想状态法、ECRS法、提问技术（5W1H）法。

习　题

1. 单选题

(1) 存货人将特定的物品交由保管人保管，在双方约定的保管期过后，保管人将原物交还存货人，这种仓储方式称为（　　）。

A. 保管式仓储　　B. 加工式仓储　　C. 消费式仓储　　D. 配送式仓储

（2）保管人在接受保管物时，同时拥有对保管物的所有权，保管人在仓储期间有权对仓储物行使所有权，在仓储期满，保管人将相同品种、种类和数量的替代物交还给存货人，这种仓储方式称为（　　）。

A. 保管式仓储　　B. 加工式仓储　　C. 消费式仓储　　D. 配送式仓储

（3）当某些库存承担起国家的安全使命时，这些库存通常被称为（　　）。

A. 战略库存　　B. 保险库存　　C. 国家储备　　D. 制造库存

（4）与租用仓库相比，自营仓库优势的是（　　）。

A. 成本低　　B. 没有固定投资　　C. 选址灵活性高　　D. 更好管理控制

2. 判断题

（1）储存的对象可以是无形产品。（　　）

（2）加工式仓储具有一定的商品保值和增值功能，是仓储经营人利用仓储物开展经营的增值活动。（　　）

（3）配送的实质是送货，与一般送货没有什么区别。（　　）

（4）现代仓储的功能在传统仓储功能的基础上有所延伸，除了对物品的储存、保管，还包括物品在库期间的增值服务，如分拣、流通加工、组合、配货、配载、配送、信息处理等。（　　）

3. 简答题

（1）什么叫仓储？

（2）仓储有哪些功能？

（3）仓储管理包括哪些内容？

（4）配送根据时间和数量差别可分为哪些种类？

（5）配送要素主要有哪些？

（6）仓储与配送管理科学理念有哪些？

（7）仓储与配送管理常用科学方法有哪些？

第2章

仓储与配送系统规划

案例导入

武汉九州通医药配送中心

九州通医药集团物流有限公司是九州通医药集团股份有限公司下属全资子公司，于2014年在武汉市东西湖区成立，该公司是定位于大健康产业的科技型、平台型、生态型物流企业，以完善的物流网络和先进的物流技术，为客户提供一体化、可信赖的物流供应链综合解决方案。公司运用物流科技，协同丰富的GSP资源、运力资源，组建了运输、仓储、配送、信息“四位一体”的九州云仓物流平台，为企业提供覆盖全国的端到端全程可视化物流供应链服务。

九州通医药集团物流有限公司是行业内首家5A物流企业，下属管控31家省级物流配送中心，104个市级物流配送中心，911家终端配送点，拥有全国最大的GSP仓储面积，医药物流吞吐量居全国第一。

九州通医药配送中心项目（一期）投资3.8亿元，占地面积2万m^2，总建筑面积7.5万m^2，是国内最先进的现代医药物流中心之一，也是全球较大的单体医药物流中心。它搭建了以电子商务信息系统和物流配送系统为核心，以武汉为区域中心，辐射全省及周边地区的医药物流公共服务平台。物流中心由自动化立体仓库、楼层库和穿梭车库三部分组成，拥有自主知识产权，核心系统和技术完全由公司自主研发。整个物流中心的存量为60万件，品种数达到4万个，通过计算机编程来实现取货、运送、放置等程序，同时，通过条码等识别技术，系统可以自动完成识别、存取等功能，物流系统每小时最高可处理12000个订单，差错率为10万分之一，日最大吞吐量可达10万箱，支持年销售额达120亿元。

2020年春节期间，新冠疫情暴发，来自全国各地的抗疫物资齐聚武汉。九州通作为国内领先的医药物流龙头企业，通过其规模化、专业化、现代化的物流配送体系，帮助湖北红十字会在困难时期完成防疫物资、医疗器械和援助物资的配送，得到了社会各界的一致好评。

九州通引进了全球泊智慧停车系统，该系统由信息采集终端（全球泊QQB3车牌识别终端、UT6停车服务机器人、QQB7车牌识别云基道闸）、信息传输系统、中央云端处理系统组成，可以做到无人值守、快速识别通行、双SIM卡双通信，更加可靠。通过与物流配送系统的数据共享，在识别到车牌后，通过后台数据信息，可以做到引导物流车辆前往不同仓库，减少车辆在场内停车找库的时间，提高了物流配送效率。

资料来源：https://www.welinkpark.com/image_view_78_276.html，有改编。

武汉九州通配送中心相关图片资料如图2-1～图2-6所示。

图2-1　穿梭车库

图2-2　待发货物

图2-3　调货区库内景

图2-4　进货区内景

图2-5　全球泊智慧停车系统

图2-6　进货区外景

小思考：

图2-6中，装卸货平台与其他物流中心装卸货平台有何不同？这样设计有何好处？

仓储与配送系统规划是对仓储与配送作业的整体进行的预先设计与控制工作。本章主要讲述仓储与配送系统的整体规划，包括仓储及配送中心的选址方法与考虑因素、仓库平面规划与立体规划以及库内的货物储存规划与布置和货位管理。

2.1 选址规划

选址是仓储与配送管理战略的一部分，是取得竞争优势的重要条件之一。仓库与配送中心的选址直接影响物流服务的投资成本和运行成本。仓库的选址对投资多少以及投资后的运行费用有很大影响，库址是否靠近市场、毗邻原材料产地，当地劳动力资源是否丰富，基础设施是否完善等不仅影响初始投资，还影响投产后的运营成本、服务成本和经营成本。据估算，商业经营是否成功，选址占70%，经营和推广等只占30%。古语说："一步差三市"；西方国家服务行业流行这样一句话："Location，Location，Location."（位置，位置，位置。）

选址需要考虑的因素有很多。首先，选址通常是多目标规划问题，而且这些目标常常是互相矛盾的；其次，不同因素的相对重要性很难确定和度量；最后，周围的环境是变化的，当时选的是最佳位置，但随着时间推移、环境变化，未来也许变成不好的位置。

小资料

危险品库选址与结构

危险品库在选址时应依据政府的总体市政布局，选择合适的建设地点，一般选择较为空旷的地区，远离居民区、供水地、主要交通干线、农田、河流、湖泊等，在当地长年主风向的下风位选址。如建设地点必须选在市区内，则大、中型的甲类仓库和大型乙类仓库与居民区和公共设施的间距应大于150m，与企业、铁路干线的间距大于100m，与公路的距离大于50m；如建设地点设置在库区，大型库房间距为20~40m，小型库房间距为10~40m；易燃商品应放置在地势低洼处，桶装易燃液体应放在库内。

危险品库应根据危险品的种类、特性，采用妥善的建筑结构，并取得相应的许可，同时设置相应的监测、通风、防晒、调温、防火、灭火、防爆、泄压、防毒、中和、防潮、防雷、防静电、防腐、防渗漏或隔离等安全设施和设备。

资料来源：https://baike.so.com/doc/122055-128886.html，有改编。

2.1.1 选址的原则

1. 适应性原则

仓库、配送中心地址的选择须与国家及地区的经济发展方针、政策相适应，与国家物流资源分布、物流中心节点、都市群、产业布局和需求分布相适应，与国民经济和社会发展相适应。

2. 协调性原则

仓库、配送中心的选址应将区域物流网络作为一个大系统来考虑，使仓库、配送中心的设施设备在地域分布、物流作业生产力、技术水平等方面互相协调，与国际、国内物流网络相适应，有效融入物联网、区块链、供应链系统中。

3. 经济性原则

仓库、配送中心在建设过程中，选址费用主要包括建设费用及物流费用（经营费用）两部分。仓库、配送中心选址定在市区、近郊区或远郊区，其未来物流辅助设施的建设规模及建设费用，以及运费等物流费用是不同的，选址时，应以总费用最低作为选址的经济性原则。

4. 战略性原则

仓库、配送中心的选址，应具有战略眼光：一是要考虑全局；二是要考虑长远规划。局部要服从全局，目前利益要服从长远利益，既要考虑目前的实际需要，又要考虑日后发展的可能，根据目前或未来即将出现的新技术、新趋势、新模式布局、选址。

5. 可行性原则

仓库、配送中心的选址要充分考虑建设的可行性，在兼顾以上四条原则的同时考虑选址最终的可操作性。仓库、配送中心的选址一定要建立在现有的生产发展水平基础上，要考虑实际需要，做到技术上可行、经济上合理，目前与长远目标兼顾，使规划能够最终实现既定目标。

小思考：中国的物流费用缘何较高？

回答：我们认为包含以下几点因素：

1）运输结构。大量本应通过铁路和水路运输的中长距离运输由公路运输承担，抬高了综合运输成本。

2）运输接驳。多种运输方式之间缺乏有效衔接，短驳、装卸、配送成本较高。我国的多式联运方式尚未普及，集装箱运输占比仅有 5.4%；美欧发达国家集装箱运输占比较高，30% ~40% 为常见比例。以集装箱为载体的多式联运兼有规模化成本优势和灵活的优点。

3）运输不平衡。地域经济结构导致运输的来回满载率不平衡。

4）标准化不足。

资料来源：http://www.chyxx.com/industry/201804/634738.html，有改编。

2.1.2　仓库与配送中心选址的影响因素

进行选址决策时，需要考虑各种要求和影响因素，在此基础上预先确定仓库、配送中心的地址，列出多个可供选择的可行方案，借助科学评价方法，进行技术经济分析，从多个可行方案中选定理想的位置。对于影响仓库选址的因素，可以将其划分为成本因素与非成本因素。成本因素是指那些与成本直接有关的、可以用货币单位直接度量的因素；非成本因素主要是指与成本无直接的关系，但能够影响成本和企业未来发展的因素。

1. 主要成本因素

（1）运输成本

转运多，运输成本居高不下，一直是困扰物流企业的难题。运输成本占物流成本 30% 以上，因此，要从四方面控制运输成本。一是通过合理选址，从战略角度出发，调整运输结构，提高铁路和水路运输量比例；二是做好运输接驳，多种运输方式之间有效衔接、有效开展多式联运；三是缓解地域经济结构导致运输来回满载率不平衡的矛盾；四是为开展物流领域标准化工作创造有利条件，降低运输成本。

小资料

大力发展多式联运，是促进物流业降本增效的重要举措

多式联运是由两种及以上的交通工具相互衔接、转运而共同完成的运输过程。根据交通运输部的测算，多式联运能够提高运输效率30%左右，减少货损货差10%左右，降低运输成本20%左右。我国多式联运运量占全社会货运量比重每提高1%，可降低社会物流总费用约0.9%，节约成本支出1000亿元左右。

资料来源：https://page.om.qq.com/page/O-9sTg1wbcYszHMHssE58qiQ0?source=cp_1009，有改编。

小思考：快递业运输成本所占成本比重为多少？快递业最大的三部分成本分别是哪些？
回答：快递业运输成本占成本比重为50%左右，快递业最大的三部分成本分别是运输成本、场地成本和人工成本。

（2）原材料供应成本

将仓库、配送中心地址定位在原材料附近，不仅能够保证原材料的安全、及时供应，还能够降低运输费用，获得较低的采购成本。

（3）人力资源成本

不同地区的劳资水平不尽相同，差异较大，在选址决策时需要考虑人力资源成本在物流费用中所占的比重。

（4）建筑成本和土地成本

不同的选址方案，在对土地的征用、建筑等方面的要求是不相同的，从而导致不同的成本开支。因此，在选址过程中，应尽量避免占用农业用地和环保用地，减少拆迁费、安置费和建设成本。

2. 非成本因素

（1）经营环境

选址时应考虑当地经营环境、商业氛围、政府为企业服务的意识和行为、经济发展水平等因素，还应该注重选址周围的社区环境、周边地区的顾客流量、人们的购买力水平、交通运输状况和公用设施条件、医疗卫生条件、子女入学、购物、休闲场所等因素。

（2）当地政府政策法规

在进行选址决策时，要充分考虑当地政府的政策法规。有些地区的政府采取比较积极的政策，鼓励在经济开发区进行配送中心、仓库的建设或出租，并在资本、税收等方面提供比较优惠的政策；同时，这些地区的交通、通信、能源等方面的基础设施建设也比较便利。

（3）自然环境因素

有些商品的仓储与运输需要在一定温度和湿度范围内进行，需要特定的地理环境条件，只有这样才能确保商品质量。因此，在选址过程中，要考虑自然环境因素。此外，仓储是大量商品的集结地，某些容重很大的建筑材料堆码起来会对地面造成很大的压力，因此选址还需考虑到地质条件，如果仓库地面以下存在淤泥层、流沙层、松土层等不良地质条件，会在受压地段造成沦陷、翻浆等严重后果。还有，在沿江河地区选址时，需要调查和掌握有关的水文资料，特别是汛期洪水最高水位的情况，防止洪水隐患。同时，在水文条件方面，还要考虑地下水位的情况，水位过高的地方不宜作为工程的基地，洪泛区、内涝区、故河道、干河滩区等区域绝对禁止。

（4）时间影响因素

快速响应、快速送达是物流企业竞争的重要因素之一。建立综合物流中心，就是既要使整个供应链的成本最小，又要对顾客的需求做出有效的快速响应。而且有些产品时效性强，选址时必须考虑时间因素。

2.2 仓库及配送中心选址的方法

选址的评价方法有很多，如层次分析法、P-中值模型法、最大覆盖模型法、借助于地理信息系统进行选址等方法。不同方法有各自的优点、缺点和适用条件，不同行业、不同企业应根据自身的特点选用合适的方法，其中，最常用的有 10 种方法，即量本利分析法、重心法、评分法、线性规划运输问题算法、引力模型法、仿自然法、直角坐标法、平衡点法、仿真方法、求导数法。此外，技术经济学（工程经济学）或财务管理中的方案评价方法均可使用，因篇幅所限这里不一一介绍，只介绍几种简便、实用的选址方法（其他相关教材如《物流系统规划与设计》《配送中心规划与设计》等经常讲解的方法从略）。

2.2.1 一维直角坐标法

1. 适用条件

一维直角坐标法是求解各需求厂和供应厂在一条直线上最优解的简便解法。例如，n 个企业在一条直线上（一条公路的两旁），第 i 个企业某种原材料使用量为 w_i，要在这条直线上选址建一个供应厂供给它们所需的原材料使得总运费最小，就适合采用这种方法求解。若单位吨公里运费各段都相同，则只需考虑总运量（用 S 表示）最小，即总运量 $(S)=\sum[$距离$(d_i)\times$使用量$(w_i)]$ 最小。

2. 一维直角坐标法原理

根据优化理论，在只有一个波峰或波谷的函数中，最优解所在点导数等于零。假设目标函数最优解为 y_z，对应 x 坐标为 x_z，则不论 x 坐标是小于 x_z 还是大于 x_z，其目标函数均恶化，都没有 y_z 好。因此，可借此规律判断离散函数某一点是不是最优解。一条直线上最优解的简便解法借助于直角坐标法，即把若干使用单位如工厂（或班组）按坐标大小由小到大排列，再计算各需求单位累计使用量 $A_n=\sum w_i(i=1,2,\cdots,n)$，即总使用量，累计使用量第一个 $A_k=\sum w_i(i=1,2,\cdots,k)$ 大于或等于总使用量一半对应的坐标为最优解。因为前 k 个工厂累计使用量大于或等于使用量总和的一半，所以余下使用量累计之和 $\mathrm{AY}_k=\sum w_i(i=k+1,k+2,\cdots,n)$ 小于或等于总使用量的一半，余下使用量累计之和 AY_k 也可通过 A_n-A_k 获得。因为往右移动 d_1 个单位，到达下一个点，使用量累计之和 $A_{k+1}=\sum w_i$，移动距离都增加 d_1 个单位，余下使用量累计之和 AY_{k+1} 移动距离都减少 d_1 个单位，综合作用的结果使得总运量增加 $d_1(A_{k+1}-\mathrm{AY}_{k+1})>0$；往左移动 d_1 个单位，到达前一个点，此时使用量累计之和 $A_{k-1}=\sum w_i$ 小于总和 A_n 的一半，A_{k-1} 移动距离都减少 d_1 个单位，余下使用量累计之和

($AY_{k-1} = \sum w_i$) 大于总和 A_n 的一半，AY_{k-1} 移动距离都增加 d_1 个单位，综合作用的结果使得总运量增加 d_1 ($AY_{k-1} - A_{k-1}$) >0。不管是左移还是右移，目标函数均增加，所以使用量累计之和第一个大于或等于总使用量一半对应的坐标为最优解。

这类问题的最优解只与使用量有关，而与距离无任何关系。但需注意的是，若最优解那点因某种原因不能建供应厂（或设置公用设施），应选离最优解最近前一点（左侧）和后一点（右侧）两个点中总成本较小的那个点建供应厂，这时最优解不仅与到这两点的距离有关，还与对应的累计使用量有关。

综上所述，可得如下几个重要计算公式（首先按坐标大小升序排序，然后再计算）：

$$S = \sum [d_i w_i] \tag{2-1}$$

式中 S——总运量；

d_i——移动距离；

w_i——各需求单位使用量。

$$A_n = \sum w_i \quad (i = 1,2,\cdots,n) \tag{2-2}$$

式中 A_n——各需求单位累计使用量。

$$A_k = \sum w_i \quad (i = 1,2,\cdots,k) \tag{2-3}$$

式中 A_k——第 k 点累计使用量。

$$AY_k = \sum w_i \quad (i = k+1, k+2, \cdots, n) \tag{2-4}$$

式中 AY_k——第 k 点余下累计使用量。

$$AY_k = A_n - A_k \tag{2-5}$$

最优解的条件为

$$A_k \geqslant A_n/2 \geqslant A_{k-1} \tag{2-6}$$

3. 一维直角坐标法求解步骤

一维直角坐标法求最优解步骤如下：

首先，把各单位按 x 坐标从小到大重新排序；然后，计算累计使用量（前累计）；最后，确定最优解坐标 x_o，累计使用量第一个大于或等于总使用量一半对应的坐标 x_o 为最优解。

【例题 2-1】 某省内有九个化工厂，分别位于省级公路两边，其他小路特种车辆无法通过。化工厂距离省会位置及某种化工原材料使用量见表 2-1。现拟在省内建一原材料配送中心，在哪里建配送中心位置最佳？

表 2-1 直角坐标法原始数据（Excel 形式）

	B	C	D	E	F	G	H	I	J	K	L
3	单位	化工厂 1	化工厂 2	化工厂 3	化工厂 4	化工厂 5	化工厂 6	化工厂 7	化工厂 8	化工厂 9	
4	坐标 x	10	56	20	15	70	80	160	315	190	916
5	使用量/t	20	22	60	35	40	28	75	43	57	380
6	前累计/t	20	42	102	137	177	205	280	323	380	

解：因为九个化工厂分别位于公路两边，所以可运用一维直角坐标法求解。首先，根据各化工厂的 x 坐标大小，按坐标从小到大对化工厂排序，然后从前往后计算累计使用量，累计使用量（前累计）第一个大于或等于总使用量一半的对应位置即为最优解。

在表 2-2 中，化工厂 6 对应坐标是 $x_0 = 80\text{km}$，前累计使用量 $205\text{t} \geqslant 380\text{t}/2 = 190\text{t}$，第一次出现前累计使用量大于或等于总使用量一半，因此，该点为最优解，此时总运量 30578t · km。

表 2-2　最优解计算（Excel 形式）

	B	C	D	E	F	G	H	I	J	K	L
10	单位	化工厂 1	化工厂 4	化工厂 3	化工厂 2	化工厂 5	化工厂 6	化工厂 7	化工厂 9	化工厂 8	
11	坐标 x	10	15	20	56	70	80	160	190	315	916
12	使用量/t	20	35	60	22	40	28	75	57	43	380
13	前累计/t	20	55	115	137	177	205	280	337	380	
14	后累计/t	380	360	325	265	243	203	175	100	43	
15	最优解位置						最优解				
16	距化工厂 6 的距离/km	70	65	60	24	10	0	80	110	235	
17	运量/(t · km)	1400	2275	3600	528	400	0	6000	6270	10105	30578

实训题 2-1　根据表 2-2，在 Excel 中，若单元格 E13 公式为“ = sum（$C$12: E12）”，求单元格 G13 的 Excel 计算公式；若单元格 F14 公式为“ = sum（F12: $K12）”，求单元格 D14 的 Excel 计算公式。

小思考：能否编辑自动判断顺序是否正确及自动给出最优解位置的 Excel 公式？

回答：最优解自动确定位置 Excel 公式如下：

C15 = if(and(sum($B12: B12) < $K13/2, sum($B12: C12) > = $K13/2), "最优解", " ")

自动判断顺序是否正确的 Excel 公式如下：

C17 = if(C11 < D11, "", "出错")

实训题 2-2

(1) 给出求解各点到最优解那一点距离的计算公式。

(2) 给出计算总运输量的计算公式。

2.2.2　仿自然法

仿自然法是借助自然界亿万年优胜劣汰、不断进化和优化的结果，运用自然界的优化现象寻找最优解。例如，光走的距离最短；液体表面之间夹角为 120°时张力最小；蜜蜂蜂巢壁间夹角接近 108°时，容积最大；蚂蚁把大量食物运到巢穴走的距离最短；鱼类流线形体型是最佳形态等。

1. 光走的距离最短原理及运用

假设在一条河边需要建一个码头，问在哪里建码头可以使码头到 A 和 B 两个工厂的距离最短？解法是借助光的入射角等于反射角（角 APC 和角 CPB 相等）的原理，即做 A 点对称点 A'（$AE=EA'$），然后连接 A'和 B 点，其连线与河岸交点 P 为建码头最佳位置（见图 2-7）。

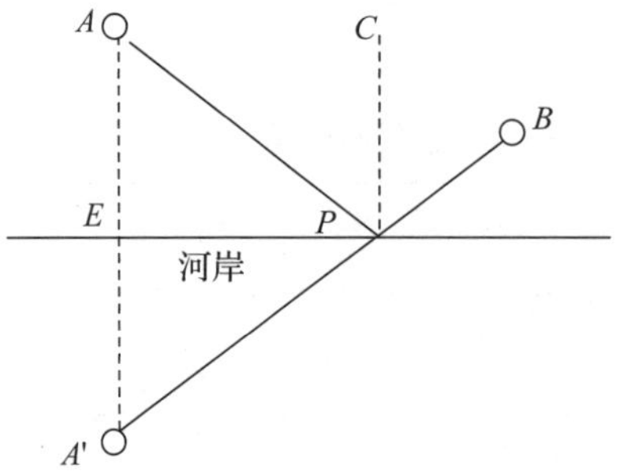

图 2-7 建码头图解法

实训题 2-3 光走的距离最短原理应用

已知 B 点城市物流运输量为 200 万 t/年，A 点城市物流运输量只有 100 万 t/年，两个城市均在长江一侧。码头建在哪里最佳？有几种方法可求最优解？

2. 液体表面之间夹角为 120°时张力最小原理及其运用

在自然界中液体表面之间夹角为 120°时张力最小。例如，当肥皂泡之间的夹角呈 120°时，它们是一个相对稳定状态，符合优化的平衡原理。一个平面 360°若被分成三份，每份各为 120°则该分配是均衡分配。这一理论也可以被运用到选址与布置中。

【例题 2-2】连接四点距离最短的方法。为了便于计算，四点分布如图 2-8a 所示，以正方形为例，如何连接四个顶点可以使所用管道最短？

方法一：三个直角边相连，若边长为 a，则总长度为 $3a$，如图 2-8b 所示。

方法二：对角线相连，总长度为 $2\sqrt{2}a$，如图 2-8c 所示。

方法三：每条连接线夹角为 120°，总长度为 $(1+\sqrt{3})a$，为最短，如图 2-8d 所示。只要按方法三连接，所用管道就最短。这就可以在选址中运用，解决给四个企业建一个污水处理厂，在何处建、如何铺设最短管道这类问题。其他任意四点及四点以上只要连线之间互成 120°，其连线就最短。例如，在图 2-8d 中，在正方形内寻找两点 E、F，使得 AE 和 EB、BE 和 EF、EF 和 FC、FC 和 FD 互成 120°，这样连接 A、B、C、D 四点的线段总长度最短。

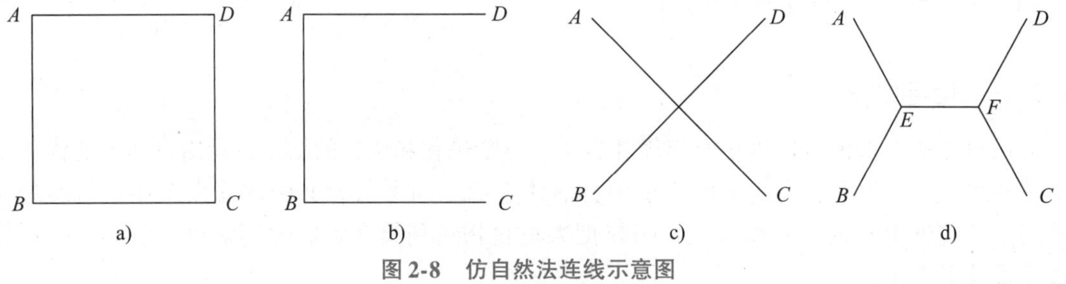

图 2-8 仿自然法连线示意图

实训题2-4 是直运还是转运

位于C城市的某物流公司货物有两个目的地——A城市和B城市，均在C城市的左侧。A到C的距离为2210km，4t货物运费为3100元；B到C的距离为2450km，6t货物运费为3800元。C距E城市（中转站）1800km，10t货物运费为3200元，A到E中转站有600km，4t货物运费为700元，B到E中转站有900km，6t货物运费为1300元，转运信息服务及装卸费合计400元。应直运还是转运？哪种方案的成本更低？

2.2.3 加权评分法

这种方法与简单评分法不同，这种方法直接给出重要程度的比重，每项指标满分可以是100分，也可以是其他数值，如10分等。经过专家对各项指标打分，然后考虑权重计算总分，分数最高的为最佳方案。计算公式为

$$S = \sum W_i F_i \tag{2-7}$$

式中 S——总分数；

W_i——第i指标权重；

F_i——第i指标评分值。

【例题2-3】假设某公司选址只考虑六个重要因素，其他因素忽略不计。每个因素权重（重要程度）见表2-3，评价专家给四个备选方案的六个影响因素分别打分，然后利用式(2-7)分别计算四个方案的加权平均得分，得分分别为84.1分、88.6分、86.9分和78.2分，B方案得分最高，因此最佳方案为B方案。建议利用Excel中对应相乘求和公式计算加权平均得分，例如，单元格D10中的计算公式为“=sumproduct（$C4:$C9，D4:D9）”。

表2-3 加权评分法计算（Excel形式）

	B	C	D	E	F	G
3	选址因素	权重	A方案	B方案	C方案	D方案
4	燃料可获性	0.1	95	85	95	82
5	水源供应充足程度	0.2	88	90	92	71
6	劳动力供应情况	0.2	70	95	80	90
7	生活条件	0.1	90	95	78	80
8	运输灵活性及前景	0.2	80	85	90	83
9	环境保护法规	0.2	90	83	86	66
10	共计	1	84.1	88.6	86.9	78.2

2.2.4 综合评分法

上面讲到的方法虽然简单，但也存在严重缺陷，如例题2-3中，劳动力供应情况第一个方案为何打70分？根据什么打分？换一个人打多少分？对可定量化的指标如何打分更客观、科学是评分法的关键所在。陈志祥在其所编著的《现代生产与运作管理》中提供了一种比较好的综合评分法——多指标评价方法。我们在其基础上进行了四个方面的修正，力求使其方法更有效、更科学合理。一是设立方案入选门槛，这样可以提高评比效率，把众多没入选

的方案剔除，减少评价方案个数，每个评价指标（选址考虑的重要因素）设一个最低可接受的门槛，如购房时，小区距离单位最远不超过12km、房屋面积最小不低于50m^{2}等；二是设立理想值，大于或等于理想值才可得满分，而不是方案中某指标得最高分的赋值满分，因为现有方案中得分最高的不一定很理想，只是相对最好；三是按比例打分，已入选的方案至少得60分，而不是零分，因为既然已入选，在可考虑范围内，给零分显然不妥，应按比例在60分的基础上打分，最大限度地减少人为因素影响；四是不分效益指标（越多、越大越好，如公交线路条数越多越好，住房面积越大越好等）和成本指标（距离越小越好、购买价格越低越好等），按统一公式把原始数据转换成科学的可比分数。

【例题2-4】某大学生小李参加工作三年，计划购买婚房。考虑的指标假设只有四个，即距单位距离（简称距离）、房屋面积、价格和周边环境。入选方案有五个，即A、B、C、D和E，这五个方案的四个评价指标原始分值见表2-4。小李应选哪个方案？

我们发现，不论是成本指标还是效益指标，用式（2-8）均可保证成本指标类实际原始分数（a_{ij}）越小，转换的分数（b_{ij}）也越小，实际原始分数越大，转换的分数也越大；效益指标也是一样，实际原始分数越小，转换的分数也越小，实际原始分数越大，转换的分数也越大。因此，可以用一个通式进行转换运算。前面提到，基础分是60分，即已入选最低可得60分，即式（2-8）后半部分为60。在此基础上，按比例折算，即式（2-8）前半部分。因为该列理想值－该列基础值（$G_j - M_j$）对应是40分，单位原始分数应转换分数为$40/(G_j - M_j)$，所以原始数据a_{ij}转换的分数b_{ij}中超出60分的部分，应为$(a_{ij} - M_j)\times 40/(G_j - M_j)$，因此得到

$$b_{ij} = [(a_{ij} - M_j)\times 40/(G_j - M_j)] + 60 \tag{2-8}$$

用语言描述公式为

$$\text{矩阵}\boldsymbol{B}\text{中某位置数据} = [(\text{该位置原始矩阵}\boldsymbol{A}\text{实际数据} - \text{该列基础值})\times 40/(\text{该列理想值} - \text{该列基础值})] + 60 \tag{2-9}$$

首先根据式（2-8）运用Excel函数公式进行原始数据转换，如在C18输入“=(C8－C$20)×40/(C$14－C$20)+60”，然后将其复制到整个C15: F19区域。再计算每个方案的加权平均得分，见表2-5中的G15: F19区域。在单元格G15中输入“=sumproduct(C$12: F$12，C15: F15)”，然后将其复制到整个G15: G19区域。经计算，从表2-5最后一列区域（G15: G19）可知方案E得分最高，为83.62分，因此，建议小李采用方案E。

表2-4　原始分值（Excel形式）

	B	C	D	E	F
2	权重	0.10	0.25	0.35	0.30
3	指标	距离/km	房屋面积/m^2	价格（元/m^2）	周边环境分数
4	理想值（100分）	1	95	4500	100
5	方案A	3	82	5200	75
6	方案B	7	85	6000	75
7	方案C	10	93	4800	60
8	方案D	6	75	6200	90
9	方案E	5	79	5300	90
10	基础值（60分）	12	65	6200	60

表 2-5　转换数据及计算结果（Excel 形式）

	B	C	D	E	F	G
12	权重	0.10	0.25	0.35	0.30	
13	指标	距离	房屋面积	价格	周边环境	最终得分
14	理想值(100 分)	1km	$95m^2$	4500 元/m^2	100	
15	方案 A 分数	92.73	82.67	83.53	75	81.67
16	方案 B 分数	78.18	86.67	64.71	75	74.63
17	方案 C 分数	67.27	97.33	92.94	60	81.59
18	方案 D 分数	81.82	73.33	60.00	90	74.52
19	方案 E 分数	85.45	78.67	81.18	90	83.62
20	基础值（60 分）	12km	$65m^2$	6200 元/m^2	60	

2.2.5　重心法和精确重心法

1. 重心法

重心法（Center-of-gravity Method）可以解决在哪里建厂能使为现有工厂提供原材料的总运费最小的决策问题。重心法是一种布置单个设施的方法，这种方法要考虑现有设施之间的距离和要运输的货物量。实际是计算以运量为权重的加权平均坐标。

重心法计算 x 和 y 加权平均坐标分别为

$$C_x = \sum (W_i x_i) / \sum W_i \tag{2-10}$$

$$C_y = \sum (W_i y_i) / \sum W_i \tag{2-11}$$

式中　C_x——重心的 x 坐标值；

C_y——重心的 y 坐标值；

x_i——第 i 点 x 坐标值；

y_i——第 i 点 y 坐标值；

W_i——第 i 点运量。

【例题 2-5】设有四个化工厂，单位运费均为 1 元/（t · km），每天需求量以及位置坐标见表 2-6，试用重心法确定供应厂位置坐标。

解：因单位运费相等且为 1 元/（t · km），故可简化不考虑单位运价。根据重心法计算公式，利用 Excel 中的函数公式，求重心坐标。

I3 单元格输入“=sumproduct（C3: F3，C$5: F$5）/G$5”，得到重心的 x 坐标。

I4 单元格输入“=sumproduct（C4: F4，C$5: F$5）/G$5”，得到重心的 y 坐标。

表 2-6 中，G5 = sum（C5: F5）；C6 = ((C3 – $I3)^2 + (C4 – $I4)^2)^0.5，复制 C6 到整个 C6: F6；I6 = sumproduct（C5: F5，C6: F6）；计算结果见表 2-6，重心坐标 x 为 46.35km，y 为 72.83km，总运输量 1190t，总的运输费为 26821.24 元。

表2-6　重心法计算（Excel形式）

	B	C	D	E	F	G	H	I
2		A	B	C	D	合计		
3	x 坐标/km	20	50	22	65		重心坐标 x	46.35
4	y 坐标/km	36	78	95	73		重心坐标 y	72.83
5	需求量/t	180	280	230	500	1190		
6	距化工厂距离/km	45.29	6.33	32.93	18.65		总的运输量/(t·km)	26821.24

2. 重心法的适用条件

尽管许多教材介绍过重心法，但要注意这种方法并不能求最优解，它只是一种简便计算方法而已。当运量相差悬殊时，这种方法求得的结果离最优解很远；只有当运量非常接近相等时，效果才比较理想。

这种问题的目标函数是总运费最小，因为当单位运价都相等时，可忽略单位运价，此时，目标函数为各点到供应厂的距离乘以该点运量之和，公式如下：

$$TC = \sum (d_i W_i) \tag{2-12}$$

因为

$$d_i = [(x_i - x_C)^2 + (y_i - y_C)^2]^{0.5} \tag{2-13}$$

所以

$$TC = \sum (d_i W_i) = \sum \left\{ [(x_i - x_C)^2 + (y_i - y_C)^2]^{0.5} W_i \right\} \tag{2-14}$$

式中　d_i——第 i 点到供应厂距离；

W_i——第 i 点运量；

x_C——最优解 x 坐标；

y_C——最优解 y 坐标。

分别对 x_C 和 y_C 求偏导数，可得最优解。因为式中带根号（0.5次方），求导之后分母必带根号，不可能与加权平均表达式相等，所以重心法求得的不是最优解。

3. 精确重心法

(1) 精确重心法迭代公式推导

为了克服重心法的严重不足，求近似最优解（或满意较优解）甚至是最优解，可用精确重心法。精确重心法迭代公式的推导如下：

式（2-14）两边对 x_C 求导数得

$$TC' = \sum [(x_i - x_C) W_i / d_i] \tag{2-15}$$

式（2-14）两边对 y_C 求导数得

$$TC' = \sum [(y_i - y_C) W_i / d_i] \tag{2-16}$$

令导数等于0，解得迭代公式为

$$x_C = \frac{\sum (W_i x_i / d_i)}{\sum (W_i / d_i)} \tag{2-17}$$

$$y_C = \frac{\sum (W_i y_i / d_i)}{\sum (W_i / d_i)} \tag{2-18}$$

（2）迭代运算步骤

先按重心法给出初始坐标，计算初始解，然后再按新的位置重新计算 d_{i1} 和 TC_1，看新的 TC_1 是否满意；不满意，继续迭代，计算修正（迭代）后的 d_{i2} 和 TC_2；不满意继续迭代，直到满意停止迭代。通过迭代可得最优解（或满意较优解），停止迭代的标准是迭代收敛，不再改变总成本数值或差异达到规定标准。

4. Excel 在精确重心法中的运用

【**例题 2-6**】以例题 2-5 数据为例，改善幅度小于 1 元时停止迭代。用精确重心法求解近似最优解。首先计算重心法坐标分别为 46. 35km 和 72. 83km，此时总运费为 26821. 24 元。用 Excel 软件编制计算迭代公式，利用式（2-17）和式（2-18）计算新的修正后坐标分别为 $x = 51.065$ 和 $y = 75.778$，新的总运费为 24893. 88 元。迭代 19 次结果：$x = 50.188$，$y = 77.806$，迭代总成本为 24738. 71 元；迭代 20 次结果：$x = 50.169$，$y = 77.825$，迭代总成本为 24737. 80 元，目标函数改善小于 1 元，停止迭代。初始迭代方案见表 2-7，第 19 次迭代结果见表 2-8，第 20 次迭代结果见表 2-9。

表 2-7 初始迭代方案（Excel 形式）

	B	C	D	E	F	G	H	I	J	K	L
1	地点	运输量 W_i/t	x_i/km	y_i/km	x/km	y/km	d_i/km	TC（元）	W_i/d_i	W_ix_i/d_i/t	W_iy_i/d_i/t
2	1	180. 00	20	36	46. 35	72. 83	45. 29	8151. 97	3. 97	79. 49	143. 08
3	2	280. 00	50	78	46. 35	72. 83	6. 33	1771. 10	44. 27	2213. 32	3452. 78
4	3	230. 00	22	95	46. 35	72. 83	32. 93	7574. 26	6. 98	153. 65	663. 50
5	4	500. 00	65	73	46. 35	72. 83	18. 65	9323. 91	26. 81	1742. 83	1957. 33
6	Σ	1190						26821. 24	82. 04	4189. 29	6216. 69
7					51. 065	75. 778					

表 2-8 第 19 次迭代结果（Excel 形式）

	B	C	D	E	F	G	H	I	J	K	L
163	地点	运输量 W_i/t	x_i/km	y_i/km	x/km	y/km	d_i/km	TC（元）	W_i/d_i	W_ix_i/d_i/t	W_iy_i/d_i/t
164	1	180. 00	20	36	50. 21	77. 78	51. 56	9280. 96	3. 49	69. 82	125. 68
165	2	280. 00	50	78	50. 21	77. 78	0. 30	84. 29	930. 10	46505. 14	72800. 00
166	3	230. 00	22	95	50. 21	77. 78	33. 05	7601. 06	6. 96	153. 11	661. 12
167	4	500. 00	65	73	50. 21	77. 78	15. 54	7772. 39	32. 17	2090. 73	2348. 78
168	Σ	1190						24738. 71	972. 72	48818. 81	75935. 58
169					50. 188	77. 806					

表 2-9 第 20 次迭代结果（Excel 形式）

	B	C	D	E	F	G	H	I	J	K	L
172	地点	运输量 W_i/t	x_i/km	y_i/km	x/km	y/km	d_i/km	TC（元）	W_i/d_i	W_ix_i/d_i/t	W_iy_i/d_i/t
173	1	180.00	20	36	50.19	77.81	51.57	9281.82	3.49	69.81	125.66
174	2	280.00	50	78	50.19	77.81	0.27	75.73	1035.23	51761.68	80748.23
175	3	230.00	22	95	50.19	77.81	33.02	7594.22	6.97	153.25	661.75
176	4	500.00	65	73	50.19	77.81	15.57	7786.02	32.11	2087.07	2343.94
177	Σ	1190						24737.80	1077.80	54071.82	83879.59
178					50.169	77.825					

2.2.6 运输模型法

1. 运输模型法在选址中运用的原理

在选址中，运输模型既可用于选择销地（配送点），也可用于选择产地（物流中心或配送中心）。其原理是在原有的资料基础上，把备选方案资料分别用上，计算最优解，哪个备选方案最优解总成本小，哪个就是最优方案，就可决定在哪里建厂或在哪里建销售中心。运输模型不仅可在选址中运用，也可在其他配送计划中运用。

2. 运输模型法在选址中的运用

【例题 2-7】某产品市场销售状况良好，计划再新建一个配送点（销地），有 A 和 C 两个城市可供选择。单位运价和供需关系见表 2-10，在哪里建配送点好？

表 2-10 选择配送点原始数据

（运价单位：万元）

产地	销地					供应量/kg
	B_1	B_2	B_3	BA_4	BC_5	
A_1	12	9	10	10	8	19
A_2	1	3	4	2	5	15
A_3	8	4	12	5	3	17
需求量/kg	13	18	14	6	6	

运用运输模型法选址的思路分为以下几步：首先，用备选方案之一 A 城市，根据其有关运价、需求数据及原有数据构造运输模型，见表 2-11，计算该问题最优解（选 A 城市建配送点最优方案见表 2-12），得出最低总成本 $\mathrm{minTC_A}$；其次，用另一个备选方案 C 城市，根据其有关运价、需求数据及原有数据构造运输模型，见表 2-13，再次，计算该问题最优解（选 C 城市建配送点最优方案见表 2-14），得出最低总成本 $\mathrm{minTC_C}$；最后，比较 $\mathrm{minTC_A}$ 和 $\mathrm{minTC_C}$ 的大小，在二者较小处建配送点为最佳方案。

解：经计算可得

A 城市最小运费

$$\mathrm{minTC_A} = 9\ \text{万元/kg} \times 1\text{kg} + 10\ \text{万元/kg} \times 14\text{kg} + 10\ \text{万元/kg} \times 4\text{kg} + 1\ \text{万元/kg} \times 13\text{kg} + 2\ \text{万元/kg} \times 2\text{kg} + 4\ \text{万元/kg} \times 17\text{kg} = 274\ \text{万元}$$

C 城市最小运费

$$\min TC_C = 9\text{ 万元/kg} \times 5\text{kg} + 10\text{ 万元/kg} \times 14\text{kg} + 1\text{ 万元/kg} \times 13\text{kg} + 3\text{ 万元/kg} \times 2\text{kg} + 4\text{ 万元/kg} \times 11\text{kg} + 3\text{ 万元/kg} \times 6\text{kg} = 266\text{ 万元}$$

因为 266 万元 < 274 万元，所以选 C 城市建配送点好。

表 2-11　选 A 城市构造运输模型

（运价单位：万元）

产地	销地				供应量/kg
	B_1	B_2	B_3	BA_4	
A_1	12	9	10	10	19
A_2	1	3	4	2	15
A_3	8	4	12	5	17
需求量/kg	13	18	14	6	

表 2-12　选 A 城市建配送点最优方案

（单位：kg）

产地	销地				供应量
	B_1	B_2	B_3	BA_4	
A_1	0	1	14	4	19
A_2	13	0	0	2	15
A_3	0	17	0	0	17
需求量	13	18	14	6	

表 2-13　选 C 城市构造运输模型

（运价单位：万元）

产地	销地				供应量/kg
	B_1	B_2	B_3	BC_5	
A_1	12	9	10	8	19
A_2	1	3	4	5	15
A_3	8	4	12	3	17
需求量/kg	13	18	14	6	

表 2-14　选 C 城市建配送点最优方案

（单位：kg）

产地	销地				供应量
	B_1	B_2	B_3	BC_5	
A_1	0	5	14	0	19
A_2	13	2	0	0	15
A_3	0	11	0	6	17
需求量	13	18	14	6	

实训题 2-5 用 Excel 规划求解此问题

某公司 H 产品市场销售状况良好，产品供不应求，需求缺口 30t。该公司计划再新建一个生产工厂增加产量，有南京（N）和广州（G）两个城市可供选择。单位运价和供需关系相关数据（AN_3为南京数据，AG_3为广州数据）见表 2-15，在哪里建生产工厂好？

表 2-15 选择建厂原始数据

（运价单位：万元）

产地	销地				产量/t
	B_1	B_2	B_3	B_4	
A_1	5	9	13	7	20
A_2	8	3	4	2	25
AN_3	10	5	12	9	30
AG_3	3	15	8	6	30
需求量/t	25	10	25	15	75

【例题 2-8】广东省某集团公司的某种产品市场销售状况良好，生产能力充足，能满足市场需求，经调研，可在五个城市（BA_4、BC_5、BD_6、BE_7和 BF_8）开拓新的市场，建立销售中心（销地）。该集团公司原有六个供应地（A_1、A_2、A_3、A_4、A_5和 A_6），三个销售地（B_1、B_2和 B_3），各销售地需求量、各供应地产量、各点之间单位运价等资料见表 2-16。该公司选哪两个城市新建销售地可以使总的运输成本最低？

表 2-16 原始数据表

（运价单位：万元）

供应地	销售地								供应量/t
	B_1	B_2	B_3	BA_4	BC_5	BD_6	BE_7	BF_8	
A_1	12	6	5	13	14	12	14	5	24
A_2	5	8	11	12	5	1	11	6	28
A_3	18	13	12	2	7	3	8	13	20
A_4	3	17	31	5	3	15	6	7	30
A_5	11	5	22	11	8	5	3	6	40
A_6	7	4	4	9	6	11	8	2	18
需求量/t	40	50	30	20	20	20	20	20	

该问题是一个组合优化问题，需要在五个城市中任选两个城市与原有销售方案进行组合，找出总的运输成本最低的组合，即可确定最佳两个城市组合。五选二共有组合数 10($5\times4/2=10$)个，因组合数不多，可以把这 10 个组合都分别求解，哪个组合总的运输成本最低，则该组合就是最佳组合，这样就可确定选取哪两个城市作为新的销售地。若组合数很多，则这种方法不可取。有人认为，每次选一个城市与原销售方案组合，因题目要求选两

个城市，所以选两个总成本最低的城市组合就是最优解，是这样吗？答案是否定的，五个城市（BA_4、BC_5、BD_6、BE_7 和 BF_8）分别与原销售方案组合，最优解分别为 546 万元、562 万元、626 万元、636 万元和 636 万元，第一个和第二个城市与原销售方案组合的最优解成本最低，这两个城市再组合得到的最优解为 666 万元，而实际的最优解 588 万元为第一个城市 BA_4 和第三个城市 BD_6 的组合。

下面介绍一种更加高效、快速，可以一次直接求出最优解的方法。

设 X_{ij} 为第 i 个供应地给第 j 个销售地的供应量，C_{ij} 为第 i 个供应地给第 j 个销售地运输货物的单位运价，b_j 为第 j 个销售地的需求量，W_j 为第一个到第 j 个销售地的供应量之和，a_i 为第 i 个供应地的产量，M_i 为第一个到第 i 个供应地的供应量之和，因生产能力为 160(24 + 28 + 20 + 30 + 40 + 18 = 160)t，原有三个销售地的需求量一共 120(40 + 50 + 30 = 120)t，所以，新建两个销售地的需求量之和为 40(160 - 120 = 40)t。假设原有销售地需求量必须满足，所以原有三个销售地供给量必须分别为 40t、50t 和 30t。为了便于求解，在传统运输模型中增加一行变量，这行变量为二进制（0，1）变量，取值为 1 时，表示该城市被选中；否则，表示该城市没被选中。设这行变量分别为 X_{71}、X_{72}、X_{73}、X_{74}、X_{75}、X_{76}、X_{77} 和 X_{78}，因原有三个销售地必须保留，在五个备选城市中任选两个城市的需求量之和为 40t，所以有如下约束：

$$\begin{cases} W_4 + W_5 + W_6 + W_7 + W_8 = 40 \\ X_{71} + X_{72} + X_{73} = 3 \\ X_{74} + X_{75} + X_{76} + X_{77} + X_{78} = 2 \\ M_i = a_i \quad (i = 1, 2, \cdots, 6) \end{cases}$$

为了使被选中或必须保留的销售地供应量之和等于需求量，增加一行约束数值，这行数值与销售地是否被选中有关。若被选中则取值为该销售地需求量；否则为 0。计算公式为各销售地供应量之和 W_j 乘以 X_{7j}，则增加如下约束：

$$W_j \leqslant b_j \quad (j = 1, 2, \cdots, 8)$$

$$W_j \geqslant W_j X_{7j}$$

因此，构建的数学模型为

目标函数

$$\min Z = \sum \sum C_{ij} X_{ij} \quad (i = 1, 2, \cdots, 6; j = 1, 2, \cdots, 8)$$

约束条件

$$\begin{cases} W_4 + W_5 + W_6 + W_7 + W_8 = 40 \\ X_{71} + X_{72} + X_{73} = 3 \\ X_{74} + X_{75} + X_{76} + X_{77} + X_{78} = 2 \\ M_i = a_i \quad (i = 1, 2, \cdots, 6) \\ W_j \leqslant b_j \quad (j = 1, 2, \cdots, 8) \\ W_j \geqslant W_j X_{7j} \\ X_{7j} \text{为二进制变量} \\ X_{ij} \text{为非负变量} \end{cases}$$

根据数学模型构建 Excel 求解表（见表 2-17 和表 2-18），编制相关计算公式并进行规划求解参数设计。

表 2-17　Excel 规划求解过程（一）

	B	C	D	E	F	G	H	I	J	K	L
2		B_1	B_2	B_3	BA_4	BC_5	BD_6	BE_7	BF_8		供应量 a_i
3	A_1	12	6	5	13	14	12	14	5		24
4	A_2	5	8	11	12	5	1	11	6		28
5	A_3	18	13	12	2	7	3	8	13		20
6	A_4	3	17	31	5	3	15	6	7		30
7	A_5	11	5	22	11	8	5	3	6		40
8	A_6	7	4	4	9	6	11	8	2		18
9	需求量 b_j	40	50	30	20	20	20	20	20		160
10				120							

表 2-18　Excel 规划求解过程（二）

	A	B	C	D	E	F	G	H	I	J	K	L	M	N
10					120									
11														
12			B_1	B_2	B_3	BA_4	BC_5	BD_6	BE_7	BF_8	M_j	供应量 a_i		
13		A_1	0	0	24	0	0	0	0	0	24	24		
14		A_2	8	0	0	0	0	20	0	0	28	28		
15		A_3	0	0	0	20	0	0	0	0	20	20	目标函数	588
16		A_4	30	0	0	0	0	0	0	0	30	30		
17		A_5	0	40	0	0	0	0	0	0	40	40		
18		A_6	2	10	6	0	0	0	0	0	18	18		
19			1	1	1	1	0	1	0	0				
20		W_j	40	50	30	20	0	20	0	0	160			
21		需求量 b_j	40	50	30	20	20	20	20	20		160		
22		W_jX_{7j}	40	50	30	20	0	20	0	0				
23										40	40			
24										3	3			
25										2	2			

在表 2-17 和表 2-18 中，变量区域为 C3: J9，目标函数为单元格 N15，主要单元格计算公式为：N15 = sumproduct（C3: J8，C13: J18）；K13 = sum（C13: J13）；C20 = sum（C13: C18）；E10 = sum（C9: E9）；C22 = C19 × C21；K23 = sum（F20: J20；K24 = sum（C19: E19）；K25 = sum（F19: J19）。

K13：K18 区域计算公式与 K13 类似，C20: J20 区域计算公式与 C20 类似，C22: J22 区域计算公式与 C22 类似，复制粘贴即可。

约束条件及规划求解参数设计如图 2-9 所示，最优解为 588 万元，即选择第一个城市（BA_4）和第三个城市（BD_6）的组合。使用这种方法的效率高，求解速度快，可一次直接求得最优解。

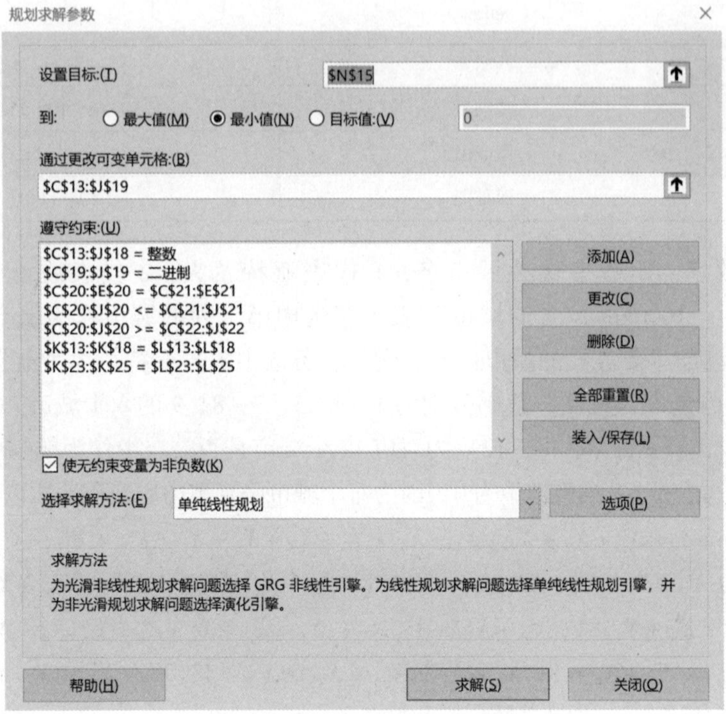

图 2-9　Excel 规划求解参数设计

2.2.7　0-1 规划解法

选址问题的种类很多，可运用的方法也很多，为了拓宽视野、提高解决实际问题的能力，本节通过以下例题再介绍一种 0-1 规划解法。

【例题 2-9】 西南航空公司决定在美国设计一套“中心”系统，系统中的每个中心用于连接 1000km 内城市之间的往来飞行。该公司在亚特兰大、波士顿、芝加哥、丹佛、休斯敦、洛杉矶、新奥尔良、纽约、匹兹堡、盐湖城、旧金山和西雅图之间开通了飞行航班，各城市之间的距离及相关关系见表 2-19。该公司希望设置尽可能少的中心来覆盖所有通航的城市（某城市被覆盖是指该城市周边 1000km 范围内至少有一个中心），求需要设置几个中心及每个中心所在的城市。

表 2-19　各城市之间的距离及相关关系

城市代号	城市	1000km 包含的城市
1	亚特兰大	1、3、5、7、8、9
2	波士顿	2、8、9
3	芝加哥	1、3、7、8、9
4	丹佛	4、10
5	休斯敦	1、5、7
6	洛杉矶	6、10、11
7	新奥尔良	1、3、5、7
8	纽约	1、2、3、8、9
9	匹兹堡	1、2、3、8、9
10	盐湖城	4、6、10、11、12
11	旧金山	6、10、11、12
12	西雅图	10、11、12

为了提高效率，用数字代替城市名，1 代表亚特兰大，2 代表波士顿，以此类推。表2-19中第三列“1000km 包含的城市”表示若选中第二列的城市作为航空中心，该中心 1000km 范围内包含（覆盖）的城市代号。例如，若选中 1 号亚特兰大为航空中心，则其周边 1000km 范围内包含（覆盖）代码分别为 1、3、5、7、8、9 的六个城市。

解法一： 设 $X_i(i=1, 2, \cdots, 12)$ 为对应 12 个城市是否被选中作为航空中心的变量，取值为 0 和 1，被选中为 1，没被选中为 0。因为每个城市必须被中心覆盖，所以建立数学模型为

目标函数 $\min Z = X_1+X_2+X_3+X_4+X_5+X_6+X_7+X_8+X_9+X_{10}+X_{11}+X_{12}$

约束条件为 $X_1+X_3+X_5+X_7+X_8+X_9 \geqslant 1$；$X_2+X_8+X_9 \geqslant 1$；$X_1+X_3+X_7+X_8+X_9 \geqslant 1$；$X_4+X_{10} \geqslant 1$；$X_1+X_5+X_7 \geqslant 1$；$X_6+X_{10}+X_{11} \geqslant 1$；$X_1+X_3+X_5+X_7 \geqslant 1$；$X_1+X_2+X_3+X_8+X_9 \geqslant 1$；$X_1+X_2+X_3+X_8+X_9 \geqslant 1$；$X_4+X_6+X_{10}+X_{11}+X_{12} \geqslant 1$；$X_6+X_{10}+X_{11}+X_{12} \geqslant 1$；$X_{10}+X_{11}+X_{12} \geqslant 1$；变量 X_{ij} 为二进制变量。

建立 Excel 规划求解表（见表 2-20），变量为区域 F3: F4，目标函数为单元格 F16，约束条件表达式区域为 H3: H14，约束值为区域 I3: I14。各单元格计算公式分别为 H3 = F3 + F5 + F7 + F9 + F10 + F11；H4 = F4 + F10 + F11；H5 = F3 + F5 + F9 + F10 + F11；H6 = F6 + F12；H7 = F3 + F7 + F9；H8 = F8 + F12 + F13；H9 = F3 + F5 + F7 + F9；H10 = F3 + F4 + F5 + F10 + F11；H11 = F3 + F4 + F5 + F10 + F11；H12 = F6 + F8 + F12 + F13 + F14；H13 = F8 + F12 + F13 + F14；H14 = F12 + F13 + F14；F16 = sum（F3: F14）。

表 2-20　解法一的 Excel 规划求解过程

	A	B	C	D	E	F	G	H	I	J
2	城市代码	城市	1000km 包含的城市			变量		约束		
3	1	亚特兰大	1, 3, 5, 7, 8, 9		X_1	1		1	1	$X_1+X_3+X_5+X_7+X_8+X_9$

（续）

	A	B	C	D	E	F	G	H	I	J
4	2	波士顿	2，8，9		X_2	1		1	1	$X_2+X_8+X_9$
5	3	芝加哥	1，3，7，8，9		X_3	0		1	1	$X_1+X_3+X_7+X_8+X_9$
6	4	丹佛	4，10		X_4	0		1	1	X_4+X_{10}
7	5	休斯敦	1，5，7		X_5	0		1	1	$X_1+X_5+X_7$
8	6	洛杉矶	6，10，11		X_6	0		1	1	$X_6+X_{10}+X_{11}$
9	7	新奥尔良	1，3，5，7		X_7	0		1	1	$X_1+X_3+X_5+X_7$
10	8	纽约	1，2，3，8，9		X_8	0		2	1	$X_1+X_2+X_3+X_8+X_9$
11	9	匹兹堡	1，2，3，8，9		X_9	0		2	1	$X_1+X_2+X_3+X_8+X_9$
12	10	盐湖城	4，6，10，11，12		X_{10}	1		1	1	$X_4+X_6+X_{10}+X_{11}+X_{12}$
13	11	旧金山	6，10，11，12		X_{11}	0		1	1	$X_6+X_{10}+X_{11}+X_{12}$
14	12	西雅图	10，11，12		X_{12}	0		1	1	$X_{10}+X_{11}+X_{12}$
15										
16					目标函数	3				

规划求解参数设计如图 2-10所示，求解后可以得到一组解：$X_1=1$、$X_2=1$、$X_{10}=1$，目标函数 $\min Z=1+1+1=3$，即选亚特兰大、波士顿和盐湖城三个城市建航空中心可覆盖所有12 个城市，且建设的中心数最少。该题有多个最优解。

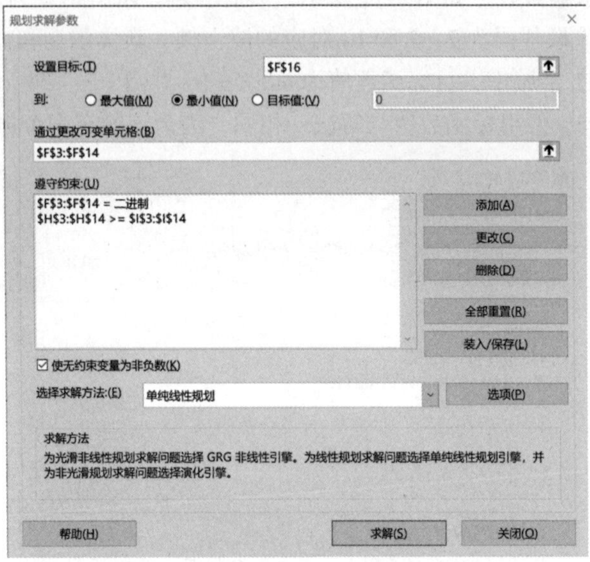

图 2-10　解法一的规划求解参数设计

解法一虽然可以解决问题，但在构建 Excel 约束条件公式时容易出错，所以，为避免出错同时使解法更加简便，我们再次提出新的解法，自动构建 Excel 约束计算公式。新解法可以根据已知条件重新描述问题，用 1 代表一个城市在 1000km 范围内覆盖了另一个城市（包含自己），0 代表不覆盖，并以此构造一个覆盖关系矩阵表，在覆盖关系矩阵表的基础上构建约束条件计算公式，自动完成约束公式的编辑工作，这种解法效率高，不易出错。

解法二：首先，构造 Excel 求解表（见表2-21），其中变量区域为 N3∶N14，目标函数为单元格 N17，约束计算公式区域为 B15∶M15，约束值都为1（参见区域 B16∶M16）。主要计算公式为：B15 = sumproduct（B3∶B14，$N3∶$N14），复制 B15 到整个 B15∶M15；N17 = sum（N3∶N14）。

表 2-21　解法二的 Excel 规划求解过程

	A	B	C	D	E	F	G	H	I	J	K	L	M	N
2	城市代码	1	2	3	4	5	6	7	8	9	10	11	12	变量
3	1	1		1		1		1	1	1				0
4	2		1						1	1				1
5	3	1		1				1	1	1				0
6	4				1						1			0
7	5	1				1		1						0
8	6						1				1	1		0
9	7	1		1		1		1						1
10	8	1	1	1					1	1				0
11	9	1	1	1					1	1				0
12	10				1		1				1	1	1	1
13	11						1				1	1	1	0
14	12										1	1	1	0
15	约束公式	1	1	1	1	1	1	1	1	1	1	1	1	
16	约束值	1	1	1	1	1	1	1	1	1	1	1	1	
17	目标函数													3

其次，设计规划求解参数，如图2-11所示，然后求解。求解结果为 $X_2=1$、$X_7=1$、$X_{10}=1$，其余变量为0，即选取代码为2、7和10对应的波士顿、新奥尔良和盐湖城三个城市作为航空中心，可覆盖所有12个城市，目标函数值为 $\min Z=1+1+1=3$，即所需航空中心数为三个。虽然方案与解法一不同，但目标函数值与解法一相同，因为该题有多个最优解。

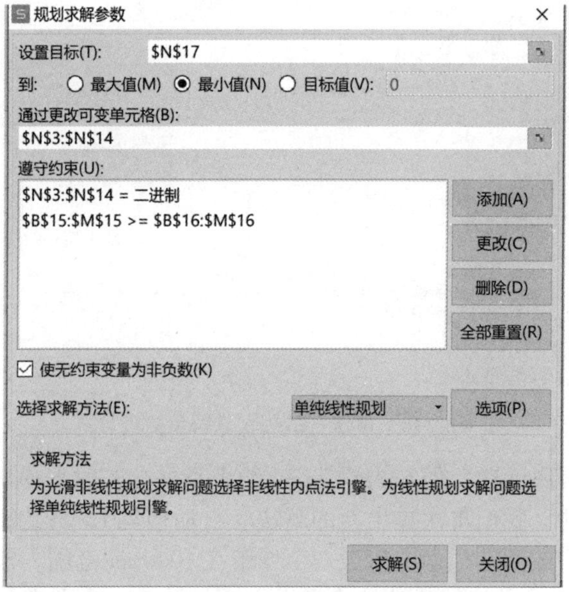

图 2-11　解法二规划求解参数设计

小思考：当市场需求旺盛、生产能力充足时，如何运用运输模型法，在原有销售地的基础上从多个城市中选取三个城市作为新增的销售地？

回答：如果从多个城市中选择三个城市形成的组合方案数不多，则可以分别对每个组合方案与原有销售地一起规划求解，哪个组合方案的最优解成本最低，就选择哪个组合方案，确定备选地址；如果组合方案数众多，则应使用高效求解方法求解，构建直接获得最优解的数学模型，把所有备选城市及其相关单位运价数据与原有资料相结合，构建新的运输模型，这种方法的横向行约束与经典运输模型行约束一样，而不同在于其列约束，这种方法的列约束主要有三个不同，一是除了必须满足原有销售地的需求量外，若备选销售地被选中，则备选销售地的需求量也必须被全部满足，否则，若备选销售地没被选中，则不提供产品，即需求量为0（相当于0－1规划）；二是增加了备选销售地应被选中个数约束；三是增加了备选销售地总需求量约束。运用Excel进行相关参数设计，进行规划求解，可直接获得最优解，确定备选地址。

案例

肯德基选址策略

影响门店发展最重要的因素当属选址，选址是取得成功的关键。肯德基的选址成功率几乎能够达到100%，这也是这家餐饮巨头的核心竞争力之一。肯德基选址一般按照以下两步进行：

第一步，商圈的划分与选择。首先是商圈的划分。肯德基计划进入某城市某区，就先通过有关部门或专业调查公司收集该区的资料，之后开始规划商圈。商圈规划采取的是计分的方法。例如，该区有一个大型商场，商场营业额1000万元算1分，5000万元算5分；有公交线路，则可加分，有地铁线路也要加分。这些分值标准是多年平均下来的一个较准确的经验值。通过打分把商圈分成几大类，以广东为例，有市级商业型、区级商业型、定点消费型，还有社区型、社区商务两用型、旅游型等。其次是商圈的选择。主要根据商圈选择的标准确定：一方面要考虑餐馆自身的市场定位；另一方面要考虑商圈的稳定度和成熟度。肯德基与麦当劳的市场定位相似，顾客群基本上重合，因此在商圈选择方面也是一样的。可以看到，有些地方同一条街的两边，一边是麦当劳，另一边是肯德基。

第二步，聚客点的测算与选择。首先确定这个商圈内最主要的聚客点在哪里。肯德基开店的原则是努力争取在最聚客的地方和其附近开店。人流动线是怎么样的，在这个区域里，人们从地铁出来后是往哪个方向走，等等：这些都派人去掐表，去测量，有一套完整的数据之后才能据此确定地址。肯德基选址人员将采集来的人流数据输入专用的计算机软件，就可以测算出在此地投资额不能超过多少，超过多少这家店就不能开。然后还要考虑人流的主要动线会不会被竞争对手截住。人流是有一个主要动线的，在竞争对手的聚客点比肯德基选址更好的情况下，肯德基就会受影响。如果两个是一样，那就无所谓。

资料来源：https://wenku.so.com/d/7f373bd354a915cb7e5fe608d3e86a6c，有改编。

2.3 仓库布局规划

仓库布局（Warehouse Layout）是指在一定区域或库区内，对仓库的数量、规模、地理位置和仓库设施、道路等各要素进行科学规划和总体设计。

仓库是货物仓储的主要空间，是仓库工作人员的活动区域，同时也是仓储管理工作的主要场所。通过对仓库内的有限空间进行合理的规划，不仅能增加仓库的存储容量，而且能为工作人员提供好的工作环境，同时也有利于提高仓储管理工作的水平，保证仓储活动中各种作业协调、高效地进行。

2.3.1 仓库系统的平面规划

1. 仓库区域的构成

仓库区域一般可以划分为仓储作业区、辅助生产区及行政生活区，除此之外，还包括铁路专用线和库内道路。仓库总平面布置是指对一个仓库的各个组成部分，如库房、货棚、货场、辅助建筑物、铁路专用线、库内道路、附属固定设备等，在规定的范围内，进行合理安排。上述布置包含的内容可反映在平面图上，即仓库总平面图。仓库总平面布置图示例如图2-12、图2-13所示。现代仓库为适应商品快速周转的需要，在总体布置时应注意适当增大仓储作业区中收发货作业区面积和检验区面积。

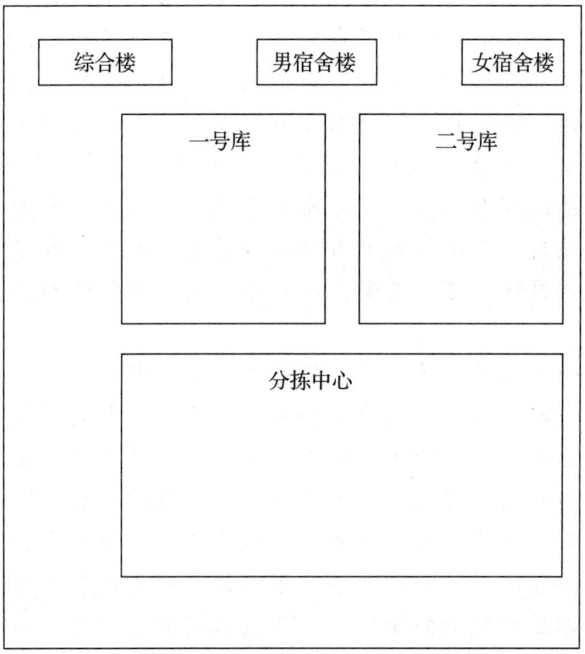

图2-12 宁波某物流中心总平面布置图

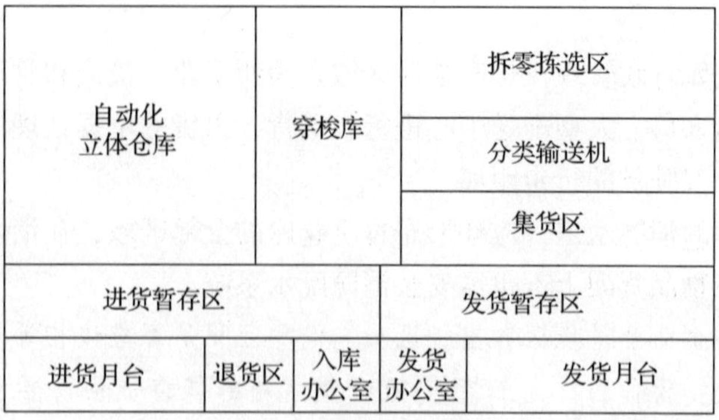

图 2-13　仓库总平面布置图

(1) 仓储作业区

仓储作业区是仓库的主体部分，是商品储运活动的场所，主要包括储货区、铁路专用线、道路、装卸台等。

储货区是储存保管、收发整理商品的场所，是仓储作业区的主体区域。储货区主要由保管区和非保管区两大部分组成。保管区是主要用于储存商品的区域，非保管区主要包括各种装卸设备通道、待检区、收发作业区、集结区等。现代仓库已由传统的储存型仓库转变为以收发作业为主的流通型仓库，其各组成部分的构成比例通常为：合格品储存区面积占40%~50%；通道占8%~12%；待检区及出入库收发作业区占20%~30%；集结区占10%~15%；待处理区和不合格品隔离区占5%~10%。

库区铁路专用线应与国家铁路、码头、原料基地相连接，以便机车直接进入库区内进行货运，实现多式联运无缝连接。库内的铁路专用线最好是顺着库长方向铺设，并应使岔线的直线长度最大，其股数应根据货场和库房宽度及货运量来确定。

现代仓库道路的布局，是根据商品流向的要求，结合地形、面积、各个库房建筑物、货场的位置来确定的。汽车道主要用于起重搬运机械调动及防火安全，同时也要考虑保证仓库和行政区、生活区之间的畅通。仓库道路分为主干道、次干道、人行道和消防道等。道路宽度应符合相关标准规定，具体应考虑运输车辆尺寸、最小转弯半径、运输搬运方式（单行还是双行，是否需要转弯、掉头等）等因素。通常主干道应采用双车道，宽度应在6~7m；次干道为3~3.5m的单车道；消防道的宽度不小于6m，布局在库区的外周边。

在河网地区建仓库，应尽量利用水路运输的有利条件。首先，应对河道的水文情况进行调查，以便确定码头的位置、建筑式样以及吊装设备；其次，码头位置应选在河床平稳、水流平直、水域堤岸较宽、水足够深的地方，以便于船舶安全靠离码头，进行装卸作业；最后，还要用仿自然优化方法确定理想的码头位置。

(2) 辅助生产区

辅助生产区是为商品储运保管工作服务的辅助车间或服务站，包括设备维修车间、车库、工具设备库、油库、变电室等。值得注意的是，易燃的特殊物品如油库等设施应远离维修车间、流通加工、食堂、宿舍等易出现明火的场所，周围须设置相应的消防设施。

（3）行政生活区

行政生活区是仓库行政管理机构和生活区域。为便于业务接洽和管理，行政管理机构一般设在仓库的主要出入口，大型配送中心进货、退货、出货的单据处理通常设在进货和出货作业区中间，以减少驾驶员的行走距离。

此外，现代仓库的消防水道，应环形布置于仓库的全部区域，在消防系统管道上需装有室内外消火栓。易燃物品货架上部也需安装消防配水系统。

课堂讨论：仓储企业分进货区和出货区，它们的面积是否应该相等？仓储企业的卸货速度快还是装货速度快？为什么？人工装卸40ft[㊀]集装箱的袋装货物需要多长时间？若改用叉车托盘装卸需要多长时间？

2. 仓库平面规划布置的原则

在进行仓库存储区域布置时主要考虑三个方面的要素：一是充分利用储存空间，二是提高物流作业效率，三是有利于保证安全生产和文明生产。因此，仓库平面规划布置时应遵循以下四个原则。

（1）符合作业流程，缩短搬运距离

为了提高作业效率，减少物品流动中的运输距离，减少迂回、交叉等现象，各区域要根据仓库作业的流程方向进行布置，关系密切的流程要紧邻，使库区内物流顺畅、搬运距离短、作业效率高。

（2）消除一切浪费，减少无效作业

运用价值工程和精益生产理念来分析作业，最大限度地去掉不创造价值的活动，消除一切浪费，减少无效作业。库区的布置要有利于作业时间的有效利用，避免各种无效重复和时间延误，使各项作业环节有机衔接，防止物资堵塞。仓库布局应减少在库商品的装卸搬运次数和环节，商品的卸车、验收、堆码作业最好一次完成。

（3）进行优化布置，合理利用空间

库区内各区域、各种设备布置，应运用优化布置技术进行优化布置，充分利用仓库面积和建筑物空间，在保证生产、未来发展需要和安全需要的前提下，最大限度地减少仓库面积和建筑物空间的浪费，提高仓库利用率和仓库经济效益。

（4）保证安全生产和文明生产

仓库系统设计与规划，应遵循相关设计标准与规定，注意承重、防火、防盗、防爆等安全生产相关规定标准。存储区域的布置要有利于包括仓储物资、仓储人员、仓储设施和仓储器具在内的整个仓库的安全，有利于身心健康和文明生产。

3. 仓库动线规划布置

在配送型仓库平面布置中，动线规划是至关重要的。动线决定了卸货的验收区、储存保管区、配货发运区等各个区域的设置和安排。

㊀ 1ft = 0.3048m。

（1）动线的类型

物流配送中心作业区域内的物流动线有四种基本形式，即 I 形（直线形）、S 形、L 形和 U 形，如图 2-14 所示。

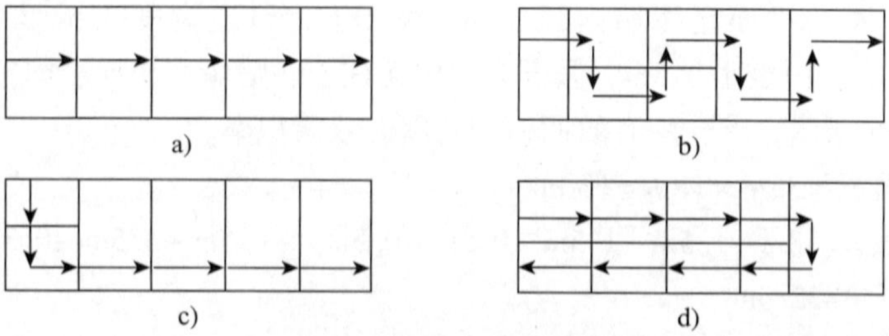

图 2-14　动线的主要类型

a）I 形　b）S 形　c）L 形　d）U 形

（2）功能

在进行动线规划时，可根据进、出货月台的位置和实际作业流程选用不同的动线或动线组合，以满足实际需要，使整个物流作业顺畅、有序、省时、省力。

1）I 形和 S 形动线适用于进出货月台分别位于仓库两边的情况。具体采用哪种要根据实际作业需要来选择。

2）L 形动线适用于进、出货月台分别位于仓库相邻两边的情况。

3）U 形动线适用于进、出货月台位于仓库同侧的情况。

小思考：库房内公用设施（设备），如捆绑机，布置在边上还是中间好？

回答：在只考虑使总的运输距离最短的情况下，若各货架货物使用频率（次数）相差无几，则公用设施（设备）放在中间位置好；若使用频率（次数）差异大，可借鉴直角坐标法确定该设备的最佳位置。

4. 仓库面积的确定

（1）仓库面积的种类

现代仓库的种类与规模不同，其面积的构成也不尽相同，因此，必须首先明确仓库面积的有关概念，然后再确定仓库的相关面积。

1）仓库总面积，即从仓库外墙线算起，整个围墙包围的全部面积。若在墙外还有仓库的生活区、行政区或库外专用线，则应计算进来。

2）仓库建筑面积，即仓库内所有建筑物所占平面面积之和。若有多层建筑，则还应加上各层面积的累计数。

3）仓库使用面积，即仓库内可以用来存放商品的地方的面积，也就是库房、货棚、货场的使用面积之和。其中，库房的使用面积为库房建筑面积扣除外墙、间隔墙、内柱及固定设施等所占的面积。

4）仓库有效面积，即在库房、货棚、货场内计划用来存放商品的地方的面积。

5）仓库实际利用面积，即在仓库使用面积中，实际用来堆放商品的部分所占的面积，也就是库房使用面积减去必需的通道、垛距、墙距、柱距及收发、验收、备料等作业区所占面积后所剩余的面积。

6）仓库有效面积率，即仓库有效面积除以仓库总面积的得数。

（2）仓库相关面积的计算

【例题 2-10】某一平面仓库墙内长 35m，宽 18m，过道宽度 3.5m，两条支道宽度各 1.5m，外墙距 0.5m，内墙距 0.3m。假设仓库内无柱子、壁墙、扶梯、固定设备等，仓库平面示意图如图 2-15 所示，求仓库有效面积和仓库有效面积率。

解：仓库总面积 $=35\text{m}\times18\text{m}=630\text{m}^2$

仓库有效面积 $=(18\text{m}-1.5\text{m}-1.5\text{m}-0.5\text{m}-0.5\text{m})\times(35\text{m}-3.5\text{m}-0.3\text{m}-0.3\text{m})$

$=432.6\text{m}^2$

仓库有效面积率 $=432.6\text{m}^2/630\text{m}^2\times100\%=68.7\%$

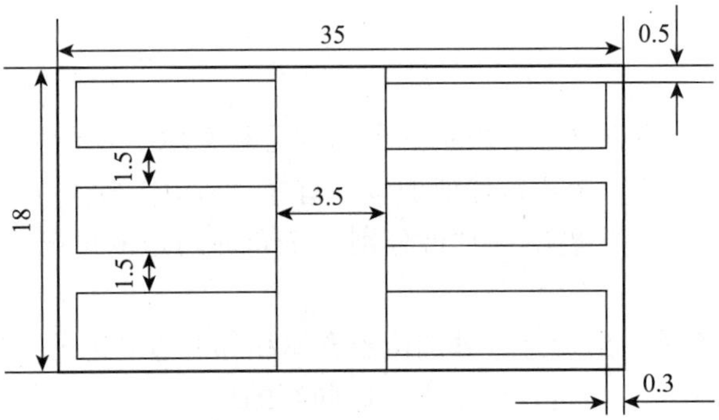

图 2-15　仓库平面示意图（单位：m）

【例题 2-11】某物流公司的高架仓库长 54m，宽 45m，高约 15m，库内共有货架 24 行，每行货架 7 层。实际有效货位是 2560 盘，每一货位（托盘 1100mm × 1100mm）的面积是 1.21m^2。求仓库有效货位面积和仓库使用面积。

解：仓库有效货位面积 $=1.21\text{m}^2\times2560=3097.6\text{m}^2$

仓库使用面积 $=54\text{m}\times45\text{m}=2430\text{m}^2$

$3097.6\text{m}^2>2430\text{m}^2$，说明立体储存货物仓库面积利用率高。

【例题 2-12】某仓库进 8000 箱某种货物，包装体积（长 × 宽 × 高）为 0.3m × 0.3m × 0.4m，毛重 12kg，净重 10kg，用托盘堆码，托盘尺寸为 1.2m × 1m × 0.15m，重 22kg。库房地坪单位面积载荷为 1t，包装承载能力为 50kg，可用高度为 3m，该货物的存储至少需要多少平方米？

解：可用高度可堆码层数 $=[(3\text{m}-0.15\text{m})/0.4\text{m}]_1=7$㊀

包装承载能力可堆码层数 $=1+[50\text{kg}/12\text{kg}]_1=5$

$5<7$，所以最多可摆 5 层。

托盘每层可摆放数量 $=[1.2\text{m}/0.3\text{m}]_1\times[1\text{m}/0.3\text{m}]_1=12$

所以每个托盘最多可摆货物个数 $=5\times12=60$。

㊀ 本书为方便起见，以 $[\quad]_1$ 表示向下取整，$[\quad]^1$ 表示向上取整。

每个托盘上货物总重量 = 60 × 12kg = 720kg

货物重与托盘重 = 720kg + 22kg = 742kg < 1000kg

方案可行，需要托盘个数 = [8000/60]¹ = 134。

货物存储占用面积 = 1.2m × 1m × 134 = 160.8m^2

5. 库房内部规划

按照仓储作业的功能特点及 ISO 9000 国际质量体系认证的要求，库房储存区域可划分为待检区、待处理区、不合格品隔离区、合格品储存区等。为了提高管理效率，实施目视管理技术，用不同颜色代表不同区域。

(1) 待检区

待检区用于暂存处于检验过程中的商品，位于仓库入口附近，便于装卸与检验。这些商品一般采用黄色的标识以区别于其他状态的商品。

(2) 待处理区

待处理区用于暂存不具备验收条件或质量暂时不能确认的商品，位于仓库入口附近，与待检区相邻，便于检验。这些商品一般采用白色的标识以区别于其他状态的商品。

(3) 不合格品隔离区

不合格品隔离区用于暂存质量不合格的商品，位于仓库出口附近，便于搬运。处于不合格隔离状态的商品一般采用红色的标识以区别于其他状态的商品。

(4) 合格品储存区

合格品储存区用于储存合格的商品，位于仓库主要存储区。处于合格状态的商品一般采用绿色的标识以区别于其他状态的商品。

仓库内除设置上述基本区域外，还应根据仓储业务的需要，设置卸货作业区、拣货区、流通加工区、退货区和出库备货区等。

小思考：库区内需配有消防器材且留有通道以方便存取使用。在仓库内部设计、布局时，如何考虑这一问题？

回答：在符合消防安全规定的前提下，尽量将存取消防器材的通道与库房内通道重合，合二为一，这样可充分利用库区面积。

2.3.2 仓库的立体规划

现代仓库的立体规划是指现代仓库在立体空间上的布置，即仓库建筑高度的规划。仓库基建时，要满足库区各建筑物、库房和货场之间的装卸运输要求，提高运作效率。

1. 库房、货场、站台标高布局

库房地坪标高与库区路面标高决定仓储机械化程度和叉车作业情况。库房地坪与路面之间的高差要适当，最多不超过4%的纵向坡度，以利于提高机械作业的效率。许多仓库地坪与路面的高差相当于车厢高度（0.9m 左右），这样便于装卸货物。也有库房增设装卸货平台，平台高度与货车车厢高度基本一致，通过一个斜坡把平台与库房地面相连。此外，还有一种可升降站台，可根据需要调节高度，使站台与货车车厢高度一致。

货场与铁路专用线的关系是：货场一般沿铁路专用线布置，多数布置在铁路专用线两侧。它们的标高，应确保铁路专用线的正常运营。

装卸站台一般有汽车站台和火车站台之分，其高度和宽度与铁路专用线和汽车路线标高关系密切，通常因商品批量大小、搬运方式和运输工具而异，一般分为高站台和低站台两种。处理多品种、少批量的商品，一般采用高站台，即站台高度与汽车货台高度一样。站台平面与出入库作业区连成一体，进出库的商品可以被方便地装入车内。一般汽车站台高出路面0.9～1.2m，宽度不小于2m（见图2-16）；铁路站台高出轨面1.12m，宽度不小于3m。处理少品种、大批量的商品，一般采用低站台，即站台面和地平面等高，有利于铲斗车、吊车等机械进行装卸作业。此外，还有一种可升降站台，可根据需要调节高度和坡度（见图2-6），若仓储地面高度与库外地面高度一样，可采用引桥装置，提高装卸货效率（见图2-17）。

图2-16 沈阳某物流公司汽车站台

图2-17 装卸引桥

小思考：采用锯齿形进货台有何好处？

回答：当进货平台前面宽度有限，无法垂直停放大中型货车时，可采用这种方式，解决这一矛盾。

2. 合理利用地坪建筑承载能力

仓库地坪单位面积建筑承载能力因地面、垫层和地基的结构而不同。例如，在坚硬的地基上采用300mm厚的片石，地面用200mm厚的混凝土，则其建筑承载能力为5～7t/m²。应充分利用地坪的承载能力，采用各种货架存货，以充分利用空间，同时使用各种装卸机械设备配合作业，加速库存商品周转。

3. 多层仓库平面布局原则

多层仓库平面布局除必须符合单层仓库布局原则要求外，还必须满足下列要求：

1）多层仓库最大占地面积、防火隔间面积、层数，应根据储存物品类别和建筑耐火等级遵照现行建筑设计防火规范来确定。

2）一座多层库房占地面积小于300m²时，可设一个疏散楼梯；面积小于100m²的防火隔间，可设置一个门。

3）多层仓库建筑高度超过24m时，应按高层库房处理。

4）多层仓库存放物品时遵守上轻下重、周转快的物品分布在低层的原则。

5）当设地下室时，地下室净空高度不宜小于2.2m。

4. 地面承载力要求

地面承载力必须根据承载货物的种类或堆码高度具体研究。通常，一般平房普通仓库$1m^2$的地面承载力为2.5~3t，其次是3~3.5t，多层仓库层数加高，地面承受负荷能力减少，1层是2.5~3t，2层是2~2.5t，3层是2~2.5t，4层是1.5~2t，5层是1~1.5t甚至更小。地面承载力是由保管货物的重量、所使用的装卸机械的总重量、楼板骨架的跨度等所决定的。流通仓库的地面还必须要保证重型叉车作业的承载。

5. 立柱间隔要求

库房内的立柱是出入库作业的障碍，会导致效率低下，因而立柱应尽可能少。但当平房仓库梁的长度超过25m时，建立无柱仓库有困难，则可设中间的梁间柱，使仓库成为有柱结构（见图2-18）。不过，在开间方向上的壁柱，可以每隔5~10m设一根，由于这个距离仅和门的宽度有关，库内又不显露出柱子，因此和梁间柱相比，设柱简单。但是在开间方向上的柱间距必须和隔墙、防火墙的位置，门、库内通道的位置，天花板的宽度或是库内开间的方向上设置的货车停车站台长度等相匹配。

图2-18　仓库立柱、消防器材及通道

6. 天花板的高度要求

仓库的机械化、自动化对仓库天花板的高度也提出了很高的要求。即使用叉车的时候，标准提升高度是3m；而在使用多端式高门架的时候标准提升高度要达到6m。另外，从托盘装载货物的高度看，包括托盘的厚度在内，密度大且不稳定的货物，通常以1.2m为标准；密度小而稳定的货物，通常以1.6m为标准。以其倍数（层数）来看，1.2m/层×4层=4.8m，1.6m/层×3层=4.8m，因此，仓库的天花板高度最低应该是5~6m。

小思考：某物流仓储企业经营汽车轮胎，仓库设计时应该考虑哪些特殊因素？

回答：汽车轮胎属于橡胶制品，会散发难闻的气体，夏季会冒“青烟”，散发的气味让人头晕目眩。因此应考虑通风问题，适当增加库房高度。工作人员应戴防毒面具，降低人体接触到的毒性。

小资料

武汉九州通配送中心资料

武汉九州通配送中心楼层库布置情况见表2-22。

表2-22　武汉九州通配送中心楼层库布置情况

楼层	区域	面积/m^2	存储货位（个）	存储件数（件）
5层	西药整件区	8524	2184	34368
4层	中药区	4249	9611	96110
	原料药品区	4009	885	42480
3层	器械区	3758	1364	21824
	特殊药品区	810	793	1190
	冷库	2500	2608	3260
2层	拆零拣选区	4700	36583	36583
	包装复核区	1230		
	托盘加载/卸载区	1100		
1层	收货区	1550		
	出库暂存区	2320		
	快销品区	1140		

2.4 货物储存规划与布置

2.4.1 货物储存分区分类的原则与方法

仓库对储存货物进行科学管理的一个重要方法是实行分区、分类保管，并对货位进行编号。所谓分区，就是按照仓库的建筑、设备条件，将库房、货棚、货场划分为若干保管货物的区域，以适应货物储存的需要。所谓分类，则是根据货物自然属性及其消费上的连带性，将其划分为若干大类，以便分类集中保管。

1. 分区分类的原则

仓库货物的分区分类储存是依据“四一致”原则，把仓库划分为若干保管区域，把储存货物划分为若干类别，以便统一规划储存和保管。

1）货物的自然属性、性能应一致。在分区分类的仓储管理中，货物的自然属性和性能应该保持一致，性质互有影响或抵触的货物不能存放在一起。

2）货物的养护条件应一致。在仓储管理中，考虑到不同类货物所要求的温度、湿度、光线等养护条件不同，应该分区分类存放，将养护条件相同的货物存放在一起。

3）货物的作业手段应一致。在货物仓储的分区分类过程中，同一分区的货物在作业手段上需要保持一致，作业手段不同的货物不能存放在一起。

4）货物的消防方法应一致。在货物仓储的分区分类过程中，需要考虑到存储货物消防方法的差异，消防灭火方法不同的货物不能存放在一起。

小思考：南方与北方库房的设计、布局主要有哪些不同？
回答：南方库房主要是考虑避暑降温、防潮、防湿、防霉变；北方库房应考虑防冻、取暖、保温、防干燥、防风沙。

2. 分区分类的方法

通常，可采用下列四种方法对货物储存进行分区分类。

（1）按货物种类和性质分区分类

这是当前仓库较多采用的一种方法。它是按货物的自然属性，把怕热、怕冷、怕潮、怕干、怕光、怕风等不同性质的货物分别归类，集中存放。例如分为干货区、冷藏区等。

（2）按不同货主分区分类

这通常是综合性仓库采用的方法。当仓库为几个大货主服务时，为便于与货主工作的衔接，防止不同货主的货物混淆，便于货物存取，往往采用这种方式。在具体存放时，还应按货物种类和性能划分为若干货区，以保证货物储存安全。例如配货区里可按快递货主分为顺丰货区、圆通货区等。

（3）按货物危险性质分区分类

这种方法主要适用于化学品、危险品的存放。储存时可根据易燃、易爆、有毒等性质以及不同的灭火方法来分区分类。应注意不同性质的危险品之间相互引发危险的可能。

（4）按仓储作业特点分区分类

对出入库频繁、笨重的货物，要安排在靠近库门处，不宜放在库房深处；易碎货物避免与笨重货物存放在一起，以免在搬运时影响易碎货物的安全。

2.4.2 货架布置的方法

为了提高仓库的运作效率，要根据所存储货物的特点，为其确定具体的位置。安排货物储存位置的方法可以概括为垂直式布局和倾斜式布局。

1. 垂直式布局

垂直式布局是指货垛或货架的排列与仓库的侧墙互相垂直或平行的布局。具体包括三种布局方式。

（1）横列式布局

横列式布局是指货垛或者货架的长度方向与仓库长度方向的侧墙互相垂直（见图2-19）。这种布局的优点是主通道长且宽，副通道短，整齐美观，便于物品的存取与查点，如果用于库房布局，还有利于通风和采光。其缺点是通道占用面积较多，仓库的面积利用率较低。

图 2-19 横列式布局

(2) 纵列式布局

纵列式布局是指货垛或者货架的长度方向与仓库长度方向的侧墙平行（见图 2-20）。这种布局的优点是可以根据库存物品在库时间的不同和进出频率程度安排货位：在库时间短、进出频繁的货物放置在主通道两侧；在库时间长、进出不频繁的物品放置在仓库两侧。

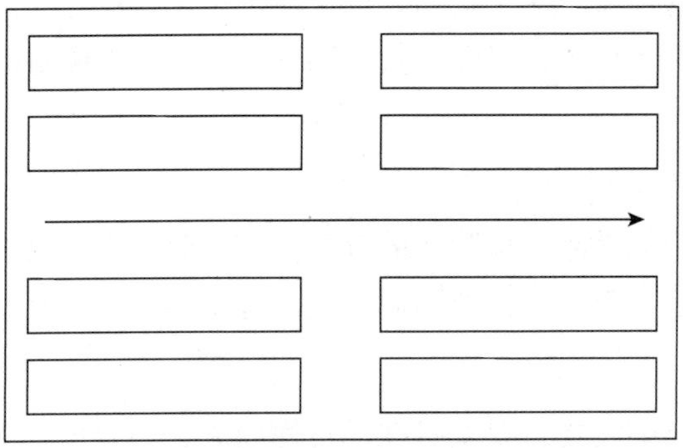

图 2-20 纵列式布局

(3) 纵横式布局

纵横式布局是指在同一保管场所内，横列式布局和纵列式布局兼而有之，综合利用两种布局的优点，如图 2-21 所示。

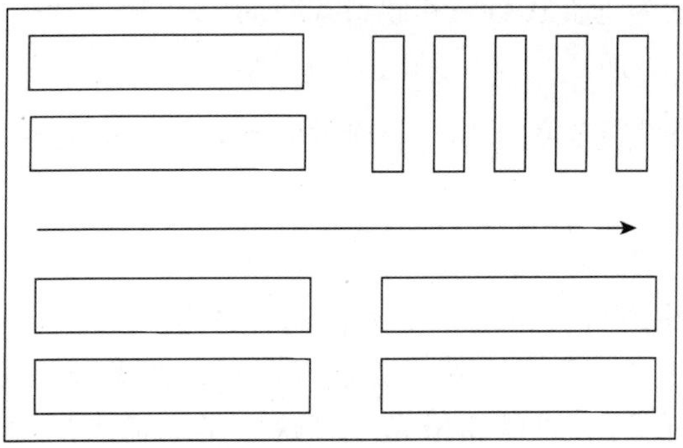

图 2-21 纵横式布局

2. 倾斜式布局

倾斜式布局是指货垛或货架与仓库侧墙或主通道成一定夹角。具体包括两种布局形式。

(1) 货垛倾斜式布局

货垛倾斜式布局是横列式布局的变形，它是为了便于叉车作业、缩小叉车的回转角度、提高作业效率而采用的布局形式，如图 2-22 所示。

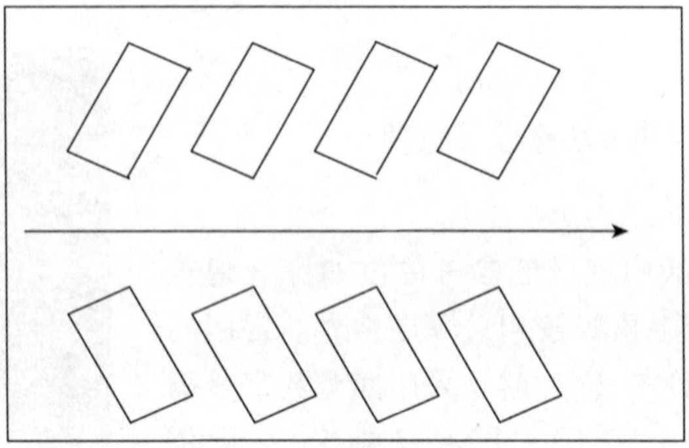

图 2-22　货垛倾斜式布局

(2) 通道倾斜式布局

通道倾斜式布局是指仓库的通道斜穿保管区，把仓库划分为具有不同作业特点（如大量储存和少量储存）的保管区，进行综合利用。在这种布局形式下，仓库内形式复杂，货位和进出库路径较多。

安排货物储存位置时要根据仓储管理的保管原则，注意货物的储存定额、出入库频率、保管要求、消防措施、分类目录等。实际中，保管工作形成了一些容易记忆的说法，如大不围小、缓不围急、重近轻远、同类聚堆等。

2.5 货位管理

2.5.1 货位管理的概念

货位（有时称为储位）即货物存放的位置。货位管理（Management of Storing Place）就是在把将来要使用或者要出货的商品保管好的前提下，经常对库存进行检查、控制与管理。

在仓储配送中心商品由入库到最后出库，其中最重要的环节就是商品在库时的管理。也就是说，当商品进入仓储中心后，应该如何放置、放置何处，这些问题不仅影响入库效率和库房储位利用率，还影响拣货效率。

2.5.2 货位编号与货物编号

1. 货位编号的概念

货位编号就是在分区分类的基础上，将仓库的库房、货场、货棚及货架等存放货物的场所，划分为若干货位，然后按照储存地点和位置的排列，采用统一标记编上顺序号码，并做出明显标志，以方便仓库作业的管理方法。

实际上，货位编号就如同商品的住址，而商品编号就如同商品的姓名一样，一封信在住址、姓名都写清楚的条件下，才能被迅速、正确地送到收信人手中。每种商品都要有一个地址及姓名，只有这样才能在需要时马上找到它。

货位编号的方法有多种，但无论采用何种方式，货位的摆放都需要与主作业通道垂直，以便于存取。

2. 货位编号的方法

仓库中货位编号常用的方法有以下三种。

（1）地址法

地址法即利用保管区中现成的参考单位如栋（建筑物）、区段、排、行、层、格等按相关顺序编号。常用的有“四号定位法”。“四号定位”就是采用四个数字号码对库房（货场）、货架（货区）、层次（排次）、货位（垛位）进行统一编号。例如“1－2－3－4”编号就是1号库房、2号货架、第3层、4号货位（见图2-23）。

图2-23 “四号定位”货位编号条码

小思考：货位编号条码或二维码贴在货架哪个位置合适？为何有的企业货架只有四层，每列货位却贴五个货位编号条码？

（2）区段法

区段法就是把保管区分成几个区段，再对每个区段进行编码。这种方法是以区段为单位，每个号码代表的储区较大。区域大小根据物流量的大小而定。

（3）品类法

品类法即把一些相关商品进行集合以后，区分成几个品类群，再对每个品类群进行编码。这种方法适用于容易按商品群保管的场所和品牌差距大的商品，如食品群、服饰群、五金群。

3. 货物编号

进入仓库的货物要按照一定的规则进行编号，以提高货物管理的效率，增加货物管理的准确性。

（1）货物编号的原则

1）唯一性。编号结构必须保证每一个编号对象仅有唯一的编号，即编号应与指定的类目一一对应。

2）可扩性。在编号结构体系里应留有足够的备用码，以适应新类目的增加和旧类目的删减需要，使扩充新编号和压缩旧编号成为可能，从而可以对分类和编号集进行必要的修订和补充。

3）简明性。编号应尽可能简明，尽可能使编号的长度最短。这样既便于手工处理，减少差错率，也可以减少计算机的处理时间和存储空间。

4）稳定性。编号必须稳定、不宜频繁变动，否则将造成人力、物力、财力的浪费。因此，编号时应考虑其最少变化的可能性，一旦确定后就不要变更，这样才能够保持编号体系的稳定性。

5）层次性。编号要层次清楚，能清晰地反映商品分类关系和分类目录内部固有的逻辑关系。

6）易处理性。商品编号要具有检测差错的自身核对性，以适应计算机处理的需要。

（2）货物编号的方法

1）数字法。数字法是指以阿拉伯数字为编号工具，按照商品的特点、流水方式等进行编号的一种方法。这种方法须有编号索引，否则无法直接了解编号意义。例如，100 000012，代表第 12 个吉利品牌风扇，前段代表货物名称（也可以反映出货物类别），后段代表货物第几件（可从第 1 件编起，若数量过多可按年限编号），而 503 000267 则代表第 267 辆永久牌自行车等。

2）字母法。字母法是指以英文字母为编号工具，按照各种方式进行编号的一种方法。例如，A 代表五金；B 代表交电；C 代表化工等。

3）实际意义法。这即按照货物的名称、重量、尺寸、分区、储位、保存区等实际情况来编号。例如，FO 14 18 10B3 - 30，其中 FO 表示 food，即食品类，14、18、10 表示包装尺寸是 14cm × 18cm × 10cm，B3 表示 B 区的第 3 排货架，30 表示有效期是 30 天。

4）暗示法。这即用数字和文字组合来编号，通过字母数字，能对商品产生联想，字母、数字暗示了商品内容。例如，BY26RM 16，其中 BY 表示自行车（Bicycle），26 表示车轮半径为 26 cm，R 表示红色（Red），M 代表男式（Man），16 表示供应商代号。

2.5.3　货位分配

1. 货位分配原则

（1）以周转率为基础原则

按照商品在仓库的周转率（或进出频率）来安排货位。货物周转率越高、越笨重，就应离库房出入口越近。

（2）产品相关性原则

产品相关性大的被同时订购的概率较大，应尽可能放在相邻的位置，以缩短提取路程，减少工作人员疲劳，同时也能简化清点工作。商品相关性的大小可利用历史订单数据分析。

（3）商品同一性原则

商品同一性原则是指把同一商品储放于同一保管位置。若同一商品储放于多个位置，会造成商品存取不便，对商品的掌握和盘点都较困难。

（4）产品相容性原则

相容性低的产品不可放置在一起，以免损害品质。例如，烟、香皂、茶不可放在一起。

（5）先进先出原则

为了确保货物质量，避免货物存储时间超过保质期，应采取先进先出原则。对于生命周期短的货物尤为重要。

2. 货位分配策略

（1）定位储放

定位储放即每一储存货物都有固定储位，各种货物不能互用储位，因此须规划每一项货物的储位容量不得小于其可能的最大在库量。选用定位储放的原因有以下六点：

1）储区安排有考虑货物尺寸及重量（不适合随机储放）。

2）储存条件对货物储存非常重要时。例如，有些货物必须控制温度。

3）易燃物必须限制储放于一定高度以满足保险标准及防火法规。

4）依商品特性，难管理或其他政策指出的某些货物必须分开储放。例如饼干和肥皂要分开储放，化学原料和药品要分开储放。

5）保护重要物品。

6）储区能被记忆，容易提取。

定位储放的优点如下：

1）每种货物都有固定的储放位置，拣货人员容易熟悉各种货物的储位。

2）货物的储位可按周转率大小或出货频率来安排，以缩短出入库搬运距离。

3）可针对各种货物的特性做储位的安排调整，将不同货物特性间的相互影响减至最小。

定位储放的缺点是由于储位必须按各项货物之最大在库量设计，因此储区空间平时的使用效率较低。

总体来说，定位储放容易管理，所需的总搬运时间较少，但却需较多的储存空间。所以除上述原因外，此策略较适用于以下两种情况：① 厂房空间大；② 储放多种、少量商品。

（2）随机储放

随机储放即每一个货物（货品）被指派储存的位置都是经由随机的过程产生的，而且可经常改变；也就是说，任何货物（货品）可以被存放在任何可利用的位置。但在实际执行中，储存人员往往按习惯来储放，且通常按货物（货品）入库的时间顺序储放于靠近出入口的储位。

随机储放的优点是由于储位可共享，因此只需按所有库存货物最大在库量设计即可，储区空间的使用效率较高。

随机储放的缺点如下：

1）货物的出入库管理及盘点工作的难度较大。

2）周转率高的货物可能被储放在离出入口较远的位置，增加了出入库的搬运距离。

3）具有相互影响特性的货物可能相邻储放，造成货物的伤害或发生危险。

采用随机储放能使料架空间得到最有效的利用，因此储位数目得以减少。仿真研究显示出，随机储放系统与定位储放比较，可节省35%的移动储存时间及增加30%的储存空间，但较不利于货物的拣取作业。因此随机储放较适用于以下两种情况：① 厂房空间有限，需尽量利用储存空间；② 储放种类少或体积较大的货物。

若能运用计算机协助随机储放的记忆管理，将仓库中每项货品的储存位置交由计算机记录，则进出货时可查询储区位置，也能借助计算机来调配进货储存的位置空间，依计算机所显示的各储区各储位剩余空间来配合进货品项做安排，必要时也能调整货品储放位置进而做移仓的动作规划。

(3) 分类储放

分类储放即所有的储存货物（货品）按照一定的特性加以分类，每一类货物都有固定存放的位置，而同属一类的不同货物又按一定的法则来指派储位。

分类储放的原则为：通常按产品相关性，流动性，产品尺寸、重量，产品特性来分类。

分类储放的优点如下：

1）便于畅销品的存取，具有定位储放的各项优点。

2）各分类的储存区域可根据货物特性再做设计，有助于货物的储存管理。

分类储放的缺点如下：储位必须按各项货物最大在库量设计，因此储区空间平均使用效率低。

分类储放较定位储放具有弹性，但也有与定位储放同样的缺点，因而较适用于以下情况：① 产品相关性大且经常被同时订购；② 周转率差别大；③ 产品尺寸相差大。

(4) 分类随机储放

分类随机储放即每一类货物有固定存放位置，但在各类的储区内，每个储位的指派是随机的。

分类随机储放优缺点如下：

1）优点：既可吸收分类储放的部分优点，又可节省储位数量，提高储区利用率。

2）缺点：货品出入库管理及盘点工作的难度较高。

分类随机储放兼具分类储放及随机储放的特色，需要的储存空间介于两者之间。

(5) 共享储放

根据各货物的进出仓库时间，使不同的货物共享相同储位的方式称为共享储放。

1）优点：所需的储存空间及搬运符合经济性。

2）缺点：在管理上较复杂。

案例

日本物流园区规划建设及其对我国的启示

日本从20世纪60年代末开始规划建设物流园区，是物流园区发展较早的国家。日本的物流园区一般位于大城市周边或靠近交通枢纽，与德国不同的是，日本物流园区以围绕城市物流的合理化为主要特色。

日本配送业高度发达，物流园区发挥了重要作用，以城市为主要服务区域的物流园区显示了其强大的配送功能。1991年建成的阪神物流园区就是由不同行业的64家企业组成的高度集团化的联合体。以东京为例，日本东京地区周围东、南、西、北四个物流园区通过市内交通线路与市内其他物流节点形成高效的城市物流网络，为市内提供物流服务。同时，这些物流园区与市外交通干线衔接，通过干线与其他物流园区形成区域乃至全国物流网络，利用长途运输货车来回双程运输，与市内的短途运输、铁路、港口和空运相衔接，形成一个高效率的全国运输体系，成为日本国民经济的大动脉。实践证明，物流园区对日本物流发展，尤其是城市末端物流配送的发展起到了积极作用。日本物流园区的建设主要是由政府推进的，政府在物流园区的建设中扮演着重要角色。日本政府将发展现代物流视作提高综合国力的重要途径，因此，对在物流园区的建设中充分发挥政府的宏观控制能力和作用十分重视。日本物流园区的建设方式大多为由政府以很低的价格将土地卖给开发集团，并由若干私营集团、株式会社向银行贷款建造。例如，将物流园区用地卖给各物流行业协会，然后由协会以股份制的形式向其会员企业融资，用来购买土地和兴建物流基础设施，不足的部分政府可提供低息贷款。日本政府考虑到建设物流园区是一项投入资本巨大、回收期长、社会效益显著，特别是对改善城市交通、城市功能具有特殊意义的举措，会要求银行予以长期低息贷款（如和平岛物流园区的贷款利息是正常利息的30%）或无息贷款（如横滨物流园区）。

而这对我国物流园区建设的过程有着较强的启示意义。

1）必须加强城市物流功能的组织和物流园区的建设，完善道路设施、装卸场地、批发和零售设施；推行共同配送，减少汽车交错运输，改善城市物流，系列化城市功能。

2）把物流园区建设成区域间干线运输的基地，以适应联合运输作业；建立内陆贸易中转站，开展以城市为对象的终端运输配送。

3）高度认识现代物流对我国经济、社会发展的重要作用，从国家安全的高度认真规划、制定我国现代物流体系的基本框架。

4）针对物流园区必须建设，而规划、土地必须控制的现实，参照日本经验，制定相应的规模标准和用地规定，既采用优惠政策引导，又严格管理、调控，使物流园区成为名副其实的物流功能集结区、经济功能协调区。

5）建立能够发挥协调作用的全国现代物流推进委员会，有效协调各部门、各方面的物流资源和力量，进行宏观的布局和贯彻综合发展的规划。

在相关政策引导方面，也要加大力度。结合道路、交通的治理整顿，鼓励运力结构的优化调整。例如，引导干线车辆从高耗能、中轻型车更新为低耗能、大型化、重型车。在提高物流系统效率方面，推动信息化、标准化、技术开发和改变商业习惯，奖励一贯托盘化及各种支持措施。在鼓励中小企业合作开展物流业务方面，提倡“产品上竞争，物流上合作”，推动连锁、电子商务和共同配送等。

案例来源：冯耕中，李毅学，华国伟. 物流配送中心规划与设计［M］. 2版. 西安：西安交通大学出版社，2011：131，有改编。

【问题与思考】

1. 日本物流园区建设中的特色是什么？

2. 日本物流园区建设的经验对我国有何启示？

3. 我国物流园区建设中还要考虑哪些特殊情况？

线上扩展

2-1　仓库及配送中心选址的决策方法

2-2　配送中心的岗位设置

本章小结

2.1 节选址规划，介绍了选址的原则及应考虑的因素。仓库与配送中心的选址直接影响物流服务投资成本和运行成本。选址应遵循适应性原则、协调性原则、经济性原则、战略性原则和可行性原则；选址应考虑的主要成本影响因素有运输成本、原材料供应成本、人力资源成本、建筑成本和土地成本等，非成本影响因素主要有经营环境、当地政府政策法规、自然环境因素、时间影响因素等。

2.2 节仓库及配送中心选址的方法，论述了几种简便、实用的选址方法，包括一维直角坐标法、仿自然法、加权评分法、综合评分法、重心法和精确重心法、运输模型法以及 0－1 规划解法。

2.3 节仓库布局规划，在仓库系统的平面规划中，论述了仓库区域的构成、仓库平面规划布置的原则、仓库动线规划布置、仓库面积的确定和库房内部规划。在仓库的立体规划中论述了库房、货场、站台标高布局，合理利用地坪建筑承载能力，多层仓库平面布局原则，地面承载力要求，立柱间隔要求和天花板的高度要求。

2.4 节货物储存规划与布置，论述了货物储存分区分类的原则与方法以及货架布置的方法。

2.5 节货位管理，介绍了货位管理的概念，货位编号与货物编号的方法，货位分配的以周转率为基础、产品相关性、商品同一性、产品相容性和先进先出五大原则，介绍了定位储放、随机储放、分类储放、分类随机储放和共享储放五种货位分配策略。

习　题

1. 判断题

（1）重心法通常得不到最优解。　（　　）

（2）运输模型可用于选址。　（　　）

（3）一维直角坐标法最优解是力矩的平衡点。　（　　）

（4）分类随机储放便于畅销品的存取，具有定位储放的各项优点。　（　　）

（5）在随机储放策略下，周转率高的货品可能被储放在离出入口较远的位置，增加了出入库的搬运距离。　（　　）

（6）“四号定位法”就是采用四个数字号码对库房（货场）、货架（货区）、层次（排次）、货位（垛位）进行统一编号。（ ）

（7）处于合格状态的商品一般采用红色的标识以区别于其他状态的商品。（ ）

（8）仓库面积有效率是指计划规定的有效面积占使用面积的百分数。（ ）

（9）仓库周转次数越高，经济效益越高。（ ）

2. 简答题

（1）选址应考虑的成本影响因素有哪些？

（2）选址的定量方法有哪些？

（3）简述运输模型法在选址中的解题思路。

（4）仓库区域主要由哪些部分构成？

（5）仓库平面规划布置的原则有哪些？

（6）简述货位编号的方法。

（7）如何利用“四号定位法”确定货物的位置？

（8）货位（储位）分配原则有哪些？

（9）货位分配策略有哪些？

3. 计算题

（1）某公司有两个工厂 A_1 和 A_2，三个销地 B_1、B_2 和 B_3 仓库，分别位于不同的城市。目前市场需求良好，为求得发展，公司决定选择某城市建一新厂。现有两个备选厂址 A_3 和 A_4，位于不同城市，在 A_3 处建厂，单位生产成本为4500元，在 A_4 处建厂，单位生产成本为8600元，单位运价及产、销量见表2-23。

1）若不考虑单位生产成本，应在哪里建厂？

2）若考虑单位生产成本，在哪里建厂成本低？

表2-23 问题（1）原始数据（运价单位：万元）

产地	销地			产量/kg
	B_1	B_2	B_3	
A_1	1.0	2.4	3.6	2300
A_2	2.0	1.6	1.4	2100
A_3	3.0	2.2	1.2	1800
A_4	4.0	3.0	0.8	1800
销量/kg	2100	1500	2600	

（2）某省有九个化工厂分别位于省道两边，其他小路特种车辆不能通过，九个化工厂均需要化工原材料，各厂原材料需求量及距离某省会城市距离见表2-24。计划修建一个供应厂为这九个化工厂供应原材料，最佳位置在哪里？

表2-24 问题（2）原始数据

单位	化工厂1	化工厂2	化工厂3	化工厂4	化工厂5	化工厂6	化工厂7	化工厂8	化工厂9
坐标 x/km	30	50	150	260	200	300	45	120	230
需求量/t	92	68	100	70	56	80	70	90	120

（3）某产品市场销售状况良好，计划再新建一个销售中心（销地），有 A 或 C 两个城市可供选择，单位运价和供需关系见表 2-25。问：在哪里建销售中心好？

表 2-25　问题（3）原始数据　　（运价单位：万元）

产地	销地					供应量/kg
	B_1	B_2	B_3	BA_4	BC_5	
A_1	12	9	10	9	8	19
A_2	1	3	4	2	6	15
A_3	8	4	12	5	3	17
需求量/kg	13	18	14	6	6	

（4）在一条河边需要建一个码头，A 和 B 城市在河的同一侧，B 点使用量是 A 点的 5 倍，单位运价均相等。问：在哪里建码头总的运输成本最低？

（5）某一平面仓库墙内长 45m，宽 21m，过道宽度 3.5m，两条支道宽度各 1.5m，外墙距 0.5m，内墙距 0.3m。假设库内无柱子、壁墙、扶梯、固定设备等，如图 2-24 所示，求仓库有效面积和仓库有效面积率。

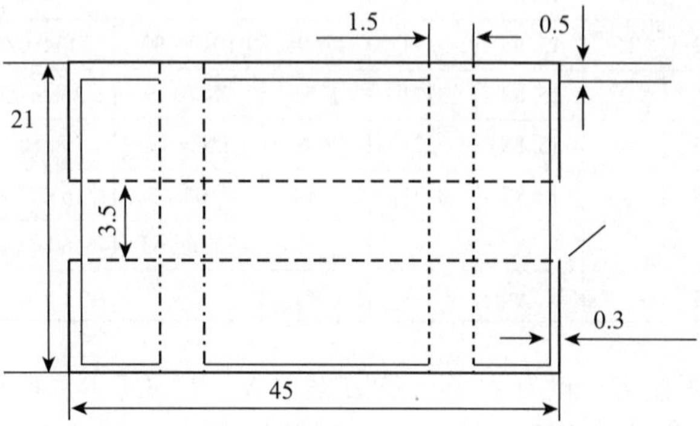

图 2-24　仓库平面图（单位：m）

（6）仓库进 9000 箱某种货物，包装体积（长×宽×高）为 0.4m×0.3m×0.4m，毛重为 12kg，净重为 10kg。用托盘堆码，托盘尺寸为 1.2m×1m×0.15m，重 22kg，库房地坪单位面积载荷为 1t，包装承载能力为 50kg，可用高度为 3.2m。问：该货物的存储至少需要多少平方米？

（7）请写出表 2-26 中单元格 F5、H5、I5、F13 和 G13 的 Excel 计算公式。

表 2-26　精确重心法计算过程（Excel 形式）

	B	C	D	E	F	G	H	I	J	K	L
2	地点	运输量 W_i/t	x_i/km	y_i/km	x/km	y/km	d_i/km	TC（元）	W_i/d_i	W_ix_i/d_i/t	W_iy_i/d_i/t
3	1	200	3	8	14.61	5.00	11.99	2398.39	16.68	50.03	133.42
4	2	300	8	2	14.61	5.00	7.26	2177.85	41.33	330.60	82.65
5	4	400	2	5	14.61	5.00	12.61	5044.25	31.72	63.44	158.60
6	5	300	6	4	14.61	5.00	8.67	2600.55	34.61	207.65	138.43
7	6	300	8	8	14.61	5.00	7.26	2177.85	41.33	330.60	330.60
8	7	1600	12	15	14.61	5.00	10.34	16536.24	154.81	1857.74	2322.17

（续）

	B	C	D	E	F	G	H	I	J	K	L
9	8	4600	16	2	14.61	5.00	3.31	15208.12	1391.36	22261.80	2782.72
10	9	100	13	15	14.61	5.00	10.13	1012.89	9.87	128.35	148.09
11	10	3500	18	4	14.61	5.00	3.53	12368.38	990.43	17827.72	3961.72
12	Σ	11300						59524.50	2712.13	43057.93	10058.41
13					15.876	3.709					
14											
15											
16											
17	1	200	3	8	15.88	3.71	13.57	2714.47	14.74	44.21	117.89
18	2	300	8	2	15.88	3.71	8.06	2417.78	37.22	297.79	74.45
19	4	400	2	5	15.88	3.71	13.94	5574.40	28.70	57.41	143.51
20	5	300	6	4	15.88	3.71	9.88	2964.10	30.36	182.18	121.45
21	6	300	8	8	15.88	3.71	8.97	2690.78	33.45	267.58	267.58
22	7	1600	12	15	15.88	3.71	11.94	19100.93	134.02	1608.30	2010.37
23	8	4600	16	2	15.88	3.71	1.71	7880.55	2685.09	42961.47	5370.18
24	9	100	13	15	15.88	3.71	11.65	1165.19	8.58	111.57	128.73
25	10	3500	18	4	15.88	3.71	2.14	7503.43	1632.59	29386.55	6530.34
26	Σ	11300						52011.63	4604.76	74917.05	14764.52
27					16.269	3.206					

（8）某人计划购买住宅，设有六个入选方案（A、B、C、D、E 和 F），考虑的指标假设只有四个，即距单位距离（简称距离）、房屋面积、价格和周边环境。这四项指标的权重及其他有关资料见表 2-27。周边环境是定性指标，六个方案分别是中、好、一般、很好、好和好，一般是可接受的环境。对应的分值分别是 75 分、90 分、60 分、100 分、90 分和 90 分，即很好为 100 分。问：哪个方案好？

表 2-27　问题（8）原始数据

权重	0.10	0.25	0.35	0.30
方案	距离/km	房屋面积/m^2	价格（元/m^2）	周边环境
理想值（100 分）	1	105	4500	特别好
A	2	80	5000	中
B	1	85	5500	好
C	2.5	90	4600	一般
D	1.5	75	6000	很好
E	9	89	5000	好
F	7	90	4700	好
基础值（60 分）	10	65	6500	可接受

第3章

仓储与配送设备

案例导入

海尔物流用什么改变了传统仓库的命运

短短十几年来，家电制造业的领军企业——海尔的产品已批量出口到世界87个国家和地区，全球营业额达到400多亿元。用海尔董事局名誉主席张瑞敏的话说，成绩出自对市场链流程的再造和创新。而物流是企业流程再造过程中最关键的因素。海尔将物流业作为未来发展的核心竞争力，形成了海尔特色的物流管理。

海尔特色物流管理即“一流三网”，它充分体现了现代物流的特征。

“一流”是以订单信息流为中心；“三网”分别是全球供应链资源网络、全球用户资源网络和计算机信息网络。“三网”同步，为订单信息流的增值提供支持。

海尔物流的“一流三网”同步模式可以实现以下四个目标：

1）按订单采购，消灭库存。在海尔，仓库不再是储存物资的水库，而是一条流动的河，也就是按订单来进行采购、制造等活动。目前，海尔集团每个月平均接到6000多个销售订单，需要采购的物料品种达15万余种。而海尔物流整合以来，呆滞物资降低73.8%，库存资金减少67%。

海尔国际物流中心货区面积达7200m^2（海尔仓库见图3-1和图3-2），但它的吞吐量却相当于30万m^2的普通平面仓库的吞吐量，同样的工作量，海尔物流中心只要10个叉车司机，而一般仓库至少需要上百人。

图3-1　海尔仓库——景1

图3-2　海尔仓库——景2

2）双赢，赢得全球供应链网络。海尔通过整合内部资源、优化外部资源使供应商由原来的2336家优化至978家，国际化供应商的比例却上升了20%。海尔建立了强大的全球供应链网络，GE、爱默生、巴斯夫等世界500强企业都已成为海尔的供应商，保障了海尔产品的品质。

3）三个JIT（Just in Time），实现同步流程。由于物流技术和计算机信息管理的支持，海尔物流通过三个JIT，即JIT采购、JIT配送和JIT分拨物流来实现同步流程。目前通过海尔的BBP采购平台，所有的供应商均在网上接受订单，并通过网上查询计划与库存，及时补货，实现JIT采购。货物入库后，物流部门可根据次日的生产计划利用ERP信息系统进行配料，同时根据看板管理4 h送料到工位，实现JIT配送。生产部门按照B2B、B2C订单的需求完成订单后，满足用户个性化需求的定制产品通过海尔全球配送网络送达用户手中。目前海尔在中心城市实现8 h配送到位，区域内24 h配送到位，全国4天以内到位，实现JIT分拨物流。

4）计算机网络连接新经济速度。在企业外部，海尔CRM（客户关系管理）和BBP电子商务平台的应用架起了海尔与全球用户资源网络、全球供应链资源网络沟通的桥梁，实现了与用户的零距离。

目前，海尔100%的采购订单由网上下达，使采购周期由原来的平均10天降低到3天；网上支付已达到总支付额的20%。在企业内部，计算机自动控制的各种先进物流设备不但降低了人工成本，还直接提升了物流过程的精细化水平。计算机管理系统搭建了海尔集团内部的信息高速公路，以信息代替库存，达到零营运资本的目的。

在中国，物流成本高达30%，但海尔的物流成本却只有总成本的10%。海尔仅用一年多时间就做了人们通常要花几十年才能完成的事。

资料来源：仓库在线，https://mp.weixin.qq.com/s?_biz=MzI4MjI3ODE2Ng%3D%3D&idx=1&mid=2247483978&sn=ca1663686802b63875fcaf81e13835ef，有改编。

3.1 物流技术装备

物流技术装备是指进行各项物流活动所需的、可供长期使用并在使用过程中基本保持原来实物形态的机械设备、器具等生产资料。

1. 物流仓储设备

物流仓储设备主要用于各种配送中心、仓库存取货物。物流仓储设备主要有货架、堆垛机、室内搬运车、分拣设备、自动导引车、搬运机器人以及计算机管理和监控设备。这些设备可以组成自动化、半自动化、机械化的仓库，完成对物料的堆垛、存取、分拣等作业。

2. 起重机械

起重机械用于将重物提升、降落、移动、放置于需要的位置。起重机械是生产过程中不可缺少的物料搬运设备。起重机械包括千斤顶、葫芦、桥式起重机、悬臂起重机、装卸桥等。

3. 输送机械

输送机械是指按照规定路线连续或间歇地运送散状物料或成件物品的搬运设备，是现代物料搬运系统的重要组成部分。输送机械主要有带式输送机、滚轮式输送机、斗式提升机、埋刮板输送机、悬挂式输送机、架空索道。

4. 流通加工机械

流通加工机械是指完成流通加工作业的专用机械设备，主要有切割机械与包装机械两大类。切割机械有金属、木材、玻璃、塑料等原材料切割机械，包装机械有充填机械、罐装机械、捆扎机械、裹包机械、贴标机械、封口机械、清洗机械、真空包装机械、多功能包装机械等。

5. 集装单元器具

集装单元器具主要有集装箱、托盘和其他集装单元器具。

小词典

集装单元化是以集装单元为基础组织的装卸、搬运、储存和运输等物流活动的方式。

集装单元化技术是物流管理硬技术（设备、器具等）与软技术（为完成装卸搬运、储存、运输等作业的一系列方法、程序和制度等）的有机结合。

6. 工业搬运车辆

工业搬运车辆主要是指在工厂、码头应用极为广泛的叉车、跨运车、牵引车等搬运设备。

课堂讨论： 物流的目的之一是使物品发生位移，把物品从一点移到指定位置。为了实现这一目的，都有哪些手段可用？最快的方式是哪种（从运送方式上考虑）？从客户订货到货物运送到客户指定位置，可采取哪些手段（以某一类产品为例）？影响运送成本和运送时间的因素有哪些？有哪些时间最短、成本又低的策略？是否有优化方法可用？

小词典

保管设备是用于保护仓储商品质量的设备，主要可归纳为以下几种：

1）苫垫用品，起遮挡雨水、隔潮、通风等作用，包括苫布（油布、塑料布等）、苫席、枕木、石条等。苫布、苫席通常被用在露天堆场。

2）存货用具，包括各种类型的货架、货橱。

货架即存放货物的敞开式格架。根据仓库内布置的方式不同，货架可采用组合式或整体焊接式两种。整体焊接式的制造成本较高，不便于货架的组合变化，因此较少采用。货架在批发、零售量大的仓库起很大的作用，特别是立体仓库中。它便于货物的进出，又能提高仓库容积利用率。

货橱即存放货物的封闭式格架。货橱主要用于存放比较贵重的或需要特别养护的商品。

资料来源：https://baike.so.com/doc/6635800-6849607.html，有改编。

3.2 常见仓储设备

仓储设备是指进行仓储作业、辅助作业及保证仓库作业安全所配备的各种机械设备的总称。仓储设备种类繁多，不同类型仓储所用设备有所不同。根据用途可分为存货、取货设备，分拣、配货设备，验收、养护设备，流通加工设备，防盗设备，控制管理设备等。

3.2.1 货架

货架是指用立柱、隔板或横梁等组成的立体储存货物的设施。

1. 托盘式货架

托盘式货架是使用最广泛的托盘类货物存储系统，通用性也较强。其结构是货架通过单列或者双列连接成若干排，排与排中间留有通道供堆垛机、叉车以及其他装卸搬运设备运行，每个货架在垂直方向上分为若干层，从而形成大量的货格，用以存放托盘货物。常见的几种托盘式货架如下：

（1）单深式托盘货架

单深式托盘货架是由金属立柱与横梁组成的简单结构，承载能力和每层的空间适于存放整托盘货物。单深式托盘货架是每层纵深方向只能容纳一个托盘的货架，如图 3-3 所示。

（2）倍深式托盘货架

倍深式托盘货架与单深式托盘货架的结构基本相同，如图 3-4 所示，只是把两排托盘货架结合起来增加储位而已。为此，储存密度增加一倍，但是存取性和出入库方便性略差，直接存取率只有 50%，即第一排货架的商品可以直接存取。因而无法严格实现货物的先进先出，并且需要具有特殊伸缩装置的倍深式叉车（见图 3-5）配合使用。这种货架适用于每次存取批量较大的场合。

（3）窄道式托盘货架

窄道式托盘货架的结构与单深式托盘货架相同，如图 3-6 所示，但货架间的通道仅比托盘稍宽，叉车沿通道前后运行以存取货物而无须转弯，货叉在叉车前后运行的同时左右转动。窄道式托盘货架通常比单深式托盘货架高，充分利用了仓库面积和高度，具有中等存储密度。但是窄道式托盘货架需用特殊的叉车或起重机进行存取作业，还需要其他搬运机械配套使用，同时其对设计与安装的要求更高。

图 3-3　单深式托盘货架

图 3-4　倍深式托盘货架

图 3-5　倍深式叉车 1

图 3-6　窄道式托盘货架

(4) 贯通式货架

贯通式货架是一种不以通道分割的、连续的整栋式货架，在支撑导轨上，托盘按深度方向存放，一个紧接着一个，叉车可以驶入、存取单元托盘货物，即叉车作业通道与货物保管场所合一，因此货物存放密度很高，仓库面积利用率大大提高。贯通式货架按其存取托盘货物的作业方式不同，可分为驶入式货架和驶入驶出式货架。驶入式货架在货物存取时，叉车从货架的同一方向进出，叉车与架子的正面成垂直方向驶入，在货架中间进行货物存取作业。存货时，从内向外逐个卸放货物直至托盘装满；取货时，再从外向内顺序取货。驶入式货架投资成本相对较低，可以提高仓库的库容率以及空间利用率，但获得高空间利用率的代价是在货物管理上很难实现“先进先出”。因此，驶入式货架适用于保管品种少、批量大且不受保管时间限制的货物。图3-7为驶入式货架实例图。

为了实现先进先出管理，可以在驶入式货架的基础上舍弃一部分存储空间换取存取的方便性，将其转变成驶入驶出式货架，如图3-8所示。与驶入式不同，驶入驶出式货架前后不封闭，前后均设置通道、均可进行货物存取作业。为了实现先进先出管理，在存取货物时，可以设置一侧为存货通道，另一侧为取货通道。

图3-7　驶入式货架

图3-8　驶入驶出式货架

2. 重力式货架

重力式货架可以分为自滑动式货架和后推式货架，如图3-9所示。重力式货架按照存放的货物不同可以分为两类：一类用于存放整批纸箱包装物品，另一类用于存放托盘物品。存放整批纸箱包装物品的重力式货架比较简单，有多层并列的辊道传送带组成，物品上架及取出使用人力。存放托盘物品的重力式货架相对复杂，每个货架内设重力辊道两条，辊道由左右两组辊轮、导轨和缓冲装置组成。

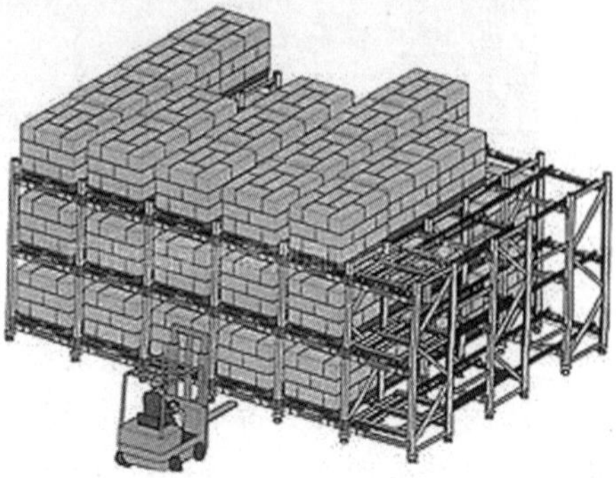

图3-9　重力式货架

课堂讨论：重力式货架的优缺点有哪些？什么条件下适合使用重力式货架？

3. 悬臂式货架

悬臂式货架在立柱上装有外悬的杆臂，是一种边开式的货架，如图3-10所示。悬臂式货架适合存放长条状或长卷状、大件和外形不规则的货物，如钢材、木材、塑料等。若要放置圆形物品，应在其臂端装设阻挡块以防止滑落。货架前伸的悬臂具有结构轻巧、载重能力好的特点，但货架高度受限，一般在 6m 以下。悬臂式货架特别适合空间小、高度低的库房。此类货架不太便于机械化作业，存取货物作业强度大，同时空间利用率较低，一般适用于杆料生产工厂或长形家具制造商。

4. 移动式货架

移动式货架的底部装有轮子，可以在轨道上沿直线水平方向移动，如图 3-11 所示。与固定式货架相比，移动式货架节省了固定式货架在每两排货架之间都要有的通道空间，可以在较多排货架中只保留一条通道。移动式货架通过货架移动，选择所需要的通道位置，让出通道，由叉车进行货物的装卸作业。移动式货架一般是电动的，每列货架的底部有电动机驱动装置，一般通过控制装置与操作开关盘进行操作并移动货架。轻型移动式货架也可以采用手动方式。移动式货架一般附加变频控制功能，用来控制驱动、停止时的速度，以防止放置在货架上的物品因惯性造成颤动、倾斜或崩倒等危险，同时也配备定位用的光电传感器以及齿轮电动机，提升停止定位精度。

移动式货架的储存量比一般固定式货架大很多，节省空间，适合少样、多量、低频度的货物保管。但是货架机电装置多、维护困难，建造成本高、施工速度慢。

课堂讨论：拣货、配货时是否可把整个货架都移动到拣货、配货区域旁，以减少拣货时间与距离，提高拣货效率，缩短拣货和配货时间？

图 3-10　悬臂式货架

图 3-11　移动式货架

5. 旋转式货架

旋转式货架结合自动仓储系统与货架功能，在拣选货物时，取货者不动，货架自动旋转至拣货点，如图 3-12 所示。旋转式货架设有电力驱动装置，货架沿着环形轨道运行。存取货物时，把货物所在的货格编号输入控制系统，该货格则以最近的距离自动旋转到拣货点停止。货架的货格可以根据所存放货物的种类、形态、大小、规格等不同条件选择。

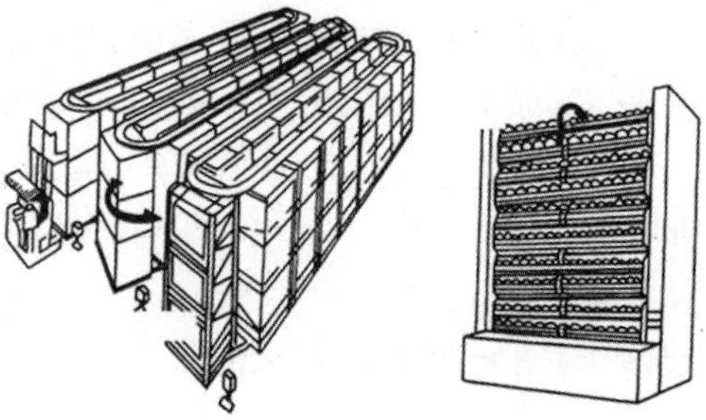

图 3-12　旋转式货架

6. 层架

层架由立柱、横梁、层板构成，层间用于存放货物。层架的应用非常广泛，有多种类型。如果按层架存放货物的重量来分类，层架可以分为重型、中型和轻型；如果按其结构特点来分类，层架有层格式、抽屉式等类型，如图 3-13 所示。

7. 阁楼式货架

阁楼式货架是利用钢板、木板等材料做楼板，将储存空间做上下两层或多层规划，以提高存储高度，增加空间利用率，如图 3-14 所示。底层一般存放快速流动的、较重的或整箱、整托盘的物品，上层一般存放轻量的物品或零担物品。

图 3-13　层架

图 3-14　阁楼式货架

小资料

电子标签货架

随着电子信息技术和货架技术的发展，将电子标签安装于货架储位上并与仓储管理信息系统对接，当货物需要出库时，相应的电子标签即被点亮，出库人员按照其显示的货位及数量进行拣货备货，大大地提高了拣选的速度和准确率。

3.2.2　装卸搬运设备

随着物流业的发展，为满足物流配送中心的实际需要，装卸搬运设备的品种繁多，规格多样。物流配送中心的装卸搬运设备主要分为装卸设备和搬运设备。装卸设备是指具有装卸功能的机械设备，如手拉葫芦、起重机等；搬运设备是指具有搬运功能的机械设备，如搬运车、带式输送机等。下面介绍库房中常用的装卸搬运设备。

1. 堆垛起重机

堆垛起重机是立体仓库中重要的起重运输设备，其主要作用是在立体仓库的通道内运行，在三维空间上（行走、升降、两侧向伸缩）按照一定的顺序组合进行往复运动，以完成对集装单元或拣选货物的出入库作业。

（1）桥式堆垛起重机

桥式堆垛起重机根据其构造可以分为支撑桥式堆垛起重机（见图 3-15）和悬挂桥式堆垛起重机。支撑桥式堆垛起重机的大车轮沿着轨道顶面运行，悬挂桥式堆垛起重机的车轮沿着工字钢下翼缘运行。桥式堆垛起重机有大车、小车、立柱、货叉等主要零部件。大车桥架在仓库上方运行，回转小车在桥架上运行。立柱有伸缩立柱和固定立柱，是货叉和司机室导向并支撑载荷的结构件。货叉同样有伸缩式和固定式两种，是用来堆取成件物品的叉形装置。

桥式堆垛起重机的货架和仓库顶棚之间需要留有一定的空间，以保证堆垛起重机的正常运行与安装维护。桥式堆垛起重机的立柱可以回转，以方便货物堆取和保证工作的灵活性。

图 3-15　支撑桥式堆垛起重机

(2) 巷道式堆垛起重机

巷道式堆垛起重机按结构可分为单立柱式和双立柱式。单立柱式使用在起重量 2000kg 以下、起升高度 20m 以下的场合；双立柱式使用于高大场合，最大起重量可达 10t 以上（见图 3-16 和图 3-17）。巷道式堆垛起重机按存取方式可分为拣选存取式和单元存取式，按操作方式可分为带司机室的和不带司机室的，按运行方式可分为直线运行式和转轨式。转轨式堆垛起重机在多巷道仓库内通过转轨机构，可以进入任何巷道作业，从而使多巷道共用一台机成为可能，可以节省堆垛起重机数量。各种类型的堆垛起重机可以任意搭配，以满足不同的应用要求。

图 3-16　巷道式堆垛起重机（单立柱式）

图 3-17　巷道式堆垛起重机（双立柱式）

2. 叉车

(1) 叉车的基本概念和结构

叉车（Fork Lift Truck）是指具有各种叉具，能够对物品进行升降和移动以及装卸作业的搬运车辆。叉车又称铲车，具有自行的轮胎底盘并由能升降、前后倾斜的货叉、门架等部件组成，主要用于举高和搬运货物。叉车主要以货叉作为拣取货物的装置，一般依靠液压起升机构升降货物，靠轮胎实现货物的水平搬运。

叉车是仓库装卸搬运机械中应用最广泛的一种设备，主要用来装卸、搬运和堆码单元货物，具有选用性强、机动灵活、效率高的优点。叉车不仅可以将货物叉起进行水平移动，还可以将货物提升进行垂直堆码，是物流系统中能同时实现水平和垂直移动的装卸搬运设备之一。

叉车还可以更换叉车属具以实现一机多用。叉车属具是指为扩大叉车对特定物品的作业而附加或替代原有货叉的装置。其目的是扩大叉车对特定物料的装卸范围，并提高装卸效率，保证生产安全。叉车属具主要包括货叉、旋转叉、推拉板、串杆、夹板、旋转夹板、套筒、挂钩、侧面移动器等。

(2) 叉车的分类

叉车按人员操作姿势可分为步行式和坐立式。步行式叉车的操作速度通常在 5km/h 以下，单向搬运距离在 100m 以内。坐立式叉车的操作速度通常在 6km/h 以下，单向搬运距离可大于 100m。

叉车按采用的动力方式可分为手动叉车、内燃机叉车和蓄电池叉车。

叉车按结构特点可分为平衡重式叉车、侧面式叉车、插腿式叉车、前移式叉车、伸缩臂式叉车、拣选叉车和高架叉车等。

(3) 特点

叉车有以下特点：

1）机械化程度高。

2）机动灵活性好。

3）可以"一机多用"。

4）能提高仓库容积的利用率。

5）有利于开展托盘成组运输和集装箱运输。

6）成本低，投资少，能取得较好的经济效果。

(4) 常用叉车及其特点

1）平衡重式叉车

目前，平衡重式叉车是使用最为广泛的叉车，如图 3-18 所示。其货叉在前轮重心以外，为了克服装卸搬运时货物产生的倾覆力矩，避免叉车翻倒，通常在叉车的尾部装有平衡重或者以底盘来配重。这种叉车运行速度比较快，而且有较好的爬坡能力，爬升高度一般为 2～4m，因此非常适用于露天货场作业。在取货或者卸货时，门架可以向左右或者向前移，便于货叉插入，取货后门架可以后倾，使物料重心后移，以保证货物在搬运运行中稳定。平衡重式叉车根据有无司机室分为立式和坐式两种。

2）侧面式叉车。这种叉车在司机室的侧面有一个放置货物的平台，如图 3-19 所示，门架与货叉在车体的中央，可以横向伸出取货，然后缩回车体内将货物放在平台上即可行走。这种叉车司机的视野好，对货物搬运通道宽度要求不高，可用于长件物资在较小空间内的装卸、堆拆垛，以及物资的短距离搬运。

图 3-18　平衡重式叉车

图 3-19　侧面式叉车

3）插腿式叉车。插腿式叉车车体前两条外伸的车轮支腿作业时跨在货物两侧，货叉位于支腿之间，无论是在取货时，还是在运行时，都不会失去稳定性，如图3-20所示。其尺寸较小，转弯半径小，在库内作业比较方便。但是货架或者货箱的底部必须留有一定的空间，在作业时使叉车的两个支腿插入，同时支腿的高度也会影响仓库的空间利用率，因此必须使其尽量低，这就要求前轮的直径比较小，地面较平整。

图3-20　插腿式叉车

插腿式叉车适用于对效率要求不高但有一定堆垛和装卸高度的场合。其起升机构有手摇机械式、手动液压式和电动液压式三种，插腿式叉车主要用于在较小空间内进行装卸、堆垛和物资的短距离搬运。

4）前移式叉车。前移式叉车是门架或者货叉可以前后移动的叉车，如图3-21所示。这种叉车一般采用蓄电池为动力，不会污染周围的空气，同时蓄电池可起到一定的平衡作用，不需配备专门的平衡重。它常用于室内作业，所以一般采用实心轮胎，车轮直径也比较小。整个车体尺寸较小，转弯半径也不大，在巷道内作业时，要求的巷道宽度比平衡重式叉车小得多，从而可以极大地提高仓库面积利用率。取货或者卸货时，货叉随着门架前移到前轮以外，在运行时，门架缩回到车体内，使叉车整体保持平衡。前移式叉车根据有无司机室分为立式和坐式两种。

除了上面一些常用的叉车外，还有一些特殊叉车，如转向式叉车（见图3-22和图3-23）、倍深式叉车（见图3-5和图3-24）等。其他类型的叉车如图3-25和图3-26所示。随着叉车技术的发展，各种新型叉车也在不断推出。

图3-21　前移式叉车

图3-22　转向式叉车1

图3-23　转向式叉车2

图3-24　倍深式叉车2

图3-25 夹抱叉车

图3-26 称重叉车

3. 手推台车

根据其应用和形式的不同，手推台车可分为立体多层式手推台车、折叠式手推台车、升降式手推台车和登高式手推台车，如图3-27～图3-30所示。

图3-27 立体多层式手推台车

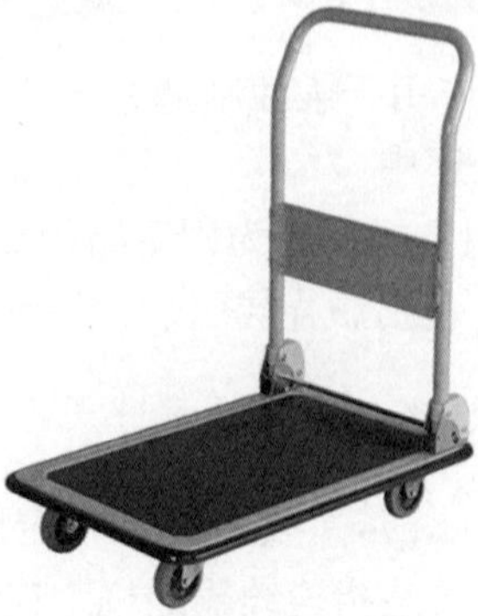

图3-28 折叠式手推台车

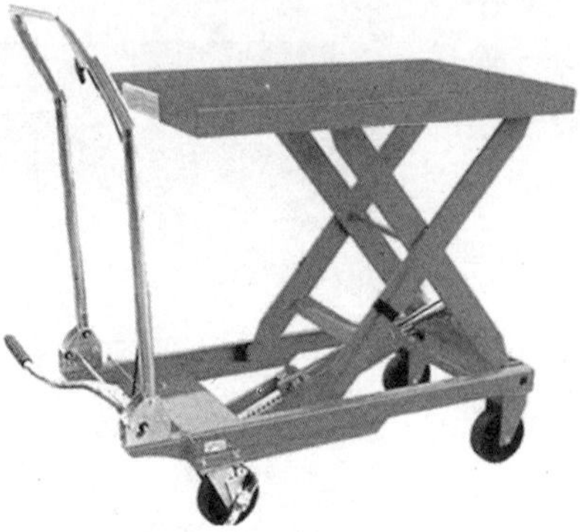

图3-29 升降式手推台车

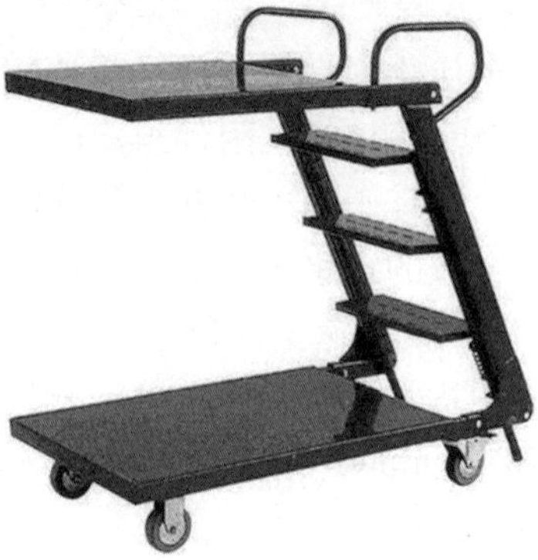

图3-30 登高式手推台车

4. 自动导引车

自动导引车（Automatic Guided Vehicle，AGV）是指具有自动导引装置，能够沿设定的路径行驶，在车体上具有编程和停车选择装置、安全保护装置以及各种物品移载功能的搬运车辆。AGV示例如图3-31～图3-33所示。多台不同类型的、用计算机控制的AGV可以组成自动导引车系统（AGVS），该系统一般由自动导引装置、计算机信息管理系统、交通管制系统、调试和监控系统、安全系统等组成，各台AGV在计算机的交通管制下有条不紊地运行，并通过物流系统软件集成在物流系统、生产系统中。

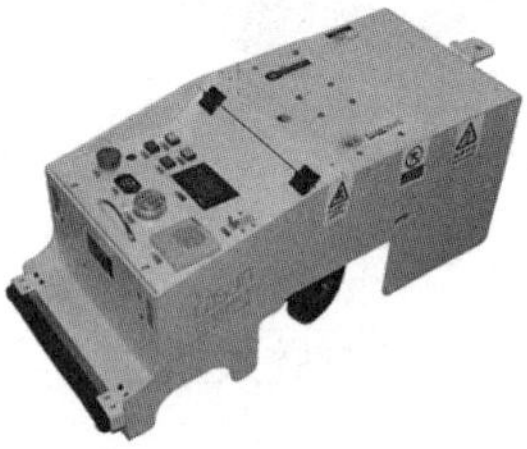

图3-31　自动导引车

图3-32　自动导引叉车

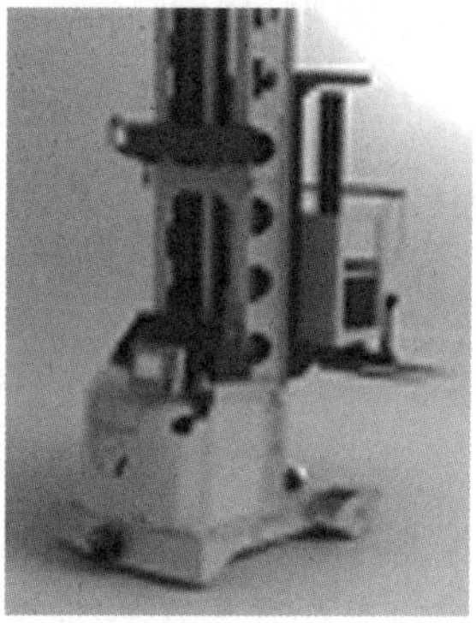

图3-33　窄巷道自动导引车

AGVS广泛应用于柔性制造系统（Flexible Manufacturing System，FMS）、柔性搬运系统和自动化立体仓库中。

AGV的导引方式可分为固定路径导引（包括电磁导引、光导导引和磁带/磁气导引）和自由路径导引（包括激光导引、惯性导引等）。

3.2.3　输送设备

输送机（Conveyor）是指按照规定路线连续或间歇地运送散状货物或成件物品的搬运机械。输送设备主要是指连续输送机。连续输送机是自动化物流配送中心必不可少的重要搬运设备，是沿着一定的输送路线以连续的方式运输货物的机械。

1. 输送机

输送机是现代物料搬运系统的重要组成部分。输送机系统是由两个输送机及其附件组成的一个比较复杂的工艺输送系统，具有搬运、装卸、分拣物料等功能，广泛应用于工厂企业的流水生产线、物料输送线及流通中心、配送中心物料的快速拣选和分拣。

图3-34　带式输送机

根据不同的货物性质，输送机可分为间歇性输送机（主要用于集装单元的装卸搬运）和连续性输送机（主要用于散货的装卸搬运）两类。

按动力性质划分，输送机可分为：① 有牵引构件的输送机，如带式输送机（见图3-34）、链式输送机、板式输送机、悬挂式输送机等；② 无牵引构件的输送机，如滚轮式输送机（见图3-35）、螺旋输送机（见图3-36）、振动输送机；③ 气力输送装置，如悬浮式气力输送装置、推送式气力输送装置等。

图 3-35　滚轮式输送机

图 3-36　螺旋输送机

小思考：滚轮式输送机坡度大，传送速度快；坡度小，传送速度慢。如果太快，货物到达滚轮式输送机终端时，则容易发生碰撞、损坏；而降低坡度，减小传送速度，会导致货物运送效率低。如何解决这一矛盾？

【小案例】

武汉某医药配送中心，分拣出货终端是带式传送，因地方狭小、可用距离短，传送带坡度较大，时常发生货箱倾倒，尤其是货箱横着摆放时，更容易发生货箱倾倒、药品散落现象。如何解决这一问题？

2. 分拣输送系统

分拣输送系统是将随机、不同类别、不同去向的物品，按其要求（产品类别或产品目的地）进行分类的一种物料搬运系统。随着社会生产力的提高，商品品种的日益丰富，在生产和流通领域中的物品分拣作业，已成为耗时、耗力、占地大、差错率高、管理复杂的生产环节。为此，物品分拣输送系统已经成为物料搬运系统的一个重要分支，广泛应用于邮电、航空、食品、医药等行业以及各流通中心和配送中心等。

在分拣输送系统中，分拣机是最主要的设备，如图 3-37 ~ 图 3-39 所示。分拣机的种类很多，按工作方式可分为横向推出式分拣机、升降推出式分拣机、倾斜式分拣机、悬吊式分拣机。

图 3-37　分拣机 1

图 3-38　分拣机 2

图 3-39　分拣机 3

小思考：有些传送装置在转弯处经常发生尺寸偏大的纸盒箱货物被卡住的情况，你有何办法解决这一问题？

3. 托盘

（1）托盘的含义

托盘（Pallet）是指在运输、搬运和存储过程中，将物品规整为货物单元时，作为承载面并包括承载面上辅助结构件的装置。作为与集装箱类似的一种集装设备，托盘现已广泛应用于生产、运输、仓储和流通等领域，被认为是20世纪物流产业中两大关键性创新之一。托盘作为物流运作过程中重要的装卸、储存和运输设备，与叉车配套使用在现代物流中发挥着巨大的作用。托盘给现代物流业带来的效益主要体现在：可以实现物品包装的单元化、规范化和标准化，保护物品，方便物流和商流。托盘又名栈板、夹板。

（2）托盘的种类

按托盘材质、用途、台面、叉车的插入方式和结构等，托盘可划分为多种类型，尤其在一些要求快速作业的场合，由于托盘作业效率高、安全稳定，各国更纷纷研制了多种多样的专用托盘，如平板玻璃集装托盘、轮胎专用托盘、长尺寸物托盘和油桶专用托盘等。

托盘按材料可分为木制托盘（见图3-40）、塑料托盘（见图3-41～图3-43）、纸制托盘、钢铁托盘、复合材料托盘。按应用可分为平托盘、柱式托盘、箱式托盘、轮式托盘、特种托盘等。仓库中最常见的托盘是平托盘。平托盘由双层板或单层板另加底脚支撑构成，无上层装置，用途广泛，品种多样。按货叉插入口又分为两口型、四口型。按使用面可分为单面型、双面型。下面主要介绍按照应用划分的几种托盘。

图3-40　木制托盘

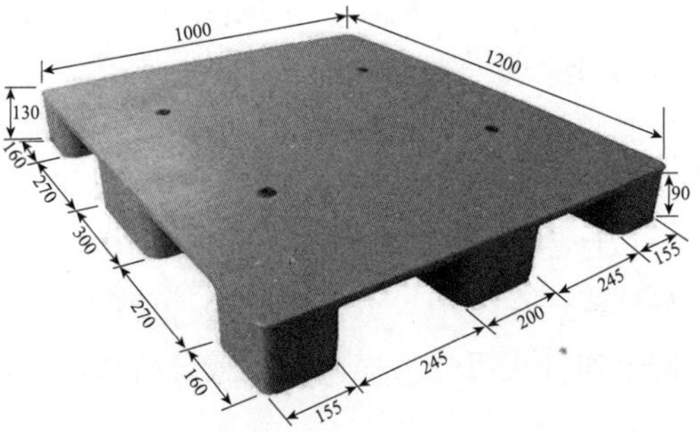

图3-41　塑料托盘1（单位：mm）

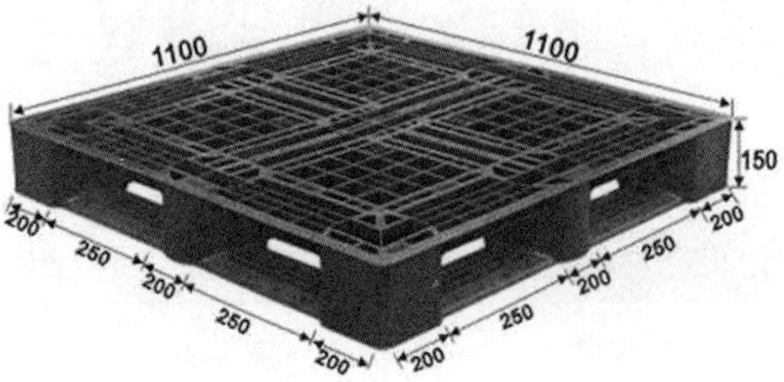

图3-42　塑料托盘2（单位：mm）

图3-43　塑料托盘3

1）平托盘。平托盘又可根据台面、叉车插入方式和材料细分。根据台面分类，有单面型、单面使用型、双面使用型和翼型四种。根据叉车插入方式分类，有单向进叉型、双向进叉型、四向进叉型三种。根据材料分类，有木制平托盘、钢制平托盘（见图 3-44）、塑料制平托盘、复合材料平托盘以及纸制托盘五种。

2）柱式托盘（见图 3-45）。柱式托盘分为固定式和可卸式两种，其基本结构是托盘的四个角有钢制立柱，柱子上端可用横梁连接，形成框架型。柱式托盘的主要作用是：① 利用立柱支撑重物，往高叠放；② 可防止托盘上放置的货物在运输和装卸过程中发生塌垛现象。

图 3-44　钢制平托盘

图 3-45　柱式托盘

3）箱式托盘。箱式托盘是四面有侧板的托盘，有的箱体上有顶板，有的没有顶板。箱板有固定式、折叠式、可卸下式三种，四周栏板有板式、栅式和网式，因此，四周栏板为栅式的箱式托盘也称笼式托盘或仓库笼。箱式托盘防护能力强，可防止塌垛和货损，可装载异型不能稳定堆码的货物，应用范围广（见图 3-46 ~ 图 3-48）。

4）轮式托盘。轮式托盘与柱式托盘和箱式托盘相比，多了下部的小型轮子（见图 3-49）。因而，轮式托盘显示出能短距离移动、自行搬运或滚上滚下式的装卸等优势，用途广泛，适用性强。

图 3-46　箱式托盘 1

图 3-47　箱式托盘 2

图 3-48 箱式托盘 3

图 3-49 轮式托盘

5）特种专用托盘。这是根据特殊物品专门设计的托盘。例如平板玻璃集装托盘、轮胎专用托盘、长尺寸物托盘和油桶专用托盘等。

6）滑板托盘（Slip Sheet）。这种托盘是在一个或多个边上设有翼板的平板，是用于搬运、存储或运输单元载荷形式的货物或产品的底板。

7）植绒内托。这是一种采用特殊材料的吸塑托盘，将普通的塑料硬片表面粘上一层绒质材料，从而使托盘表面有种绒质的手感，用来提高包装品档次。

(3）托盘的尺寸

托盘的种类繁多，具有广泛的应用性和举足轻重的连带性，在装卸搬运、保管、运输和包装等各个物流环节具有很重要的衔接功能，直接影响物流运作效率的高低。虽然只是一个小小的器具，但其规格尺寸是包装尺寸、车厢尺寸、集装单元尺寸的核心。只有以托盘尺寸为标准，决定包装、货车车厢、火车车厢、集装箱箱体等配套规格尺寸和系列化规格标准，才最能体现装卸搬运、保管、运输和包装作业的合理性和效率性。没有托盘规格尺寸的统一，没有以托盘为基础的相关设施、设备、装置、工具等的系列化标准，就只能做到局部物流的合理化，难以达到整体物流的合理化。

统一托盘的规格标准以最大限度地节约物流成本，是世界各国物流业追求的目标，由于托盘规格的标准影响着不同地区和国家集团的经济利益，在托盘问题上的利益平衡在短时期内几乎难以做到，一些已在某些地区和国家推行的托盘规格已不可能相互妥协与退让。这样，ISO 统一全球联运托盘的规格存在很大的困难，最终只能对已在相关地区和国家推行的 1200mm × 1000mm、1200mm × 800mm、1219mm × 1016mm（48 in × 40 in）[⊖]、1140mm × 1140mm、1100mm × 1100mm 和 1067mm × 1067mm 等六种托盘的规格在《洲际物料输送用平托盘主要尺寸及公差》（ISO 6780:2003）中采取兼容并包的态度，将这六种托盘的规格并列作为全球通用的国际标准。我国的托盘标准选用的是 1200mm × 1000mm 和 1100mm × 1100mm 两种规格，且特别注明 1200mm × 1000mm 为优先推荐规格。国标《木质平托盘 通用技术要求》（GB/T 31148—2022）已于 2022 年 10 月 1 日开始实施。

⊖ 1 in = 2.54cm。

小资料

托盘的优缺点

1. 托盘的优点

作为最常用的集装单元器具之一，托盘的主要优点有：

1）自重小。

2）返空容易。

3）装盘容易。

4）装载量适宜，组合量较大。

5）可以节省包装材料，降低包装成本。

2. 托盘的缺点

托盘除了具有以上所述优点外，也有以下缺点：

1）保护产品性能不如集装箱。

2）露天存放困难，需要有仓库等设施。

3）托盘本身的回运需要一定的运力消耗和成本支出。

课堂讨论：在不同尺寸的托盘中摆放方块形货物或圆柱形时，可按照国家规定的摆放方式（图谱）进行摆放，除此之外，是否可用优化方法进行三维优化摆放？

3.2.4　包装设备与其他设备

1. 包装设备

包装设备是指完成全部或部分包装过程的机器设备。例如打包机、捆扎机、纸箱成型机、开箱机、贴标机、封箱机、缠绕机、裹包机、堆码机、装箱机、真空包装机等，如图3-50～图3-53所示。

2. 计量设备

计量设备是商品在入库验收、在库检查和出库交接中使用的度量衡称量设备及检验商品的各种仪器仪表，主要包括磅秤、地重衡、轨道衡，以及直尺、卷尺、游标卡尺、湿度计等，如图3-54至图3-57所示。

图3-50　全自动包装机

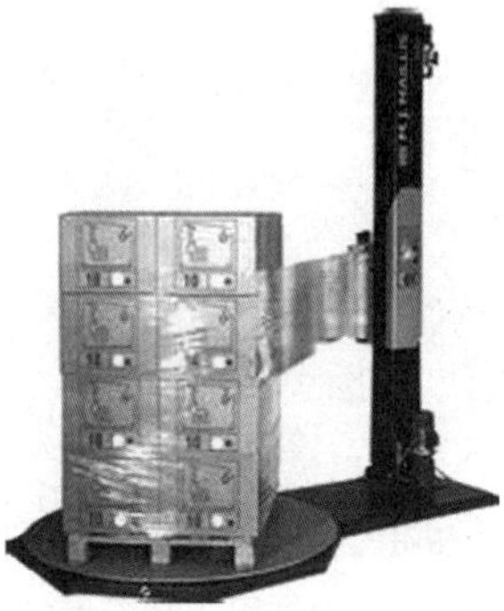

图3-51　包装机

图 3-52　缠绕机（缠绕包装机）1

图 3-53　缠绕机（缠绕包装机）2

图 3-54　拣货设备

图 3-55　质量检验设备

小资料

ECRS 法运用实例（货物体积重量测量仪）

ECRS 是工业工程中常用的方法之一，E 代表取消，C 代表合并，R 代表重排，S 代表简化。货物体积重量测量仪（见图 3-56 和图 3-57）把测量货物三维尺寸及体积和测量货物单件重量两个作业合二为一，提高了工作效率。

图 3-56　货物体积重量测量仪 1

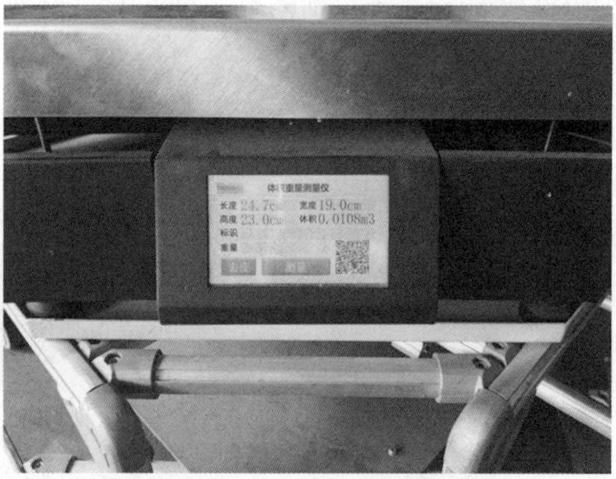

图 3-57　货物体积重量测量仪 2

3. 养护检验设备

养护检验设备是指商品进入仓库验收和在库内保管测试、化验以及防止商品变质、失效的机具、仪器。例如，温度仪、测潮仪、吸潮器、烘干箱、风幕（设在库门处，以隔内外温差）、空气调节器、商品质量化验仪器等。这类设备在规模较大的仓库使用较多。

4. 通风保暖照明设备

通风保暖照明设备是根据商品保管和仓储作业的需要而设的。

5. 消防安全设备

消防安全设备是仓库必不可少的设备，包括报警器、消防车、手动抽水器、水枪、消防水源、砂土箱、消防云梯等。

6. 劳动防护用品

劳动防护用品主要用于确保仓库职工在作业中的人身安全。

7. 其他用品和用具

不能划入以上六类的设备归类为其他用品和用具。

线上扩展

3-1　缠绕机（缠绕包装机）出现故障的处理办法

3-2　仓储设备的“三级保养”

3.3 自动化立体仓库

3.3.1 自动化立体仓库的产生与发展

1. 自动化立体仓库

立体仓库（Stereoscopic Warehouse）是指采用高层货架配以货箱或托盘储存货物，用巷道式堆垛起重机及其他机械进行作业的仓库。自动化立体仓库又称自动化高架仓库和自动存储系统。它是一种基于高层货架，采用电子计算机进行控制管理，采用自动化存取输送设备自动进行存取作业的仓储系统。自动化立体仓库是实现高效率物流和大容量储藏的关键系统，在现代化生产和商品流通中具有举足轻重的作用。图 3-58 至图 3-65 为几种不同商品的自动化立体仓库相关示意图。

图 3-58　饮料自动化立体仓库 1

图 3-59　饮料自动化立体仓库 2

图 3-60　服装自动化分拣系统示意图

图 3-61　医药自动化立体仓库内景 1

图 3-62　医药自动化立体仓库内景 2

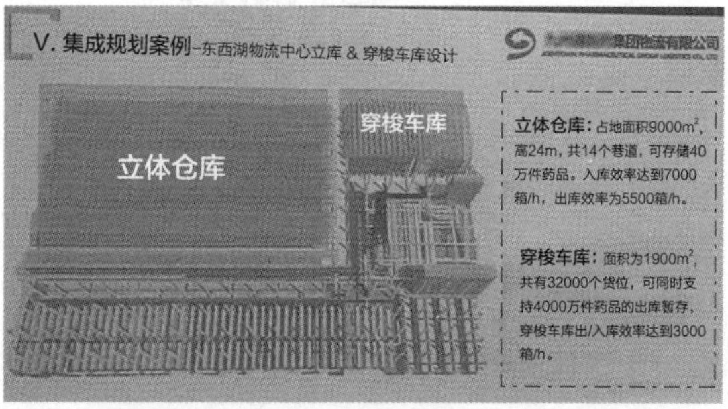

图 3-63　医药自动化立体仓库示意图

图 3-64　医药自动化立体仓库物料入口

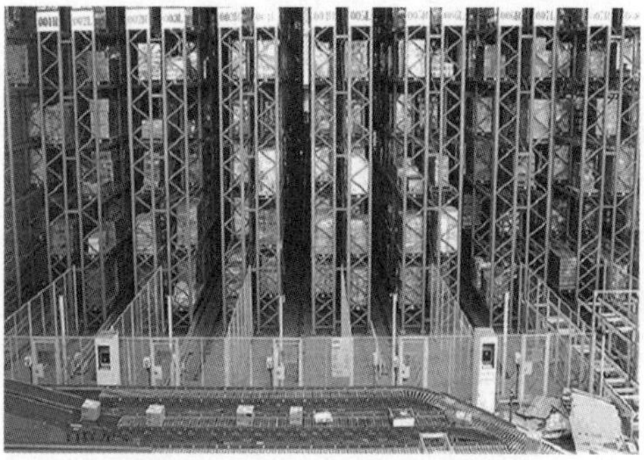

图 3-65　苏宁云商自动拣选系统

2. 自动化立体仓库的发展状况

自动化立体仓库的产生和发展是第二次世界大战之后生产和技术发展的结果。20世纪50年代初，美国出现了采用桥式堆垛起重机的立体仓库；50年代末60年代初，出现了司机操作的巷道式堆垛起重机立体仓库；1963年，美国率先在高架仓库中采用计算机控制技术，建立了第一座计算机控制的立体仓库。此后，自动化立体仓库在美国和欧洲得到迅速发展，并形成了专门的学科。60年代中期，日本开始兴建立体仓库，并且发展速度越来越快，成为当今世界上拥有自动化立体仓库最多的国家之一。

我国1963年研制成功第一台桥式堆垛起重机，1973年开始研制我国第一座由计算机控制的自动化立体仓库（高15m），该库于1980年投入运行。我国2018年新建自动化立体仓库超过800座，2019年自动化立体仓库保有量6000座左右，2021年自动化立体仓库行业专利申请量达63件，同比增长8.62%。2021年自动化立体仓库市场规模已达到1145.5亿元，预计2026年自动化立体仓库市场规模有望达到2665.3亿元，2021年—2026年年复合增长率达到18.4%。

3.3.2　自动化立体仓库的基本组成

自动化立体仓库一般由高层货架、巷道式堆垛起重机、出入库输送机系统、自动控制系统、库存信息系统及周边设备组成，可对集装单元货物实现大量储存、自动存取和计算机管理。

1. 高层货架

高层货架是用于存储货物的钢结构。目前主要有焊接式货架和组合式货架两种基本形式。

2. 巷道式堆垛起重机

巷道式堆垛起重机是用于自动存取货物的设备，按结构形式分为单立柱和双立柱两种基本形式，按服务方式可分为直道、弯道和转移车三种基本形式。

3. 出入库输送机系统

出入库输送机系统是立体库的主要外围设备，负责将货物运送到堆垛起重机或从堆垛起重机将货物移走。输送机种类非常多，常见的有辊道输送机、链条输送机、升降台、分配车、提升机、带式输送机等。

4. 自动控制系统

自动控制系统是驱动自动化立体仓库系统各设备的信息系统。目前主要采用现场总线方式控制模式。

5. 库存信息系统及周边设备

库存信息系统也称中央计算机管理系统，是自动化立体仓库系统的核心。目前典型的库存信息系统均采用大型的数据库系统（如Oracle、SYbase等）构筑典型的客户机/服务器体系，可以与其他系统（如ERP系统等）联网或集成。周边设备还包括搬运机、AGV、叉车、台车、托盘等，其作用是配合巷道式堆垛起重机完成货物输送、搬运、分拣等作业，还可以临时取代其他主要搬运系统，使自动存取系统维持工作，完成货物出入库作业。

3.3.3 自动化立体仓库的主要特点

1. 提高空间利用率

早期立体仓库构想的基本出发点就是提高空间利用率，充分节约有限且宝贵的土地。立体仓库能充分利用仓库的垂直空间，使其单位面积储存量远大于普通的单层仓库，一般能达到单层仓库的4~7倍。目前，世界上最高的立体仓库可达40多米，容量超过数万个甚至十多万个货位。

2. 便于形成先进的物流系统

传统仓库只是货物储存的场所，保存货物是其唯一的功能，是一种“静态储存”。自动化立体仓库采用先进的自动化物料搬运设备，是一种“动态储存”。以制造业为例，自动化立体仓库不仅能使货物在仓库内按需要自动存取，而且可以与仓库以外的生产环节进行有机的连接，并通过计算机管理系统和自动化物料搬运设备使仓库成为企业生产物流中的一个重要环节。对于物流业来说，先进的自动化物料搬运设备，不仅能使货物在仓库内按需要自动存取，而且还可以与客户需求、配送计划进行有机的连接，通过计算机管理系统实现配送作业更精准，仓储与配送管理更精细，提高物流企业的管理水平。

小资料

激光三维导引装置

宁波某物流公司为了节约成本，在花25万元购买前移式高位叉车后，又投资20万元进行无人驾驶改进，每台叉车可节约成本近50万元（见图3-66）。该叉车用激光导航定位（见图3-67），克服了有些AGV需要电磁轨道的弊端，行走路径可更改、变换。

图3-66 技术改进后无人驾驶前移式高位叉车

图3-67 货架边缘白色激光导航定位装置

3. 提高生产效率

自动化立体仓库因采用自动化设备和计算机管理系统，大幅度提高了生产效率，主要体现在以下四个方面。

1）采用自动巷道式堆垛起重机取代人工存放货物和人工取货，既快捷又省力。由于工人不必进入仓库内工作，工作环境大为改善。

2）采用计算机管理系统对货物进行管理，大大提高了管理能力。仓库管理科学化，使准确性和可靠性有质的提高，出入库管理、盘库、报表等工作变得简单快捷，工人的劳动强度大大降低。

3）立体仓库系统辅以库前辅助输送设备，使出入库变得简单方便。

4）自动化立体库系统所需要的操作人员和系统维护人员很少，既节省了人力物力财力，又改善了工作环境，一举多得。

4. 提高货物仓储质量

立体仓库采用计算机进行仓储管理，可以方便地做到“先进先出”，防止货物自然老化、变质、生锈，也能避免货物的丢失。在库存管理中采用计算机，可以迅速、准确地清点盘库，由此大大提高了货物的仓储质量。

3.4 新型物流设备

伴随着科学技术的进步，新的技术、新的方法不断涌现。为了提高物流运作效率，除了优化物流运作系统、改进运作方法和流程外，人们还创新发明了许多新颖且能够提高物流仓储与配送运作效率的设备与设施。例如，无人港码头技术装备，具备智能称重、测量体积功能的分拣设备，集装箱自动装卸设备，全自动装箱、封箱技术装备，一次性整车货物装卸技术设备，叉车无托盘装卸、码垛技术设备等。下面介绍几种典型的新型设备。

3.4.1 新型托盘与叉车

托盘的种类有很多，对于平托盘而言，托盘有时需要和货物一起装卸、搬运，而有时则需要和货物分离。传统托盘和叉车的设计无法满足这一需求，通常需要人工运用机械设备使托盘、货物分离或合在一起。例如，袋装货物从箱式货车上卸下后，需与托盘分离再进行码垛，码垛可人工操作，也可运用机械设备进行，在没有码垛机的情况下，可用传送带传送货物，然后再由人工逐层码垛。这种方式效率低、工作质量差。为此，人们发明了一种托货可分离的托盘，以四川科恒创科技有限公司发明的产品为例，如图 3-68 至图 3-71 所示，这类托盘与改进了货叉形状和结构的叉车（改进前通常只有两个货叉，改进后有多个条形货叉）配合，可高效、快速实现托货分离或合并。

“7 字形”托盘托货分离的工作原理：若要使托货合并一起搬运，则需把货叉靠近“7 字形”的里侧，如图 3-68 所示，使托盘带动货物一起搬运；若要使托货分离搬运，则需把货叉靠近“7 字形”的外侧，如图 3-69 所示，使货叉与货物直接接触并托起货物，留下托盘。

四向叉自动装卸托盘托货分离的工作原理：若要使托货合并一起搬运，则需把货叉插进四柱内，使托盘带动货物一起搬运；若要使托货分离搬运，则需把货叉插入四柱通道外，使货叉与货物直接接触并托起货物，留下托盘。四向叉自动装卸托盘的优点是四个方向都可以使用，比“7 字形”托盘多两个方向，便于提高效率。

使用该类托盘进行码垛的效果如图3-72和图3-73所示，使用的叉车带推拉装置且货叉是条形货叉。

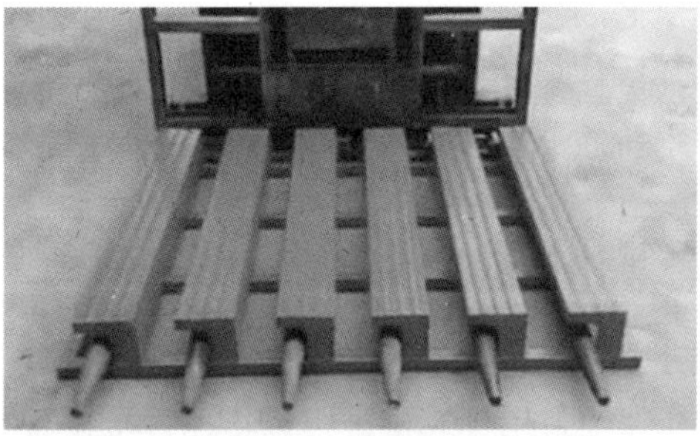

图3-68 “7字形”托货合并一起搬运

图3-69 “7字形”托货分离搬运

图3-70 “7字形”托盘

图3-71 四向叉自动装卸托盘

图3-72 带推拉装置的叉车码垛

图3-73 带推拉装置的叉车搬运货物

3.4.2 新型集装箱装卸设备

集装箱通常需要使用重型叉车或吊车进行装卸（见图3-74），但这种装卸方式不够方便。为了提高效率，使集装箱在没有重型叉车或吊车的情况下也可以完成装卸，人们发明了以下三种机器设备。

1. 四角立柱法升降设备

这种设备可以直接挂在集装箱的四个角上，利用卡锁将其固定后，通电启动四柱液压系统，进行集装箱升降作业，如图3-75所示。

图 3-74 重型叉车或吊车装卸集装箱

图 3-75 四角立柱法升降设备

2. 集装箱自装卸式运输车

集装箱自装卸式运输车不需要额外的起重设备即可独立完成集装箱的装卸任务，如图3-76至图3-78 所示。它使得集装箱运输快捷、灵活、高效，真正地实现了“集装化运输”，是物资物流在港口、火车站、码头等场所进行转移、转场作业时不可替代的运输工具。

图 3-76 集装箱自装卸式运输车卸载集装箱

图 3-77 集装箱自装卸式运输车装载集装箱

图 3-78 集装箱自装卸式运输车运送集装箱

3. 自带升降系统的集装箱

自带升降系统的集装箱适合装载灌装货物，这种集装箱外部为框架结构，带有四个靠液压升降的支柱（在装车或卸车时升降）和两端可横向伸缩的带动支柱。在装车或卸车时，带动支柱伸展使箱体变宽，便于车体进出；装车或卸车完成后，带动支柱缩回使箱体回到正常宽度，便于运输和节约空间，装卸过程如图 3-79 至图 3-81 所示。箱体两侧的中部分别装有电池组（提供电力）和液压泵（提供升降动力）。

图 3-79　箱体变宽，四柱落下卸箱

图 3-80　箱体变宽、升起，货车进入

图 3-81　箱体变窄、落下，完成装车

3.4.3　新型厢式货车

为了提高装卸效率、最大限度缩短装卸时间，人们发明了以下三种具有调整车厢高度与装卸平台一致、使货物与车厢分离、使车厢与车体分离（甩挂运输）等功能的特殊厢式车辆。

1. 可升降、甩挂的货车

可升降、甩挂的货车可以把车厢尾部提升到 1.6m（见图 3-82），也可以使车厢降落到地面（见图 3-83）。这种货车只需要一次升降即可完成全部装卸货物的工作，此外，它的车体还可甩掉车厢行驶，具备甩挂运输的功能。

图 3-82　车厢升起

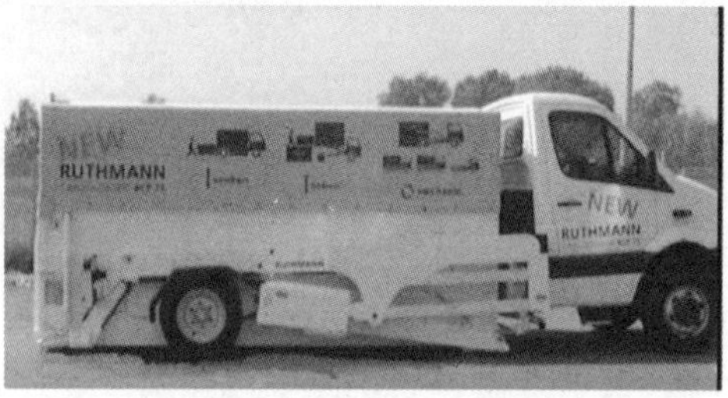

图 3-83　车厢降落到地面上

2. 可加长的货车

根据环境和所装载货物的需要，这种货车的车厢可伸缩、可改变长短，如图 3-84 所示。虽然在公路行驶的车辆不允许随意改装，但这种设计可以用在厂区内运输装置上。

图 3-84　车厢可伸缩、可改变长短的货车

3. 车厢（车棚）可伸缩的货车

这类车厢（车棚）可伸缩的货车，既便于装卸货物，又可保护货物，减少车辆重量，降低运费，车厢（车棚）的伸缩状态如图 3-85、图 3-86 所示。

图 3-85　车厢（车棚）伸展状态

图 3-86　车厢（车棚）收缩状态

3.4.4　其他高效装卸货物的设备

1. 一次性装卸整箱货物的设备

以龙和智能公司的产品为例（见图 3-87），整车货物预先出库，在装载平台上紧密排列，当车辆停靠到位后，一次性进入车厢，3～6 分钟就可以完成一车货物的装载，卸载时进行与之相反的操作即可。车厢内不需要安装其他装卸设备，也不需要对车辆进行改装。

图 3-87　龙和智能公司一次性装卸整箱货物的设备

德国 Q－LAODER 系统，不仅可以完成货物整车一次性装卸，还可以与配送中心仓储区直接相连，自动完成卸货并将货物存放到指定库位，反之也可以完成自动取货和一次性装车，减少装卸时间。其卸货工作步骤是将六个取货导轨插入车载货物托盘孔内，一直插到车辆前端，之后将整车货物一次性全部取出，经自动传送装置存入指定货位，卸货过程如图 3-88 和图 3-89 所示。

图 3-88 德国 Q – LAODER 系统一次性装卸货物过程

图 3-89 取货导轨插入车载货物托盘底部

2. 智能无人装卸系统

幻影智能无人装卸系统（见图 3-90）属于龙合智能公司无人装卸系统的三大系列产品之一。针对新兴的侧帘车与飞翼车，幻影智能无人装卸系统在车辆两侧采用固定轨道形式，柔性对接前端设备以实现物料的自动装卸，它可以满足袋装、箱装、桶装等各类产品的装卸需求。幻影智能无人装卸系统适用于侧帘车、飞翼车、平板车、低栏车（低栏可拆）等货车的货物装卸。

图 3-90 幻影智能无人装卸系统

线上扩展

3-3 智能仓储

案例

华为自动化立体仓库

1. 公司相关介绍

华为技术有限公司于 1987 年成立于中国深圳，是全球领先的电信解决方案供应商。在几十年的时间里，华为基于客户需求持续创新，在电信网络、全球服务和终端三大领域都确立了端到端的领先地位。凭借在固定网络、移动网络和 IP 数据通信领域的综合优势，华为已成为全 IP 融合时代的领导者。目前，华为的产品和解决方案已经应用于全球 140 多个国家，服务全球运营商 50 强中的 45 家及全球 1/3 的人口。

2. 项目介绍

华为制造业务由深圳坂田搬迁至东莞 SSH 工业园，实现了华为自原材料到自动化立体仓库的集自动收货、质检、储存、分拣和发货于一体的物流系统的成功建设（见图 3-91）。自动化立体仓库的建设包括自动传输系统、物料分拣系统、货架系统、堆垛机系统、输送机系统、业务管理和控制系统、条码系统、箱输送系统等的设计、制作、运输、装卸、安装及调试验收交付，以及技术资料、验证文档、售后服务等全过程。

自动化立体仓库采用国际领先技术及设备，是集光、机、电、信息于一体的高度复杂的自动化物流系统工程，以配合华为技术有限公司的整体战略思想，展示了华为技术有限公司与时俱进的形象及现代化的物流管理能力。

图 3-91　自动化立体仓库

3. 自动化立体仓库的特点

（1）从入库到出库的全程自动化

1）入库周转箱从月台到拆包装区的自动化搬送。

2）入库托盘与周转箱的自动上架。

3）补货料箱的自动化搬送与分流。

4）拣选货物的自动供给。

5）分拣机的自动化分拣。

（2）业务优化

1）GTP（货到人）作业模式。

2）PTL（Picking to Light，电子标签拣货）灯光指示拣选。

3）提前拣选。

4）高价值商品的紧急应对。

5）夹层拆包、贴标业务处理。

（3）有限空间的充分利用

1）自动仓库实现密集存储。

2）水平旋转货架创造更多的拣选点。

3）空托盘/料箱收集与供应

4）逆向物流的自动化作业

4. 仓库融入的新技术与创新管理理念（亮点分析）

（1）GTP站台

GTP站台采用货到人的接力式拣选模式，有效地节省了人工搬运距离，提高了作业效率，本站台的设计完全符合人体工程学，有效地将PTL拣选模式、自动输送模式整合为一体，同时本设计方案具备后续业务的扩展性。

（2）夹层

夹层方案设计对料箱业务提前进行预处理，同时有效地利用了物流中心建筑的空间，提高了空间利用率，保证了入库暂存区的面积。同一层面的自动化库内有效利用空间，设置了料箱业务的二次回库及出库作业，增加了货位，提高了库存能力。

（3）侧边拣选

侧边拣选区域实现了自动化入库、补货、PTL拣选三位一体的立体拣选模式，采用接力拣选模式为生产线直接供料。

（4）大件在线拣选

对于拉手条等大件商品实现在线直接拣选，提高了作业效率，节省了离线作业的暂存场地，同时在设计时充分考虑作业高峰期的应对策略，设计有备用暂存拣选站台。

（5）特殊情况下的防灾预备方案

整个华为物流中心的设计采用了一二级库分级管理，确保整个供料系统可以有双重防护来面对临时灾难性状况导致的供料中断；通过各功能区的并行库存管理及多站点式拣选，可以有效降低单个站点或功能区障碍导致无法拣料的概率；在华为项目设计伊始就充分考虑了防灾预备方案，确保整个物流中心在紧急情况下仍然可以为生产线供料。

资料来源：http://www.hero56.com/article-item-157.html，有改编。

本章小结

3.1节物流技术装备，介绍了常见的物流技术装备中物流仓储设备、起重机械、输送机械、流通加工机械、集装单元器具和工业搬运车辆含义。

3.2节常见仓储设备，详细论述了七种不同类型的货架，介绍了装卸搬运设备中的堆垛起重机、叉车、手推台车和自动导引车，输送设备中的输送机、分拣输送系统、多种多样的托盘和包装设备与其他设备。

3.3节自动化立体仓库，首先介绍了自动化立体仓库产生及发展过程，然后论述了自动化立体仓库的基本组成，最后论述了自动化立体仓库的特点。

3.4节新型物流设备，分别介绍了新型托盘与叉车，新型集装箱装卸设备、新型厢式货车和其他高效装卸货物的设备。

习　题

1. 简答题

（1）常见的货架的种类有哪些？

（2）移动式货架优缺点有哪些？

（3）叉车的种类有哪些？

（4）常见输送机有哪些？

（5）常见的托盘的种类有哪些？

（6）箱式托盘的适用范围是什么？

（7）自动化立体仓库的主要特点有哪些？

（8）货物单件体积、重量都比较小，厢式货车装卸货物效率低，如何解决？

2. 判断题

（1）旋转式货架结合自动仓储系统与货架功能，在拣选货物时，取货者不动，货架自动旋转至拣货点。（　　）

（2）重力式货架不便于货物先进先出。（　　）

（3）驶入式货架不便于货物先进先出。（　　）

（4）倍深式托盘货架与一般托盘货架结构基本相同，只是把两排托盘货架结合起来增加储位而已。为此，储存密度增加一倍，但是存取性和出入库方便性略差。（　　）

（5）AGV 是能够自动行驶到指定地点的无轨搬运车辆。（　　）

（6）我国的托盘标准选用的是 1200mm × 1000mm 和 1100mm × 1100mm 两种规格，且特别注明 1200mm × 1000mm 为优先推荐规格。（　　）

（7）平托盘根据台面分类，有单面型、单面使用型、双面使用型和翼型四种。（　　）

3. 单选题

（1）（　　）平时可以密集相连排列，在存取货物时，货架沿轨道滑出，这样可以将仓库面积利用率提高到 80%，主要在档案管理等重要或贵重物品的保管中使用。

A. 旋转式货架　　B. 驶入驶出式货架　　C. 移动式货架　　D. 重力式货架

（2）（　　）主要用于长料货物的搬运。

A. 侧面式叉车　　B. 前移式叉车　　C. 插腿式叉车　　D. 倍深式叉车

（3）下列货物最适合于重力式货架存储的是（　　）。

A. 少品种小批量的货物　　B. 多品种小批量的货物

C. 多品种大批量的货物　　D. 少品种大批量的货物

第4章

仓储收货管理

案例导入

东方物流储运经营公司的仓储收货管理

东方物流储运经营公司隶属于上海市东方物流有限公司，占地面积近10万m^2，内有标准库房15栋（保温库6栋），库高8~10m，专门为上海化学工业区、上海南站地区和洋山深水港区的生产仓库和物流仓库储运大型机电产品。单个库房面积从1080m^2到2480m^2不等，地面防潮处理较好，库内配备简单的立体货架4~5层，高约3m，并配有5t、10t桥式吊车，库房实行机械通风。场内有铁路专用线及其相关设备，并且有专业的消防队伍。

公司在金山区的仓库作为集散型仓库，主要储存家用电器、食品、医药、装饰货物等货物，库房堆高6~7m。金山区仓库负责部分货物的储存、配送、运输作业，部分货物由厂家自己负责储存、运输与配送，其主要作业流程包括收货验收、抽样检测、进库码垛、保管、出库等环节。为了能够使仓储的收货工作有条不紊地按照既定规范进行，而且能够对仓储的接运、装卸搬运、验收、堆码、分拆、备货等各项作业提出标准和要求，保证低成本达到仓储功能，以实现仓储合理化，该仓库根据货物的特点制定了恰当的收货管理规定，从而保证入库货物的数量、质量符合要求，并根据要求填写货物入库有关的凭证和报表，以便于对货物进行及时的跟踪管理。

东方物流储运经营公司应该如何进行货物的接运、验收和表单填制呢？

资料来源：何庆斌. 仓储与配送管理［M］. 上海：复旦大学出版社，2017，有改编。

4.1 仓储收货管理概述

4.1.1 收货作业的主要内容

仓储管理工作包括收货、存储、发货管理三个阶段。这三个阶段还可细分成接车、卸车、理货、检验、入库（狭义的入库概念，不包括接运）、储存、分拆、堆码、保管保养、盘点、装卸搬运、加工、包装和发运等若干具体作业环节。为了提高运作效率、降低成本，需要对作业流程进行细致的分析，持续改进、精益求精，科学合理地计划、组织，以达到物流仓储与配送系统整体最优。收货作业流程也称入库作业（广义的入库概念，即与收货或进货含义相同）或进货作业，其主要内容包括入库前的准备、货物接运交接、货物验收、入库表单制作。

4.1.2　收货作业管理的原则

为安全有效地卸货和仓库能按期而准确地组织货物入库，在组织收货作业时必须遵守以下几项原则。

1. 合理安排收货计划，充分利用人力及设备等资源

在组织和安排收货作业时，要考虑现有的人力和设备资源，资源调度安排要与收货作业的活动分布相配合。对于供应商能够直接送货入库的，应要求对方自行卸货，以减少仓库作业人员，并保证卸货作业能正常进行。

2. 各环节有效衔接，仓储与配送整个系统最优

充分考虑收货作业和存储作业、发货作业的有效衔接。仓库存储、发货一般采用托盘、箱、小包及单件四种包装方式，因此收货也应采用这四种包装方式。在收货作业时，必须通过拆箱、重新包装等方式将入库包装单位转换成适合存储的包装单位。同时，尽量使用可流通的容器，节省更换容器的时间，同时也有利于配合装卸搬运设备的使用。

3. 消除一切浪费，提高运作效率

进行价值分析，运用科学理念和方法，消除一切浪费，提高运作效率。力求将卸货、分类、标记、验货等作业环节集中在一个场地完成，这样既可以减少空间的占用，也可以节省货物装卸搬运次数，降低作业成本，提高作业效率。通过制定作业相关性分析图，合理布置作业顺序，合理安排作业时间，避免倒装、倒流、等待、运输距离过长、运作时间长等浪费现象。

【小案例】

我公司为货代公司，代理外地一家出口贸易公司的1600t货物入保税区仓库。但是货物实际离境时竟然少了30t，货物价值不到20万元人民币，送货方为货主委托的另外一方——A仓库。A仓库说没有少送货；保税仓库也说自己没有丢失，肯定是入区（库）的A仓库少送货物了。然而，在入区（库）的时候保税库没有进行过磅点数就签了A库的收货单。请问律师，如果我们申请立案，原告是由我们货代公司申请还是委托方贸易公司申请？现在都无法证明是A仓库少送还是保税仓库丢货，那被告方可否为这两家呢？

资料来源：http://www.110.com/ask/problem/1146576/，有改编。

4.2　收货作业流程

在仓储与配送中心的基本作业流程中，收货（入库）作业完成后才能开始进行其他作业环节。收货作业主要内容包括核验单据、装卸、搬运、分类、验收，确认商品后，将商品按预定的货位储存入库。商品收货作业是后续作业的基础和前提，收货作业的质量直接影响到后续作业的质量。不同类型的企业其收货作业流程略有不同，一般的流程如图4-1所示，在图4-1中虚线部分为入库作业流程。

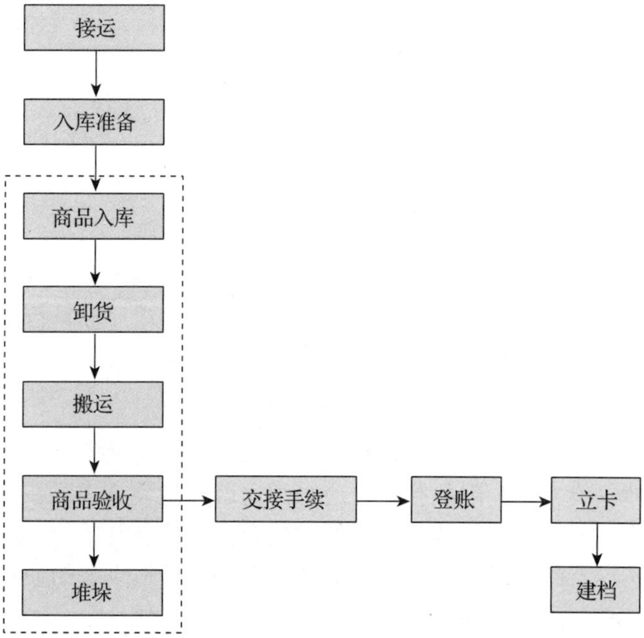

图4-1 收货（入库）作业流程

4.2.1 收货作业计划

仓储配送中心的收货作业计划制订的基础和依据是采购计划与实际的进货单据，以及供应商的送货规律、送货数量、送货方式，或仓储配送中心接货能力、运输能力及方式。收货作业计划的制订必须依据订单所反映的信息，掌握商品到达的时间、品种、数量及到货方式，尽可能准确地预测出到货时间，以尽早做出卸货、储位、人力、物力等方面的计划和安排。收货作业计划的制订有利于保证整个入库流程的顺利进行，同时也有利于提高作业效率，降低作业成本。

4.2.2 收货前准备工作

在商品到达仓储配送中心之前，必须根据收货作业计划，在掌握入库商品的品种、数量和到库日期等具体情况的基础上做好入库准备。做好入库前的准备，是保证商品入库稳中有序的重要条件。准备工作的主要内容有：熟悉入库货物，掌握仓库库场情况，制订仓储计划，优化安排货位，科学、合理地组织人力，做好货位准备，准备苫垫材料、作业用具，以及做好验收准备、装卸搬运工艺设定和文件单证准备等内容。

4.2.3 接运与卸货

有些商品通过铁路、公路、水路等公共运输方式转运到达，需仓储配送中心从相应站港接运商品，对直接送达仓储配送中心的商品，必须及时组织卸货入库。

这部分内容较多，在流程中不做详细介绍，在本章第4.4节中详细论述。

4.2.4 分类与标识

在对商品进行初步清点的基础上，需按储放地点、货物标识进行分类并做出标记。分类是为了有条理地管理和存放货物，可按货物的特点，依据分类原则和方法（如货物的特性、形状等）对货物进行分类。

4.2.5　核对单据

入库商品通常会具备下列单据或相关信息：送货单（见图 4-2），采购订单，采购进货通知，供应方开具的出仓单（见图 4-3）、发票、磅码单、发货明细表等；除此之外，有些商品还有随货同行的商品质量保证说明书、检疫合格证、装箱单等；对于由承运企业转运的货物，接运时还有运单，需审核运单，核对货物与单据反映的信息是否相符，以保证进库货物无误。

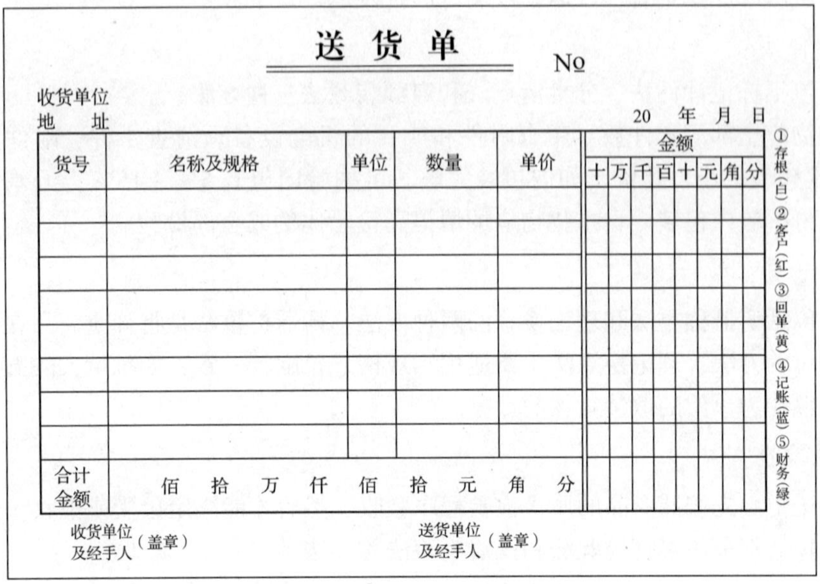

送货单　No

收货单位
地　址
20　年　月　日

货号	名称及规格	单位	数量	单价	金额 十	万	千	百	十	元	角	分
合计金额	佰　拾　万　仟　佰　拾　元　角　分											

①存根（白）②客户（红）③回单（黄）④记账（蓝）⑤财务（绿）

收货单位及经手人（盖章）　送货单位及经手人（盖章）

图 4-2　人工记账纸质送货单

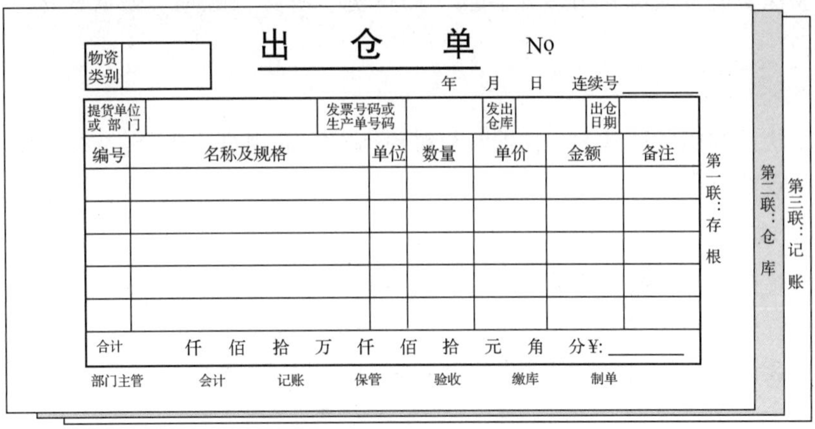

出　仓　单　No

物资类别

年　月　日　连续号＿＿＿＿

提货单位或部门		发票号码或生产单号码		发出仓库		出仓日期
编号	名称及规格	单位	数量	单价	金额	备注
合计	仟　佰　拾　万　仟　佰　拾　元　角　分¥:＿＿＿＿					

第一联：存根　第二联：仓库　第三联：记账

部门主管　会计　记账　保管　验收　缴库　制单

图 4-3　人工记账纸质出仓单

4.2.6　入库验收

入库验收是对即将入库的商品，按规定的程序和手续进行数量和质量的检验，也是保证库存质量第一个重要的工作环节。商品的检验方式有全检和抽检两种：全检主要是针对重要的商品在批量到货或抽检发现问题时进行；对于大批量到货的商品、规格尺寸和包装整齐的商品，多数采用抽检的方式进行抽样检查。商品检验方式、抽样检查方案（如抽检样本大小、判断接受标准等），一般由供货方和接货方双方通过签订协议或合同来明确规定。

商品验收是仓储业务中的一个重要环节，包括数量验收、质量验收和包装验收三方面的内容，即复核货物数量是否与入库凭证相符，货物质量是否符合规定的要求，货物包装能否保证在储存和运输过程中的安全。

1. 数量验收

商品数量的验收通常有计件法和计重法两种方法。

（1）计件法

计件法包括标记计件法、分批清点法和定额装载法三种方法。

计件货物应全部清查件数（带有附件和成套的机电设备须清查主件、附件、零件和工具等）。固定包装的小件物资，如内包装完整，可抽验内包装 5% ~15%，无差错或其他问题时，可不再拆验内包装。贵重货物应酌情提高检验比例或全部检验。

（2）计重法

计重法包括衡器称重法和理论换算法两种方法。衡器称重法是将计重商品在衡器上称重后再进行核对的方法；理论换算法主要适用于规格、长度较一致，如批量大的五金、钢材和以根、支、颗粒为单位的散装货物的计重。

2. 质量验收

仓储配送中心先按照商品的质量检验程序验收，然后才能决定接受或拒收。仓储配送中心的质量验收通常采用感官检验法和仪器检验法等方法。

（1）感官检验法

感官检验法是验货人员利用感觉器官（如视觉、听觉、触觉、嗅觉和味觉）检验商品质量的方法。

（2）仪器检验法

仪器检验法是利用各种试剂、仪器和机械设备对商品规格、成分、技术标准等进行物理和生化分析测定的方法。

3. 包装验收

包装验收是商品入库验收的重要内容，包装验收的标准与依据有两方面：一是国家颁布的包装标准；二是购销双方合同或订单的要求与规定。包装验收的具体内容包括：包装是否安全牢固，包装标志、标记是否符合要求和包装材料的质量状况。

线上扩展

4-1　验收业务流程

4.2.7　搬运和堆码

入库验收完成后，搬运人员就可把验收场地上经过检验合格的入库货物，按每批入库单开制的数量和相同的品种集中起来，按照预先安排的货位，利用搬运工具，将货物搬运到指定货位，并堆码好。要做到进一批、清一批，严格防止品种互串和数量溢缺。

堆码内容较多，在本章第 4.5 节、第 4.6 节和第 4.7 节中详细论述。

4.2.8　入库信息处理

商品清点、验收完毕，即通过搬运码放过程进入指定储位储存，进入储存阶段。与此同时，必须进行入库过程中相关信息的处理。

入库信息处理内容详见本章第 4.8 节。

课堂讨论： 在电子化、无纸化或应用无人仓库管理的情况下，图 4-1 所示流程会有哪些改进与不同？

小资料

戴尔无零配件仓库模式

戴尔公司采用准时制生产策略，最大限度地减少库存数量。戴尔公司取消众多零配件库存，零配件供应商提前 2h 把生产电脑所需零配件运到总装厂外等候，需要时，直接把所需零配件按生产现场所需数量和装载工具运到指定工位，大幅度降低生产制造成本。戴尔公司除了采取准时制生产外，还间接运用了消除一切浪费的理念，这一举措消除了那些不创造价值的环节。

4.3　入库作业计划工作及储位分配工作

4.3.1　入库作业计划工作

入库作业计划是根据采购部门提供的物品采购进货计划来编制的，物品采购进货计划的主要内容包括各类物品的进库时间、品种、规格、数量等。这种计划通常又称物品储存计划。仓储主管根据采购部门提交的采购进货计划，结合仓库本身的储存能力、设备条件、劳动力情况和各种仓库业务操作过程所需要的时间，来确定物品入库作业计划，并将计划下达到各相应的作业人员。

采购部门的采购进货计划、进货安排会经常发生变化，为适应这种情况，仓储主管在编制入库作业计划时可采取长计划短安排的办法，按月或周编制作业计划。

4.3.2　储位分配工作方法

根据储位分配原则对应有很多分配方法，这里只介绍根据出货频率高低确定储位的方法。

【例题 4-1】某仓库电器货区八种货物以往统计资料见表 4-1，电器货区货位平面布置图如图 4-4 所示，货区只有一个出入口，货架在通道两侧。若不考虑重量因素，试确定这八种货物的具体储位。

表 4-1　八种货物以往统计资料

序号	物品种类	搬运次数	所需货位个数	重量调整系数
1	A：电视	900	4	1.5
2	B：电烤箱	660	3	1.5
3	C：电熨斗	300	1	1
4	D：台式电风扇	280	1	1.2
5	E：微波炉	420	2	1.5
6	F：空调	530	2	1.5
7	G：充电器	720	1	1
8	H：电磁炉	560	2	1.2
合计			16	

8	7	6	5	4	3	2	1
通道							出入口
16	15	14	13	12	11	10	9

图 4-4　电器货区货位平面布置图

解：靠近出入口优先顺序见表 4-2，根据表 4-2 可安排一个可行方案，如图 4-5 所示。为了使相同货物尽量在同一区域、货架同一侧，在图 4-5 方案的基础上给出第二个改进后的方案（相同货物尽量放在同侧），如图 4-6 所示，在图 4-6 中 B 和 E 改进后放在同一侧，参见图 4-6 中上面货架最后一个和下面货架倒数第二个。

表 4-2　靠近出入口优先顺序

序号	物品种类	搬运次数	所需货位个数	每个货位搬运次数	靠近出入口优先顺序
1	G：充电器	720	1	720	1
2	C：电熨斗	300	1	300	2
3	D：台式电风扇	280	1	280	3
4	H：电磁炉	560	2	280	4
5	F：空调	530	2	265	5
6	A：电视	900	4	225	6
7	B：电烤箱	660	3	220	7
8	E：微波炉	420	2	210	8

8–E	7–B	6–B	5–A	4–F	3–F	2–D	1–G
通道							出入口
16–E	15–B	14–A	13–A	12–A	11–H	10–H	9–C

图 4-5　初始货区货位平面布置

8–B	7–B	6–B	5–A	4–F	3–F	2–D	1–G
通道							出入口
16–E	15–E	14–A	13–A	12–A	11–H	10–H	9–C

图 4-6　改进后货区货位平面布置

实训题 4-1　在例题 4-1 中，若考虑重量因素，重量修正系数见表 4-1 最后一列，如何安排货位？

4.3.3　货物堆码注意事项

货物堆码注意事项有：

1）同类产品按生产日期、规格单独存放。

2）不同品种的货物分别放置在不同的托盘上。

3）贴有标签的物品，标签应向外与通道平行。

4）严禁倒置，严禁超过规定的层级堆码。

5）货架上物品存放重量不得超过货架设计载荷。

6）在托盘上码放货物时，托盘间应预留合理距离，以便于移动，并避免货物错放。

7）手工操作的，每一货物托盘上应放置一张储位卡。

4.3.4　储位卡

储位卡是在每个储位上设置的用以反映所存货物情况的卡片。在手工操作情况下，储位卡是有效的库存管理工具；在使用软件管理的情况下，无须传统有形储位卡。

储位卡主要用于记录所存货物名称，存取时间和数量、批号及结存。

每次存、取货物的时间和数量均须在储位卡上记录。

4.4　接货作业流程及注意事项

4.4.1　接运作业

案例

某仓储物流企业，人工把货物一件一件从货车上搬卸到地面上（有的企业是搬卸到地面托盘或运输工具上），然后再搬运到验收区，检验、验收后再搬运到运输工具上，运到货架旁边，放入指定货位上（见图 4-7 和图 4-8）。有些货物是按体积收取存储费用，不足一个托盘货物按一个托盘所占用体积计算，因此，验收货物时既需要测量体积，又需要测量单件货物的重量，当货物数量多时，耗时费力。这个环节可分为两部分：一是物的位移，从货车上最终到货位上；二是核对、验收、交接、入账等程序。

图 4-7　卸货 1

图 4-8　卸货 2

【问题与思考】

(1) 如何提高卸货效率？

(2) 如何快速把货物码整齐放到托盘上？

(3) 如何避免托盘上货物倾斜、散落现象？

1. 接运（接货）方式

除了一小部分货物由供货单位直接运到仓库交货外，大部分货物要经过铁路、公路、水运、空运等运输工具转运。接货主要方式有铁路专用线接货、车站及码头接货、自提货和送货到库四种情况。下面论述几种常见接货方式的注意事项与接货步骤。

(1) 到车站、码头接货（提货）

接货仓管人员到车站、码头等承运单位接货时，一般遵照以下步骤进行，如图 4-9 所示。

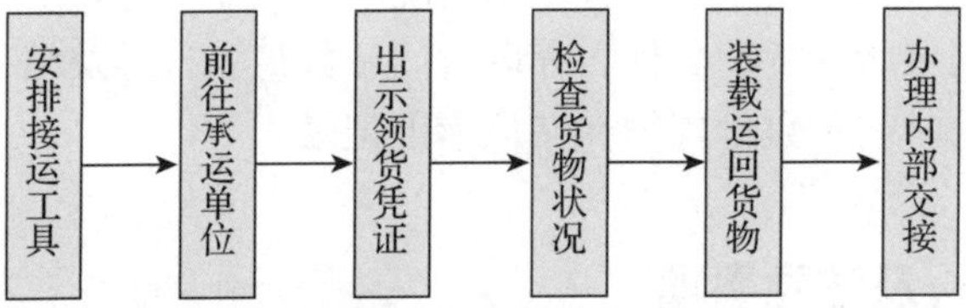

图 4-9　到车站、码头接货步骤

(2) 自提货

自提货是指负责接货的仓管人员到供货单位处提货自行运回的接货方式，此时验货与提货是同时进行的。其步骤具体如图 4-10 所示。

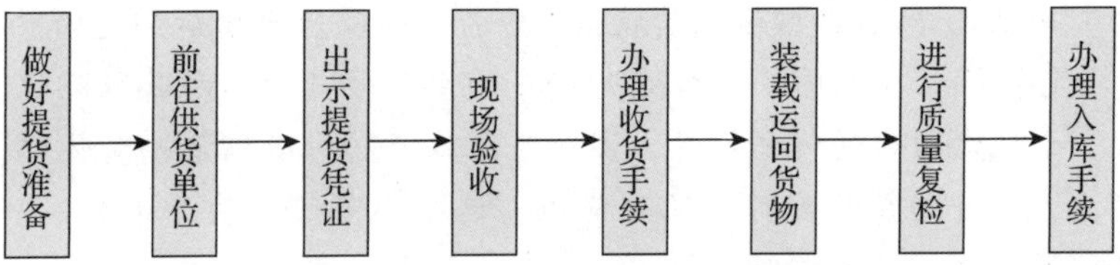

图 4-10　自提货步骤

（3）铁路专用线接货

铁路专用线接货是铁路部门将转运的物品直接运送到仓库内部专用线的一种接运方式。接货人员在接到车站到货的预报后，一般按照以下步骤做好接货工作，如图4-11所示。

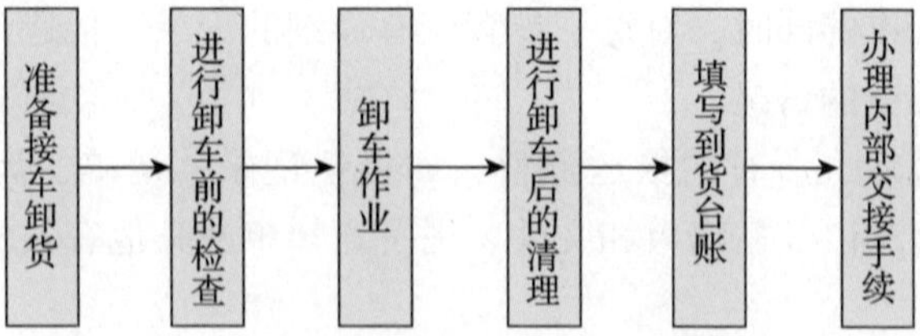

图4-11　铁路专用线接货步骤

（4）送货到库

送货到库是指供货单位或其委托的承运单位将物品直接送达仓库的一种供货方式。当货物到达后，接货人员及验收人员应直接与送货人员办理接收工作，当面验收并办理交接手续。若接货工作正常，接货人员在送货回单上盖章表示货物收讫。如发现异常情况，应该会同送货人员查实，必须在送货单上详细注明并由送货人员签章确认，作为事后处理的依据。

这种接运方式的特点是：单货同行，随到随收，收货方仓库交接。

课堂讨论：图4-9～图4-11所示流程图，在电子化、无纸化环境下有何不同？

2. 接运差错处理

在接货过程中，有可能会遇到错发、混装、漏装、丢失、损坏、受潮和污损等差错。面对这些情况，仓管人员要先确定差错产生的原因，然后要求责任单位做出合理赔偿。

（1）确定差错产生的原因

接货人员到承运单位接货，发现物品丢失、短少、变质、污染、损坏时，应首先核对承运单位提供的运输记录，以确定差错产生的原因。

承运单位提供的运输记录主要有货运记录及普通记录两种。

1）货运记录。货运记录包括：物品名称、件数与运单记载是否相符；货物是否被盗、丢失或损坏；货物是否污损、受潮、生锈、霉变；其他货物差错等。货运记录可以明确事故责任，也可以作为货主的索赔依据。

2）普通记录。普通记录是承运单位开具的一般性证明文件，不具备向承运单位索赔的效力，但可以作为收货人向发货人交涉处理的依据。在通常情况下，因如下原因造成的货物损失，承运单位是不负赔偿责任的：因不可抗力而造成的损失；货物本身的自然属性或者合理损耗；因托运单位及其押运人的过错而造成的损失。

（2）签收货物

确认物品情况与运输记录的内容相符后，接货人员应在运输记录中的“收货人”栏内签名，并领取运输记录的货主联。

(3) 申请赔偿

向承运单位申请赔偿是有一定的时间限制的。在通常情况下，自领到货运记录的次日起 180 日内，收货单位可以向物品到达站或发运站提出赔偿。

3. 做好接运记录

在完成货物接运工作的同时，对每一步骤应有详细的记录。接运记录应详列接运货物到达、接运、交接等各环节的情况。

接运工作全部完成后，所有的接运资料，如接运记录、运单、运输普通记录、货运记录、损耗报告单、交接单以及索赔单和文件、提货通知单及其他有关资料等均应分类输入计算机系统以备复查。

4.4.2 卸货作业

办理完接运手续后，要进行卸货作业。卸货通常是指将货物由车辆搬至站台（或称平台、月台）的作业。影响卸货效率与质量的因素主要有装载方式、运输工具结构、装卸搬运工具、车辆与站台间的间隙、车厢底部与站台平台高度差等因素，卸货作业是一项系统工程。为提高卸货效率与质量，可采取如下四项措施。

1. 选用车尾附升降台式货车

车尾附升降台是装置于配送车尾部的特殊平台。当装卸货时，可运用此平台将货物装上货车或卸至站台。车尾附升降台可延伸至月台，也可倾斜放至地面，其设计有多种样式，适用于没有站台设施的仓库配送中心或零售点的装卸货。车尾附升降台，如图 4-12 至图 4-14 所示。

图 4-12 车尾附升降台 1

图 4-13 车尾附升降台 2

图 4-14 车尾附升降台 3

2. 选用多门式货车

只有后门的厢式货车，最内侧的货物装卸不方便，严重降低了装卸效率（见图 4-15）。为了便于装卸货物，可选用多门式货车。这种货车不仅有后门，还有侧门，这样不仅便于装卸货，还便于拼车，实施投递式送货（见图 4-16 和图 4-17）。

图 4-15　只有后门的厢式货车

图 4-16　多门可倾斜式厢式货车

图 4-17　带有侧门的小型厢式货车

飞翼车（见图 4-18 和图 4-19）是普通厢式车的改进，通过动力弹簧、手动装置或液压装置，能开启车厢两侧翼板。该车顶部、前板后门结构同铁瓦楞厢式车，侧面由翻转板、上边板、下边板组成。由于具有装卸速度快、效率高、可侧面装卸等优点，飞翼车已经是现代物流企业十分青睐的运输工具。

图 4-18　小型飞翼式厢式货车

图 4-19　飞翼车

3. 创新改造可放多层托盘的厢式货车或集装箱

众所周知，采用托盘装卸货物的效率高，但同时也有一定缺点。一方面，从高度上看，摆放一层托盘时，车厢高度不能被充分利用，还剩余很大空间（见图4-20），而摆放多层托盘时，底层又超过负荷，可能造成货物损坏；另一方面，车厢长度和宽度有时也不能充分被利用，且货物摆放不稳定、容易损坏。为了解决这个问题，可对车厢进行改造，设计可折叠货架、两层固定货架，可调节固定带，克服托盘装箱率不高的弊端，提高装卸效率（见图4-21和图4-22）。

图4-20 集装箱托盘装车

图4-21 货物固定

图4-22 货物装车改造成两层货架

4. 运用升降平台

最安全也最有弹性的卸货辅助器应属升降平台，而升降平台分为货车升降平台及码头（仓库）升降平台两种。当配送车到达时，货车升降平台可升高或降低车子后轮，使得车底板高度与站台一致，从而方便装卸货；码头升降平台则可通过调整码头平台高度来配合配送车车底板的高度，因而两者有异曲同工之效。码头升降平台（平台高度调节板）如图4-23所示。

图4-23 码头升降平台（平台高度调节板）

4.5 搬运与堆码

4.5.1 搬运作业

1. 搬运的基本概念

搬运指的是同一地域范围内进行的、以改变物的存放状态和空间位置为主要内容和目的的活动。搬运是将不同形态的散装、包装或整体的原料、半成品或成品，在平面或垂直方向加以提起、放下或移动，可能是要运送，也可能是要重新摆放，使商品能适时、适量地移至适当的位置或场所存放。

2. 搬运管理的目的

在物流各环节的前后和同一环节的不同活动之间，都会进行搬运作业。以美国制造业为例，全部生产过程中只有 5% 的时间用于加工制造，95% 的时间则用于搬运、储存等物流过程。根据运输部门的考察，在运输的全过程中（包括运输前后的搬运），搬运所占的时间为全部运输时间的 50% 。

管理搬运作业的目的是确定最恰当的搬运方式，力求减少作业次数，合理配置和使用搬运设备，达到节能、省力、减少损失、提高作业速度的目的，以取得较好的经济效果。

4.5.2 堆码作业

物品堆码是指根据商品的包装、外形、性质、特点、种类和数量，结合仓库储存条件、季节、气候情况，以及储存时间的长短，将商品按一定的规律码成各种形状的货垛的作业。堆码的主要目的是便于对商品进行维护、查点等管理和提高仓库利用率。堆码直接影响着商品保管的安全程度、清点数量的便利程度，以及仓库容量利用率。

1. 商品堆码操作要求

1）牢固。

2）合理。

3）整齐。

4）定量。

5）节约。

2. 堆码设计的内容

（1）总体设计

为了达到堆码的基本要求，必须根据保管场所的实际情况、物品本身的特点、装卸搬运条件和技术作业过程的要求，对物品堆垛进行总体设计。设计的内容包括货垛垛基、垛形、参数、堆码方式以及货垛苫盖、货垛加固等。

（2）货垛“五距”要求

货垛的“五距”应符合安全规范要求。货垛的“五距”指的是垛距、墙距、柱距、顶距和灯距。

1）垛距。货垛与货垛之间的必要距离称为垛距，常以支道作为垛距。垛距能方便存取作业，起通风、散热的作用，方便消防工作。库房垛距一般为0.3～0.5m，货场垛距一般不少于0.5m。

2）墙距。为了防止库房墙壁和货场围墙上的潮气对商品的影响，也为了散热通风、保护建筑安全，便于进行消防工作和收发作业，货垛必须留有墙距。内墙距是指货物离没有窗户墙体的距离，此处潮气相对少些，一般距离为0.1～0.3m；外墙距是指货物离有窗户墙体的距离，这里湿度相对大些，一般距离为0.1～0.5m。

3）柱距。为了防止库房柱子的潮气影响货物，也为了保护仓库建筑物的安全，必须留有柱距。柱距一般为0.1～0.3m。

4）顶距。货垛堆放的最大高度与库房、货棚屋顶横梁间的距离称为顶距。顶距能方便装卸搬运作业，能通风散热，有利于消防工作，有利于收发、查点。顶距一般为0.5～0.9m，具体视情况而定。

5）灯距。货垛与照明灯之间的必要距离称为灯距。为了确保储存商品的安全，防止照明灯发出的热量引起附近商品燃烧而发生火灾，货垛必须留有足够的安全灯距。灯距按规定应不少于0.5m。

3. 物品堆码存放的基本方法

（1）散堆法

散堆法适用于露天存放的没有包装的大宗物品，如煤炭、矿石等，也适用于库内少量存放的谷物、碎料等散装物品。

（2）堆垛法

对于有包装（如箱、桶）的物品，包括裸装的计件物品，采取堆垛法储存。堆垛法能够充分利用仓容，使仓库内整齐，方便作业和保管。物品的堆码方式主要取决于物品本身的性质、形状、体积、包装等。

常见的堆码方式包括重叠式、纵横交错式、仰伏相间式、压缝式、通风式、栽柱式、衬垫式和“五五化”堆垛式等。

1）重叠式。重叠式又称直堆法，是逐件、逐层向上重叠堆码，一件压一件的堆码方式，如图4-24所示。

2）纵横交错式。纵横交错式是指每层物品都改变方向向上堆放，相邻两层货物的摆放旋转90°。一层横向放置，另一层纵向放置，每层间有一定的咬合效果，如图4-25所示。

图4-24　重叠式堆码

图4-25　纵横交错式堆码

3）仰伏相间式。仰伏相间式是指对上下两面有大小差别或凹凸的物品，如槽钢、钢轨等，将物品仰放一层，在反一面伏放一层，仰伏相向相扣的堆码方式，如图 4-26 所示。

4）压缝式。压缝式是指将底层并排摆放，上层放在下层的两件物品之间的堆码方式，如图 4-27 所示。

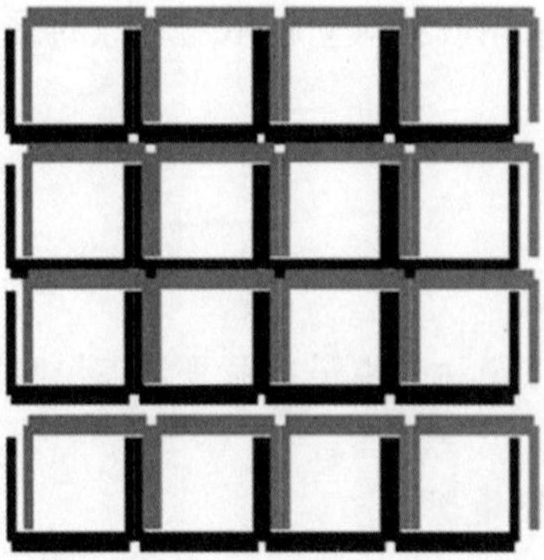

图 4-26　仰伏相间式堆码

图 4-27　压缝式堆码

5）通风式。通风式是指物品在堆码时，任意两件相邻的物品之间都留有空隙，以便通风的堆码方式。层与层之间采用压缝式或者纵横交错式。通风式堆码可以用于所有箱装、桶装以及裸装物品的堆码，起到通风防潮、散湿散热的作用。通风式堆码如图 4-28 所示。

6）栽柱式。栽柱式是码放物品前先在堆垛两侧栽上木桩或者铁棒，然后将物品平码在桩柱之间，几层后用铁丝将相对两边的柱拴连，再往上摆放物品的堆码方式。此方式适用于棒材、管材等长条状物品。栽柱式堆码如图 4-29 所示。

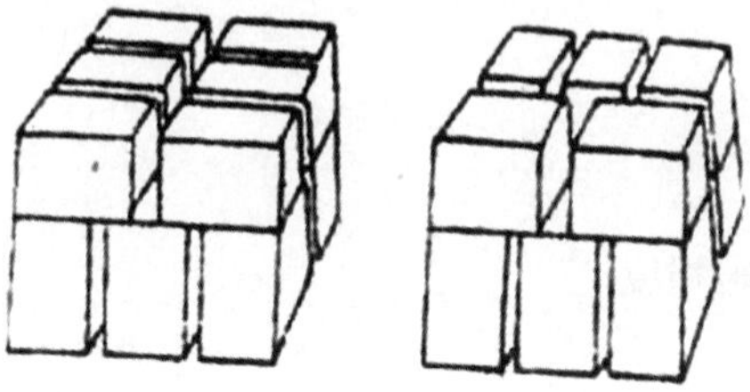

图 4-28　通风式堆码

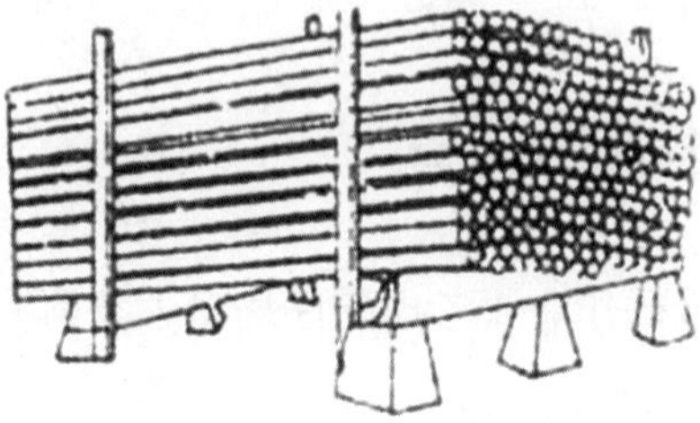

图 4-29　栽柱式堆码

7）衬垫式。衬垫式是在码垛时，隔层或隔几层铺放衬垫物，衬垫物平整牢靠后，再往上码的堆码方式。该方式适用于不规则且较重的物品，如无包装电动机、水泵等。

8）“五五化”堆垛式。“五五化”堆垛就是以 5 为基本计算单位，堆码成各种总数为 5 的倍数的货垛，以 5 或 5 的倍数在固定区域内堆放，使货物“五五成行、五五成方、五五成包、五五成堆、五五成层”，堆放整齐，上下垂直，过目知数。该方法便于货物的数量控制、清点盘存。“五五化”堆垛式堆码如图 4-30 所示。

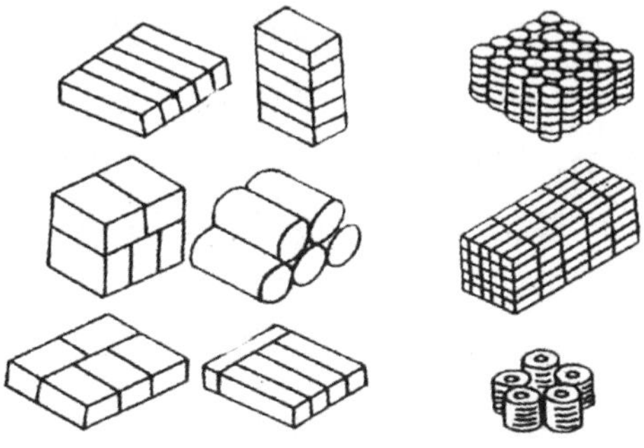

图 4-30　“五五化”堆垛式堆码

（3）托盘堆码

由于托盘在物流系统中的运用比较普遍，因此，就形成了物品在托盘上的堆码方式。托盘堆码就是将货物码在托盘上，货物在托盘上码放的方式可采用自身堆码采用的码放形式，然后用叉车将托盘货一层层堆码起来。对于一些怕挤压或形状不规则的货物，可将货物装在货箱内或带立柱的托盘上。由于货箱堆码时，是由货箱或托盘立柱承受货垛的重量，故这种托盘应具有较高的强度和刚度。

小资料

堆码图谱

托盘是具有标准规格尺寸的集装工具，因此，在托盘上堆码物品可以参照典型堆码图谱来进行。例如，对于硬质直方体物品，可参照中华人民共和国国家标准《硬质直方体运输包装尺寸系列》（GB/T 4892—2021）中给出的堆码图谱摆放。

采用托盘堆码时，其堆码和出入库作业常采用叉车或其他堆垛机械完成，采用桥式堆垛机时，堆垛高度可达 8m 以上，故其仓库容积利用率和机械化程度比自身堆码有较大的提高。

（4）货架堆码存放

这是在仓库内设置货架，将货物或托盘放在货架上的堆码形式。采用货架堆码存放的最大优点为货物的重量由货架支撑，互相之间不会产生挤压，可实现有选择地取货或实现先入先出的出库原则。总之，货架堆码存放形式为仓库的机械作业和计算机管理提供了必要的条件。

4.6 堆码相关计算

货物堆码作业要考虑到库房最大负荷和堆码强度。

4.6.1 库房负荷的计算

库房最大负荷量是每单位面积能够负荷的最大货物重量。常见货物堆码形式之一是将货物直接码放在库房地面上，在这种情况下，应满足如下条件：

$$货垛货物总重量（kg）/货垛与库房地面接触面积（m^2）\leqslant 库房负荷 \tag{4-1}$$

【例题 4-2】 某库房负荷 1000kg/m^2，某种货物的单位面积为 0.5m^2，货垛最底层摆 3 件货物，一共摆 4 层，每层 3 件，货物毛重为 110kg，问货垛重量是否超重？

解： $(3\times4\times110\text{kg})/(0.5\text{m}^2\times3)=880\text{kg/m}^2\leqslant1000\text{kg/m}^2$，所以不超重。

4.6.2 堆码强度计算

堆码强度是指仓库储存的瓦楞纸箱包装在静态压力下堆垛即将坍塌之前所能承受的载荷。它可以是通过实验获得的数据，也可根据抗压强度进行推算。堆码强度中的载荷是指最底层纸箱承受的载荷，即最底层纸箱的堆码强度。堆码强度是一个临界值。

1. 堆码强度的一般表达式

堆码强度的表达式如下：

$$P_w = [(H-h)/h]_1 kW \tag{4-2}$$

式中　P_w——堆码载荷、承载能力；

H——箱体堆码高度；

h——瓦楞纸箱外部高度；

k——瓦楞纸箱疲劳系数（与堆码时间有关）；

W——商品重量（产品加箱重）。

箱体的堆码强度与堆码高度可由堆码实验得出，比理论计算的结果更为准确。

瓦楞纸箱疲劳系数与堆码时间密切相关，时间越长疲劳系数越大，见表 4-3。

表 4-3　瓦楞纸箱疲劳系数与堆码时间关系

序号	堆码时间（天）	疲劳系数
1	<30	1.6
2	30～100	1.65
3	>100	2

【例题 4-3】 堆码强度为 100kg，瓦楞纸箱外高 70cm，商品重（每箱货物毛重）22kg，堆码高度 3m，堆码时间近 30 天。问：是否符合堆码载荷要求？每箱装多少时符合堆码载荷要求？

解： $P_w = [(H-h)/h]_1 kW$

$= [(300\text{cm}-70\text{cm})/70\text{cm}]_1 \times 1.6 \times 22\text{kg}$

$= 105.6\text{kg} > 100\text{kg}$

不符合堆码强度要求。

因为 $100\text{kg} > 1.6 \times Y \times [(300\text{cm}-70\text{cm})/70\text{cm}]_1$，所以 $Y < 100\text{kg}/4.8 \approx 20.83\text{kg}$，即每箱商品重量小于 20.83kg 时符合堆码强度要求。

2. 堆码强度的安全系数法

安全系数是指瓦楞纸箱在实际堆码情况下所具有的安全程度。用公式表达就是纸箱的抗压强度与其最大堆码负荷之比。

（1）相关计算公式

$$K_A = P/P_s \tag{4-3}$$

式中　K_A——安全系数；

P——抗压强度（空箱）、堆码强度；

P_s——最大堆码负荷（实际承载能力）。

通常 $P/P_s > 1$。P_s 的计算公式为

$$P_s = G\ (N_{max} - 1) \tag{4-4}$$

式中 G——单个纸箱重量；

N_{max}——最大堆码层数。

因为

$$K_A = P/P_s$$

$$P_s = P/K_A$$

$$P_s = G(N_{max} - 1)$$

$$P_s/G = N_{max} - 1$$

所以

$$N_{max} = [P/(K_A G) + 1]_1 \tag{4-5}$$

通常 K_A 取值范围为 2 ~5，其计算公式还可以表示为

$$K_A = 1/[(1-\alpha)(1-\beta)(1-\gamma)] \tag{4-6}$$

式中 α——箱体开孔强度降低率；

β——运输过程强度降低率；

γ——仓储过程强度自然降低率。

【例题 4-4】 TCL 电视机仓库堆放电视机，所用纸盒箱箱体开孔（强度降低 10%），运输过程强度降低 20%，仓储过程强度自然降低 30%，单个纸箱重量为 15kg，空纸盒箱抗压强度为 200kg。试用安全系数法求出最大堆码负荷（承载能力）和最大堆码层数。

解：安全系数为

$$\begin{aligned} K_A &= 1/[(1-\alpha)(1-\beta)(1-\gamma)] \\ &= 1/[(1-10\%)(1-20\%)(1-30\%)] \approx 2 \end{aligned}$$

最大堆码负荷（承载能力）为

$$P_s = P/K_A = 200\text{kg}/2 = 100\text{kg}$$

最大堆码层数为

$$N_{max} = [P/(K_A G) + 1]_1 = [200\text{kg}/(2 \times 15\text{kg}) + 1]_1 = 7$$

（2）安全系数影响因素

纸箱在流通过程中，除了受堆码的重量影响外，还受堆放时间、温湿环境、内装物水分、振动冲击等因素的影响，考虑到这些因素都会造成纸箱抗压强度下降，因此必须设定一个安全系数，确保纸箱在各种因素的作用下，抗压强度下降后仍有足够的能力承受堆码在其上面纸箱的重量。

$$K_A = 1/[(1-a)(1-b)(1-c)(1-d)(1-e)] \tag{4-7}$$

式中 a——温湿度变化导致的减损率；

b——堆放时间导致的减损率；

c——堆放方法导致的减损率；

d——装卸过程导致的减损率；

e——其他因素导致的减损率。

1）温湿环境的影响。装箱后从出厂到销售过程中，存储于干燥阴凉环境，抗压强度减

损率为 10%；装箱后通过陆路流通，但纸箱所处的温湿环境变化较大，抗压强度减损率为 30%；装箱后入货柜，走海运出口，抗压强度减损率为 60%。

2）堆放时间的影响。堆码时间不超过 1 个月，抗压强度减损率为 15%；堆码时间 1～2 个月，抗压强度减损率为 30%；堆码时间 3 个月以上，抗压强度减损率为 40%。

3）装箱后堆放方法的影响。纸箱采用角对角平行式堆码，抗压强度减损率为 5%；纸箱堆放时不能箱角完全对齐，但堆放整齐，抗压强度减损率为 20%；纸箱杂乱堆放，抗压强度减损率为 30%。

4）装卸过程的影响。流通过程中仅装卸一次，且装卸时很少受到撞击，抗压强度减损率为 10%；虽经多次装卸，但装卸时对纸箱撞击较少，抗压强度减损率为 20%；从工厂到超市需经过多次装卸，且运输装卸过程中常受撞击，抗压强度减损率为 50%。

3. 垫垛数量计算

$$n = [Q_m/(L \cdot W \cdot q - Q_z)]^1 \tag{4-8}$$

式中　n——垫垛数量；

Q_m——物品总重量（垫垛上货物重量）；

L——垫垛长度；

W——垫垛宽度；

q——仓库地坪承载能力；

Q_z——垫垛自身重量。

【例题 4-5】 某仓库要存放自重为 32t 的设备，设备底部为 2 条 2m×0.2m 钢架，仓库地面承载能力为 $3t/m^2$。问：需不需要垫垛？若垫垛规格为 2m×1.5m，自重 0.5t，垫垛需要几个？

解：因为货物地面压强为

$$P_{货} = 32t/(2 \times 2m \times 0.2m) = 40 > 3t/m^2,$$

所以需要垫垛为

$$\begin{aligned} n &= [Q_m/(L \cdot W \cdot q - Q_z)]^1 \\ &= [32t/(2m \times 1.5m \times 3t/m^2 - 0.5t)]^1 \\ &= 4 \end{aligned}$$

小资料

设计托盘上货物摆放层数时需考虑的因素

1）货架每层的高度和货架总高度。

2）堆码载荷。

3）货物重心。

4）托盘载重和材质。例如，木制托盘分 50kg、100kg、500kg、1000kg、1500kg 这五个级别，金属托盘分 500kg、1000kg、1500kg、2000kg 这四个级别。

4.7 堆码（装箱）优化方法

物流仓储与配送流程中有货物入库堆码、出库装车配送等环节。如何高效、快速地将货物堆码、放入容器内的问题是入库堆码和出库配送所关注的问题，这项工作直接影响工作效率和物流运作成本。这里只介绍堆码优化方法，装车优化方法在后续章节介绍。

据统计，目前我国物流成本占生产成本30%以上，发达国家只占10%，企业利润的20%是被物流所吞食。物流装箱环节效率低是成本居高不下的主要原因之一。货物三维装箱问题是非确定性多项式（Non-deterministic Polynomial，NP）问题，如何解决这一问题，一直是困扰人们的难题。在实际工作中，许多企业凭经验装箱，通常需要反复试装才能成功，装箱效率低，优化程度不高。虽然已有一些装箱软件和许多装箱优化方法，但因其复杂、高深，有时需反复试装才能完成装箱工作，最终有可能优化程度不理想，严重影响企业对这些方法的运用。这里我们介绍一种简便的线性规划解法，可以解决部分装箱问题。

4.7.1 矩形单一货物二维堆码（装箱）优化方法

1. 两种简单摆放方式

矩形单一货物有两种简单摆放方式：① 按货物长度与货箱长度方向一致摆放，摆放后若货箱长度剩余空间尺寸大于货物宽度，在剩余空间内再按货物长度与货箱宽度方向一致摆放，这种摆放方式可简称为“货长对箱长”（简称“长－长”）摆放，或称“货宽对箱宽”（简称“宽－宽”）摆放，如图4-31所示；② 按货物宽度与货箱长度方向一致摆放，摆放后若货箱宽度剩余空间尺寸大于货物宽度，在剩余空间内再按货物长度与货箱长度一致摆放，这种摆放方式可简称为“货宽对箱长”（简称“宽－长”）摆放，或称“货长对箱宽”（简称“长－宽”）摆放，如图4-32所示。

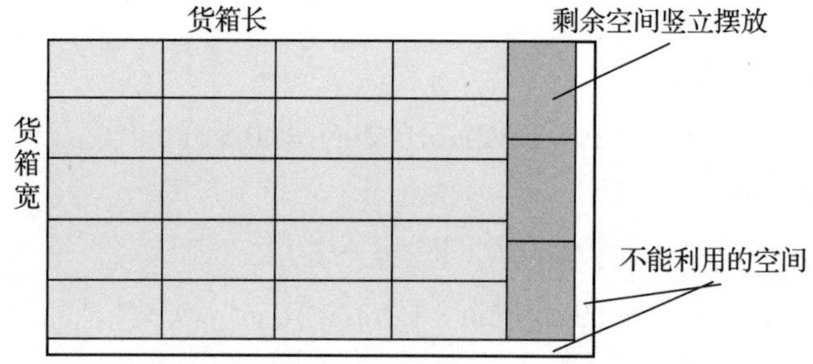

图4-31　简单摆放方式之一（货长对箱长）

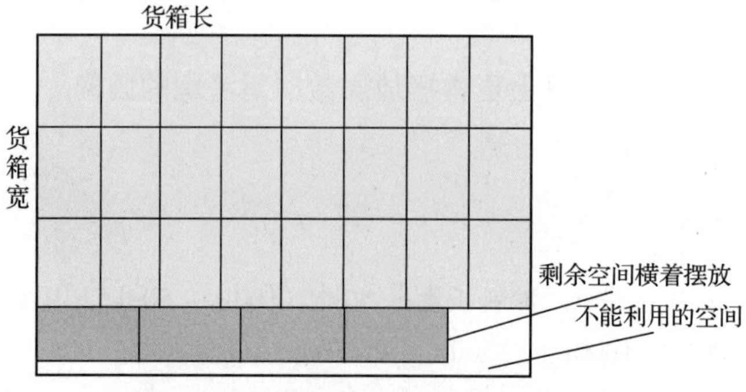

图4-32　简单摆放方式之二（货宽对箱长）

2. 线性规划解法简介

以上两种简单摆放方式，优化程度不高，为了提高优化程度，可用优化方法进行平面优化摆放，以此为基础可大幅度提高三维摆放优化程度。线性规划解法通常只能进行单维度优化，而另一个维度简单摆放，两个维度分别优化（见图 4-33 和图 4-34），择优作为最终优化结果。两个维度同时优化的数学模型为非线性规划，这里不做介绍，只介绍单维度优化的线性规划数学模型。单维度优化的目标函数中没考虑剩余空间可摆放数量问题，只是规划求解后，再计算剩余空间可摆放数量，然后计算最优摆放数量，因此不能保证一定获得最优解，但优化程度非常高。

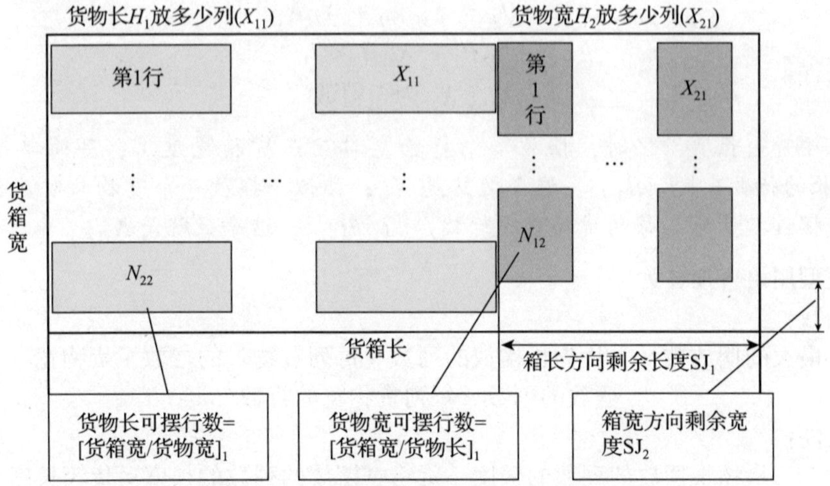

图 4-33　按货箱长度优化组合摆放方式

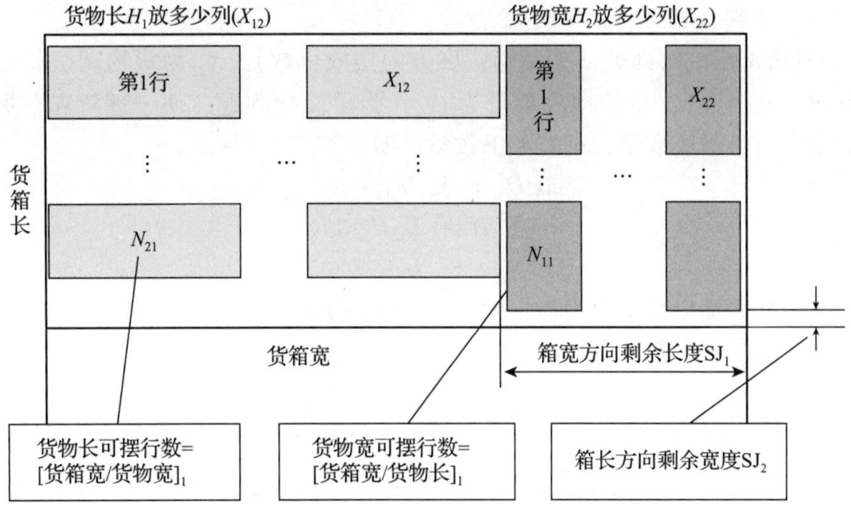

图 4-34　按货箱宽度优化组合摆放方式

3. 线性规划解法的数学模型

（1）基本假设及相关计算公式

设货箱长为 J_1，宽为 J_2；货物长为 H_1，宽为 H_2；货物长对货箱长摆放个数为 N_{11}，对箱宽为 N_{12}；货物宽对货箱长摆放个数为 N_{21}，对箱宽为 N_{22}。

在符号 N_{ij} 中，i 代表货物维度，1 代表货物长，2 代表货物宽；j 代表货箱维度，1 代表货箱长，2 代表货箱宽。则有如下计算公式：

$$N_{ij}=[J_j/H_i]_1 \tag{4-9}$$

例如，$N_{12}=[J_j/H_i]_1=[J_2/H_1]_1$，代表货物长在货箱宽方向上最多可摆放的个数。

（2）按货箱长度优化时的数学模型

设 X_{11} 为货物长摆放的列数（按货箱长度方向摆放个数），X_{21} 为货物宽摆放的列数（按货箱长度方向摆放个数），总的摆放数量为 Q_{J_1}，为了简化问题、便于理解和掌握，这里暂时不考虑剩余空间可摆放数量，则有如下数学模型：

目标函数：

$$\max Q_{J_1}=X_{11}N_{22}+X_{21}N_{12} \tag{4-10}$$

约束条件：

$$\begin{cases}X_{11}H_1+X_{21}H_2\leqslant J_1\\ X_{11},\ X_{21}\text{为正整数}\end{cases} \tag{4-11}$$

注：在按货箱长度优化时，摆放一个货物宽对应在货箱宽度上，可简单摆放数量为（每列货物长的行数）$[J_2/H_2]_1$，这个数就是 N_{22}；类似，摆放一个货物长对应在货箱宽度上，可简单摆放数量为（每列货物宽的行数）$[J_2/H_1]_1$，这个数就是 N_{12}。

数学模型用语言描述为

目标函数：

最大的摆放数量 = 货物长摆放的列数 × 每列货物长的行数 + 货物宽摆放的列数 × 每列货物宽的行数 （4-12）

约束条件：

货物长摆放的列数的长度 + 货物宽摆放的列数的长度≤货箱长度
变量货物长摆放的列数、货物宽摆放的列数为正整数 （4-13）

（3）按货箱宽度优化时的数学模型

设 X_{12} 为货物长摆放的列数（按货箱宽度方向摆放个数），X_{22} 为货物宽摆放的列数（按货箱宽度方向摆放个数），总的摆放数量为 Q_{J_2}，为了简化问题、便于理解和掌握，这里暂时不考虑剩余空间可摆放数量，则有如下数学模型：

目标函数：

$$\max Q_{J_2}=X_{12}N_{21}+X_{22}N_{11} \tag{4-14}$$

约束条件：

$$\begin{cases}X_{12}H_1+X_{22}H_2\leqslant J_2\\ X_{12},\ X_{22}\text{为正整数}\end{cases} \tag{4-15}$$

用语言描述宽度优化数学模型与长度优化类似，从略。

最终方案摆放个数（ZQ）为

$$ZQ=\max\ \{Q_{J_1},\ Q_{J_2}\} \tag{4-16}$$

最终方案摆放个数 = max ｛长度优化摆放总数，宽度优化摆放总数｝ （4-17）

小思考：在平面二维装箱问题线性规划解法中，求解过程是先按货箱长度方向优化组合摆放货物，即摆多少个货物长、多少个货物宽，目标函数是追求摆放数量最多，约束条件是货物长和宽组合摆放长度不超过货箱长度；然后再按货箱宽度方向优化组合摆放货物，即摆多少个货物长、多少个货物宽，目标函数是追求摆放数量最多，约束条件是货物长和宽组合摆放长度不超过货箱宽度。将两个优化结果中最好的作为最终优化方案。这一问题与在一根棒料上截取两种不同尺寸的产品 A 和 B，每种产品获利不同，如何截取、两种货物各截取多少根获利最大，是否类似？

回答：类似。以按货箱长度优化为例说明二者是类似的，下料问题中获利最大相当于摆放数量最多；下料问题中每件（根）A产品获利，相当于在货箱长度方向上摆放一个货物长尺寸，在另一个维度宽方向上货物能摆放的个数；下料问题中每件（根）B产品获利，相当于在货箱长度方向上摆放一个货物宽尺寸，在另一个维度宽方向上货物能摆放的个数。约束条件分别是不超过棒料长度和货箱长度。因此，二者类似。

4. 求解实例

【**例题4-6**】以1200mm×800mm托盘为例，货物长225mm、宽185mm，货物摆放要求是竖立摆放。问按托盘长和宽优化摆放各能摆放多少个货物（不考虑剩余空间可摆放数量）？

解：(1) 计算按托盘长度优化时的摆放数量

按托盘长度优化时，摆放一个货物长时能摆放货物数量为货物宽对托盘宽的摆放数量，将数据代入式（4-11），则

$$N_{22}=[J_2/H_2]_1=[800\text{mm}/185\text{mm}]_1=4$$

按托盘长度优化时，摆放一个货物宽时能摆放货物数量为货物长对托盘宽的摆放数量，将数据代入式（4-11），则

$$N_{12}=[J_2/H_1]_1=[800\text{mm}/225\text{mm}]_1=3$$

具体数学模型为

目标函数：
$$\max Q_{J_1}=4X_{11}+3X_{21}$$

约束条件：
$$\begin{cases}225X_{11}+185X_{21}\leqslant 1200\\ X_{11},X_{21}\text{为正整数}\end{cases}$$

解得 $X_{11}=2$，$X_{21}=4$，$\max Q_{J_1}=4\times2+3\times4=20$。

(2) 计算按托盘宽度优化时的摆放数量

按托盘宽度优化时，摆放一个货物长时能摆放货物数量为货物宽对托盘长的摆放数量，将数据代入式（4-11），则

$$N_{21}=[J_1/H_2]_1=[1200\text{mm}/185\text{mm}]_1=6$$

按托盘宽度优化时，摆放一个货物宽时能摆放货物数量为货物长对托盘长的摆放数量，将数据代入式（4-11），则

$$N_{11}=[J_1/H_1]_1=[1200\text{mm}/225\text{mm}]_1=5$$

具体数学模型为

目标函数：
$$\max Q_{J_2}=6X_{12}+5X_{22}$$

约束条件：
$$\begin{cases}225X_{12}+185X_{22}\leqslant 800\\ X_{12},X_{22}\text{为正整数}\end{cases}$$

解得 $X_{12}=1$，$X_{22}=3$，$\max Q_{J_1}=1\times6+3\times5=21$。

最终方案摆放个数（ZQ）为

$$ZQ=\max\{Q_{J_1},Q_{J_2}\}=\max\{20,21\}=21$$

因此，不考虑剩余空间可摆放货物时，按托盘长度优化可摆20个货物，按托盘宽度优化可摆21个货物。

【例题 4-7】在 1200mm×1000mm 托盘上，摆放二维尺寸分别为长 86mm 和宽 57mm 的货物，货物摆放要求是竖立摆放，相关原始数据见表 4-4。

表 4-4 Excel 形式的原始数据及求解过程（按托盘长优化）

	B	C	D	E	F	G
2			货长/mm	货宽/mm		
3			86	57		
4	托盘长/mm	1200	13	21		
5	托盘宽/mm	1000	11	17		
6	一个货物长和宽对应的摆放个数		17	11		
7						
8			6	12	1200	1200
9			X_{11}	X_{21}		
10						
11				Z	234	

求：（1）若不考虑剩余空间可摆放货物数量，按托盘长进行优化时能摆放多少个货物？（2）若不考虑剩余空间可摆放货物数量，按托盘宽进行优化时能摆放多少个货物？

解：（1）若不考虑剩余空间可摆放货物数量，按托盘长进行优化时能摆放货物计算如下：

为了便于理解，建立数学模型，暂时忽略剩余空间可摆放货物个数，首先，根据单元格 D5（在托盘宽度方向上，货物长可摆放个数）和 E5（在托盘宽度方向上，货物宽可摆放个数），分别计算单元格 D6（一个货物长在托盘宽度方向上可摆放个数，D6 = E5）和 E6（一个货物宽在托盘宽度方向上可摆放个数，E6 = D5）的摆放个数，在此基础上，就容易理解在托盘长度方向上，货物长和宽各摆放多少个使总的摆放数量最多。

在表 4-4 中，设 X_{11} 为货物长在托盘长度方向上摆放个数，X_{21} 为货物宽在托盘长度方向上摆放个数，对应变量区域为 D8: E8，累计长度为 F8 = sumproduct（D$8: E$8，D3: E3），目标函数（摆放数量）为 F11 = sumproduct（D$8: E$8，D6: E6），G8 = C4，建立 Excel 规划求解参数设计，如图 4-35 所示，求解结果见表 4-4，规划求解结果是 $X_{11}=6$，$X_{21}=12$，摆放数量为 234 个。

（2）若不考虑剩余空间可摆放货物数量，按托盘宽进行优化时能摆多少个货物求解过程如下：

这里与（1）情况类似，只有以下几处不同：D7 = E4，E7 = D4，G8 = C5，F11 = sumproduct（D$8: E$8，D7: E7），相同从略，求解结果见表 4-5，解得 $X_{12}=10$，$X_{22}=2$，摆放数量为 236 个。

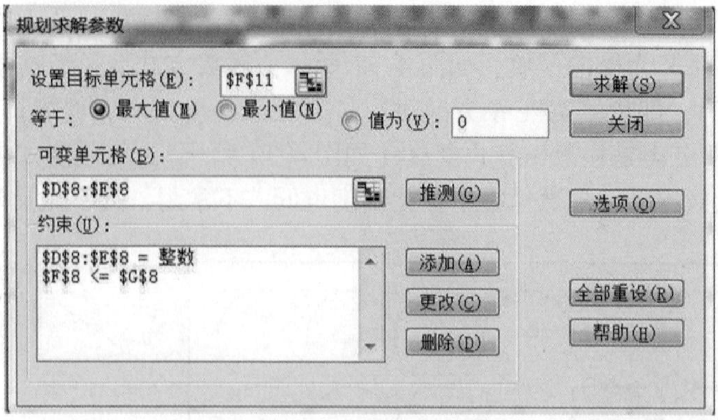

图 4-35　Excel 规划求解参数设计

表 4-5　Excel 形式的原始数据及求解过程（按托盘宽优化）

	B	C	D	E	F	G
2			货长/mm	货宽/mm		
3			86	57		
4	托盘长/mm	1200	13	21		
5	托盘宽/mm	1000	11	17		
6						
7	一个货物长和宽对应的摆放个数		21	13		
8			10	2	974	1000
9			X_{12}	X_{22}		
10						
11				Z	236	

线上扩展

4-2　三维装箱问题实例

4-3　三维装箱问题的探讨

4-4　单一货物三维堆码（装箱）优化方法

4.7.2　圆柱形货物二维堆码（装箱）优化方法——公式计算法

1. 圆柱形货物堆码方式及利弊分析

(1) 圆柱形货物堆码方式的种类

圆柱形货物平面摆放方式可分三类、共五种摆放方式。第一类是上下对齐式摆放（简称对齐式），如图 4-36 所示，也就是第一种方式。第二类是紧凑式摆放，可分为两种方式：

摆放方式1（横排紧凑压缝式摆放方式，简称横紧凑式），即货箱长度 L 方向对应货物摆放高度方向，货箱宽度 K 为横向摆放，如图4-37所示；摆放方式2（竖排紧凑压缝式摆放方式，简称竖紧凑式），即货箱宽度 K 方向对应货物摆放高度方向，货箱长度 L 为横向摆放，如图4-38所示。第三类是松散压缝式摆放（如图4-39所示），与紧凑式类似，也可分为两种方式，因其摆放效率低，多数情况下优化程度也低，不常用，故不做具体论述。

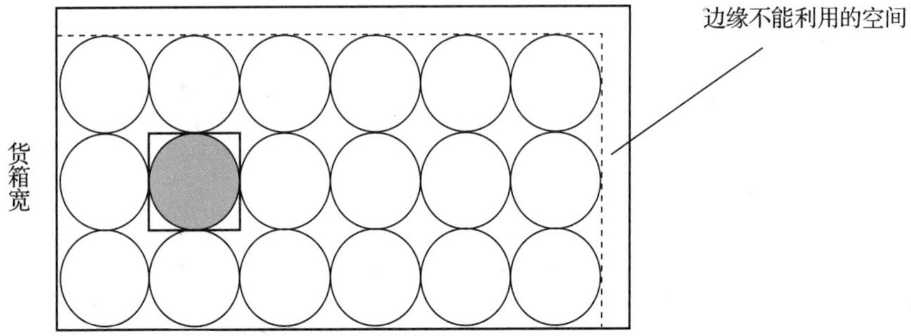

图4-36　上下对齐式摆放（对齐式）

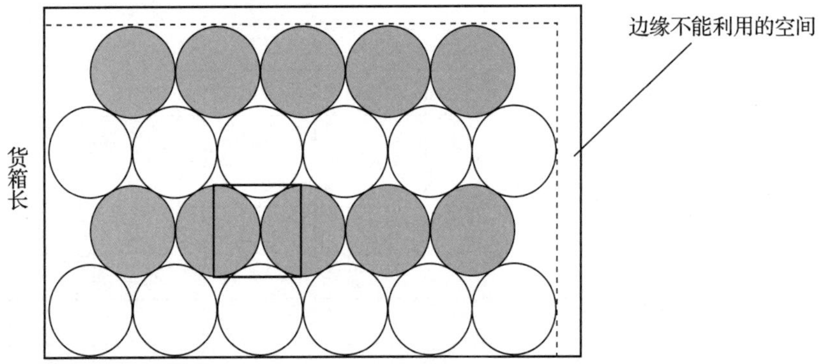

图4-37　横紧凑式摆放

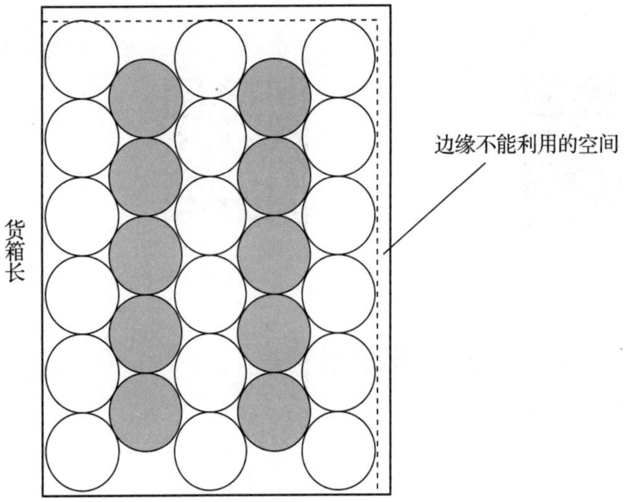

图4-38　竖紧凑式摆放

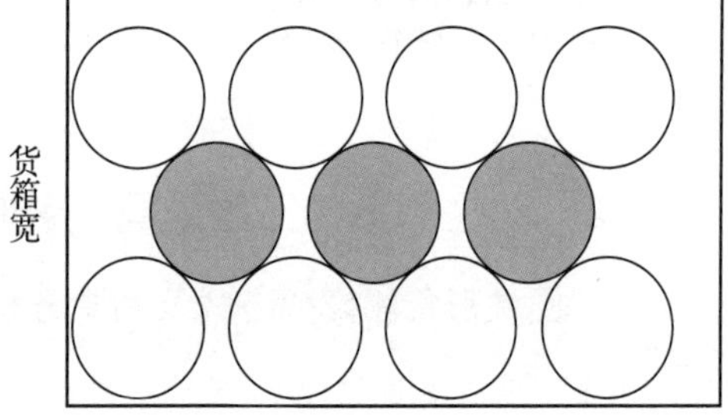

图4-39　松散压缝式摆放

(2) 圆柱形货物堆码方式利弊分析

五种堆码方式各有利弊，在一定条件下都有摆放最多的可能性。例如，在货箱横、竖摆放货物数量都比较少，且横竖边长剩余尺寸很小时，对齐式摆放最多的可能性大；当货箱横、竖摆放货物数量都比较多，且横或竖边长剩余尺寸大于货物半径时，紧凑式摆放最多的可能性大；当紧凑式摆放剩余尺寸大于货物半径时，松散压缝式摆放最多的可能性大。多数情况下，紧凑式摆放数量多的概率大。因为在圆的直径构成的正方形内，对齐式摆放只利用了一个圆的面积，参见图 4-36 中小正方形及其内一个圆的面积；紧凑式摆放利用了多于一个圆的面积，参见图 4-37 中小正方形及其内除了左右两个半圆还有上下圆的一部分的面积，利用面积平均大于前者。

2. 对齐式摆放货物数量的计算

设圆柱形货物半径尺寸为 R，则在给定平面尺寸长为 L、宽为 K 时，可摆放货物总数为 N_Q，则有如下计算公式：

$$N_Q = [L/2R]_1 \times [K/2R]_1 \tag{4-18}$$

对齐式摆放总数 = 货箱长度方向可摆放个数（层数）× 货箱宽度方向可摆放个数（层数）

3. 紧凑式摆放相关计算公式

(1) 紧凑式摆放每层高度 H

从图 4-40 中可以证明，紧凑式摆放每层高度 H 等于图 4-40 中等边三角形的高度，由勾股定理可得

$$H^2 + R^2 = (2R)^2 \tag{4-19}$$

解得

$$H = \sqrt{3}R \tag{4-20}$$

(2) 紧凑式摆放每层高度比对齐式摆放每层高度节约 G：

$$G = 2R - \sqrt{3}R \tag{4-21}$$

(3) 假设累计摆放 x 层时，可多摆放 1 层紧凑层，则 x 的计算公式如下：

$$x = \sqrt{3}R/(2R - \sqrt{3}R) \approx 6.46 \tag{4-22}$$

取 7 层，故可得出结论，当对齐式摆放 8 层，且无剩余尺寸时，采用紧凑式摆放可多摆 1 层，同样，从摆放宽度上说，对齐式摆放 5 个时，紧凑式摆放可多摆 1 个，即可得“58”原则：对齐式摆放无剩余尺寸时，当行数和列数摆放数量分别大于 8 和 5 时，紧凑式摆放数量多于对齐式摆放。

(4) 最多可摆放层数 n（货箱长 L 为摆放高度时）

因为摆放高度为

$$H_n = R + (n-1)H + R = R + (n-1)\sqrt{3}R + R = (n-1)\sqrt{3}R + 2R \tag{4-23}$$

又因摆放高度不能超过货箱长度尺寸，即

$$(n-1)\sqrt{3}R + 2R \leqslant L \tag{4-24}$$

所以得如下计算公式：

$$n \leqslant \left\{ [(L-2R)/(\sqrt{3}R)] + 1 \right\}_1 \tag{4-25}$$

摆放数量 N_{J_L}（货箱长 L 为摆放高度时）的计算分以下两种情况：

当 $K-[K/2R]_1<R$ 时，

$$N_{J_L}=n[K/2R]_1-[n/2]_1 \tag{4-26}$$

当 $K-[K/2R]_1 \geqslant R$ 时，

$$N_{J_L}=n[K/2R]_1 \tag{4-27}$$

写成一个通式，即

$$N_L=n[K/2R]_1-\{[K/2R]_1-[(K-R)/2R]_1\}\times[n/2]_1 \tag{4-28}$$

当货箱宽 K 为摆放高度时，计算公式与上面类似，只需把 L 和 K 互换即可。

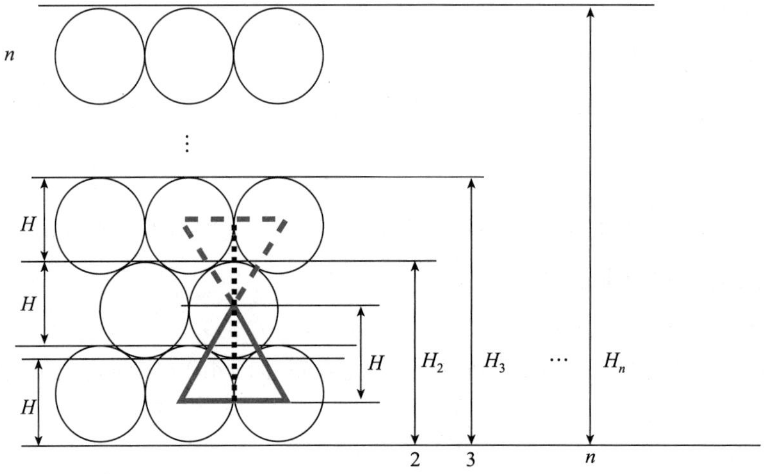

图 4-40　紧凑式摆放相关参数计算示意图

4. 用 Excel 软件求解圆柱形货物堆码数量实例

【例题 4-8】一种圆柱形货物，半径为 23cm，需要存放在长 4200cm、宽 234cm 的容器内，原始数据见表 4-6。问：如何摆放可以使每一层（对齐式与紧凑式）摆放的圆柱形货物最多？

表 4-6　原始数据及计算结果（Excel 形式）

	B	C	D	E	F	G
2	紧凑式摆放	货箱长 L/cm	货箱宽 K/cm		货物半径 R/cm	货物直径 $2R$/cm
3		4200	234		23	46
4	方式 1					
5	L 对应高	105	5			
6	单数层数	53	5	265		
7	双数层数	52	4	208		
8	方式 1 摆放总数			473		
9	紧凑式摆放	货箱宽 K/cm	货箱长 L/cm		货物半径 R/cm	货物直径 $2R$/cm
10		234	4200		23	46
11	方式 2					

（续）

	B	C	D	E	F	G
12	*K* 对应高	5	91			
13	单数层数	3	91	273		
14	双数层数	2	90	180		
15	方式 2 摆放总数			453		
16	摆放总数			473		
17						
18		摆放个数	摆放个数	摆放总数		
19	对齐式摆放	91	5	455		
20	最终摆放数量			473		

解：根据上面的分析及计算公式，编制 Excel 摆放计算公式，计算结果见表 4-6，其中各单元格的计算公式分别如下：

直径 G3 = F3 * 2 = 46

摆放方式 1：

L 对应摆放高度 C5 = int((C3 - G3)/(3^0.5 * F3) + 1) = 105

K 对应摆放高度 D5 = int(D3/G3) = 5

L 单数层摆放个数 C6 = ceiling(C5/2, 1) = 53

K 单数层摆放个数 D6 = D5 = 5

单数层总的摆放个数 E6 = C6 * D6 = 265

L 双数层摆放个数 C7 = int(C5/2) = 52

K 双数层摆放个数 D7 = if((D3 - D5 * G3) > F3, D5, D5 - 1) = 4

双数层总的摆放个数 E7 = C7 * D7 = 208

摆放方式 1 总的摆放个数 E8 = sum(E6: E7) = 473

摆放方式 2：

C10 = D3 = 234　　D10 = C3 = 4200

L 对应摆放高度 C12 = int((C10 - G10)/(3^0.5 * F10) + 1) = 5

K 对应摆放高度 D12 = int(D10/G10) = 91

L 单数层摆放个数 C13 = ceiling(C12/2, 1) = 3

K 单数层摆放个数 D13 = D12 = 91

单数层总的摆放个数 E13 = C13 * D13 = 273

L 双数层摆放个数 C14 = int(C12/2) = 2

K 双数层摆放个数 D14 = if((D10 - D12 * G3) > F3, D12, D12 - 1) = 90

双数层总的摆放个数 E14 = C14 * D14 = 180

摆放方式 2 总的摆放个数 E15 = sum(E13: E14) = 453

最终选择紧凑式摆放总数 E16 = max(E8, E15) = 473

L 方向对齐式摆放个数 C19 = int(C3/G3) = 91

K 方向对齐式摆放个数 D19 = int(D3/G3) = 5

对齐式摆放总数 E19 = C19 * D19 = 455

最终摆放数量 E20 = max(E16, E19) = 473

只要把原始数据输入 Excel 表中灰底部分，就可自动得出优化方案。

4.7.3 圆柱形货物二维堆码（装箱）优化方法——规划求解法

前面的圆柱形货物堆码（装箱）优化方法——公式计算法虽然容易理解，但计算工作量较大，优化程度还有提升空间，为了解决这一问题，这里给出另外一种更简单的解法——规划求解法。规划求解法的关键是如何划分圆柱形货物摆放层的类型以便列出数学模型，以及如何避免用条件语句处理不同层摆放数量结果有时不同的问题。

这里把圆柱形货物摆放层分为三类，一是对齐层（最底层），二是奇数层，三是偶数层，如图 4-41 和图 4-42 所示。根据圆柱形货物紧凑式摆放的特点，最底层的对齐层，至少有一层；奇数层的数量大于等于双数层的数量，但最多只多一层。

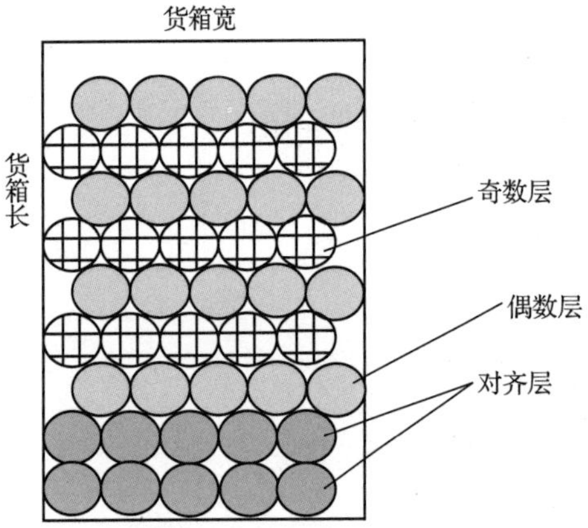

图 4-41 摆放方式 1

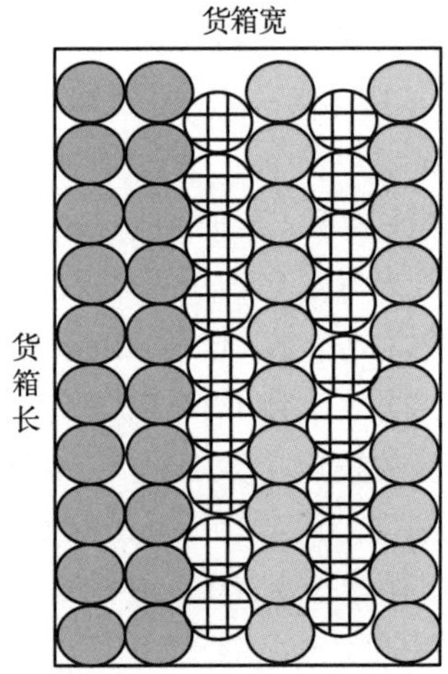

图 4-42 摆放方式 2

设对齐层每层的高度为 $2R$，奇数层和偶数层每层高度为 $H=\sqrt{3}R$，以图 4-41 摆放方式为例，每层摆放的圆柱形货物个数分别为 $[K/2R]_1$、$[(K-R)/2R]_1$ 和 $[K/2R]_1$，设三层每层摆放个数变量分别为 X_1、X_2 和 X_3，目标函数为总的摆放数量（NB）最多，则此时数学模型为

目标函数：

$$\max NB = X_1[K/2R]_1 + X_2[(K-R)/2R]_1 + X_3[K/2R]_1 \tag{4-29}$$

约束条件：

$$\begin{cases} X_1[K/2R]_1 + X_2[(K-R)/2R]_1 + X_3[K/2R]_1 \leqslant L \\ X_1 \geqslant 1 \\ X_2 \geqslant X_3 \\ X_2 - X_3 \leqslant 1 \\ X_1,\ X_2,\ X_3 \text{ 为非负整数} \end{cases} \tag{4-30}$$

根据这个数学模型，很容易快速运用 Excel 进行规划求解。

【例题 4-9】 以例题 4-8 数据为基础，圆柱形货物的半径为 23cm，货箱长为 4200cm，货箱宽为 234cm，求圆柱形货物的最大摆放数量。

解： 根据数学模型及原始数据，编制 Excel 规划求解表（按货箱长度优化），见表 4-7。规划求解参数设计如图 4-43。

表 4-7　Excel 形式的原始数据及规划求解过程（按货箱长度优化）

	A	B	C	D	E	F
1		货箱长度/cm	货箱宽度/cm	半径/cm	直径/cm	压缝每层高度/cm
2		L	K	R	$2R$	H
3		4200	234	23	46	39.83716857
4						
5		对齐层长度	奇数层长度	偶数层长度		
6	类别	$2R$	H	H		
7	尺寸/cm	46	39.83717	39.83717		
8	每层摆放数量	5	4	5		
9		X_1	X_2	X_3	累计长度	
10	变量区域	2	52	51	4195.228	
11	约束条件		1			
12		1	1			
13	目标函数				473	

图 4-43　Excel 规划求解参数设计

首先计算 $2R$ 和 H，对应单元格 E3 和 F3 的计算公式分别为 E3 = D3 * 2、F3 = (3^0.5) * D3。

然后，计算对齐层、奇数层和偶数层每层的摆放数量分别为 5、4、5，对应单元格计算公式分别为 B8 = int(C3/E3)；C8 = int((C3 - D3)/E3)；D8 = B8。

设计变量区域为 B10: D10。累计长度为单元格 E10，计算公式为 E10 = sumproduct (B10: D10，B7: D7)；奇数层和偶数层摆放数量约束单元格 C11，计算公式为 C11 = C10 - D10；目标函数为单元格 E13，计算公式为 E3 = sumproduct （B10: D10，B8: D8)，求解结果为 $X_1=2$，$X_2=52$，$X_3=51$，$NB=473$，与公式计算法优化结果相等。若求按货箱宽度优化，只需把货箱长和宽尺寸换一下即可，也可单独用另一个 Excel 工作表求解。

4.7.4 圆柱形货物三维堆码（装箱）优化方法

圆柱形货物的平面摆放方式有对齐式、紧凑式和松散压缝式三类摆放形式，三维分层装箱（摆放）也有对齐式、紧凑式和松散压缝式这三种摆放形式，组合摆放方式比条块状货物多且复杂，因此圆柱形货物的三维装箱问题是比条块状货物装箱问题更为复杂的难题。货物装箱下料问题的研究成果众多，但针对圆柱形货物装箱问题的简便解法研究成果非常少，针对圆柱形货物三维装箱问题的研究成果就更少，虽然装箱问题与下料问题的有些方法可以互用，但这两种问题还是有明显区别的，区别主要在于下料问题具有最大毛坯排数限制、切割宽度损耗等，因此有必要研究圆柱形货物装箱问题。传统的做法是人们凭经验装箱或下料，这种做法存在优化程度低、成本高等弊端。为了解决这些问题，人们提出了多种解法，如动态规划算法、启发式递归解法等。这些方法虽然可以解决这类问题，但通常需要建立较为复杂的数学模型并使用求解软件进行求解，不易掌握。为了更好地解决这一问题，这里提出新的线性规划解法，该方法简单、易于掌握、优化程度高。因为紧凑式摆放方式的优化程度通常较高，货垛稳定，摆放规律性强，摆放效率高，所以这里只针对这种摆放方式提出新的简便解法。

简便解法是在二维圆柱形货物堆码（装箱）优化方法——规划求解法的基础上进行的三维立体优化。

1. 竖立摆放时的三维装箱解法

当圆柱形货物被要求必须竖立摆放时，三维装箱解法相对比摆放无约束时的解法简单，只需按要求优化求解出按货箱高度方向竖立摆放一层的优化数量，再乘以货箱按高度方向能摆放的层数即可。因此，首先要求解出平面二维优化摆放的数量，然后计算出摆放层数，最后根据两者乘积得出总的摆放数量。

单一圆柱形货物平面摆放的三种方式（对齐式、紧凑式和松散式）在一定条件下均可能是最佳摆放方式。在选择摆放方式时，可以是单一一种摆放方式，也可以是两种或两种以上摆放方式的组合；垛高方向可以与货箱长度方向相同，也可以与货箱宽度方向相同，择优作为最终优化方案，获得平面摆放的近似最优解，据此获得三维摆放的近似最优解。

2. 摆放无约束时的三维装箱解法求解思路

总体求解思路是按货箱长、宽和高三个维度分别进行优化，再从三个维度的优化方案中择优作为最终优化方案，获得满意的近似最优解。每个维度优化时可分为两个阶段，以按货箱高度优化为例，第一阶段是求出货物按直径和高度尺寸，即水平和竖直摆放一层的优化摆放数量；第二阶段是按货箱高度尺寸三维优化求解。

第一阶段的求解步骤：在货箱长和宽组成的二维平面内，先计算按货物直径尺寸摆放一层的优化摆放数量，此时的货物可用尺寸是直径和高度，可以暂时把货物直径尺寸视为矩形货物的长（H_1），货物高度尺寸视为矩形货物的宽（H_2），货箱可用尺寸是货箱的长和宽，选用一种或几种优化摆放方式进行优化求解，择优得出按货物直径尺寸摆放一层的优化摆放数量；再计算按货物高度摆放一层的优化摆放数量，此时的货物可用尺寸是直径，货箱可用尺寸是货箱的长和宽，选用一种或几种优化摆放方式进行优化求解，择优得出按货物高度摆放一层的优化摆放数量。

第二阶段的求解步骤：根据按货物直径摆放一层和按货物高度摆放一层的优化摆放数量，在货箱高度的维度中再进行三维立体优化，求出摆多少层可以使总的摆放数量最多，得出近似最优解。按货箱的长和宽进行优化的方法类似，从三个维度的优化结果中择优作为最终优化结果。

3. 摆放无约束时的三维装箱解法求解过程

本部分以按货箱高度进行三维立体优化为例，介绍详细的求解过程。其他两个维度的优化过程类似，所以只介绍第二阶段求解的数学模型。

(1) 按货箱高度的三维优化过程

1) 第一阶段求解过程及数学模型（按货箱高度三维优化）。

第一阶段求解过程及数学模型因选取的摆放方式和优化方法的不同可分为多种类型，如可分为单一紧凑摆放方式、组合紧凑摆放方式、单一松散摆放方式和组合松散摆放方式，还可分为数量优化方法、边长优化方法、“5 块”法、线性规划解法和非线性规划解法等。这里只介绍最简单、摆放效率最高的单一紧凑摆放方式，虽然该方法优化程度略低，但简单、实用、装箱效率高。

单一紧凑摆放方式是指货物在平面内只有一种摆放方式，或为摆放方式 1，即按货箱长度优化摆放（见图 4-41），或为摆放方式 2，即按货箱宽度优化摆放（见图 4-42）。针对两种摆放方式分别列出数学模型求解，从求解结果中择优作为优化结果。

①按货箱长进行二维优化时的规划求解数学模型。

步骤 1：确定按货箱长二维优化时，货物按直径尺寸摆放一层的数学模型。

设货箱长为 J_1，宽为 J_2；货物“长”（H_1）为货物直径，即 $H_1=2R$，“宽”（H_2）为货物高；货物“长”对货箱长摆放个数为 N_{11}，对箱宽摆放个数为 N_{12}；货物“宽”对货箱长摆放个数为 N_{21}，对箱宽为摆放个数 N_{22}。

在符号 N_{ij} 中 i 代表货物维度，1 代表货物的“长”，2 代表货物的“宽”；j 代表货箱维度，1 代表货箱长，2 代表货箱宽。则有如下计算公式：

$$N_{ij}=[J_j/H_i]_1 \tag{4-31}$$

例如，$N_{12}=[J_2/H_1]_1$，代表货物“长”在货箱“宽”方向上最多可摆放的个数。

设 X_{11} 为货物“长”摆放的列数（按货箱长度方向摆放个数），X_{21} 为货物“宽”摆放的列数（按货箱长度方向摆放个数），总的摆放数量为 ZQ_1。为了简化问题，暂不考虑剩余空

间可摆放数量，则数学模型为

目标函数：

$$\max ZQ_1 = X_{11} \times N_{22} + X_{21} \times N_{12} \tag{4-32}$$

约束条件：

$$\begin{cases} X_{11} \times H_1 + X_{21} \times H_2 \leqslant J_1 \\ X_{11}，X_{21}\text{为正整数} \end{cases} \tag{4-33}$$

步骤2：确定按货箱长二维优化时，货物按高度摆放一层的数学模型。

设圆柱形货物半径 R，对齐层高度为 $2R$，奇数层和偶数层高度为 H；按货箱长度（J_1）优化时，圆柱形货物对齐层、奇数层、偶数层对应的三个变量分别为 X_{11}、X_{21}、X_{31}；按货箱宽度方向圆柱形货物对齐层、奇数层、偶数层每层摆放个数（已知）分别为 N_{11}、N_{21}、N_{31}；总的摆放数量为 GQ_1，则有如下数学模型：

目标函数：

$$\max GQ_1 = X_{11} \times N_{11} + X_{21} \times N_{21} + X_{31} \times N_{31} \tag{4-34}$$

约束条件：

$$\begin{cases} X_{11} \times 2R + X_{21} \times H + X_{31} \times H \leqslant J_1 \\ X_{21} \geqslant X_{31} \\ X_{21} - X_{31} \leqslant 1 \\ X_{11} \geqslant 1 \\ X_{11}，X_{21}，X_{31}\text{为非负整数} \end{cases} \tag{4-35}$$

其中，$H=\sqrt{3}R$，$N_{11}=N_{31}=[J_2/2R]_1$，$N_{21}=[(J_2-R)/2R]_1$。

② 按货箱宽进行二维优化时的规划求解数学模型。

步骤1：确定按货箱宽二维优化时，货物按直径摆放一层的数学模型。

设货物“长”（H_1）为货物直径，“宽”（H_2）为货物高；货物“长”对货箱长摆放个数为 N_{11}，对箱宽摆放个数为 N_{12}；货物“宽”对货箱长摆放个数为 N_{21}，对箱宽为摆放个数 N_{22}。与按货箱长进行二维优化中的步骤一相同，符号 N_{ij} 中 i 代表货物维度，1代表货物的“长”，2代表货物的“宽”；j 代表货箱维度，1代表货箱长，2代表货箱宽。

设 X_{12} 为货物“长”摆放的列数（按货箱宽度方向摆放个数），X_{22} 为货物“宽”摆放的列数（按货箱宽度方向摆放个数），总的摆放数量为 ZQ_2。为了简化问题，暂不考虑剩余空间可摆放数量，则数学模型为

目标函数：

$$\max ZQ_2 = X_{12} \times N_{21} + X_{22} \times N_{11} \tag{4-36}$$

约束条件：

$$\begin{cases} X_{12} \times H_1 + X_{22} \times H_2 \leqslant J_2 \\ X_{12}，X_{22}\text{为正整数} \end{cases} \tag{4-37}$$

步骤 2：确定按货箱宽二维优化时，货物按高度摆放一层的数学模型。

设按货箱宽度（J_2）优化时，圆柱形货物对齐层、压缝单数层、压缝双数层对应的三个变量分别为 X_{12}、X_{22}、X_{32}；按货箱长度方向货物圆柱形货物对齐层、压缝单数层、压缝双数层每层摆放个数（已知）分别为 N_{12}、N_{22}、N_{32}，总的摆放数量为 GQ_2，则有如下数学模型：

目标函数：

$$\max GQ_2 = X_{12} \times N_{12} + X_{22} \times N_{22} + X_{32} \times N_{32} \tag{4-38}$$

约束条件：

$$\begin{cases} X_{12} \times 2R + X_{22} \times H + X_{32} \times H \leqslant J_2 \\ X_{22} \geqslant X_{32} \\ X_{22} - X_{32} \leqslant 1 \\ X_{12} \geqslant 1 \\ X_{12},\ X_{22},\ X_{32} \text{为非负整数} \end{cases} \tag{4-39}$$

其中，$H=\sqrt{3}R$，$N_{12}=N_{32}=[J_1/2R]_1$，$N_{22}=[(J_1-R)/2R]_1$。

③最终二维优化结果。

按货物高度摆放一层的最终优化结果（GQ_3）为

$$GQ_3 = \max(GQ_1,\ GQ_2) \tag{4-40}$$

按货物直径摆一层的最终优化结果（ZQ_3）为

$$ZQ_3 = \max(ZQ_1,\ ZQ_2) \tag{4-41}$$

2）第二阶段求解过程及数学模型（按货箱高度三维优化）。

设货箱高度为 J_3，货物按直径尺寸摆放 X_1 层，按高度尺寸摆放 X_2层，优化后的摆放数量为 Q_3，则按货箱高度三维优化时的数学模型如下：

目标函数：

$$\max Q_3 = X_1 \times ZQ_3 + X_2 \times GQ_3 \tag{4-42}$$

约束条件：

$$\begin{cases} X_1 \times H_1 + X_2 \times H_2 \leqslant J_3 \\ H_1 = 2R \\ X_1,\ X_2 \text{ 为正整数} \end{cases} \tag{4-43}$$

（2）按货箱宽度的三维优化过程

按货箱宽度的三维优化过程与按货箱高度的优化过程类似，只需把平面二维优化时的货箱尺寸换成货箱的长和高，再按货箱宽度进行三维优化。设优化结果为 Q_2，ZQ_2 和 GQ_2 分别为按货箱宽三维优化时，货物按直径和高度尺寸优化的摆放数量，为了节省篇幅，第一阶段求解过程及数学模型从略。设按货箱宽度三维优化时，货物按直径尺寸摆放 X_1 层，按高度尺寸摆放 X_2 层，则按货箱宽度三维优化时的数学模型如下：

目标函数：

$$\max Q_2 = X_1 \times ZQ_2 + X_2 \times GQ_2 \tag{4-44}$$

约束条件：

$$\begin{cases} X_1 \times H_1 + X_2 \times H_2 \leqslant J_2 \\ H_1 = 2R \\ X_1，X_2\text{为正整数} \end{cases} \tag{4-45}$$

（3）按货箱长度的三维优化过程

同理，按货箱长度优化只需把平面二维优化时的货箱尺寸换成货箱的宽和高，再按货箱宽度进行三维优化。设优化结果为 Q_1，ZQ_1 和 GQ_1 分别为按货箱宽三维优化时，货物按直径和高度尺寸优化的摆放数量，为了节省篇幅，第一阶段求解过程及数学模型从略。设按货箱长度三维优化时，货物按直径尺寸摆放 X_1 层，按高度尺寸摆放 X_2层，则按货箱长度三维优化时的数学模型如下：

目标函数：

$$\max Q_1 = X_1 \times ZQ_1 + X_2 \times GQ_1 \tag{4-46}$$

约束条件：

$$\begin{cases} X_1 \times H_1 + X_2 \times H_2 \leqslant J_1 \\ H_1 = 2R \\ X_1，X_2\text{ 为正整数} \end{cases} \tag{4-47}$$

（4）最终三维优化结果

取货箱三个维度优化结果中摆放数量最多的作为最终优化结果 ZQ，即

$$ZQ = \max(Q_1，Q_2，Q_3) \tag{4-48}$$

$$\text{最优解下限 } LQ = [(J_1 \times J_2 \times J_3)/(3.14159 \times R^2 \times H_2)]_1 \tag{4-49}$$

$$\text{优化程度} = (ZQ/LQ) \times 100\% \tag{4-50}$$

4. 求解实例

在进行二维优化时，例题中的计算均考虑了货物摆放一层后剩余空间的可摆放数量。

【例题 4-10】 货箱长（J_1）1200cm，宽（J_2）234cm，高（J_3）269cm，货物为半径（R）21cm 的圆柱形，圆柱高（H_2）31cm，问：在圆柱形货物摆放无约束的情况下，该货箱最多能摆放多少货物？

解： 最优解下限 $LQ = [(1200 \times 234 \times 269)/(3.14159 \times 21^2 \times 31)]_1 = 1758$ 个，经计算得知，在三维立体优化中按货箱宽度进行优化最好，所以二维优化时只用到货箱长和高的尺寸。在货箱长和高的二维优化中，用数量优化方法可以得出货物按直径尺寸摆放一层时，按货箱高度优化摆放的数量最多，货物按直径尺寸每一列可摆放 38 个，优化摆放 4 列；货物按高度尺寸每一列可摆放 28 个，优化摆放 3 列；考虑剩余空间的摆放数量，将两种摆放方式优化组合，一共可摆放 236 个。货物按高度尺寸摆放一层时，按货箱高度优化摆放的数量最多，在二维摆放中，对齐层每层摆放 28 个，优化摆放 2 层；奇数层每层摆放 28 个，优化

摆放3层；偶数层每层摆放28个，优化摆放2层，货物按高度尺寸摆放一层时优化组合共可摆放196个。

在三维立体优化中，按货箱宽度优化，货物按直径尺寸每层可摆放236个，优化摆放1层；货物按高度尺寸每层可摆放196个，优化摆放6层，两种方式优化组合共可摆放1412个，优化程度为80.32%。而用其他优化方法（如“5块”法）进行优化时，在二维平面优化中，货物按直径尺寸摆放时，按货箱高度优化摆放的数量最多，可摆放239个，比简便解法多3个；货物按高度摆放时，优化摆放数量一样，三维立体优化也是按货箱宽度优化最好，可摆放1415个，优化程度为80.49%，仅多0.17%，两种优化方法的结果差别不大。

【例题4-11】 货箱长（J_1）960cm，宽（J_2）234cm，高（J_3）242cm，货物为半径（R）16cm的圆柱形，圆柱高（H_2）40cm，问：在圆柱形货物摆放无约束的情况下，该货箱最多能摆放多少货物？

解：最优解下限 $LQ=[(960\times234\times242)/(3.14159\times16^2\times40)]_1=1689$ 个，经计算得知，在三维立体优化中按货箱高度进行优化最好，所以二维平面优化时只用到货箱长和宽的尺寸。二维优化时，用数量优化方法可以得出货物按直径尺寸摆放一层时，按货箱宽度优化摆放的数量最多，货物按直径尺寸每一列可摆放24个，优化摆放6列；货物按高度尺寸每一列可摆放30个，优化摆放1列；考虑剩余空间的摆放数量，将两种方式优化组合，一共可摆放174个。货物按高度尺寸摆放一层时，按货箱宽度优化摆放的数量最多，在二维摆放中，对齐层每层摆放30个，优化摆放2层；奇数层每层摆放29个，优化摆放3层；偶数层每层摆放30个，优化摆放3层，货物按高度尺寸摆放一层时优化组合共可摆放237个。

在三维立体优化中，按货箱高度三维优化，货物按直径尺寸每层可摆放174个，优化摆放0层；货物按高度尺寸每层可摆放237个，优化摆放6层，两种方式优化组合共可摆放1422个，优化程度为84.19%。而用其他优化方法（如“5块”法），也是按货箱高度优化的结果最好，可摆放1422个，优化程度为84.19%，两种优化方法的结果一样。

4.8 入库信息处理

4.8.1 入库单据处理

1. 商品入库信息的登录

到达仓储配送中心的商品，经验收确认后一般应填写入库单，单据的格式根据商品及业务形式而不同，但一般包含如下信息：

1）供应商信息，包括名称、送货日期、送货订单完成情况。

2）商品信息，包括品种、数量、质量验收记录、生产日期或批号、保质期等。

3）订单信息，包括订单对应号、序号、当日收货单序号。

对于初次收到的商品，需要严格进行入库检验，并将信息及时输入仓储配送中心商品信息系统中，入库商品信息通常需要录入以下内容：

1）商品一般特征，包括商品名称、类别、规格、型号，商品的包装单位、包装尺寸、包装容器、单位重量及价格等。

2）商品的原始条码、内部编号、进货入库单据号码、商品的储位。

3）供应商信息，包括供应商名称、编号、合同号等。

录入商品信息的目的在于为后续作业，如采购进货、储存、拣货、出货等环节提供管理和控制的依据。

2. 签单

货物验收入库后，应及时按照仓库货物验收记录的要求签回单据，以便向供货单位和货主表明收到货物的情况。另外，如果货物出现短少等情况，签单也可作为货主向供货方交涉的依据，因此签单必须准确无误。

3. 作业辅助信息的收集与整理

在进货通道、站台、库房布局等硬件设施的设计与布局中，需要考虑许多相关因素，才能达到既能控制适当的规模、节省投资，又能满足作业需要的目的。这些相关因素主要是在进货作业中对进货产生直接影响的因素，以下信息是设计进货系统需要参考的重要依据：

1）进货商品的一般特征和数量分布。

2）进货商品的包装尺寸、容器、单件重量的分布状况。

3）每一时段内进货批次的分布。

4）卸货方法及所需时间。

5）进货入库的场所。

这些信息将决定进货工作量的大小、装卸货方式及设备的选择、库内外卸货站台的空间大小、进货验收对人员及设备等方面的需求、进货作业活动所需场地和空间的大小、车辆等运输工具的安排。进货辅助信息主要来自于进货作业过程中发生的相关信息，因此，必须注意收集与整理，以便为管理决策提供重要的参考数据。

4.8.2 入库账目处理

物品验收合格后，仓管人员应该为物品办理入库手续，根据物品的实际检验及入库情况填写物品入库单，然后再对物品进行登账、设卡以及建档管理。

1. 明细账登记

为了便于对入库物品的管理，正确地反映物品的入库、出库及结存情况，并为对账、盘点等作业提供依据，仓管人员还要建立实物明细账，以记录库存物品动态。登账凭证要妥善保管，装订成册，不得遗失。实物保管要经常核对，保证账、卡、物相符。

明细账是反映在库储存货物进、出、存的动态账目，也是核对储存货物动态和保证与财务总账相符的主要依据。明细账除有货物的品名、规格、批次之外，还要标明货物存放的具体位置、物资单价和金额等。

2. 保管卡设置

物品保管卡又称货卡、料卡，它是一种实物标签（如果是无纸化、电子化管理，则不需要该实物），是仓管人员管理物品的“耳目”，能够直接反映该垛货物的品名、型号、规格、数量、单位及进出动态和积存数等情况。

（1）确定保管卡内容

卡片应按入库通知单所列内容逐项填写。货物入库堆码完毕，应立即建立卡片，一垛一卡。物品保管卡的内容主要有以下几个方面：

1）表示货物的状态，如待检、待处理、不合格、合格等。

2）表明货物的名称、规格、供应商和批次。

3）物品的入库、出库与库存动态等信息。

保管卡上的内容不是一成不变的，仓管人员可以根据仓储业务的具体情况，对物品保管卡的具体内容做适当的调整。

例如，对于设置了专门的待检区、待处理区、合格产品区、不合格产品区的仓库，在设置保管卡时，可以省略货物的状态；而为了便于对物品存量进行控制及管理，则可以在物品保管卡上增加物品的估计用量、安全库存等信息。

(2) 放置保管卡

为了使保管卡充分发挥其作用，仓管人员在设置保管卡时，需要注意以下问题：

1）选择恰当的放置位置。物品保管卡一般悬挂在上架物品的下方或放在物品堆垛上。仓管人员在放置保管卡时，悬挂位置要明显、牢固，并便于随时填写。

2）及时更新内容。在使用保管卡时，仓管人员要根据作业的内容，及时更新保管卡上的内容。当新物品入库时，要为其设置专门的保管卡；当物品入库、出库、盘点后，要立即在卡上的相关位置填写具体信息；当某物品清库后，要将保管卡收回，并放置于该物品的档案中。

3. 物品档案建立

建立物品档案是指对与入库作业全过程有关的资料、证件进行整理、核对，建立资料档案，从而详细了解物品入库前后的活动全貌，以便进行货物管理和保持与客户的联系，为将来发生争议时提供凭据。同时，也有助于总结和积累仓管经验，为货物的保管、出库业务创造良好的条件。

案例

高效合理的联华便利配送中心

随着经济的发展，上海连锁商业的竞争蔓延到了便利店。联华便利店发展势头迅猛，以每月新开 60 家门店的速度急剧扩张。但是规模的不断扩大也带来了新的问题——传统的物流已经不能为商品在公司庞大的便利店销售网络中顺畅流通提供保障。建立现代化物流系统、降低物流成本已成为联华便利店在竞争中掌握先机的关键。然而，由于便利店商品价格低、物流中心投资有限，如何兼顾需求和投资合理性是项目成功的决定因素。

联华便利店在选择物流硬件设备和软件设计的整体方案时，最终选定了冈村制作所。冈村制作所充分考虑了上述实际情况，为联华便利店“量体裁衣”，设计了一套完整的解决方案，即利用现有的建筑物改建成物流中心，采用仓库管理系统（WMS）实现整个配送中心的全计算机控制和管理，而在具体操作中实现半自动化，以上海先达条码技术有限公司提供的无线数据终端进行实时物流操作，以货架形式来保管货品，以自动化流水线来输送，以数字拣选系统（DPS）来拣选。另外，在设备的选择方面也采取进口货与国产货合理搭配的方式。这个方案既导入了先进的物流理念，提升了物流管理水平，又兼顾了联华便利店配送商品价值低、物流中心投资额有限的实际情况。在整个方案的设计里，设计方没有一味追求一步到位的先进性，而是力求用合理的投入获得较高的回报。

在细节方面，合作双方也考虑得非常周到。联华便利配送中心总面积达 8000m^2，建筑物共有4层。由于是多层结构，因此设计方对各层平台间的搬送自动化做了特别的考虑，采用了托盘垂直升降机和笼车垂直升降机。其中两台托盘垂直升降机能对以托盘为单位的进货物品进行各层平台自动分拣，并将空托盘自动回收至一层的进货区域。空笼车另有专用电梯送往各层平台。

为了提高拣选效率，配送中心被分成了17个分拣区域，利用笼车良好的流动性设计了区域拣选方式。商店号码显示器装在各个区域的起始位置，拣选时将显示出库单上的商店号码，因此可多人同时进行拣选作业，即使逢年过节工作量增加，也能大量出货，应对自如。物流中心采用托盘货架与流动式货架为主的布局设计。托盘货架保管以整箱为单位的货物，流动式货架保管非整箱货物。为了提高分拣作业效率和正确率，托盘货架的最下端和流动式货架的外侧都装有数码拣选显示器。

1. 作业流程

(1) 进货入库

进货后，立即由WMS进行登记处理，生成入库指示单，同时发出能否入库的询问信号。如果仓库容量已满无法入库，系统将发出向附近仓库入库的指示。接到系统发出的入库指示后，工作人员将货物堆放在空托盘上，并用手持终端对该托盘的号码及进货品种、数量、保质期等数据进行进货登记输入。在入库登记处理后，工作人员用叉车将货物搬运至入库品运载装置处。按下“入库开始”按钮，入库运载装置开始上升，将货物送上入库输送带。在货物传输过程中，系统对货物进行称重和检测，如不符合要求（例如超重、超长、超宽等），系统将指示其退出；符合要求的货物，方可输送至运载升降机。

由输送带侧面安装的条码阅读器对托盘条码进行确认，由计算机对托盘保管货物和输送目的地发出指示。接到向第一层搬送指示的托盘，在经过升降机平台时，将直接被从当前位置经过第一层的入库输送带自动分配到第一层入库区等待入库。接到向第二至第四层搬送指示的托盘，将由托盘升降机自动传输到所需楼层，当升降机到达指定楼层后，再由各层的入库输送带自动搬运货物到入库区。货物在下平台前，工作人员根据入库输送带侧面设置的条码阅读器，将托盘号码输入计算机，并根据该托盘情况，对照货位情况，发出入库指示，然后由叉车从输送带上取下托盘。叉车作业者根据手持终端指示的货位号将托盘插入库中。经确认后，在库货位数将进行更新。

(2) 笼车出库

当全部区域拣选结束后，装有商品的笼车由笼车升降机送至第一层。工作人员将不同商店分散在多台笼车上的商品归总分类，附上交货单，依照送货平台上显示的商店号码将笼车送到等待中的对应运输车辆上。计算机配车系统将根据门店位置远近，合理安排配车路线。

(3) 托盘回收

出货完成后，工作人员将空托盘堆放在各层的空托盘平台上，并返回输送带上，然后由垂直升降机将空托盘传送至第一层，并由第一层进货区域的空托盘自动收集机收集起来，随后送到进货区域的平台上堆放整齐。

2. 实际运作效果

联华便利店与冈村制作所共同设计建造的物流中心，在实际运作中收到了良好的经济效益和社会效益。原来为联华便利门店配送的江杨配送中心，每天的拆零商品配送能力在 1 万箱左右，单店商品拆零配置时间约需 4min，由于场地狭小、科技含量低、人力资源浪费，人工分拣的拆零差错率达 6‰，而且每天只能配送 200 多家门店。

联华便利配送中心建成后，以其高效率、低差错率和人性化设计受到各界的好评。该中心所有操作均由计算机中心的 WMS 管理，并将在库信息与公司 ERP 系统连接，使采购、发货有据可依。中心库存商品可达 10 万箱，每天拆零商品可达 3 万箱，商品周转期从原来的 14 天缩短到 3.5 天，库存积压资金大大减少；采用 DPS 方式取代人工拣选，使差错率减少到万分之一，拆零配置时间从 4min/店压缩到 1.5min/店，每天可配送 400 多家门店。配送准确率、门店满意度等都有了大幅提升，同时降低了物流成本在整个销售额中所占的比例，从而为联华便利店业态的良好稳定发展奠定了坚实基础。

资料来源：http://www.linkshop.com.cn/WEB/Article_News.aspx?ArticleId=14461，有改编。

【问题与思考】

1. 用流程图描述联华商品进货入库的作业流程。

2. 阅读有关沃尔玛配送中心的作业流程，比较沃尔玛配送中心与联华便利配送中心的作业流程。

本章小结

4.1 节仓储收货管理概述，介绍了收货作业的主要内容，以及收货作业管理应遵循的三条原则：一是合理安排收货计划，充分利用人力及设备等资源；二是各环节有效衔接，仓储与配送整个系统最优；三是消除一切浪费，提高运作效率。

4.2 节收货作业流程，介绍了收货作业计划、收货前准备工作、接运与卸货、分类与标识、核对单据、入库验收、搬运和堆码以及入库信息处理。

4.3 节入库作业计划工作及储位分配工作，首先介绍了入库作业计划工作；然后介绍了储位分配工作方法、货物堆码注意事项和储位卡。

4.4 节接货作业流程及注意事项，首先介绍了接运作业中的接运方式、接运差错处理和接运记录工作；然后，论述了提高卸货效率与质量可采取的四大具体措施。

4.5 节搬运与堆码，首先介绍了搬运作业中搬运的基本概念和搬运管理的目的；然后论述了堆码作业，包括商品堆码操作要求、堆码设计的内容、物品堆码存放的基本方法。

4.6 节堆码相关计算，介绍了库房负荷、堆码强度的计算方法。

4.7 节堆码（装箱）优化方法，论述了矩形单一货物二维堆码（装箱）优化方法、圆柱形货物二维堆码（装箱）优化方法中的公式计算法和规划求解法以及圆柱形货物三维堆码（装箱）优化方法。

4.8 节入库信息处理，介绍了入库单据处理和入库账目处理。

习 题

1. 简答题

（1）入库作业包括哪些内容？

（2）货物验收的主要内容有哪些？

（3）接运货物时，出现差错应如何处理？

（4）货物接运的方式有哪些？

（5）物品堆码存放有哪些优化方法？

2. 判断题

（1）专用线接运卸车过程中要按车号、品名、规格分别堆放；对品名不符、包装或损坏的商品，应另外堆放，写明标志，并会同承运部门进行检查，签字确认，编制记录。 （ ）

（2）办理商品入库交接手续必须核对凭证，其中入库通知单、订货合同副本由供货单位提供。 （ ）

（3）数量验收时清点件数为80%。 （ ）

（4）物品堆码存放没有优化方法可用。 （ ）

（5）圆柱形货物当容器长、宽尺寸均为货物直径整数倍时，对齐式摆放为最佳方案，摆放货物数量最多。 （ ）

（6）矩形货物在矩形容器（如托盘）中摆放，只能凭经验摆放。 （ ）

（7）接货计划不能只凭经验安排，有优化方法可用。 （ ）

3. 计算题

（1）在1000mm×800mm托盘上，摆放二维尺寸分别为长86mm和宽57mm的货物，货物摆放要求是竖立摆放，原始数据见表4-8。求：

1）若不考虑剩余空间可摆放货物数量，按托盘长进行数量优化时能摆放多少个货物？

2）若不考虑剩余空间可摆放货物数量，按托盘宽进行数量优化时能摆放多少个货物？

表4-8 问题（1）原始数据（Excel形式）

	B	C	D	E	F	G
2			货长/mm	货宽/mm		
3			86	57		
4	托盘长/mm	1000				
5	托盘宽/mm	800				
6	一个货物长和宽对应的摆放个数					
7						
8						
9			X_{11}	X_{21}		
10						
11				Z		

（2）采用 1200mm × 800mm 托盘，货物三维尺寸分别为长 309mm、宽 220mm 和高 205mm，货物摆放要求是竖立摆放，原始数据见表 4-9，货物最高可摆 1300mm（包括托盘高度，托盘高 150mm）。求：

1）托盘一层两种简单摆放方式各能摆放多少个货物？

2）按照两种简单摆放方式，一个托盘最多能摆放多少个货物？

3）边长优化和数量优化摆放分别为多少？

表 4-9　问题（2）原始数据（Excel 形式）

	B	C	D	E	F	G	H	I
2				摆放数量			剩余尺寸	
3			货长/mm	货宽/mm	货高/mm		货长/mm	货宽/mm
4	托盘高度/mm	150	309	220	205		309	220
5	托盘长/mm	1200						
6	托盘宽/mm	800						
7	货物高度/mm	1300						
8	可用高度/mm	1150				摆放个数		
9	上限	14	宽 - 长	长 - 长			宽 - 长	长 - 长
10	简单摆放个数							
11	最终简单摆放个数							
12	每层摆放	max						
13			X_{11}	X_{21}				
14		变量						长度优化
15		变量						宽度优化
16			X_{12}	X_{22}	小计	剩余空间摆放数量	合计	
17		摆放数量						长度优化
18		摆放数量						宽度优化
19	目标函数							
20	优化后每层摆放							
21	三维最终摆放个数							

（3）某种圆形货物半径为 23cm，每摆放一层紧凑式高度节约了多少？

（4）一种圆柱形货物，半径为 21cm，需要存放在长 4000cm、宽 234cm 的容器内，原始数据见表4-10。如何摆放，使每一层（对齐式与紧凑式）摆放的圆柱形货物最多？要求给出表4-10中“#”号单元格的Excel计算公式。

表4-10　问题（4）原始数据（Excel形式）

	B	C	D	E	F	G
2	紧凑式摆放	容器长 L/cm	容器宽 K/cm		货物半径 R/cm	货物直径 $2R$/cm
3		4000	234		21	#
4	方式1					
5	L 对应高	#	#			
6	单数层数	#	#	#		
7	双数层数	#	#	#		
8	方式1摆放总数			#		
9	紧凑式摆放	货箱宽 K/cm	货箱长 L/cm		货物半径 R/cm	货物直径 $2R$/cm
10		#	#		#	#
11	方式2					
12	K 对应高	#	#			
13	单数层数	#	#	#		
14	双数层数	#	#	#		
15	方式2摆放总数			#		
16	摆放总数			#		
17						
18		摆放个数	摆放个数	摆放总数		
19	对齐式摆放	#	#	#		
20	最终摆放数量			#		

（5）某容器长2100cm、宽1500cm，需要装圆柱形货物，其直径为19cm。

1）对齐式摆放一层可摆放多少个？

2）对齐式与紧凑式摆放相结合最多能摆多少个？

（6）堆码载荷98kg，瓦楞纸箱外高66cm，商品重（每箱货物毛重）19kg，堆码高度3.2m，堆码时间近30天，查表4-3，得 $k_A=1.6$。这是否符合堆码载荷要求？

（7）某仓库要存放自重为36t的设备，设备底部为2条2m×0.3m的钢架，仓库地面承载能力为3t/m²。问：需不需要垫垛？2m×1.5m、自重0.5t的垫垛需要几个？

第 5 章

在库作业管理

案例导入

Zara 公司极速供应链模式下优异的存货管理方式

1. 引言

随着经济全球化及电子商务的迅猛发展，我国服装企业面临着更大的机遇和挑战，存货问题越来越成为制约企业健康成长的关键因素之一。存货是一把“双刃剑”，保持合理的存货水平有利于企业减少成本，加速流动资金的周转速度；而大量不合理的存货会成为企业的负担，不但会造成企业资金周转不良等问题，还会造成社会经济资源的浪费。服装业界的标杆——西班牙企业 Zara（飒拉）凭借其优异的供应链存货管理方法，成为服装业的一个奇迹，其管理方法值得借鉴。

作为世界最大的时装集团公司 Inditex 集团旗下的服装品牌，Zara 创始于 1975 年，已成长为全球排名第三、西班牙排名第一的服装品牌。目前，Zara 在全球 88 个国家拥有 2002 家专卖店，店铺数量只占它的母公司 Inditex 集团的 1/3，销售总额却占 Inditex 集团的 65% 以上。Zara 正是依靠其独特的供应链模式及存货管理模式取得了巨大的成功，而这种成功的具体表现之一就在于存货的大量减少以及存货周转率的大大提高。

通常，服装行业内新品上架前的库存量一般会被压缩到预测销售量的 50%，而 Zara 则可以将该数值压缩到 25%，其库存周转率比其他服装企业要高两到三倍。相关数据显示，在每年的活动季开始时，Zara 的平均库存时间是 37 天；而在活动季高峰时，其平均库存时间甚至低于 15 天。每个销售季结束后，平均需要打折处理的服装只有 15%，而其他品牌该比例则高达 50%。尽管 Zara 在发展过程中面临着快速扩张导致的成本剧增、缺乏产品质量承诺等种种问题，但其在供应链下的存货管理方式是值得我国服装企业努力学习的。

研究供应链模式下的存货管理，是对供应链这一条垂线的研究。存货管理是供应链管理中的重要组成部分，从供应链的视角分析企业存货管理，显然能够更加全面、整体地寻求存货管理的最佳模式。

2. Zara 存货管理的成功之道

Zara 的成功归结于其将存货管理的理念应用在整条供应链的每个环节中，供应链中的每一个节点都相互协作。Zara 依靠对整条供应链的精准控制，实现了供应链管理“成本最低、库存最小”的目标。整条供应链具体可以分为产品设计、采购、生产、物流运输、销售几大环节以及贯穿各个环节的信息管理系统。下面就从这几方面具体分析Zara存货管理的优势所在。

(1) 产品设计环节缩短前导时间

前导时间是指服装从设计开始到最终摆在柜台中销售的时间。我国服装企业的前导时间是6～9个月；一些国际知名品牌则可以将前导时间缩短到3个月；而Zara最短的前导时间是7天，一般为12天左右。拥有极短的前导时间，能够大大提高其存货周转率，达到降低存货的目的。相较于其他服装企业，Zara能够大大缩短其前导时间的原因之一就在其产品设计环节。Zara的设计理念崇尚的是对流行趋势的独特阐释，产品是基于对潮流的模仿，而不是一般企业的基于原创性和独创性。

Zara能够做到“与时尚同步”靠的是其“三角权衡”的团队设计方式。每一款即将发布的新品，都要经过“三角权衡”：第一角是设计师，每年Zara有将近400位设计师通过时尚名牌秀场、互联网平台等多元化的方式寻找灵感，还有遍布世界的时尚买手将各地的时尚潮流产品运到设计师的工作台上，供其寻找灵感；第二角是商务经理，商务经理负责与供应商和自营工厂交流，及时调整新品的价格；而第三角则是各门店的代理商，他们是最贴近客户的一环，各门店通过信息管理系统把销售额和存货情况汇报给总部，同时收集产品在售卖过程中顾客的反馈，关注顾客所追求的流行元素，信息收集完成后，再由总部的专业团队确定即将发布的新品，紧跟时尚的步伐，确保只生产顾客想买的产品。通过“三角权衡”的方式设计产品，不仅大大缩短了前导时间，还能够贴合顾客需求。

(2) 采购环节实施后向一体化战略

1) 全球采购与自主生产相结合。Zara的采购环节依托于其母公司Inditex集团，一小部分原材料由Inditex集团从全球各地采购，采购主要遵循就近原则，以缩短运输时间，加快原材料存货周转率；而一大部分原材料则由Inditex集团旗下涉及编织、染色等领域的子公司的自主生产。直接参与原材料的生产环节，不但可以根据市场及产品需求自主生产产品、解决原材料不能及时供应的问题、缩短运输时间，还可以在与其他原材料供应商合作时掌握关键信息，占据主动地位，节约成本。

2) 采购环节的延时策略。采购是生产的基础，如果设计部门根据流行趋势及门店反馈的信息预测出下阶段可能会流行的布料和颜色，可是库存却缺少这种颜色的布料，那么再好的设计也没法实现投产，这将会给集团带来巨大的灾难。同时，流行趋势瞬息万变，Zara每两周就要根据流行趋势更新产品，除60%的基本款服饰外，剩下40%的产品的布料及颜色都要跟随流行趋势变化。在这种情况下，为了避免原材料没有库存的情况出现，Zara在采购环节采取了延时策略。Zara购进的布料中有超过50%是未经染色的原坯布，这些布料将根据实际需求情况确定颜色。延时策略使Zara能够在不增加原材料库存的情况下，及时、灵活地应对生产中的需求。同时，这种策略还可以减少对原材料供应商的依赖，激励供应商，使其形成更迅速的反应机制。

(3) 生产环节实施精益生产模式

1) 精益生产模式。与其他服装品牌生产主要靠外包的形式不同，Zara绝大部分的产品是靠自有工厂生产的。拥有自有工厂的Zara在生产中引进了由日本丰田公司创造的，在多品种、小批量、混合生产条件下高质量、低消耗、零库存的生产方式——精益生产模式，公司生产的各个环节都体现着精益生产的理念。

2）以需求为导向。工厂必须按照消费者的需求进行生产，这是 Zara 一直以来贯彻的理念。能够按照消费者的需求进行生产，第一个诀窍在于产品设计中的“三角权衡”，“三角”中最关键的就是各门店代理商，他们观察市场及顾客的偏好，两周一次将销售及存货记录反馈给设计和生产部门。他们反馈的是顾客最真实的需求，而这种真实的需求就成为生产环节的导向；第二个诀窍则在于速度，Zara 在自有工厂中采用精益生产模式，可以省去外包的环节，根据客户的即时需求自主决定生产的产品与规模，从而达到零库存的效果。

3）精益求精，全面质量管理。Zara 在生产中的很多步骤都体现着精益求精、追求全面质量管理的理念，例如，按照服装样式裁剪布料的过程就体现着精益生产模式的理念。在工序开始之前，服装款式数据就会从设计部门直接传送到工厂的电脑上，电脑按设计好的指令进行操作，这意味着，用定制的一卷布料就能够裁剪出一件成衣所需要的所有的布料，1cm 的布料都不会被浪费，也最大限度减少了一件成衣上布料的色差。同时，就算制作过程出错，产品出现了瑕疵，也只会影响一件衣服，而不是一批衣服。实现全面质量管理可以最大限度地降低不合格率。虽然此类自动化的设备前期需要巨额资金投入，但是机器的精准性确保产品合格所带来的巨大利润足以弥补所需的巨额投资。

4）多批次、小批量限量生产。与其他服装企业不同，Zara 更注重产品的多样性，每两周就会更新一次产品，原则上来说，超过两周未被销售的产品将会被发回总部。门店销售经理根据门店自身的销售量及库存记录，向总部发出订单，以满足接下来两周的销售需求。Zara 自有工厂的生产线均为小批量流水线，工厂严格按照订单生产服装，一批服装生产完成的时间仅仅需要 3 天，精益生产使 Zara 实现了定制生产、柔性生产及快速生产。

（4）物流运输环节以零库存为目标高效配送

为了达到最小库存，Zara 的所有门店都不会配备专门的库存区，库存实行集中管理、统一配送。为了确保仓库向门店配送的过程不会因为任何意外而受影响，一个庞大、高效、快速的物流系统可以说是 Zara 的制胜法宝。

1）令对手望尘莫及的周转速度。Zara 的门店没有设置专门的库存区，各门店的库存通常只能满足不超过 1 个月的销售需求，服装旺季时甚至只能满足两周的需求。所以，门店经理每两周就要下一次新的订单，有时下单频率甚至可以达到一周两次，物流的速度一定要能够跟上这种节奏，只有这样才能满足各门店的销售需求。门店经理的下单时间一般是周三和周六下午，而配送时间则顺延到周五及周一早上。Zara 的物流系统可以在接到订单的 24h 以内把货物运送到欧洲的门店，在 48h 以内把货物送到美国的门店，在 72h 以内送到世界的任何一个角落。

这种极速的物流周转靠的是 Zara 成熟高效的物流系统。位于西班牙拉科鲁尼亚（Zara 总部）的阿尔泰修仓库群占地超过 50 万 m^2，有着连接四周工厂的地下隧道，被运送的服装会被放到长达 212km 的传送带中。在物流中心的核心区域，负责折叠和打包的专业机器可以根据颜料种类来区分服装，1h 内就可以完成 7 万 ~8 万件服装的打包与分发工作。随着 Zara 的发展壮大，仅仅依靠总部的物流中心已经不能满足其配送需求，除了阿尔泰修仓库群，公司于 2004 年建立了萨拉戈萨物流中心，该物流中心是一个占地 12.3 万 m^2 的运输物流平台，紧邻A－2高速公路，可以连接欧洲其他国家和地区，同时附近还有一个军转民用机场。2006年，公司又建立了距离马德里30km的梅科物流中心，梅科物流中心占地16万m^2，拥有120个码头，与萨拉戈萨物流中心按产品运送目的地进行运输分配的方式不同，梅科物流中心按照产品系列的不同进行运输分配。梅科物流中心还开辟了网络销售业务，其网店的产品目录几乎和实体店是一样的，定价也相同，通过信用卡支付后，客户可以在10天内收到产品。除了几大物流中心，公司在墨西哥、巴西等地也拥有一些小规模的配送中心。

2）贯穿整个供应链的物流系统。Zara的物流系统贯穿于整个垂直一体化的供应链中，除了配送产品以外，物流中心还负责原材料的配送与折价商品的运送。公司的原材料是靠全球采购与自主生产来获得的，所以采购部门采购原材料后会将原材料交给物流中心，而物流中心则根据订单需求将各工厂所需的原材料以最快的速度送达。物流中心还负责各门店之间产品调换的二次配送任务，充当着门店之间的纽带。对于需要折价清仓的产品，Zara会将它们集中到莱昂物流中心，再由莱昂物流中心将这些过季库存运送至一个新的品牌——Lefties进行统一销售，使滞销库存能够得到快速有效的处理。

（5）销售实施前向一体化战略

门店作为Zara生产线的最后一棒，在整个供应链中起着至关重要的作用。Zara与其他服装企业最大的不同，就是将自主生产的服装放入自己的门店进行销售，实行前向一体化战略，实现产销一体。

1）低价策略。Zara的整体设计风格是简约舒适，相对于复杂华丽的高档服装品牌，Zara一方面没有昂贵的设计费用和复杂的生产工序，另一方面其对质量的要求也有所降低，使用的布料不是顶尖面料，而是最简单舒适的布料。这些因素共同作用，使Zara产品的价格只有高档时装品牌产品价格的1/4甚至更少。

2）饥饿营销策略。Zara每一季季前的预生产量只有预测销售量的15%，而其他服装企业的预生产量则是预测销售量的50%，同时Zara推出新商品的速度很快，每两周就会更新一次产品，顾客稍微晚几天去店里，想要的衣服可能就下架了。这种饥饿营销的策略可以减少存货，避免大量滞销导致的存货积压。

3）开辟新品牌处理滞销品。Zara的销售量水平能够远超同行业其他品牌的原因还在于，除了每年两次固定的促销活动以外，Zara几乎不会对本品牌的产品进行折扣销售。对于其本身的滞销存货，Inditex的解决办法是创建了一个脱离于Zara的新品牌Lefties，这个品牌对消费者有着致命的吸引力，它将Inditex旗下八个品牌的过季产品和瑕疵品换上新吊牌，以低于原价90%的价格重新上市销售。Lefties的诞生可谓是“变废为宝”。

4）销售反馈。门店是整个供应链的最后一个环节，在这里，客户将和产品直接面对面，客户的意见对于产品设计和生产环节的调整有着至关重要的作用。门店经理负责根据本店的销售情况及存货情况每周两次提出发货申请。如果由于门店经理个人的失误导致了大量存货被积压，这个责任则必须要由门店经理自己承担。此外，门店经理还要将各种信息反馈给总部，包括每天的现金收入、销售额、存货情况、顾客对于产品的意见和建议等，这些信息将成为设计师设计新产品的重要依据。

（6）信息管理系统优化业务流程

将Zara整条供应链的每一个环节无缝连接起来的正是其完善的信息管理系统。Zara根据自身的具体情况建立了安全稳定、便于管理的信息系统。

最初，订单是通过传真进行传递的，整个环节操作流程缓慢且错误率相对较高。为了解决这一难题，公司和苹果公司合作，引进了牛顿个人数字助理机（PDA）。通过PDA，门店经理可以查询近3天的销售及库存情况，也可以将自己门店的销售信息传递回总部，还可以通过PDA直接与总部的产品经理进行沟通。而总部通过分析门店经理传来的各种销售数据，可以协调原料厂、工厂和配送中心。PDA作为总部与门店之间的纽带，确保了两者之间的信息传递具备时效性、准确性，大大缩短了产品的前导时间，同时降低了存货水平，加快了存货周转速度。

信息管理系统中另一项重要的科技是科比光学处理器，Zara的产品每年要出口到超过80个国家，每件服饰放置这些国家的标识就要耗费6张纸板，数百万件服饰就要耗费数百万张纸板，而科比光学处理器的应用节省了这一费用。使用它能够轻松快速地读取标签码，并转换出相应的价格、计算出相应的折扣。

Zara的信息管理系统秉承的一个至关重要的原则就是信息集体化，集团的设计部门和营销部门紧紧地靠在一起，有共同的办公区域，部门与部门之间能够信息共享，互相帮助扶持，共同探讨新产品。同时这种原则也被贯彻在整个公司之中，公司的各部门是一个整体，各部门的信息和想法也是完全共享的。

综上所述，可以看出Zara包括产品设计、采购、生产、物流运输、销售各个环节以及信息管理系统紧密地结合在一起形成了一条垂直整合的供应链，供应链的每一个环节都为了降低成本、减少库存这个目标而共同做出努力。在整条供应链中，物流、信息流和资金流可以自由地流通，信息能被及时准确地传递，实现在供应链中的完全共享。整条供应链协同合作，使Zara创造了“两周更新产品、72h全球物流运输、平均库存只有37天”的业界神话。

资料来源：吴双. Zara供应链模式下存货管理经验与启示[D]. 石家庄：河北大学，2017. 有改编。

在库作业管理是仓储与配送作业的核心环节，也是货物出库作业的基础。通过货物在库的科学管理，不仅能保持货物原有的使用价值，还能增加物品的使用价值，并保证后续作业顺利进行。本章主要介绍货物的合理存储、科学管理与养护、库区5S管理以及货物的盘点等内容。

5.1 在库作业管理概述

货物经过验收入库后，便进入在库作业管理阶段。货物的在库作业管理主要是根据仓库的实际条件、货物的属性与特点，采用合理经济的储存方法对在库货物进行保存和养护，实施库存现场5S管理及盘点，确保存储的货物数量与质量，实现货物时间上的优化配置，提高货物的使用价值。

在库作业管理中，仓库保管员的主要职责包括以下几方面。

1）熟悉物料品种、规格、型号、产地及性能，对物料标明标记，进行分类存储、科学管理与养护。

2）借助库存管理系统，随时掌握库存动态，控制货物库存数量与质量，保证及时供货服务水平，降低物流成本。

3）通过盘点查明商品在库的实际数量，核对库存账面资料与实际情况是否一致。

4）借助科学的方法和手段，检查在库商品的质量有无变化，运用库存管理系统，自动预警货物的有效期和剩余保质期天数，检查有无长期积压等现象，确保货物质量，减少浪费。

5）检查不同种类货物的保管条件是否与各种货物的保管要求相符合，堆码是否合理、稳固，库内温度、湿度、空气成分等是否符合要求，各类计量器具是否准确等。

6）检查各种安全措施和消防设备、器材是否符合安全要求，防水和防火等安全措施是否妥当，建筑物和设备是否处于安全状态，货物存储、摆放是否安全、可靠，及时消除不安全因素。

5.2 储存合理化

储存合理化的含义是用最经济的办法实现储存的功能。一方面，由于某种货物存储过多，导致占用过多存储空间和存储资金，形成浪费；而某种货物存储过少，又保证不了规定的供货服务质量水平。因此，需科学确定存储数量与时间。另一方面，如何存储、如何摆放货物、如何把货物存放在储位上、如何拣取货物，也影响着仓储空间利用率、周转速度和仓储运作效率。

5.2.1 储存合理化的主要指标

储存合理化主要体现在三个方面：质量指标、数量指标、时间指标。

1. 质量指标

储存合理化的第一个指标是质量。良好的货物质量是货物具有使用价值的前提，保证储存货物的质量，是完成储存功能的根本要求，没有良好的货物质量，货物数量再多也无济于事，其使用价值将大打折扣。在存储货物时，要了解货物的属性和保存的技术要求，运用科学合理的方法保存、养护货物。

2. 数量指标

储存合理化的第二个指标是货物存储的数量。各种货物数量的确定方法因货物的需求方式与特点、货物价值、保存特点、出货方式，仓库的设施、设备及人员状况，进货方式、供货方的特点及运输方式等因素的不同而不同。在给定条件下，应运用科学管理方法，对货物存储数量进行优化决策，控制库存水平，满足仓储服务质量水平的要求。

3. 时间指标

储存合理化的第三个指标是时间指标。时间指标常用周转天数和周转次数来反映货物储存合理化水平。周转天数越短、周转次数越多，储存合理化程度越高。

小词典

零库存是一种特殊的库存概念，零库存并不是等于不要储备和没有储备。所谓的零库存，是指物料（包括原材料、半成品和产成品等）在采购、生产、销售、配送等一个或几个经营环节中，不以仓库存储的形式存在，而均是处于周转的状态。它并不是指以仓库储存形式的某种或某些物品的储存数量真正为零，而是通过实施特定的库存控制策略，实现库存量的最小化。所以，零库存管理的内涵是以仓库储存形式的某些物品数量为“零”，即不保存经常性库存，它是在物资有充分社会储备保证的前提下，所采取的一种特殊供给方式。

资料来源：https://baike.so.com/doc/5609160-5821769.html，有改编。

5.2.2 实施储存合理化的主要措施

1. 实施 ABC 分类管理法，控制关键货物库存水平

ABC 分类法是由意大利经济学家维弗雷多·帕累托（Vifredo Pareto）1879 年首创的。帕累托在研究个人收入的分布状态时，发现少数人的收入占全部人收入的大部分，而多数人的收入却只占一小部分，他将这一关系用图表示出来，就是著名的帕累托图。1951 年，管理学家戴克（H. F. Dickie）将其应用于库存管理，命名为 ABC 分类法。ABC 分类法是储存管理中常用的分析方法，其核心思想是放弃次要的多数（80%），抓住关键的少数（20%）。在储存管理中运用 ABC 分类法可有效压缩总库存量，节约大量库存货物占压的资金，使库存结构合理化，使库存管理工作事半功倍。

2. 加速货物在库周转，提高单位产出

储存现代化的目标是将静态储存变为动态储存。周转速度快，货物停留在仓库货位时间就短，资金周转就快，货物损耗就少，仓库吞吐能力就会提高提高，成本就会降低。

3. 采用有效的先进先出方式

保证货物质量、减少货物在库存放时间、避免货物储存期过长而超期存储，可采用先进先出方式进行出货。在实施先进先出方式出货时，除了借助软件保证货物先进先出外，还可以采用以下两种方式。

1）贯通式货架系统。利用货架的每层，形成贯通的通道，从一端存入货物，从另一端取出货物，贯通式货架系统能有效地保证先进先出。

2）双仓法储存。给每种货物都准备两个仓位或货位，轮换进行存取，先放入货物的仓位货物被取完后，才能取另外一个仓位的货物，这样也可以实现先进先出。

4. 提高储存密度及仓容利用率

提高储存密度及仓容利用率的主要目的就是在单位面积或体积下多存储货物，减少储存设施的投资，提高单位存储面积的利用率，降低成本，减少仓储面积的占用。具体可采取以下措施。

1）运用优化装箱或码垛方法，在满足货垛稳定性、承载力要求和保存条件（如通风、放热、防潮）的情况下，使容器（一个托盘、货箱、货位等容器）装载货物的数量最多。

2）充分利用库房或货架高度空间，在满足货垛稳定性、承载力要求的情况下，增加货垛的储存高度。

3）运用相关设备与技术或采用窄巷道式通道，缩小库内通道宽度，以增加储存有效面积。

4）采用各种贯通式货架和不依靠通道的桥式吊车装卸技术等方法，减少库内通道数量，以增加储存有效面积。

5. 开展整理活动

将库房里的所有物品区分为有必要的和没有必要的，有必要的留下来，其他的都消除掉，腾出更多储存空间。

6. 采用有效的储存定位系统

储存定位的含义是被储物位置的确定。有效的定位系统能大大节约寻找、存放、取出的时间，能防止差错，便于清点及实行订货点控制库存的管理方式。储存定位系统可采取计算机软件与无线定位技术相结合的方式，快速自动定位；也可采取一般人工定位，如前面提到的“四号定位”方式等。

7. 采用有效的监测清点方式

对储存货物的数量和质量进行监测清点不但是货物保管的要求，也是科学库存控制的要求。及时且准确地掌握货物的实际储存情况，经常与账卡核对，对于人工管理或计算机管理都是必不可少的。监测清点的有效方式主要有以下几种。

（1）光电识别系统

可以在货位上设置光电识别装置，用无线射频技术或条码识别技术对被存物的条码进行扫描，将自动显示准确数目。

（2）电子计算机监控系统

用电子计算机指示存取，可以防止人工存取易于出现的差错，如果在被存物上采用条码识别技术，使识别计数和计算机联通，每存、取一件物品时，识别装置自动识别条码并将其输入计算机，计算机会自动做出存取记录。这样只需在计算机上查询，就可了解所存物品的准确情况，而无须再建立一套对实有数的监测系统。

（3）运用摄像镜头查看、盘点货物

一是在仓库货架上安装可360°转动的摄像头查看、盘点货物；二是运用无人机或机器人查看、盘点货物。

（4）“五五化”堆码

“五五化”堆码是以“五”为基本计数单位，堆成总量为“五”的倍数的垛形。当然，根据货物或容器的特点，也可是其他数量，如8、10、12等，堆码后，无论是人工还是运用设备均可提高监测清点速度。

8. 采用科学储存保养技术

采用科学储存保养技术也是储存合理化的重要措施之一。

9. 采用集装箱、托盘等储运一体化方式，提高运作效率

为了提高仓储运作效率，可进行物流流程优化，采用集装箱、托盘等储运一体化方式，提高运作效率。集装箱、托盘的运用一方面可提高货物装卸效率，另一方面也简化了入库、验收、清点、堆垛、保管、出库等一系列储存作业，甚至取消这些环节，是储存合理化的一种有效方式。

5.3 物品养护

5.3.1 物品养护概述

1. 物品养护的含义

库存物品保管不当，会发生物理、化学及生化变化，造成物品质量的损坏、数量的减少。因此有必要对物品进行科学养护，确保物品的质量与数量尽可能不发生变化。物品养护是对物品在储存过程中所进行的保养和维护，是指根据物品在储存过程中的质量变化规律，采取相应的技术措施，对物品进行有效保养与维护，保持其使用价值及经济价值的活动。从广义上说，物品从离开生产领域而未进入消费领域之前这段时间的保养与维护工作，都称为物品养护。

2. 物品养护的内容

为了保持、维护物品质量，根据物品的特点及存储条件，养护的内容略有不同。通常物品养护的主要内容包括防水防潮、防热防寒、防风吹日晒、防尘防震、防虫防霉、防火防爆、防锈蚀、防毒害、防老化、防挥发、防溶化、防风化、防熔化、防散失、防干燥等。物品养护的重点是进行温湿度控制，主要措施是通风、密封和吸湿。

物品只能在一定的时间和一定的条件下，保持其质量的稳定性。物品经过一定的时间，则可能发生质量变化，这种情况在物品运输或储存中都会出现。我们这里主要研究储存中的情况。要做好物品在储存过程中的养护工作，首先，要研究被存储物本身的自然属性，即物品的结构、成分和性质；其次，要了解物品的储存环境，包括空气的温度、湿度、气压、空气成分、阳光、射线、微生物等情况。

5.3.2 库存物品的变化形式

物品在储存期间，由于本身的成分、结构和理化性质以及受到温度、湿度、光照、空气成分、微生物等客观外界条件的影响，会发生质量变化。这里只介绍质量变化的原因及主要形态。

1. 物理变化

物理变化是指仅改变物质本身的外表形态，不改变其本质，没有新物质的形成，而且有可能反复进行的质量变化的现象。物品的外表形态分为气、液、固三种形态。不同形态的物品在一定的温湿度、压力条件下，会发生变化。如固态物品受热熔化、升华，吸水而溶解；液态物品受热挥发，受冷凝固。三态变化的结果是消耗了物品，降低了质量。常见的物理变化有溶化、熔化、挥发、串味、渗漏、玷污、破碎与变形、干裂等形式。

1）溶化。溶化是指固体在液体中溶解的过程，具体地说，是指某固态物质，在另一种液态物质中分散成单个分子或离子的扩散过程。此过程不需要加热，但必须有液体，所以用有三点水偏旁的“溶”。例如，把糖放在水中溶化成为糖水等。某些物质吸收空气或周围环境中的水分，当水分达到一定程度时就会发生溶化现象，如食盐、明矾、氯化钙等。溶化虽然没有改变物质性质，但物质的形态发生变化，会给仓储、运输及销售带来不便。

2）熔化。熔化是指物质受热后从固态变成液态的一种变化过程。熔化需要吸收热量，是吸热过程。物质熔化除受温度高低影响外，还与物质本身的熔点、物质中杂质的种类与含量密切相关。熔点越低、杂质越多，越容易熔化。常见易熔化的物质有蜡烛、香脂、发蜡、胶囊、糖衣片等物质。

3）挥发。挥发是指物质分子向四周自由散发，自由移动，不受温度的影响。液体和固体都可能挥发。大多数溶液存在挥发现象，因为它们分子间的吸引力相对较小，并且在做着永不停息的无规则运动，所以它们的分子就运动到空气中，慢慢挥发了。但是由于溶质的不同而表现出挥发性的不同。挥发速度与温度、空气流动速度、物质与空气接触面积大小密切正相关。常见的易挥发物质有酒精、白酒、花露水等。

4）串味。串味是指同其他有特殊气味的物品放在一起，染上特殊气味的现象，即吸附其他气体、异味，从而改变了本来气味的变化现象。这与其表面状况、与异味物质接触面积的大小、接触时间的长短，以及环境中的异味浓度有关。具有吸附性的物品会吸收其他异味，如将茶叶和化妆品于同处存放，会使它们彼此吸收异味，失去使用价值。

5）渗漏。渗漏是指由于包装容器密封不良、容器质量不好、运输时发生碰撞振动、内装物膨胀使包装受损等导致的商品泄漏现象。易发生渗漏的主要是液态商品。例如，包装容器有砂眼、气泡或焊锡不匀、接口不严等；包装材料耐腐蚀性差，受潮锈蚀；有些液体商品因气温升高或降低，会发生体积膨胀或汽化，从而使包装内部压力加大而胀破包装容器等都可能造成渗漏现象。

6）玷污。玷污是指物品表面粘上其他物质或有其他污染物，影响物品质量的现象。物品玷污主要是由生产、储运过程中卫生条件差或包装不严造成的。一些外观质量要求高的物品预防玷污尤为重要。

7）破碎与变形。破碎与变形是指物体受外力作用而产生体积或形状的改变。脆性大的物品容易发生破碎现象，如玻璃制品、瓷砖、酥饼等。塑性大的物品容易发生变形，如塑料制品、皮革、铝制品等。有些物品遇水也会发生变形或膨胀，如木材、复合板等。

8）干裂。干裂是指物品在储存过程中，由于环境干燥，制品失水从而干缩、开裂的现象。例如，肥皂在干燥的环境中就会干缩，乐器也会干裂，从而影响物品的使用性能与外观质量。

2. 化学变化

化学变化是指物品发生化学变化以及构成物品的物质发生变化的现象，常见的有氧化、分解、腐蚀、风化、燃烧与爆炸、老化等。

1）氧化。狭义的氧化是指氧元素与其他的物质元素发生的化学反应。广义的氧化是指物质失电子（氧化数升高）的过程。例如，棉、麻、丝等纤维织品若长期与日光接触，会变色变质；桐油制品中桐油被氧化而放热，使温度升高，引起自燃。

2）分解。分解是指物品在光、热、酸、碱以及潮湿空气的作用下，由一种物质生成两种及以上的新物质的现象。例如，溴化银在光的作用下生成银和溴气的曝光现象就是一种分解现象。

3）腐蚀。腐蚀是指材料与环境间发生的化学或电化学相互作用而导致材料功能受到损伤的现象。金属制品在潮湿的空气及酸、碱、盐等作用下会被腐蚀。例如，钢铁在潮湿的空气中，温度越高锈蚀越快。锈蚀现象在潮湿、高温地区尤为明显。

4）风化。风化是指含结晶水的物品，在一定温度和干燥的空气中，失去结晶水而使晶体崩解变成非晶态无水物质的现象，如玻璃的风化。

5）燃烧与爆炸。燃烧与爆炸是在不同条件下发生的氧化还原反应，放出热量，产生气体，只是前者的反应速度较慢，后者的反应速度较快。燃烧是指发热的剧烈的化学变化过程，其形式按其特征可分为内燃、自燃，自燃又分为外热自燃、本身自燃。爆炸是指物质由一种状态迅速地转变成另一种状态，并瞬间放出大量能量的现象。爆炸分为物理爆炸、化学爆炸等。有些物品遇火、高温、撞击等情况会发生燃烧与爆炸，有些物品遇水会发生爆炸。

6）老化。老化是指含有高分子的有机物物质（如橡胶、塑料、化纤织品等），存储过程中在光、热、氧的作用下会出现发黏、发鼓、变脆、龟裂、褪色等现象。老化影响物品的使用性能。这类物质不易堆码过高，要防止底层物品受压变形，橡胶制品要防止粘连。

3. 生化变化

生化变化是指有生命活动的有机体物品，在生长发育过程中，为了维持其生命活动，本身发生的一系列生理变化。例如，呼吸作用、发芽、胚胎发育、霉腐、虫蛀等现象，都属于自身的生化变化。这些变化使有机物品消耗了大量的营养物质，使物品发热增湿，造成微生物的繁殖，以致污染、分解物品，加速物品霉腐变质。

小词典

危险品（Hazardous Material）是易燃、易爆、有强烈腐蚀性、有毒和放射性物品的总称，如汽油、炸药、强酸、强碱、苯、萘、赛璐珞、过氧化物等。危险品在运输和储藏时，应按照危险品的相关规定处理。

资料来源：https://baike.so.com/doc/2641077-2788748.html，有改编。

小资料

危险品标志

危险品标志如图 5-1 所示。

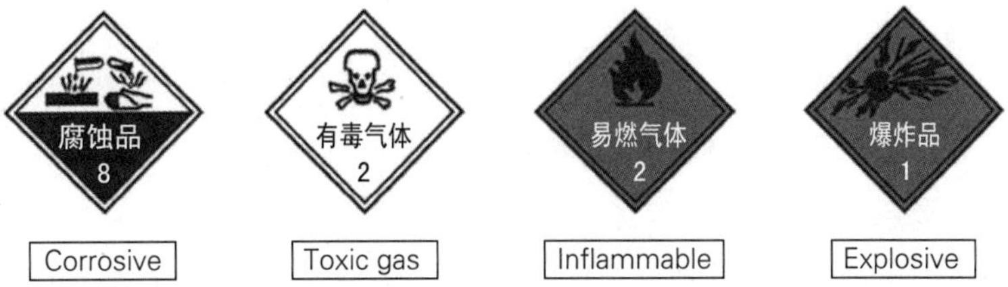

图 5-1 危险品标志

5.4 温度与湿度管理

仓库的温度与湿度对多数货物的养护都是至关重要的，本节将首先介绍温度与湿度相关的基本概念，再论述温度与湿度的控制方法及其在物品养护中的运用。

5.4.1 温度与湿度

多数物品对仓库的温度与湿度都有一定的要求，见表5-1，过高、过低的温度和湿度对许多物品的储存保养都不利。

表5-1　几种货物对仓库的温湿度要求

种类	温度	湿度
汽油、煤油、轻油	≤30℃	≤75%
碎末合金、树脂、油漆	0～30℃	≤75%
金属及金属制品	5～30℃	≤75%
重质油、润滑油	5～35℃	≤75%
仪表电器	10～30℃	≤70%
层压塑料	0～35℃	45%～75%
塑料制品	5～30℃	50%～70%
轮胎	5～35℃	45%～65%
工具	10～25℃	50%～60%

1. 温度的概念

温度（Temperature）是表示物体冷热程度的物理量，微观上来讲是物体分子热运动的剧烈程度。温度只能通过物体随温度变化的某些特性来间接测量，而用来量度物体温度数值的标尺叫温标。它规定了温度的读数起点（零点）和测量温度的基本单位。国际单位为热力学温标（K）。目前国际上用得较多的其他温标有华氏温标（°F）、摄氏温标（°C）和国际实用温标。从分子运动论观点看，温度是物体分子运动平均动能的标志。

温度的变化可以改变货物的含水量，引起某些易溶解、易挥发的液体货物以及有生理机能的货物发生质量变化。货物的长期安全储存具有温度安全界限，即“安全温度”。

2. 温度的变化规律

（1）库外温度、库内温度及垛温

库外温度即库外露天的温度，即气温，是指空气的冷热程度，通常是指距离地面1.5m处高度的气温；仓库里的温度一般叫作库内温度，简称库温；货垛物品的温度叫作垛温。

（2）气温的变化规律

气温是经常变化的，地理环境、经度、纬度、地球与太阳相对位置变化等因素都会造成气温的变化。气温的变化有周期性变化和非周期性变化，周期性变化又可分为年变化和日变化。

1）气温的年变化规律。气温的年变化规律是指气温在一年内的变化规律。春夏秋冬周而复始变化，温度也呈周期性变化。在北半球，一年中的最高气温通常出现在 7 月—8 月，最低气温则出现在 1 月—2 月。

2）气温的日变化规律。气温的日变化规律是指昼夜气温的变化规律。由于日照的时间和角度等因素，昼夜温度呈周期性变化。从日出到正午，温度上升较快，其中 8:00—10:00 为快速上升期；正午到 14:00—15:00，温度上升较慢，之后气温缓慢下降直到黄昏；黄昏之后温度又快速下降，18:00—20:00 为快速下降期。

（3）库温的变化规律

库温主要受气温的影响，库温的变化与气温的变化正相关，且滞后 1 ~ 2h，库温的温差远小于气温的温差。

3. 湿度的相关概念

（1）湿度

湿度是表示大气干燥程度的物理量，即空气的干湿程度。在一定的温度条件下，一定体积的空气里含有的水汽越少，则空气越干燥；水汽越多，则空气越潮湿。空气湿度的表示方法有绝对湿度、饱和湿度、相对湿度等。

（2）绝对湿度

绝对湿度是指在单位体积的空气中，实际所含水蒸气的量。

（3）饱和湿度

饱和湿度是指在一定湿度下单位体积中最大限度能容纳水蒸气的量。空气的饱和湿度随着温度的升高而增大，随温度降低而减小。

（4）相对湿度

相对湿度是空气中实际绝对湿度占当时气温下的饱和湿度的百分比。

（5）露点

当含有一定数量水蒸气的空气的温度下降到一定程度时，所含水蒸气就会达到饱和并开始液化成水，这种现象称为结露。水蒸气开始液化成水的温度称为露点温度（简称露点）。如果温度继续下降到露点以下，空气中的水蒸气就会凝集在物体的表面上，俗称“出汗”，有时可以看到在一些表面光滑、导热较快的金属制品、水泥地、石块或柱脚上有一些水珠，就是这种现象。

（6）湿度的测量方法

湿度的测量有多种方法，如用干湿球温度计测量、用电子温湿露点测量仪测量等。干湿球温度计（Dry and Wet Bulb Thermometer）是一种测定气温、气湿的仪器。它由两支相同的普通温度计组成（见图 5-2 至图 5-4）：一支用于测定气温，称干球温度计；另一支在球部用蒸馏水浸湿的纱布包住，纱布下端浸入蒸馏水中，称湿球温度计。根据测出的干球温度和湿球温度，就可算换出湿度。常见的换算方法有两种：一是根据干球和湿球的温度差换算，见表 5-2；二是由干球和湿球的温度直接查表求得，见表 5-3。

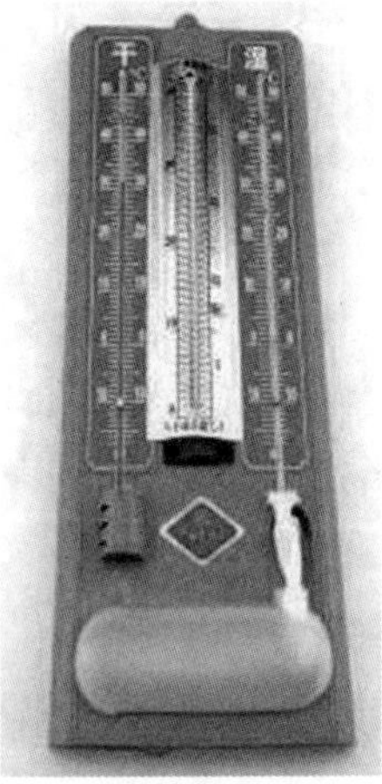

图 5-2
干湿球温度计 1

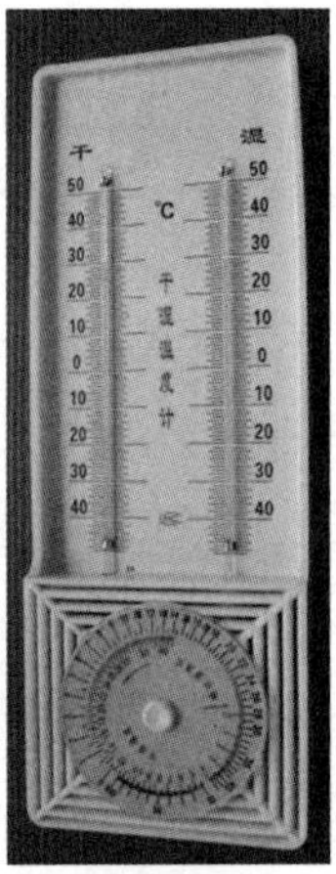

图 5-3
干湿球温度计 2

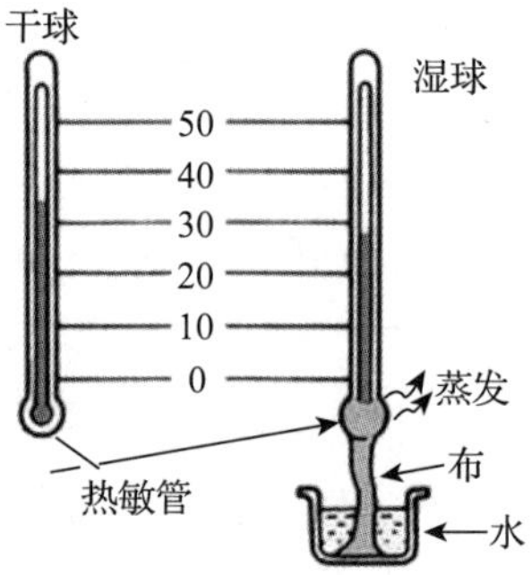

图 5-4
干湿球温度计 3

表 5-2　温度与湿度查对表

气温	干球温度–湿球温度									
	0℃		1℃		2℃		3℃		4℃	
	t_d	r	t_d	r	t_d	r	t_d	r	t_d	r
16℃	16℃	100%	14℃	89%	12℃	79%	10℃	69%	9℃	60%
17℃	17℃	100%	15℃	90%	14℃	80%	12℃	70%	11℃	61%
18℃	18℃	100%	16℃	90%	15℃	80%	13℃	71%	12℃	62%
19℃	19℃	100%	17℃	90%	16℃	81%	14℃	72%	13℃	63%

注：t_d为露点，r为相对湿度，根据干球与湿球温度差确定。

表 5-3　干湿球温度表

温度＼湿度	20%	25%	30%	35%	40%	45%	50%	55%	60%	65%	70%	75%	80%
10℃	2.55℃	3.06℃	3.58℃	4.09℃	4.58℃	5.07℃	5.54℃	6.02℃	6.49℃	6.95℃	7.41℃	7.86℃	8.29℃
11℃	3.24℃	3.78℃	4.32℃	4.65℃	5.37℃	5.88℃	6.38℃	6.87℃	7.36℃	7.84℃	8.31℃	8.77℃	9.24℃
12℃	3.94℃	4.50℃	5.06℃	5.62℃	6.15℃	6.68℃	7.21℃	7.72℃	8.23℃	8.72℃	9.21℃	9.70℃	10.17℃
13℃	4.62℃	5.21℃	5.79℃	6.38℃	6.93℃	7.49℃	8.04℃	8.57℃	9.09℃	9.61℃	10.12℃	10.62℃	11.12℃
14℃	5.30℃	5.92℃	6.53℃	7.13℃	7.72℃	8.29℃	8.85℃	9.42℃	9.96℃	10.50℃	11.02℃	11.54℃	12.05℃
15℃	5.98℃	6.62℃	7.26℃	7.89℃	8.50℃	9.10℃	9.68℃	10.26℃	10.83℃	11.38℃	11.93℃	12.47℃	12.99℃
16℃	6.64℃	7.32℃	7.99℃	8.64℃	9.28℃	9.90℃	10.51℃	11.11℃	11.69℃	12.27℃	12.83℃	13.38℃	13.93℃
17℃	7.31℃	8.02℃	8.72℃	9.39℃	10.06℃	10.70℃	11.34℃	11.95℃	12.56℃	13.16℃	13.73℃	14.31℃	14.87℃
18℃	7.98℃	8.72℃	9.43℃	10.13℃	10.82℃	11.50℃	12.15℃	12.80℃	13.42℃	14.03℃	14.64℃	15.23℃	15.80℃

注：第一行为湿度，第一列为干球温度，其余列为湿球温度。

图 5-5
电子温湿露点测量仪

最为简单、方便的方法是使用电子温湿露点测量仪（见图 5-5）测量，直接显示温度与湿度。

4. 温度与湿度的关系

在一个密闭的空间里，空气中含水量不会改变，升高这个空间的温度，饱和湿度会提高，即含水能力提高，因含水量不变（绝对湿度不变），饱和湿度提高而导致相对湿度降低。一般来说，在开放的空间，温度越高湿度越大，温度越低湿度就会越低。也可以这么理解，温度低的时候，空气含水的能力降低了，这也就是秋冬季节人们感觉口舌干燥，而夏季一般会经常感到桑拿天的原因。因库房与外界连接程度不同，温度变化对库房湿度影响有明显的差异。

温度与湿度的关系可概括如下：

温度越高，水蒸气蒸发越多，绝对湿度越大。

温度越低，水蒸气蒸发越少，绝对湿度越小。

温度越高，饱和湿度越大。

温度越低，饱和湿度越小。

温度与绝对湿度和饱和湿度成正比。

温度与相对湿度成反比。

因为绝对湿度没变，饱和湿度提高，所以导致相对湿度降低。因此，相对湿度应与温度紧密相关。

小资料

仓库消防安全“十不准”

1）不准在仓库内吸烟，擅自进行明火作业。

2）不准占用疏散通道。

3）不准在安全出口或疏散通道上安装栅栏等影响疏散的障碍物。

4）不准在生产工作期间将安全出口大门上锁或关闭。

5）不准随便动用消防器材。

6）非机修人员不准擅自拆装机器设备。

7）不准无证上岗操作危险机台。

8）故障设备未修好前，不准使用。

9）上班时间不准怠工、滋事、打架或擅离职守。

10）不准赤膀赤脚进仓库，不准带儿童进仓库。

5.4.2　温度与湿度的控制方法

1. 温度与湿度的控制方法

控制与调节温湿度，必须熟悉存储物的性能，了解存储物质量的变化规律及其存储的最适宜温湿度；掌握本地区的气候变化规律及气象、气候知识；采取相应措施控制温湿度的变化，对不适宜的温湿度要及时调节，保持适宜存储物安全储存的环境。调节温湿度常用的方法有以下几种。

1）密封。密封就是利用不透气、能隔热隔潮的材料将存储物密封起来，隔绝空气，减少空气湿度对存储物的影响，减少外界因素对存储物的不良影响，切断感染途径，达到安全储存的目的。

2）通风。通风就是利用库内外空气对流，达到调节库内温湿度的目的。通风既能起到降温、降潮和升温、增湿的作用，又可排除库内的污浊空气，防止霉变，使库内空气适宜于存储物的要求。通风设备如图5-6所示。

3）吸湿。吸湿就是利用机器或吸湿剂减少库房的水分，以降低库内湿度的一种方法。常用的吸湿剂有生石灰、氯化钙、氯化锂、硅胶、木灰、炉灰等（见图5-7）。

图5-6　通风设备

图5-7　吸湿剂产品外观

4）气幕隔潮。气幕俗称“风帘”，利用机器鼓风机，产生强风流，在库房门口等处产生“风帘”，阻止库内外空气交换，防止湿气进入，而不能阻止人和设备出入。气幕还可起到保持室内温度的隔热作用。

此外，还可通过电器加热去潮，增湿器增潮，喷水、洒水降温、增湿等措施控制、调节温湿度。

2. 温度与湿度控制与管理制度

1）在库内外适当地点放置干湿球温度计。一般可在每个库房中间悬挂一个，悬挂的高度为离地面约1.5m，库外则应挂在百叶箱内。

2）指定专人每天按时观察和记录。观察时间一般为上下午各一次，记录的内容应包括：干湿球温度计所表示的温度，依据换算表计算当时的相对湿度、绝对湿度和饱和湿度，以及气候变化情况。可用气候通知牌公布每天的气候和温湿度情况，以引起注意。每个大中型仓库都可以在库外设置气候通知牌，有关人员每天上下午及时将库外气候变化情况通知仓库保管人员，以便根据库内外温湿度情况，及时控制和调节库内温湿度。

3）按月、季、年分析记录，统计该时期内最高、最低和平均温湿度，以便积累资料。

4）当发现库内温湿度超过要求时，应立即采取相应措施，以达到安全储存的目的。

5.4.3　温度与湿度控制实例

某仓库测得干球温度即气温为16℃，湿球温度为14℃，该仓库的货物要求保管在温度5～35℃、相对湿度50%～60%的范围内，根据干球温度16℃和湿球温度14℃，查表知，露点是12℃，相对湿度是79%。仓库应该采取怎样的保管措施？

因为露点是12℃，所以温度应控制在12℃以上，避免货物“出汗”；因为目前湿度为79%，高于规定湿度，所以应采取措施降低湿度，使湿度在50%～60%。具体可采取除湿措施，如：用吸水剂吸水；用除湿器除湿；若库外空气湿度低于库内，可通风除湿，但要控制库内温度不低于12℃；提高温度（低于35℃）等。

实训题5-1　仓库的某种塑料制品，查表知该货物保管条件是在温度5～30℃、相对湿度50%～70%的范围内。温湿露点测量仪测得库内数据为：温度是18℃、露点是15℃，相对湿度是80%。仓库应该采取怎样的保管措施？

实训题5-2　仓库的某种塑料制品，查表知该货物保管条件是在温度5～30℃、相对湿度50%～70%的范围内。温湿露点测量仪测得库内数据为：温度是29℃、相对湿度是30%。仓库应该采取怎样的保管措施？

小思考：

1. 从温度和湿度角度思考，要想降低库内湿度，库外温度和湿度分别在什么条件下适合通风，达到降低库内湿度的目的？
2. 库内相对湿度变化规律和库外相对湿度变化规律是否一样？为什么？在什么条件库内绝对湿度与库外绝对湿度变化规律明显不同？库内库外湿度波动范围是否一样？为什么？
3. 库内阳面、阴面，货堆上面、下面，相对湿度是否一样？为什么？
4. 货物运输或配送时是否应考虑运送时间对应的温度和湿度对货物的影响？

5.5　霉变与虫害的防治工作

仓库的害虫不仅蛀蚀动植物制品，还危害塑料、化纤等化工合成产品。霉变是一种常见的自然现象，多出现在食物中，食物中含有一定的淀粉和蛋白质，而且或多或少地含有一些水分，而霉菌和虫卵生长发育需要水的存在和暖和的温度。水分活度值低时，霉菌和虫卵不能吸收水分，而在受潮后水分活度值升高，霉菌和虫卵就会吸收食物中的水分进而分解和食用食物中的养分。

因此，仓库应对动植物制品、塑料、化纤等化工合成产品做好防虫与霉变工作，确保物品质量与数量。

5.5.1　霉变的防治工作

1. 霉变现象

霉变是指货物在霉腐微生物作用下，营养物质被转变成各种代谢物，出现生霉、腐烂、产生异味等质量变化的现象。霉腐微生物对货物的危害主要是通过生长繁殖破坏货物和排泄物污染货物，如图5-8所示。

图5-8　玉米霉变图

2. 货物霉变的影响因素

霉腐微生物生存、生长是需要一定条件的。水是万物生存、生长的先决条件，此外还要有空气、合适的温度与大气压。微生物的生存基本条件是：一定的营养物质，主要有碳源、氮源、无机盐、生长因子和水；一定的自然环境，如温度、酸碱度、氧化还原点位等；一定的生存空间，如有氧或无氧。对货物影响较大的霉腐微生物主要有细菌、霉菌和酵母菌。细菌主要破坏含水量大的动植物食品。霉菌是形成分枝菌丝的真菌的统称，霉菌是真菌的一种，其特点是菌丝体较发达，无较大的子实体。同其他真菌一样，霉菌也有细胞壁，以寄生或腐生方式生存。酵母菌会引起淀粉、糖类物质的发酵变质。

（1）仓库中的湿度

多数霉腐微生物生长繁殖的最适宜相对湿度为80%~90%，低于75%时，多数霉腐微生物不能正常发育。因此，通常把相对湿度75%称为物质霉变的临界湿度。霉腐微生物在合适的湿度环境下，繁殖旺盛；反之，则处于休眠或死亡状态。

（2）仓库中的温度

多数霉腐微生物是中温性微生物，最适宜生长温度是20～30℃，10℃以下多数霉腐微生物不易生长，45℃以上停止生长。进行温度控制时不仅要注意库房内外温度，还要注意垛温、货物与外界接触面的温度。

（3）空气成分

霉腐微生物可分为有氧和厌氧两类，对于有氧才能生存的霉腐微生物，可通过增加二氧化碳浓度，抑制其生长；对于厌氧霉腐微生物，可通过增加氧化浓度（如通风或加氧），抑制其生长。

3. 防治货物霉变的措施

（1）加强库存货物管理

加强库存货物管理的主要措施有：① 严格入库验收，对于易霉变的货物，要检查是否有变形、生霉、潮解的现象，还要检查货物含水量；② 入库后按规定要求摆放储存；③ 对温度、湿度等进行控制与管理。

（2）使用化学药剂防霉

有些货物可采用化学药剂防霉，把防霉药剂喷洒在货物、包装物或库区内。对于食用食品，应采用国家规定食品防腐剂防霉。

（3）低温储藏防霉

低温可以降低霉腐微生物体内酶的活性，抑制其生长繁育，不同种类的食品冷藏温度有所不同，如有些水果蔬菜适合在0～10℃储藏，而鲜蛋最好在－2～－1.5℃储藏，肉类可在－28～－16℃储藏。

（4）光线照射防霉

多数霉腐微生物在日光照射4h后会大部分死亡。日光中的紫外线能强烈破坏霉腐微生物细胞和酶，最终导致其死亡。对于不怕暴晒的物品，可在日光下暴晒，既可灭霉，又可除湿。除了用日光外，还可利用人造紫外线进行环境消毒防霉。

(5) 气调储藏防霉

气调储藏是指通过调整和控制食品储藏环境的气体成分和比例以及环境的温度和湿度来延长食品的储藏寿命和货架期的一种技术。在一定的封闭体系内，通过各种调节方式得到不同于正常大气组成的调节气体，以此来抑制食品本身引起食品劣变的生理生化过程或抑制作用于食品的微生物活动过程。

(6) 微波防霉

微波防霉即微波杀菌，是利用电磁场的热效应和生物效应的共同作用来防霉。微波对细菌的热效应是使蛋白质变化，使细菌失去吸收营养、繁殖和生存的条件而死亡。微波对细菌的生物效应是微波电场改变细胞膜断面的电位分布，影响细胞膜周围电子和离子浓度，从而改变细胞膜的通透性能，使细菌营养不良，不能正常新陈代谢，细胞结构功能紊乱，生长发育受到抑制而死亡。此外，微波能使细菌正常生长和稳定遗传繁殖的核糖核酸（RNA）和脱氧核糖核酸（DNA）若干氢键松弛、断裂和重组，从而诱发遗传基因突变，或染色体畸变甚至断裂。

5.5.2 虫害的防治工作

很多商品是用动物性或植物性材料制成的，因而在储存中易遭虫害。虫害的防治要贯彻“以防为主、防治结合”的方针，即杜绝仓库害虫的来源，改变害虫的生存环境，抑制其生存及繁殖。仓库虫害主要有三点：一是取食造成货物的直接重量损失，如破损、洞孔；二是取食、排泄物、蜕皮、尸体等影响货物的色、香、味，造成质量损失，污染货物；三是排泄、产热等原因造成霉菌生长，发生霉变。开展仓库虫害的防治工作，首先要了解害虫的来源，然后针对不同的来源采取不同的措施。

1. 仓库虫害的主要来源

1）货物入库时已有害虫或虫卵潜伏其中。

2）货物包装物中潜伏害虫或虫卵。

3）运输工具或人员带入。

4）库内潜藏、滋生害虫。

5）临近仓库、货垛的货物生虫。

6）仓库周围的动植物传播害虫。

2. 仓库虫害的防治措施

(1) 杜绝仓库害虫的来源

仓库一旦发生虫害，必然造成极大危害。因此，必须加强入库验收，将物品根据具体情况分别入库，隔离存放。在储存期间，要定期对易染虫害的物品进行检查，做好预测预报工作；做好日常的清洁卫生，铲除库区周围的杂草，清除附近沟渠污水，同时辅以药剂进行空库消毒，在库房周围1m范围内用药剂喷洒防虫线，以有效杜绝害虫的来源。

(2) 物理防治

物理防治是指利用物理手段，如光、电、热、冷冻、超声波、远红外线、微波及高频振荡等，破坏害虫的生理机能与机体结构，使其不能生存或抑制其繁殖。常用的方法是用高温或低温灭虫和灯光诱集灭虫。灯光诱集灭虫是利用害虫对光的趋向性在库房内安装诱虫灯，晚上开灯时，使趋光而来的害虫随气流被吸入预先安置的毒瓶（瓶内盛少许氰化钠或氰化钾）中，致使害虫中毒而死。

（3）化学防治

化学防治即利用化学药剂直接或间接毒杀害虫。常用的药剂有以下几种类型。

第一，杀虫剂。一些杀虫剂接触虫体后，能穿透表皮进入体内，使害虫中毒死亡，这种杀虫剂为触杀剂，如敌敌畏等。还有一些杀虫剂配成诱饵，被害虫吞食后通过胃肠吸收进入体内，使其中毒死亡，这种杀虫剂为胃毒剂。

第二，熏蒸剂。化学药剂所发生的毒气通过害虫的气门、气管等通道进入体内，使其中毒死亡。常用的熏蒸剂有磷化铝、溴甲烷、磷化锌等。

第三，驱避剂。利用固体药剂（萘、樟脑精等）发出的刺激性气味与毒性气体，在货物周围保持一定的浓度，使害虫不敢接近或被毒杀。

在化学防治中，要选用对害虫有较高毒性的药剂，同时选择害虫处在抵抗力最弱的时期施药。施药时，应严格遵守药物使用规定，注意人身安全和被处理货物、库房建筑以及备品用具的安全。应采取综合防治与轮换用药等方法，以防害虫产生抗药性。

小思考：为何有些病毒、细菌在高氧环境下消失或失去活性？

5.6 危险品的储存与保管

5.6.1 危险品的概念和种类

1. 危险品的概念

危险品又称“化学危险品”“危险货物”。根据《危险货物分类和品名编号》（GB 6944—2012），危险品是指具有爆炸、易燃、毒害、感染、腐蚀、放射等危险特性，在运输、储存、生产、经营、使用和处置中，容易造成人身伤亡、财产损毁或环境污染而需要特别防护的物质和的物品。

2. 危险品的种类

危险品的特征就是其具有危险性，但各种危险品的危险性又有不同的表现。根据所具有的不同危险性，危险品可以分为九类，其中有些类别又可再分为若干项。

（1）爆炸品

本类货物是指在外界作用下（如受热、撞击等），能发生剧烈的化学反应，瞬时产生大量的气体和热量，使周围压力急剧上升，发生爆炸，对周围环境造成破坏的物品，也包括无整体爆炸危险，但具有燃烧、抛射及较小爆炸危险，或仅产生热、光、音响或烟雾等一种或几种作用的烟火物品。本类货物按危险性可再分为六项。

1）具有整体爆炸危险的物质或物品，如爆破雷管、黑火药、导弹、硝酸甘油、液态二氧化碳等。

2）具有抛射危险，但无整体爆炸危险的物质或物品，如无引信炮弹、照明弹、枪弹、火箭发动机等。

3）具有燃烧危险和较小爆炸或较小抛射危险两者之一，或者两者兼有但无同时爆炸危险的物质或物品，如导火索、燃烧弹药、烟幕弹药、C型烟火等。

4）无重大危险的物质或物品，如演习手榴弹、安全导火索、礼花弹、烟火、爆竹、手操信号装置等。

5）具有整体爆炸危险但极不敏感的物质或物品，如E型或B型引爆器、铵油、铵沥蜡炸药等。

6）不具有整体爆炸危险的极不敏感的物质或物品。

（2）气体

1）易燃气体，是指易燃的气体、混合气体，如甲烷、氢气等。

2）非易燃无毒气体，是指不易燃但有助燃作用或容易使人窒息的气体，如氧气、二氧化碳等。

3）毒性气体，是指可以引起中毒甚至造成死亡的气体，如氯气和二氧化硫等。

（3）易燃液体

本类货物包括易燃液体和液态退敏爆炸品。

易燃液体，是指易燃的液体或液体混合物，或是在溶液或悬浮液中有固体的液体，其闭杯试验闪点不高于60℃，或开杯试验闪点不高于65.6℃。

液态退敏爆炸品，是指为抑制爆炸性物质的爆炸性能，将爆炸性物质溶解或悬浮在水中或其他液态物质后，而形成的均匀液态混合物。

易燃液体运输时可根据其闪点和初沸点的不同选择适用的危险货物包装。

（4）易燃固体

本类货物是指易于自燃的物质、遇水放出易燃气体的物质。

1）易燃固体、自反应物质和固态退敏爆炸品（用水或乙醇湿润或用其他物质稀释形成一种均匀的固体混合物，以抑制其爆炸性质的爆炸性物质），如酒精块等物质。

2）易于自燃的物质，本项物质是指自燃点低，在空气中易于发生氧化反应，放出热量，而自行燃烧的物品，如白磷等。

3）遇水放出易燃气体的物质，本项货物是指遇水或受潮时，发生剧烈化学反应，放出大量的易燃气体和热量的物品。有些不需明火，即能燃烧或爆炸，如钾、钠、铯和锂等物质。

（5）氧化剂和有机过氧化物

1）氧化性物质，是指本身未必燃烧，但可释放出氧，可能引起或促使其他物质燃烧的一种化学性质比较活泼的物质。本项货物是指处于高氧化态，具有强氧化性，易分解并放出氧和热量的物质，如高价盐和浓硫酸等物质。

2）有机过氧化物，是指含有两价过氧基结构的有机物质，其特征是受热超过一定温度后会分解产生含氧自由基，不稳定、易分解。绝大多数的有机过氧化物为无色到淡黄色的液体，或者为白色粉末状态到结晶状态的固体。有机过氧化物是一类不稳定的易燃易爆化合物，如氢过氧化物、过氧化碳酸酯及酮过氧化物等物质都属于有机过氧化物。有机过氧化物在运输时应尽可能防震、防摩擦、防倒置，在使用时使用人员应穿戴防护用品，避免该类物质粘附在皮肤上或进入眼中。

（6）有毒和感染性物质

1）毒性物质，是指进入肌体后，累积达一定的量，能与体液和组织发生生物化学作用或生物物理学变化，扰乱或破坏肌体的正常生理功能，引起暂时性或持久性的病理状态，甚至危及生命的物品，如苯酚和甲醇等物质。

2）感染性物质，是指含有致病的微生物，能引起病态甚至死亡的物质，包括细菌、病毒、立克次氏体、寄生虫、真菌、重组体、交杂体、突变体，但不包括以基因改变的微生物和生物体（《国际海运危险货物规则》将其归为第九类）。

（7）放射线物质

本类货物是指有放射性的物品，如镭、铀、钴-60、硝酸钍、二氧化镅和乙酸铀酰锌等物质。

（8）腐蚀性物质

本类货物是指能灼伤人体组织并对金属等物品造成损坏的固体或液体。腐蚀性物质与皮肤接触后，在4h内可使皮肤出现可见坏死现象；或在温度为55℃时，腐蚀性物质对20号钢的表面均匀年腐蚀率可超过6.25mm/年。

（9）杂类危险品和物品

本类货物是指存在危险但不能满足其他类别定义的物质和物品，如以微细粉尘吸入可危害健康的物质（如石棉制品）和锂电池组等。

5.6.2　危险品的保管

危险品的保管应注意以下七个方面。

1. 完善和执行相关管理制度

为了保证危险品的仓储安全，仓库需要依据危险品管理相关的法律和法规，根据仓库的具体情况和危险品的特性，制定严格的危险品仓储管理安全制度、责任制度、安全操作规程，并在实践中不断完善。这些管理制度具体包括危险品管理规则、岗位责任、安全防护措施、安全操作规程、装卸搬运方案、保管检查要求、垛型和堆积标准、验收标准、残损溢漏处理程序、应急措施等。

2. 做好出入库管理

严格把好危险品出入库关，闲杂人员一律不得入内。危险品入库时，仓库保管员应认真核查品名标志、包装，清点数量，细致地做好核查登记。对于品名、性质不明或者包装、标志不符，包装不良的危险品，仓库保管员有权拒收，或者依据残损处理程序进行处理，未经处理的包装破损危险品不得进入仓库。剧毒化学品应实行双人收发制度。送、提货车辆和人员不得进入存货区，危险品统一由仓库保管员在收发货区接收和交付。

危险品出库时，仓库保管员须认真核对危险品的品名、标志和数量，协同提货人、承运司机查验货物，确保按单发货，并做好出库登记，详细记录危险品的流向、流量。

3. 做好危险品的储存、保管工作

危险品的储存方式、方法与储存数量必须符合国家标准。根据国家标准、危险特性、包装、管理制度，选择合适存放位置；根据对危险品保管的要求，妥善安排相应具备通风、遮阳、防水、湿度、温度条件的仓库或堆场货位。根据危险品的性质和包装确定合适的堆放垛型和货垛大小，其中桶装危险货物堆放不得超过3个桶高，袋装货物堆放高度不得超过4m。货垛顶距离灯具不小于1.5m；货垛距墙不小于0.5m；货垛之间不小于1m；消防器材、配电箱周围1.5m内禁止堆货或放置其他物品；仓库内消防通道宽度不小于4m，货场内的消防主通道宽度不小于6m。

危险品堆叠时要整齐，堆垛稳固，标志朝外，不得倒置。货堆顶部应悬挂标有危险品编号、品名、性质、类别、级别、消防方法的标志牌。

4. 安全作业

危险品装卸作业前应详细了解所装卸危险品的性质、危险程度、安全和医疗急救措施等，并严格按照有关操作规程和工艺方案作业。作业人员应穿戴相应的防护用品。夜间装卸危险品时，应有良好的照明。装卸易燃、易爆货物应使用防爆型的安全照明设备。作业现场须准备必要的安全应急设备和用具。

5. 妥善保管

危险品仓库应实行专人管理，剧毒化学品应实行双人保管制度。仓库存放剧毒化学品时须向当地公安部门登记备案。

仓库管理人员应遵守库场制度，坚守岗位，根据制度规定定时、定线、定项目、定量地进行安全检查和测查，相应地采取通风、降温、排水、排气、增湿等保管措施。

6. 妥善处置

对于废弃的危险品、危险品的货底、地脚货、垃圾、仓储停业时的存货、容器等，仓库要采取妥善的处置措施，如随货同行、移交、封存、销毁和掩埋等，不得留有事故隐患。同时，仓库应将处置方案在相应管理部门备案，并接受管理部门的监督。剧毒危险品发生被盗、丢失、误用等情况时，应立即向当地公安部门报告。

7. 制定危险品应急处理方案

应急处理是指发生危险品事故时的处置措施。危险品仓储必须根据库存危险品的特性、仓库的条件以及法律法规规定和国家管理机关的要求，制定仓储危险品应急措施。

应急措施包括发生危害时的措施安排和人员的应急职责，具体包括危险判定、危险事故信号、汇报程序、现场紧急处理、人员撤离、封锁现场、人员分工等。

应急措施应成为仓库工作人员必备的专业知识，每一位员工都应熟悉且熟练掌握其分工内的职责和操作技能。

5.7 库区5S管理

5.7.1 5S管理的产生与发展

5S起源于日本，是指在生产现场中对人员、机器、材料、方法等生产要素进行有效的管理。这是日本企业一种独特的管理办法。1955年，日本5S理念的宣传口号为“安全始于整理，终于整理整顿”。到了1986年，有关5S理念的著作逐渐问世，从而对整个现场管理模式起到了冲击作用，并由此掀起了5S的热潮。

5S是日文Seiri（整理）、Seiton（整顿）、Seiso（清扫）、Seiketsu（清洁）、Shitsuke（修养）这五个单词的简写，因为五个单词首字母都是S，所以统称为5S。这一理念的主要主张就是扔掉垃圾和仓库中长期用不上的物品。

有的公司在原来5S的基础上又增加了节约（Save）及安全（Safety）这两个要素，形成了7S；也有的企业加上了服务（Service）等要素，形成了10S。但是万变不离其宗，所谓7S、10S都是从5S衍生出来的。

5.7.2 5S管理的内容

1. 整理

整理就是将工作场所任何东西区分为必要的与不必要的；把必要的东西与不必要的东西明确、严格地区分开来；将不必要的东西尽快处理掉，清离现场。整理的要点是对仓库内的各种物品进行分类、区分。整理的重点在于坚决把仓库内不必要的东西清理掉。整理的目的是：腾出空间，空间活用；防止误用、误送；减少寻找时间，提高工作效率，有效确保安全生产，塑造清爽的工作场所。

2. 整顿

整顿就是能在30s内找到要找的东西，将寻找必需品的时间减少为零。整顿就是对整理之后留在现场的必要的物品分门别类放置，将它们摆放、排列整齐，使拿取、归位方便，明确物品的数量，进行有效标识，做到能迅速取出，能立即使用。整顿可以使仓库整齐明快，消除找寻物品的时间，消除过多的积压物品，提高工作效率，缩短生产周期，确保安全生产，提高工作质量。

3. 清扫

清扫是指将库区清扫干净。在整理、整顿后，对库区要进行彻底清扫，杜绝污染源。清扫的目的是消除库区脏污，保持库区干净明亮。

4. 清洁

清洁是指使库区随时保持整洁，是将前面3S的做法制度化、规范化，维持整理、整顿、清扫工作的结果。清洁的目的是通过制度化来维持成果。

5. 修养

修养是培养员工文明礼貌的习惯，使其遵守规则、工作积极主动，养成良好的工作习惯。其目的是提升员工的品质，使其成为对任何工作都认真的人。

5.7.3 5S之间的关系

整理、整顿、清扫、清洁、修养这五个S并不是各自独立、互不相关的。它们之间是一种相辅相成、缺一不可的关系。整理是整顿的基础，整顿又是整理的巩固，清扫是显现整理、整顿的效果，而通过清洁和修养，使企业的现场管理整体得到改善。

可以用以下的简短语句来描述5S。

整理：分清必要与不必要，一留一弃。

整顿：留下的优化布置与摆放，取用、归位方便。

清扫：清除垃圾，美化环境，点检、保养设备，调查污染源，预防“跑、滴、冒、漏”及隐患。

清洁：制度化、公开化、透明化，巩固前三个 S 的成果。

修养：形成修养，养成习惯，提高素质和能力。

5.7.4　5S 核心内容推进的步骤

1. 整理推进的步骤与方法

(1) 整理推进的步骤

步骤一：现场检查。检查办公场所、地面、室外、工装工具架、储存架、柜、箱子、标示牌、标签、垫板等。

步骤二：定点摄影。

步骤三：制定必需品和非必需品的判定基准。

步骤四：根据使用频率确定物品指定场所基准。

步骤五：整理推进。

步骤六：开展“红牌作战”。将非必需品贴上红牌待处理。

步骤七：清理非必需品。

(2) 整理推进的方法

整理推进的方法有如下七种：①专人清理法；②死角法；③捡垃圾法；④铲车法；⑤考评法；⑥持续改进，每周进一步法；⑦提问法。

2. 整顿推进的步骤与方法

(1) 整顿推进的步骤

步骤一：分析现状。

步骤二：对物品进行分类。

步骤三：确定放置的场所。

步骤四：规定放置的方法。

步骤五：对现场进行画线、定位并做好标识。

步骤六：对物品和放置场所进行一对一的标示、实行定置管理。

(2) 整顿推进的方法

一是人机工程（常近少远、经济动作原理）。

二是画线定位、规划区域。

三是优化流程（调整位置，减少逆流，进行流程分析与优化，使路线最短、做功最小）。

四是定位管理。做好四定（定置、定位、定量、定点）和四号定位（库、架、层、位或区、场、堆、点）工作。

五是形迹管理。

六是目视管理（颜色管理、看板管理、简易化）。

5.8 仓库盘点作业

库存物品始终处于不断进、存、出的动态中，在作业过程中难免出现差错。作业过程中产生的误差经过一段时间的积累，会使库存资料反映的数据与实际数据不相符；有些物品则因存放时间太长或保管不当，会发生数量和质量的变化。为了真实、客观地反映、掌握库存物品的数量和质量、进行有效控制，必须进行盘点作业。

仓库盘点作业是指对在库的物品进行定期或不定期的账目和数量上的清点作业。即对仓库现有物品的实际数量和保管账上记录的数量进行核对，检查有无差异和质量问题，以便准确掌握物品保管数量，进而核对库内物资金额。

小思考：宁波某物流仓储企业，货物的平均周转时间为15天，但有的货物周转时间达3个月，有的达半年，长的甚至可达2年以上。这种情况好吗？如何解决这一问题？

5.8.1 盘点作业的目的和内容

1. 盘点作业的主要目的

（1）核查实际库存数量

盘点可以查清实际库存数量，并通过盈亏调整使库存账面数量与实际库存数量一致。账面库存数量与实际存货数量不符的主要原因有：收发作业中产生的误差，如记录库存数量时多记、误记、漏记；作业中导致的损失、遗失；验收与出货时清点有误；盘点时误盘、重盘、漏盘等。通过盘点清查实际库存数量与账面库存数量，发现问题并查明原因，及时调整。

（2）计算企业资产的损益

库存物品总金额直接反映企业流动资产的使用情况，库存量过高，流动资金的正常运转将受到威胁，因此为了能准确地计算出企业实际损益，必须盘点。

（3）发现物品管理中存在的问题

通过盘点查明盈亏的原因，发现作业与管理中存在的问题，并通过解决问题来改善作业流程和作业方式，提高人员素质和企业的管理水平。

2. 盘点作业的内容

（1）查货物数量

通过点数计数查明在库物品的实际数量，核对库存账面资料与实际库存数量是否一致，并进行账卡核对和账账核对。

（2）查货物质量

检查在库物品质量有无变化及变化的趋势，有无超过有效期和保质期及有效期和保质期剩余天数，有无长期积压等现象及其产生的原因，必要时还必须对物品进行技术检验以掌握质量状况。

（3）查保管条件

检查保管条件是否与各种物品的保管要求相符合，如堆码是否合理稳固，库内温度是否符合要求，各类计量器具是否准确等，尤其易腐蚀、易霉变等物品的保管条件是否妥当。

（4）查库容空间利用率

检查物品摆放是否科学合理，在满足各种约束条件下的摆放数量、方式是否最佳，充分利用库容空间。

（5）查库存安全状况

检查各种安全措施是否落实，消防设备、器材是否符合使用要求，建筑物和设备是否处于安全状态，危险品保管是否处于安全状态。

5.8.2　盘点作业的基本步骤

不同类型的企业仓库物品盘点步骤略有不同，主要可分为三个阶段（盘点前的准备、盘点实施和盘点后的管理阶段）九大步骤（见图 5-9）。

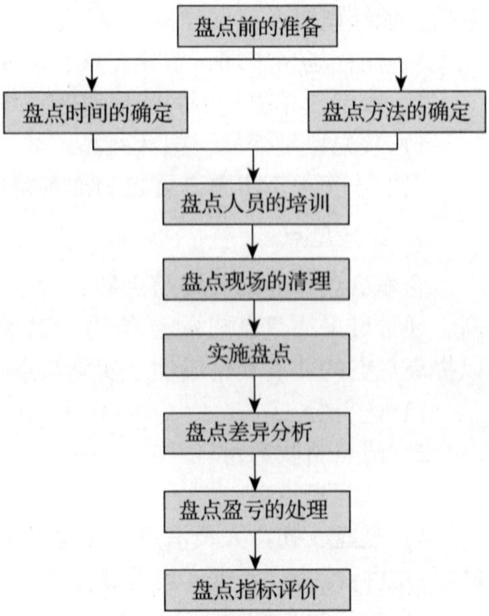

图 5-9　盘点作业的基本步骤

1. 盘点前的准备

仓库盘点作业的事先准备工作是否充分，完全决定了仓库盘点作业进行的顺利程度。

2. 盘点时间的确定

一般来说，为保证账物相符，货物盘点次数越多越好，但盘点需投入人力、物力、财力，所以，合理地确定盘点时间非常必要。可根据具体情况，每天、每周、每月、每季、每年盘点一次等（见表 5-4）。

表 5-4　盘点时间

盘点对象	盘点时间
主要物品（A 类）	每天或每周盘点一次
一般物品（B 类）	每两三周盘点一次
次要物品（C 类）	每月盘点一次

3. 盘点方法的确定

因为不同现场对盘点的要求不同，盘点的方法也会有差异，为尽可能快速、准确地完成仓库盘点作业，必须根据实际需要确定盘点方法。盘点方法主要分为账面盘点、实物盘点和账物盘点。

4. 盘点人员的培训

通常应对盘点人员进行培训，熟悉盘点现场、盘点物品以及正确填制表格和单证。人员的培训分为两部分：一是针对所有人员进行盘点方法及盘点作业流程的训练，让盘点作业人员了解盘点目的、表格和单据的填写；二是针对复盘与监盘人员进行认货品的训练，让他们熟悉盘点现场和盘点物品，对盘点过程进行监督，并复核盘点结果。

5. 盘点现场的清理

盘点现场即仓库的作业区域，仓库盘点作业开始之前必须对其进行清理，以提高仓库盘点作业的效率和盘点结果的准确性。清理作业主要包括以下几方面的内容：

1）盘点前对已验收入库的商品进行整理，归入储位，对未验收入库属于供货商的商品，应区分清楚，避免混淆。

2）盘点场所关闭前，应提前通知，对需要出库配送的商品提前做好准备，以便盘点结束后，能够做到及时配送。

3）储存场所整理、整顿完成，以便计数盘点。

4）账卡、单据、资料均应整理后统一结清，以便及时发现问题并加以预防。

5）预先鉴别变质、损坏商品。

以上步骤1至步骤5可视为准备阶段。

6. 实施盘点

仓库盘点作业的关键是点数，由于手工点数工作强度极大，差错率较高，通常可采用盘点机配合条码、二维码等技术进行盘点（见图5-10），以提高盘点的速度和精确性。实施盘点可细分为七个步骤：

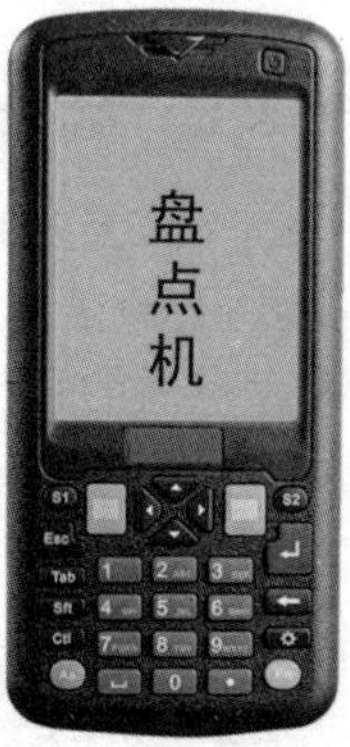

图5-10　盘点机

1）进行分工。

2）清点货物数量。

3）填写盘点单。

4）复盘，初盘人员清点完货物并填写盘点单（见表5-5）后，复盘人员要对进行检查，并据实填写盘点单第二联。

5）统计盘点结果。

6）填写盘点表，见表5-6。

7）填写其他报表，见表5-7。

表5-5　盘点单

盘点日期　　　　编号

物品编号	物品名称	存放位置	盘点数量	复查数量	盘点人	复查人

表5-6　盘点表

盘点部门：　　　仓库：　　　盘点日期：

序号	物品编号	物品名称	计量单位	规格型号	账面数			实际盘点			盘盈			盘亏			备注
					数量	单价	金额	数量	单价	金额	数量	单价	金额	数量	单价	金额	

表 5-7 库存变动明细表

品类						
料号	品名规格	单位	原有库存量	现有库存量	差异数量	备注

课堂讨论：

1. 立体高层货架货物盘点时费时费力，如何解决这一问题？

2. 账物核对既费时费力，又容易出错，如何解决这一问题？

7. 盘点差异分析

通过盘点发现账物不符，而且差异超过容许误差时，应立即追查产生差异的主要原因。产生盘点差异的原因主要有如下几个方面：

1）货物入库登记账卡时看错数字。

2）运转途中发生的损耗在入库检查中未被发现。

3）盘点时计算有误，或计算方法不符。

4）由货物本身的情况而产生的自然损耗。

5）因气候或温湿度影响而发生腐蚀、硬化、变质、生锈、发霉等导致货物失去原有使用价值而发生数量短缺。

6）液体货物容器破损而损耗。

7）包装或分割出库时发生错误使数量短缺。

8）衡器、量具不准或使用方法不当引起数量错误。

8. 盘点盈亏的处理

差异原因查明后，应针对主要原因进行适当的调整与处理，至于呆滞品、废品、不合格品减价的部分需与盘亏一并处理。

9. 盘点指标评价

通过对盘点结果的评估，可以查出作业和管理中存在的问题，并通过解决问题提高仓储管理水平，以减少仓储损失。

（1）盘点工作质量指标

盘点工作质量可用如下指标进行衡量：

盘点数量误差 = 实际库存 − 账面库存

$$盘点数量误差率 = \frac{盘点数量误差}{实际库存数}$$

$$盘差次数比率 = \frac{盘点误差次数}{盘点执行次数}$$

（2）仓储工作质量指标

仓储工作质量可用如下指标进行衡量：

吞吐量 = 到库货物总量 + 出库货物总量

$$年平均库存量 = \frac{年初货物总量 + 年末货物总量}{2}$$

$$货物收发差错率 = \frac{全年错收错发货物总量}{年平均库存量} \times 100\%$$

$$物资损坏率 = \frac{损坏变质货物量}{年平均库存量} \times 100\%$$

这些指标可做横向和纵向对比，发现标化趋势、找出差距和原因，解决问题，提高工作质量。

以上步骤7至步骤9构成盘点后的管理阶段。

5.8.3 盘点作业的方法

库存有账面库存与现货库存之分，盘点又分为账面盘点及现货盘点。盘点时，应根据实际需要选择盘点方法。

1. 账面盘点法

账面盘点又称永续盘点，就是把每天入库及出库货品的数量及单价，记录在计算机或账簿上，而后不断地累计加总算出账面上的库存量及库存金额。在做账面盘点时，将每一种物品分别设立存货账卡，然后将每一种物品的出入库数量及有关信息记录在账面上，逐笔汇总出账面库存结余量。

2. 现货盘点法

现货盘点又称实物盘点或实盘，就是人工或借助设备（见图5-10）实际去清点调查仓库内的库存数，再依货品单价计算出实际库存金额的方法。按盘点时间频率的不同，现货盘点又分为期末盘点和循环盘点。

（1）期末盘点法

期末盘点法是指在会计计算期末统一清点所有库存物品数量的方法。由于期末盘点是将所有物品一次点完，因此，工作量大、要求严格，通常采取分区、分组的方式进行。分区即将整个储存区域划分成若干个责任区，不同的区由专门的小组负责点数、复核和监督，因此一个小组通常至少需要三人。第一人负责清点数量并填写盘存单，第二人复查数量并登记复查结果，第三人核对前两次盘点数量是否一致，对不一致的结果进行检查。待所有盘点结束后，再与计算机或账册上反映的账面数核对。

（2）循环盘点法

循环盘点法是指在每天、每周清点一部分商品，一个循环周期将每种商品至少清点一次的方法。循环盘点通常对价值高或重要的商品检查得频繁些，而且监督也严密一些；而对价值低或不太重要的商品可尽量少盘点。循环盘点一次只对少量商品盘点，所以，通常只需保管人员自行对照库存数据进行点数检查，发现问题按盘点程序进行复核，并查明原因，然后调整。也可以采用专门的循环盘点单登记盘点情况。

目前，国内大多数仓储业务都已使用计算机来处理库存账务，当账面数与实存数发生差异时，有时很难断定是账面数有误还是实盘数有误。所以，可以采取账面盘点和现货盘点平行的方法，以查清误差出现的实际原因。

5.9 库存管理

库存管理包含仓库管理和库存控制两部分。仓库管理是指对库存物料的科学存放、保管，以减少损耗，防止丢失，方便存取，并提供即时库存信息；库存控制则是要求在保证生产需求（一定服务水平）的前提下合理控制库存水平，使总库存成本最低。本节主要讨论库存管理中的仓库管理，有关库存控制内容将在第 8 章论述。库存与库存管理越来越被企业经营者特别是物流管理者所重视，作为企业的“第三利润源泉”，库存管理是挖掘内部潜力、降低成本的重要途径。原材料、零部件、外协件库存外包逐渐成为物流企业与制造企业合作的新模式，这样做可以使企业的物流成本降低 10% 左右。

5.9.1 库存的定义

我国颁布的国家标准《物流术语》（GB/T 18354—2021）中库存（Inventory）的定义是“储存作为今后按预定的目的使用而处于备用或非生产状态的物品”。库存是为了满足未来需要而暂时闲置的资源，制造业和服务业都有库存控制问题。库存有广义和狭义之分，狭义的是指仓库里存放东西；广义的则是指具有经济价值的任何物品的停滞与储藏，是供将来使用的所有闲置资源。

5.9.2 库存的分类

库存的分类方式有很多，从不同角度可以进行不同的分类，从而实施不同的库存管理。常见有以下三种分类方式。

1. 按其在生产加工和配送过程中所处的状态分类

1）原材料库存，是指在生产过程中，企业需要持有一定数量的原料和材料，这些原料和材料必须符合企业生产所规定的要求。

2）在制品库存，是指生产过程中不同阶段的半成品库存。

3）产成品库存，是准备运送给消费者的最终产品。

2. 按照库存的目的进行分类

1）周转库存，是指由周期性的采购所形成的库存。

2）安全库存，是指为了应对需求、生产周期或供应周期等可能发生的无法预测的变化而设置的一定数量的库存。

3）调节库存，是指为了调节需求与供应不均衡、生产速度与供应速度不均衡、各个生产阶段的投入与产出不均衡而设置的库存。

4）在途库存，是指从一个地方到另一个地方处于运输过程中的物品。

3. 按库存物品需求的重复程度进行分类

1）单周期库存，某类物品在一定时间内只订货一次，消耗完也不再补充订货，该类订货批量到达后所形成的库存即为单周期库存。

2）多周期库存，是指为了满足在足够长的时间内，对某种物品的重复性和连续性的需求设置的库存。

5.9.3　经济订货批量模型一

1. 库存成本构成

从成本控制的角度出发，成本项目可进一步划分为固定成本和变动成本，参见第8章仓储成本管理内容中第8.1.1节和第8.1.2节的相关内容。由于本节只研究经济批量问题，经济批量模型与固定成本无关，因此，只讨论与经济批量有关的成本项目（可变成本项目），其他固定项目从略。

库存管理的任务是用最少的费用在适宜的时间和适宜的地点获取适当数量的原材料、消耗品或最终产品。库存是包含经济价值的物质资产，库存的购置和储存都会产生费用。物流成本的高低常常取决于库存成本的大小。库存成本主要包括购入成本、库存持有成本、订货成本、生产准备成本、保管（储存）成本及缺货成本等，研究的角度不同，划分的方法也有所不同。

2. 订货成本

订货成本与发出订单活动和收货活动有关，包括评判要价、谈判、准备订单、通信、收货检查等，它一般与订货次数有关，而与一次订多少货物无关。

3. 库存持有成本

库存持有成本是持有库存所必需的费用，包括资金成本、仓库及设备折旧、税收、保险、陈旧化损失等。这部分费用与物品价值和平均库存量有关。它可以分为固定成本和变动成本。固定成本有仓库折旧、保管员固定工资等费用，固定成本和库存数量的多少无关。变动成本有空间成本、资金成本、库存服务成本和库存风险成本，变动成本和库存数量的多少有直接关系。总体来说变动成本是随库存量增加而上升的费用。

4. 缺货成本

缺货成本是指由于库存供应中断而造成的损失，包括原材料供应中断造成的停工损失、产成品库存缺货造成的延迟发货损失和丧失销售机会的损失（还包括商誉损失）。如果企业以紧急采购代用材料来解决库存材料的短缺，那么缺货成本表现为紧急额外购入成本（紧急采购成本大于正常采购成本的部分）。当一种产品缺货时，客户就会购买竞争对手的产品，这样就会对企业造成直接利润损失，如果失去客户，还可能给企业造成间接或长期利润损失。在供应物流方面，原材料、半成品或零配件的缺货，意味着机器空闲甚至关闭全部生产线。

当企业的客户得不到全部订货时，称为外部短缺；当企业内部某个部门得不到全部订货时，称为内部短缺。外部短缺会造成延期交货、失销、失去客户这三种情况。

5. 库存总成本（费用）

计算库存总成本（费用）一般以年为时间单位（也可以是单位时间、月或周等），年库存费用包括以下四项（因与第8章仓储成本管理的思考角度不同，成本内容构成有所不同，故选用符号与第8章所用符号有所不同）。

（1）年订货成本

年订货成本（Reorder Cost）以 C_R 表示，与全年（或其他时间单位）发生的订货次数有关，一般与一次订多少无关。

(2) 年持有成本

年持有成本（Holding Cost）以 C_H 表示，是持有库存一年（或其他时间单位）所必需的费用，包括资金成本、仓库及设备折旧、税收、保险、陈旧化损失等。这部分费用与物品价值和平均库存量有关。

(3) 年购买成本

年购买成本（Purchasing Cost）以 C_P 表示，与价格和订货数量有关。

(4) 年缺货损失成本

年缺货损失成本（Shortage Cost）以 C_S 表示，它反映了失去销售机会带来的损失、信誉损失以及影响生产造成的损失。它与缺货多少、缺货次数有关。缺货损失成本有时按少买一件损失多少钱计算，有时则按紧急订货追加额外费用计算。由于损失客户带来的潜在损失难以确定，所以通常在经济批量模型中不考虑此因素。

若以 C_T 表示年库存总成本，则

$$C_T = C_H + C_R + C_P + C_S \tag{5-1}$$

对库存进行优化的目标就是要使 C_T 最小。

6. 经济订货批量模型

因缺货损失成本不易衡量，这里暂时不考虑缺货损失成本，则此时，总成本计算公式为

$$C_T = C_H + C_R + C_P = H(Q/2) + S(D/Q) + UD \tag{5-2}$$

式中　S—— 一次订货费或调整准备费；

H——单位持有库存费，$H = Uh$，h 为单位持有库存费占货物价值的百分比；

D——年需求量；

Q——每次订货批量；

U——货物单价。

对 Q 求导数，令导数等于 0，则

$$Q_O = \sqrt{\frac{2DS}{H}} \tag{5-3}$$

式中　Q_O——经济订货批量；

D、S、H——释义同式（5-2）。

不对 Q 求导数也可获得经济批量表达式，因为 U 为货物单价，在没有价格折扣时为常数，D 为年需求量，也为常数，所以 UD 为常数，不影响最优解，可以不予考虑，$H(Q/2)$ 使成本增加，$S(D/Q)$ 使成本减少，使二者相等即可求得最优解。

【例题 5-1】某公司每年以单价 10 元购入某种产品 8000 件。每次订货费用为 30 元，单位持有库存费按所库存货物价值的 18% 计算，若每次订货的提前期为 2 周，试求经济订货批量、最低年总成本、年订购次数和订货点数量。

解：根据题意可知，年需求量 $D = 8000$ 件，每次订货费用 $S = 30$ 元，单位持有库存费占货物价值的百分比 $h = 18\%$，订货提前期 $L = 2$ 周，货物单价 $U = 10$ 元，一年按 52 周计算。

经济订货批量 $Q = [2D \times S/(U \times h)]^{0.5} = [2 \times 8000 \times 30/(10 \times 18\%)]^{0.5}$ 件 $= 516$ 件

最低年总成本 $C_T = D \times S/Q + 2/Q \times U \times h + U \times D$

$= (8000 \times 30/516 + 0.5 \times 516 \times 10 \times 18\% + 10 \times 8000)$ 元

$= 80930$ 元

年订购次数 $N = D/Q = (8000/516)$ 次 $= 16$ 次

订货点数量 $R = (D/52) \times L = [(8000/52) \times 2]$ 件 $= 308$ 件

5.9.4　经济订货批量模型二

经济订货批量模型二适用于货物单价有折扣的情况，即 U 不为常数，折扣情况如图 5-11 所示，成本曲线如图 5-12 所示。这种情况下求解。

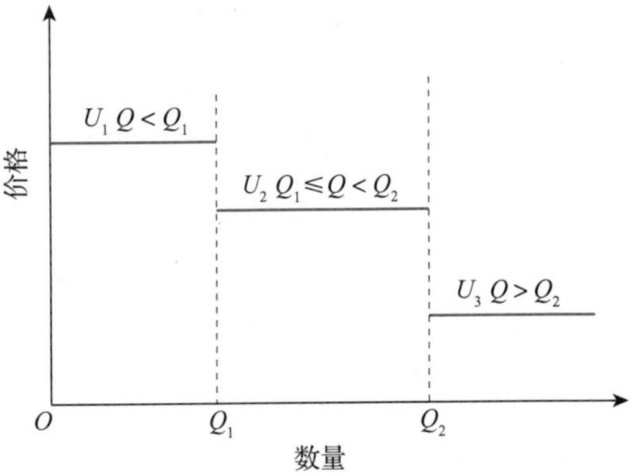

图 5-11　价格折扣情况

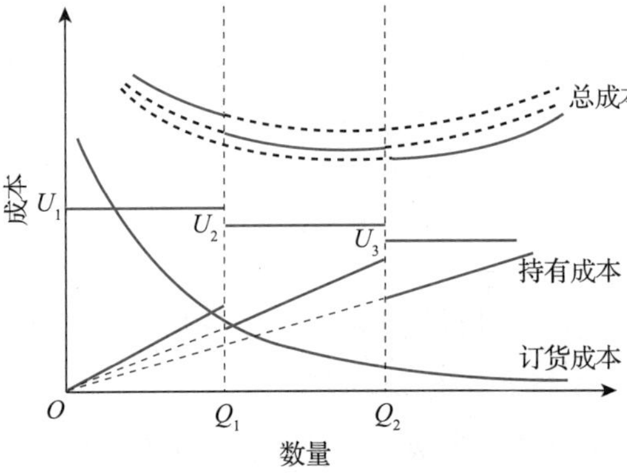

图 5-12　价格折扣成本曲线

经济订货批量的步骤如下：

第一步：取最低价格代入式（5-3）求出经济订货批量 Q_O。若 Q_O 可行，则 Q_O 即为最优订货批量，停止计算；否则继续第二步。

第二步：取次低价格代入式（5-3）求出 Q_O。如果 Q_O 可行，计算订货量为 Q_O 时的总费用和所有大于 Q_O 的数量折扣点所对应的总费用，取其中最小总费用所对应的数量，即为最优订货批量，停止计算；如果 Q_O 不可行，重复第二步，直到找到一个可行的经济订货批量。

有价格折扣时，最优解有三种情况。一是价格较高的经济批量可行，且此时对应总成本低于价格较低区间低端点总成本，如图 5-13a 所示；二是价格低的经济批量可行，且此时对应总成本低于价格较高区间低端点总成本，如图 5-13b 所示；三是虽然价格较高区间经济批量可行，但此时对应总成本高于价格较低区间低端总成本，如图 5-13c 所示。

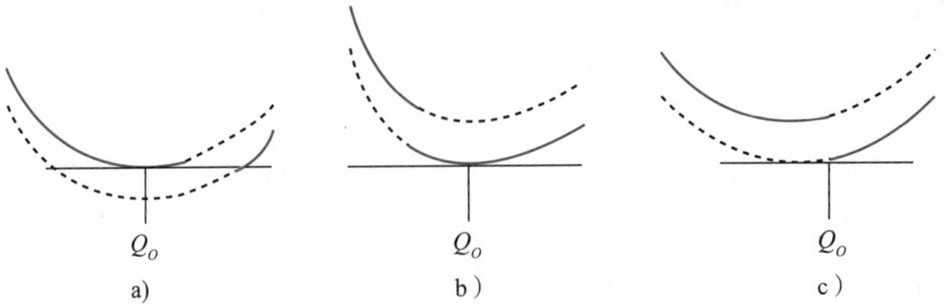

图 5-13　折扣最优解三种情况

a）最优解一　b）最优解二　c）最优解三

【例题 5-2】已知某种库存物品的一次订货费为 20 元，单位持有库存费为该库存物品价值的 2%，年需要量为 20000 件，求最优订货批量。其他资料参见表 5-8。

表 5-8　某种库存物品的价格折扣

订货量（件）	单价（元）
$0 < Q < 2000$	15
$2000 \leqslant Q < 3000$	13
$Q \geqslant 3000$	11

解：由题可知，单位持有库存费在不同单价的情况下分别为 $H_1 = 15 \times 2\%$；$H_2 = 13 \times 2\%$；$H_3 = 11 \times 2\%$。

$Q_3 = (2DS/H_3)^{0.5} = [2 \times 20000 \times 20/(11 \times 2\%)]^{0.5}$件 $= 1907$ 件，不可行；

$Q_2 = (2DS/H_2)^{0.5} = [2 \times 20000 \times 20/(13 \times 2\%)]^{0.5}$件 $= 1754$ 件，不可行；

$Q_1 = (2DS/H_1)^{0.5} = [2 \times 20000 \times 20/(15 \times 2\%)]^{0.5}$件 $= 1633$ 件，可行；

$$
\begin{aligned}
C_{T(3000)} &= S(D/Q) + (2/Q)U_3h + U_3D \\
&= (20000 \times 20/3000 + 0.5 \times 3000 \times 11 \times 2\% + 11 \times 20000)\text{ 元} \\
&= 220463.3\text{ 元}
\end{aligned}
$$

$$
\begin{aligned}
C_{T(2000)} &= S(D/Q) + (2/Q)U_2h + U_2D \\
&= (20000 \times 20/2000 + 0.5 \times 2000 \times 13 \times 2\% + 13 \times 20000)\text{ 元} \\
&= 260460\text{ 元}
\end{aligned}
$$

$$
\begin{aligned}
C_{T(1633)} &= S(D/Q) + (2/Q)U_1h + U_1D \\
&= (20000 \times 20/1633 + 0.5 \times 1633 \times 15 \times 2\% + 15 \times 20000)\text{ 元} \\
&= 300489.9\text{ 元}
\end{aligned}
$$

经计算可知，最优订货批量为 3000 件。

若包含价格折扣后的单价分别为 10 元、9 元和 8 元，用 Excel 很容易算出最优订货批量为 3000 件，总成本 $C_{T(3000)}$ 为 160357.8 元；当价格为 9 元时，经济订货批量为 2108 件，可行，$C_{T(2108)}$ 为 180379.5 元。

小思考：某产品定价分为两种情况：订货数量小于 1000 件时，单价为 300 元/件；订货数量大于等于 1000 件时，单价为 270 元/件。问若需要 960 件，最终需支付多少钱购买该产品？

5.9.5　单周期库存模型

1. 单周期库存模型解法一——损益值法

单周期库存模型是指季节性、易腐蚀、易坏产品的库存模型。单周期库存模型也称报童模型。这个模型适用于已知各种需求的发生概率，每份产品卖出则可获利，获利金额以 MP 表示；每份产品卖不出去则会发生损失，损失金额用 ML 表示，求最佳进货策略和最大平均收益的情况。解法一是列出矩阵表，把各种情况下的损益值填入表中，计算每种方案期望收益，其中最大者为最佳策略，对应收益即为最大平均收益。

【例题 5-3】某企业销售易坏食品，根据以往资料可知各种需求的发生概率见表 5-9，进货成本为每箱 40 元，售价为 70 元，若当天卖出，每箱可获利 30 元，10 箱则获利 300 元；

若卖不出去，则每箱净损失15元，10箱净损失150元。求最佳进货策略和每天最大平均收益（为了便于用Excel计算，表格参照Excel形式，列的序号用英文字母编排）。

表5-9　各种需求的发生概率（Excel形式）

	A	B	C	D	E	F	G
1	需求（箱）	50	60	70	80	90	100
2	发生概率	0.15	0.20	0.25	0.20	0.10	0.10

首先把各种情况下的损益值填入表5-10中，然后计算每种方案的期望收益，其中最大者为最佳策略。

表5-10　各种情况下的损益值与期望收益计算（Excel形式）

	A	B	C	D	E	F	G	H
1	需求（箱）	50	60	70	80	90	100	
2	发生概率	0.15	0.20	0.25	0.20	0.10	0.10	
3	卖出概率	1	0.85	0.65	0.40	0.20	0.10	
4	进货策略（箱）	各种情况下的损益值（元）						期望收益 S（元）
5	50	1500	1500	1500	1500	1500	1500	1500
6	60	1350	1800	1800	1800	1800	1800	1732
7	70	1200	1650	2100	2100	2100	2100	1875
8	80	1050	1500	1950	2400	2400	2400	1905
9	90	900	1350	1800	2250	2700	2700	1845
10	100	750	1200	1650	2100	2550	3000	1740

表5-10中各进货策略的损益值计算如下：

进货数量为50箱时，每卖出一箱获利30元，尽管每种情况下需求都大于等于50箱，但只有50箱可销售，所以各种情况下的损益值都是1500(50×30）元。

进货数量为60箱时，每卖出一箱获利30元，卖不出则每箱净损失15元。当需求为50箱时，卖出50箱，则获利1500(50×30）元，还有10箱没卖出去，损失150(10×15）元，所以损益值为1350(1500－150）元。当需求大于等于60箱时，则损益值计算与进货数量为50箱时类似，损益值都是1800(60×30）元。

可用如下公式计算所有需求情况下的损益值：

$$\text{损益值}=\text{卖出数量}\times\text{每箱获利}-\text{卖不出的数量}\times\text{每箱损失} \tag{5-4}$$

然后，再根据各种需求发生的概率计算期望收益。以进货数量为80箱为例，计算过程如下：

$$S_{80}=(1050\times0.15+1500\times0.20+1950\times0.25+2400\times0.20+2400\times0.10+2400\times0.10)\text{ 元}$$
$$=1905\text{ 元}$$

同理，可分别计算出其他进货策略的期望收益如下：

$S_{50}=1500$ 元；$S_{60}=1732$ 元；$S_{70}=1875$ 元；$S_{90}=1845$ 元；$S_{100}=1740$ 元。

由于期望收益最大为1905元，对应进货策略为80箱，因此，最佳进货策略为进货

80 箱，每天最大平均收益为 1905 元。

与此相对应的方法是通过列表计算期望损失，期望损失最小对应的进货数量也是 80 箱，得到的最优解相同，但是，该方法要单独计算每天最大平均收益，不易掌握，故这里不予介绍。

若用 Excel 进行求解则有很多方法，其中效率高的方法如下（见表 5-11）：

以进货数量为 50 箱为例，计算损益值（单元格 B5）用公式“=IF($A5>=B$1, B$1*MP-($A5-B$1)*ML, $A5*MP)”或“=MIN($A5, B$1)*$I$2-MAX($A5-B$1, 0)*$J$2”，然后再将其复制到表内全部损益值计算的单元格；计算期望收益（单元格 H5）用公式“SUMPRODUCT（B$2: G$2, B5: G5)”，然后再将其复制到期望收益计算列即可自动算出结果。单元格 K2 的计算公式为“=J2/(I2+J2)”。

表 5-11　Excel 求解期望收益

	A	B	C	D	E	F	G	H	I	J	K
1	需求（箱）	50	60	70	80	90	100		MP	ML	$P(x)$
2	发生概率	0.15	0.2	0.25	0.2	0.1	0.1		30	15	0.33
3	卖出概率	1	0.85	0.65	0.4	0.2	0.1				
4	进货策略（箱）	各种情况下的损益值（元）						期望收益 S（元）			
5	50	1500	1500	1500	1500	1500	1500	1500			
6	60	1350	1800	1800	1800	1800	1800	1732.5			
7	70	1200	1650	2100	2100	2100	2100	1875			
8	80	1050	1500	1950	2400	2400	2400	1905			
9	90	900	1350	1800	2250	2700	2700	1845			
10	100	750	1200	1650	2100	2550	3000	1740			

2. 单周期库存模型解法二——边际期望收益法

边际期望收益法的思路是若需求函数为连续函数，当期望边际收益等于期望边际损失时，对应的进货策略即为最优解。若需求函数为离散函数，查看表 5-11 第三行的卖出概率，从左至右最后一个期望边际收益大于等于期望边际损失所对应的进货策略为最优解；从右至左第一个出现期望边际收益大于等于期望边际损失所对应的进货策略为最优解。

设卖出概率（获利发生概率）为 $P(x)$，当需求函数为连续函数时，最优解条件为

$$P(x)\mathrm{MP}=[1-P(x)]\mathrm{ML} \tag{5-5}$$

解得：

$$P(x)=\mathrm{ML}/(\mathrm{MP}+\mathrm{ML}) \tag{5-6}$$

卖出概率（获利发生概率）是从右往左（从需求大的情况往需求小的情况）累计的，即只要需求的数量大于等于进货箱数，就能卖出去。

当需求函数为离散函数时，最优解应满足以约束条件：

$$\begin{gathered}P(x)\mathrm{MP}\geqslant[1-P(x)]\mathrm{ML}\\P(x)\geqslant\mathrm{ML}/(\mathrm{MP}+\mathrm{ML})\end{gathered} \tag{5-7}$$

注意，MP/(MP+ML) 代表卖不出的概率。

【例题 5-4】 以【例题 5-3】中表 5-9 和表 5-10 中的数据为例，从后往前看，第一个出

现期望边际收益大于等于期望边际损失所对应的进货策略为80箱，它也是从前往后看，最后一个期望边际收益大于等于期望边际损失所对应的进货策略，因为再增加采购量，目标函数就会减少，它是最后一个能使目标函数增加的策略。因此，最优进货策略为进货80箱，此时每天最大平均收益为1905元，具体计算过程如下：

$$P(80)=0.4 \geqslant ML/(MP+ML)=150/(300+150)=1/3$$

$$S_{80}=(1050\times0.15+1500\times0.20+1950\times0.25+2400\times0.20+2400\times0.10+2400\times0.10)\text{ 元}$$
$$=1905\text{ 元}$$

案例

戴尔库存管理启示一：基于供应链的戴尔库存管理模式

传统库存管理模式存在的高库存、高成本、高资金占用、反应慢、效率低等问题已经严重制约了企业的发展。各自为政的传统库存管理模式已无法适应经济的发展和企业的经营要求，由此，一种基于供应链的库存管理模式应运而生，弥补了传统库存管理的不足，有利于企业发展。

在这样的背景下，库存管理模式的优化也已经成为制约供应链性能提升的关键问题，零库存便成了生产企业管理中不懈追求的目标。在很多企业看来，如果能使采购、生产、物流、销售等经营活动实现零库存，企业就能达到均衡生产。为了有效地进行库存管理，许多企业总结出了一种小批量、多批次的进货方法，以尽可能压缩库存。在众多企业之中，戴尔公司（以下简称戴尔）最引人注目，它将库存管理的作用发挥到极致，使公司处于同行业领先地位。

1. 戴尔零库存管理模式现状

(1) 戴尔零库存管理模式背景

在企业的经营管理过程中，任何一个企业都不可能离开其他企业而独立生存，因此，零库存实现的一个重要前提就是供应链。从供应链的角度来看，产品从供应商到制造商最后达到终端消费者，库存在这个过程中并没有消失，不过是从一方转移到另一方，由此带来的风险和成本也没有消失，只是伴随着库存的转移而转移。

戴尔公司从1984创立开始，获得较快发展，在电脑销售公司中处于领先地位，获得的利润也高于同行业的平均水平。戴尔可以取得现在的成就，主要是其零库存管理模式发挥了重要作用。其实，戴尔也出现过库存危机，导致了公司股价的暴跌，自此以后，戴尔公司积极深刻地进行反省，思考库存管理的方式和价值。IT行业是一个激烈波动的行业，更新换代速度十分迅速，库存产品更容易被淘汰，因此决策合理尤为关键，这次库存危机更加推动了戴尔对于库存管理模式进行改革的决心。存货量过高是戴尔库存危机的直接导火索。戴尔的库存管理模式主要包含两方面的思想：一方面是充分利用供应商库存，降低本企业的库存风险；另一方面是通过与供应商深化合作关系，加强信息交换和沟通从而达到降低库存风险的目的。除此之外，在互联网技术高速运转的今天，戴尔公司也在不断完善着库存管理的内涵，不断改进和丰富其库存管理模式。

(2) 戴尔零库存管理模式

戴尔零库存的实现不仅基于供应链环境之下，还依赖于与供应商之间的零距离。戴尔公司在全球的零部件采购市场主要有美国、中国、日本，以及欧洲这四个区域。采购完成后，戴尔公司将根据客户订单需求，在我国的香港基地对零部件进行组装再销往各地。高效率、低成本地完成订单，对于物流有较高的要求，并且美国与欧洲市场距离较远，要想准时完成运输任务有较大的困难。因此，为了满足戴尔小批量、多批次、多品种的订单需求，供应商需要在我国香港的组装基地周围新建或者租赁仓库，来支持戴尔的生产制造。由此可以看出，供应商承担了库存风险，并且在业务协调和信息沟通方面戴尔公司需要与供应商更加频繁地交流与合作。

戴尔公司与其供应商主要存在两种库存管理模式。模式一是自主管理库存。为了满足日常生产经营活动的需要，戴尔需要在我国香港的组装基地保持一定的存货量，只需要对戴尔本企业的生产制造负责。一旦发生缺货现象，戴尔公司将马上通知供应商在 4h 内将所需零部件送货入库。为了能够准时和经济地完成戴尔的订单需求，供应商需要在戴尔的基地周边新建或者租赁仓库，双重设立仓库大大提升了企业与供应商在整个供应链上的资源利用率，降低了制造商的成本。而模式二则是由供应商来管理库存。戴尔在香港的基地不设立仓库，直接由供应商根据生产制造过程中的物料消耗情况进行库存管理。例如，利用精细物流、准时制物流组织模式，按客户订单来安排生产。在这个模式中，配送中心既可以是戴尔公司的香港基地与第三方物流企业合建，也可以是多方供应商合作而建。与此同时，供应商为了了解戴尔公司零部件的消耗速度、日生产量，在不知不觉中参与到了戴尔的生产经营活动中。然而，在这种模式中，由于电脑行业零部件价格每星期下降 1%，供应商需要面临着较大的库存风险。

（3）戴尔零库存管理模式特征

1）以低库存为原则。戴尔的零库存管理模式是其在同行业中脱颖而出的关键优势，在后来的经营过程中，这种库存方式也越来越深入化和成熟化。对于戴尔这样的组装企业，保持低库存量是其不懈的追求。戴尔的库存时间虽然比联想少 18 天，但其效率却比联想高 90%。这足以引发物流企业对于库存管理的深思。戴尔首先是将顾客订单传递到戴尔信息中心，之后再由其控制中心将每个订单分解为多个子任务，并通过企业间信息系统和互联网分配给上游配件制造商，单个的制造商根据子任务订单对配件进行生产组装，最后按照控制中心给定的时间表安排生产和供货。

在这样的运作模式下，戴尔只需要保持一周的存货量即可以满足一周的出货量，相比同行业企业来说，公司在物料成本和产品定价上都具有很大的优势。

2）以与供应商建立零距离为前提。为了满足戴尔小批量、多批次、多品种的需求，供应商需要以戴尔为中心形成集聚，从而确保订单的准时性。这也是戴尔零库存运行的重要前提。戴尔在厦门设立工厂，其自有仓库中没有储存零部件和产成品，它的零部件主要保存在供应商仓库中，即供应商管理库存，并且供应商管理的库存必须根据戴尔订单情况变化而变化。由于每天的订单量不固定，所以供应商的送货量也就不一样。因此，戴尔的供应商经常需要进行小批量送货，且送货的数量和次数不一定。为了方便给戴尔送货，供应商会在戴尔的工厂附近兴建或者租赁仓库来储存配件，以保证及时完成送货。戴尔通过对供应商库存的充分利用而降低了自己的库存，利用这种订单制度，在库存管理方面真正实现了零库存。

3）以信息技术手段为保障。随着互联网科技的深入发展，企业不再利用库存规避风险，获取的信息能够更加有效地了解市场动向，做出更加正确的经营策略。戴尔公司可以将库存做到业界最低，最主要依赖于其真实的客户订单信息。戴尔在获取第一手需求信息上做出了许多努力，它利用电话作为基本信息沟通工具，形成了全球强大的接单体系。在互联网科技不断发展的背景下，戴尔直接面向个性化客户，为其提供满足个性化需求的服务，从而积累了众多拥有特殊需求的客户群体，最终实现了“以信息换取库存”。这种做法最终使戴尔公司获利水平得到提升，成为其规避IT行业产成品和零部件更新换代过快而产生的贬值风险的一种有效手段。

4）以合理的利润分配为机制。公司都是以营利为目的的，因此戴尔零库存模式运行的基础是利益的合理分配。为了保持与供应商的战略合作伙伴关系，戴尔根据供应商的重要性、供应商的库存水平以及供应商等级等方面向供应商进行利润分配，除此之外，还对供应商给予相应的补贴，支持他们的发展，兼顾供应商的利益。

从上可知，戴尔的零库存管理模式并不是绝对地将库存清空，而是在供应链上，利用信息技术，在保持日常经营的基础上，采取的一种低库存的运作模式。库存管理的目的不仅在于满足客户的个性化需求，还在于尽可能地保持较低的库存。这样的库存管理也只有那些居于供应链主导地位的企业才能做到，而戴尔正好就是这样的企业，凝聚了天时地利人和。

2. 戴尔开展供应链下零库存管理模式采取的措施

(1) 供应链下戴尔零库存管理模式存在的主要问题

供应链下戴尔零库存管理模式存在的问题主要有以下八个：

1）供应商水平不同，供应商库存管理水平较低。

2）供应商负责管理戴尔大部分库存。

3）供应商各自为政，信息共享难度大。

4）需求存在不确定性。

5）多方供应商参与，协调难度大。

6）库存风险大，库存承担问题突出。

7）利益分配不均，难以得到双赢。

8）库存管理信息传递路径不够通畅。

(2) 戴尔实施供应链下零库存管理模式采取的主要措施

1）对供应商进行管理。因为戴尔运行模式的特殊性，其对于供应商的管理需要花费更多的精力。以一个供应商为主，其他小供应商为辅，对每个供应商的多方面能力进行评估，最终实现让每个供应商各司其职、合理配合，最大限度地发挥他们的作用。

2）与供应商信息共享，对需求进行预测和分析。戴尔公司的成功，并不仅仅是戴尔本企业的努力，也是多个供应商共同努力的结果。通过与供应商信息共享，戴尔公司与供应商共同对需求进行预测和分析，优化确定供应链库存，降低成本，实现多赢。

3）辅助供应商的工作，建成战略合作伙伴关系。戴尔与供应商同在供应链上，每一个环节对于整个供应链的影响都是巨大的。所以要保证供应链的正常运作，戴尔公司与供应商之间应该建成牢固的战略合作伙伴关系，辅助供应商的工作，同时让供应商参与到戴尔公司的生产制作过程中去。

4）合理利益分配机制，做到双赢。在利润方面，戴尔不仅要对供应商的全部物流费用进行补偿，包括仓储、运输、包装以及装运搬卸等成本，还应对其分配3%~5%的利润，从而降低供应商的风险，使得合作更加牢固，保证各供应商的发展机会。

在业务运作方面，为了规避小批量、多批次采购而带来的采购成本的上升，戴尔应与供应商保证一年内的预计采购额，即承诺与供应商长期合作。一旦发生采购预测失误，戴尔应主动将原先难以处理的零部件订单转移到全球别的工厂，从而达到尽可能降低供应商库存风险和压力的目的，保证供应商的利益。

除此之外，在调动供应商积极性方面，戴尔允许各地区的供应商成为当地的销售代理，这些供应商由之前的被动参与转为主动参与，并且他们可以在参与过程中又获得额外的一部分利益。在这种模式之下，供应商不再只是单纯的供货身份，而且还是戴尔企业的销售代理。这种身份的转变，能够使采购供应、生产制造、产品销售等众多环节的联系更为紧密，从而在真正意义上实现了从单纯的商务合作伙伴向战略合作伙伴关系的转变，真正达到风险共同承担、利润共享的双赢目标。

3. 戴尔零库存管理模式的作用

在传统的库存管理模式中，库存管理是企业经营不可少的环节，它支持着整个企业的生产运作。但是库存并非越多或者越少就越好，适量的库存水平才是当今库存管理追求的目标。因此，传统库存管理中的高库存已经不再适合企业的发展需要，不过零库存也不是一味地只求库存为零，它更多的是帮助企业寻找到最经济的库存水平。零库存，对于供应链中的上下游企业以及终端消费者都具有重要作用。

对戴尔自身来说，零库存可以降低企业的经营成本，降低库存水平和库存风险，加强库存管理能力，更好地满足客户需求，有利于与上下游企业建成战略合作伙伴关系，提高资金的使用效率，提高企业产品质量。

对客户来说，零库存可以使顾客的个性化需求得到最大限度的满足。戴尔采用的直销模式，中间环节较少，配送速度较快，减少了顾客的物流等待时间，使顾客满意度得到提升。

对上游供应商来说，根据客户订单，他们能够清楚地了解市场的需求，有助于进行市场预测。同时，参与到戴尔的经营销售过程中，可以调动供应商的积极性，帮助他们树立良好的企业形象，提升企业的知名度。

资料来源：https://www.sbvv.cn/chachong/13658.html，有改编。

本章小结

5.1 节在库作业管理概述，介绍了在库作业管理主要内容和仓库保管员的主要职责。

5.2 节储存合理化，介绍了储存合理化的三大指标：质量指标；数量指标；时间指标。然后论述了实施储存合理化的九项主要措施：一是实施 ABC 分类管理法，控制关键货物库存水平；二是加速货物在库周转，提高单位产出；三是采用有效的先进先出方式；四是提高储存密度及仓容利用率；五是开展 5S 中的整理活动；六是采用有效的储存定位系统；七是采用有效的监测清点方式；八是采用科学储存保养技术；九是采用集装箱、托盘等储运一体化方式，提高运作效率。

5.3 节物品养护，介绍了物品养护内容，以及库存物品的物理变化、化学变化和生化变化三种形式。

5.4 节仓库温度与湿度的管理与控制方法，论述了温度与湿度相关理论、控制方法及在物品养护中的运用。

5.5 节霉变与虫害的防治工作，首先介绍了霉变的防治工作，然后介绍了仓库虫害的防治工作。

5.6 节危险品的储存与保管，首先介绍了危险品的概念和种类，然后介绍了危险品的保管工作

5.7 节库区5S管理，首先介绍了5S管理的产生与发展，然后分别论述了5S管理的内容、5S之间的关系和5S核心内容推进的步骤。

5.8 节仓库盘点作业，首先介绍了盘点作业的目的和内容，然后论述了盘点作业的基本步骤和盘点作业的方法。

5.9 节库存管理，首先介绍了库存的定义和库存的分类，其次论述了经济订货批量两种模型，最后论述了单周期库存模型。

习 题

1. 单选题

(1) 对库存物品C类物资，盘点宜（　　）。

A. 一年一次　B. 半年一次　C. 一月一次　D. 每天或每周一次

(2) 在5S管理中，（　　）的要点是对仓库内的各种物品进行分类，区分什么是需要的，什么是不需要的，将不需要的物品清理掉。

A. 整顿　B. 整理　C. 清洁　D. 安全　E. 素养

(3) 关于循环盘点法，下列说法中，正确的是（　　）。

A. 账面盘点法的一种

B. 与期末盘点法没什么区别

C. 在一个循环周期将每种物品至少清点一遍

D. 在一个循环周期内只盘点贵重物品

(4) 多数霉腐微生物是中温性微生物，最适宜生长温度是（　　），10℃以下多数霉腐微生物不易生长，45℃以上停止生长。

A. 20~30℃　B. 20~40℃　C. 15~30℃　D. 15~35℃

(5) 通常把相对湿度（　　）称为物质霉变的临界湿度。

A. 20%~30%　B. 40%　C. 75%　D. 60%

2. 多选题

(1) 储存合理化的主要指标包括（　　）。

A. 质量指标　B. 数量指标　C. 地点指标　D. 时间指标　E. 空间指标

（2）下列方式中，可以有效保证仓储货物“先进先出”的有（　　）。
A. 计算机存取系统　B. 双仓法储存
C. 就近取货　D. 利用贯通式货架系统

（3）货物霉变的影响因素有（　　）。
A. 仓库中的空气湿度　B. 仓库中的温度
C. 空气成分　D. 货物重量

（4）温度与湿度常用的具体控制方法有（　　）。
A. 密封　B. 通风　C. 吸湿　D. 气幕隔潮　E. 日光照射

（5）库存物品在储存期间发生的质量变化主要包括（　　）。
A. 物理变化　B. 化学变化　C. 生化变化　D. 价值变化

3. 判断题

（1）优化摆放货物可提高库容利用率。（　　）
（2）库存物品在储存期间，只会发生质量变化，不会发生价值变化。（　　）
（3）通风一定能降低温度和湿度。（　　）
（4）可用无人机查看库存数量。（　　）
（5）微波可以抑制虫害。（　　）
（6）多数霉腐微生物生长繁殖的最适宜相对湿度为 80% ~90%，在相对湿度低于 65%的条件下，多数霉腐微生物不能正常发育。因而，通常把 65% 这个相对湿度称为货物霉变的临界湿度。（　　）
（7）通常库外温度变化幅度小于库内温度变化幅度。（　　）
（8）对湿度敏感的物品，应注意昼夜温差变化而引起的湿度变化。（　　）
（9）海风能带来湿度高的空气。（　　）

4. 简答题

（1）如何控制仓库的温度？
（2）气温的日变化规律是什么？
（3）如何防治仓库货物霉变？
（4）仓库害虫的主要来源有哪些方面？
（5）5S 管理中整顿的目的是什么？
（6）整理主要内容有哪些？
（7）盘点方法有哪些？
（8）盘点程序主要有哪些步骤？

5. 案例分析题

某仓库测得干球温度即气温为 17℃，湿球温度为 15℃，该仓库的货物要求保管在温度 5 ~35℃、相对湿度 50% ~60% 的范围内，根据干球温度 17℃和湿球温度 15℃，查表知，露点是 14℃，相对湿度是 80%。仓库应该采取怎样的保管措施？

6. 计算题

（1）某企业年需要物资量为 14400 件，该物资的单价为 0.4 元，单位持有库存费为该物资价值的 25%，每次订货成本为 20 元，假设一年共 52 周，订货提前期为 1 周，原始数据的

Excel形式见表5-12。试求：

1）该物资的经济订货批量是多少？

2）订货点数量是多少？

3）一年应订货多少次？

请分别写出Excel计算公式。

表5-12　某企业订购物资原始数据（Excel形式）

	A	B
2	年需要物资量（件）	14400
3	物资单价（元）	0.4
4	单位持有库存费率	25%
5	一次订货成本（元）	20
6	订货提前期（周）	1
7	经济订货批量	
8	订货点数量	
9	一年订货次数	

（2）某企业销售某种易变质食品，每箱进价为40元，售价为60元，每日销售需求及可能发生的概率见表5-13。试求：

1）若当天售不出去每箱损失40元时，应采取何种进货策略？

2）若当天售不出去每箱损失15元时，又应采取何种进货策略？

表5-13　每日销售需求及可能发生的概率

需求（箱）	70	80	90	100	110	120
概率	0.10	0.15	0.20	0.25	0.20	0.10

第6章

出库作业管理

案例导入

戴尔供应链管理的成功经验

戴尔公司（DELL）的供应链管理一直被视为全球的典范之一。

戴尔成功的原因，可以分为以下两大方面：

1. 戴尔公司通过供应链管理平台整合外部资源

戴尔公司的高层将DELL公司的成功归功于独特的直接运营模式及其背后支撑的基于现代化的高效供应链，他们认为这个供应链管理平台使戴尔公司在供应商、客户之间构筑了一个“虚拟整合的平台”，保证了整个供应链的无缝集成。戴尔公司前期本希望通过实施ERP来达到这一目的。在投入了2亿美元巨资，经历了两年努力之后，发现ERP项目并不能帮助戴尔公司实现外部资源整合的目标，于是毅然决定中止ERP项目，转而投巨资建设了全球著名的供应链管理平台。目前超过50%的客户订单是通过互联网发出的，在客户发出订单50s内，供应链管理平台控制中心就会收到信息。工作人员借助供应链管理平台，把收到的订单信息迅速传递给各个配件供应商，通知它们戴尔公司所需配件的数量、规格、型号、装配和运输，供应商则根据相关信息迅速组织运货到装配厂，从而保证在最短的时间内、以最少的开支制造出更好的产品。通过供应链管理平台，戴尔公司已经把客户、配件生产厂家、供应商、装配线等连接成一个整体。

2. 戴尔公司将渠道流程优化作为供应链管理的实现策略

戴尔公司的供应链管理为什么成功，根本原因在于其供应链管理始终以渠道流程优化为核心实现策略。具体表现在以下三个方面：

1）直销原则。戴尔公司建立了一套与客户联系的渠道，由客户直接向戴尔公司发订单。订单中可以详细列出所需的配置，然后公司“按单生产”。基于供应链管理平台的渠道流程优化，“虚拟整合”了供应商和顾客，使得企业的效率大大高于竞争对手，这才是戴尔公司真正的制胜之道。

2）以信息代替存货。戴尔公司为什么敢提出零库存这个大胆的理念？主要原因就是公司基于其强大的渠道流程优化能力，通过处理信息资源创造价值。传统分销代理渠道是存储货物的水渠，厂商的库存是压在分销渠道中的，这样一来很难做到零库存。戴尔公司通过供应链流程的简化和优化，提高了信息反馈速度、库存管理能力，加强了与零件供应商的协作关系，实现了“以信息代替存货”的目标。目前戴尔公司与全球170多个国家5

万多家供应商和配件生产厂保持着联系，并掌握了它们的库存和生产信息，保证按时、按质送货到位。因此，戴尔公司能够在竞争对手的库存周期大都还徘徊在30～40天时，就将自己的库存周期降至4～5天，极大地降低了库存和物料成本。戴尔公司在销售和采购环节的零库存效益显而易见。戴尔公司的运营成本比例不断下降，现在仅为10%，而惠普是21%，思科则高达46%，戴尔公司的竞争优势可见一斑。这也是计算机行情跌入低谷时，戴尔公司仍然保持着较高收益的真实原因。

3）价值整体创造。价值整体创造在戴尔公司被具体化为“与客户结盟”的战略，戴尔公司打破了传统意义上“厂家”与“供应商”之间的供需配给，始终保持与客户的实时互动，及时得到第一手的客户反馈和需求，然后根据客户需求接受订单，再进行以客户需求为导向的产品制造。这样就能保证按照客户需求提供产品。这是一个良性循环的过程。

正是通过基于供应链管理平台的渠道流程优化，戴尔公司能够实现在合适的时间把合适的产品以最优的价格送到合适的地点，从而使公司的生产成本大大降低而效益大幅度提高。

资料来源：http：//www. purise. com/article/9651. html，有改编。

6.1 出库作业管理概述

6.1.1 出库作业的内涵

1. 出库作业的概念

出库作业，也称发货作业，是仓库（或仓储配送中心）根据业务部门或存货单位开出的发货凭证（提货单、调拨单），按其所列物料名称、规格、型号、数量等项目，组织货物出库登账、配货、复核、包装、分发出库等一系列作业的总称。

仓库须建立严格的商品出库和发运程序，严格遵循“先进先出，推陈出新”的原则，尽量一次完成，防止差错。

2. 货物出库要求

货物出库要求做到“三不三核五检查”。“三不”，一是没接单据不翻账，二是没经审单不备货，三是没经复核不出库；“三核”，即在发货时，一核凭证，二核账卡，三核实物；“五检查”，即对单据和实物要一查品名、二查规格、三查包装、四查件数、五查重量。

仓储出货作业的管理要做到准确（出货的物品型号、数量、时间和客户要准确）、及时（实施准时制生产、按规定时间出货）、安全（确保出货作业及物品安全）、高效和低耗（追求出货作业效率高、成本低、服务质量好）。商品出库要求严格执行各项规章制度，提高服务质量，为用户创造便利条件，杜绝差错事故。

6.1.2 出库业务流程

1. 货物出库业务流程

货物出库业务是仓库根据业务部门或存货单位开出的货物出库凭证（提货单、调拨单），按其所列货物编号、名称、规格、型号、数量等项目，组织货物出库一系列工作的总称，其流程如图6-1所示。

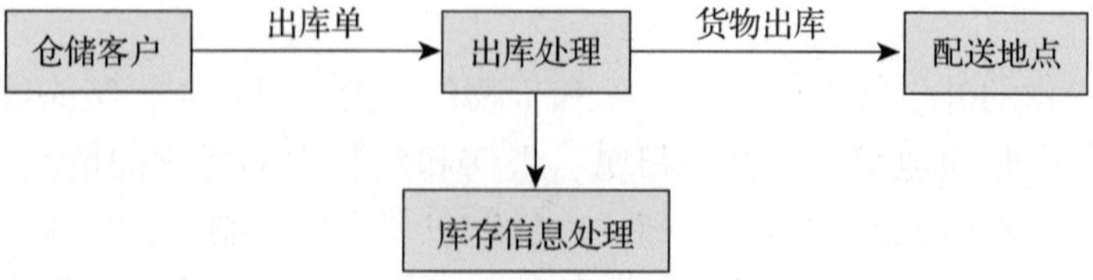

图 6-1　货物出库业务流程

2. 货物出库的程序

为保证出库工作顺利进行，防止出库工作出现失误、差错，在进行出库作业时必须严格履行规定的出库业务工作程序，使出库有序、高效进行。不同的企业针对不同的客户货物出库的程序略有不同，主要包括出库前准备、审核出库凭证、出库信息处理、拣货、配货、出货检查、包装、刷唛、点交和账务处理等工作。

（1）出库前准备

通常情况下，仓库调度在商品出库的前一天，接到送来的提货单后，应按去向、船名、关单等分理和复核提货单，及时正确地编制好有关班组的出库任务单，安排配车吨位、机械设备等，并分别送给机械班和保管员或收、发、理货员，以便做好出库准备工作。

（2）审核出库凭证

审核出库凭证的合法性、真实性，是否有财务专用章和有负责人签章；手续是否齐全，内容是否完整；核对出库商品的品名、型号、规格、单价、数量；核对收货单位、到站、开户行和账号是否齐全和准确。

（3）出库信息处理

出库凭证经审核确实无误后，对出库凭证信息进行处理。

（4）拣货

拣货是依据客户的订货要求或仓储配送中心的送货计划，根据仓库存储、拣货系统，运用人工、机械、半自动或全自动等方式进行拣货。

（5）配货（或称分货）

对分拣出来的货物，根据用户或配送路线进行分类，集中放置在备货暂存区。为了作业方便，对零星货物进行配货，可使用大型容器收集或者堆装在托盘上，以免出货时遗漏。配货方式主要有人工和自动分类机两种。

（6）出货检查

为了保证出库商品不出差错，在配好货后企业应立即进行出货检查。将货品一个个点数并逐一核对出货单，进而查验出货物的数量、品质及状态情况。

（7）包装

出库商品包装主要分为个装、内装和外装三种类型。包装根据商品的外形特点、重量和尺寸、摆放方式，选用适宜的包装材料和外包装尺寸，兼顾物流尺寸模数，且便于装卸搬运、充分利用运输工具载重与体积。

(8) 刷唛

唛头是指在货物的外包装上注明收货人和货物内容的信息标志。唛头能使发货人、承运人、监管人和收货人很快地辨明货物的归属、去向和包装内部货物的情况，避免混乱出错。把这些信息制作在外包装上的工作叫作刷唛。货物包装完后要刷唛，在货物外包装上写清收货单位、收货人、到站、本批货物的总包装件数、发货单位等。字迹要清晰，书写要准确。

(9) 点交

点交是指一项一项清点移交。所有出库物品无论是要货单位自提，还是交付运输部门发送，发货人员必须向收货人或运输人员逐项清点移交，划清责任。

(10) 账务处理

在点交后，保管员应在出库单上填写实发数、发货日期等内容并签名。然后将出库单同有关证件及时交货主，以便货主办理结算手续。保管员根据留存的一联出库凭证登记实物储存的细账，做好随发随记，日清月结，账面金额与实际库存和卡片相符。

在整个出库业务程序中，复核和点交是两个最为关键的环节。复核是防止差错必不可少的措施，而点交则是划清仓库和提货方两者责任的必要手段。

【小案例】公司仓库的钥匙我和我们老板都有，有时候周末老板会自己去仓库开单出货，没有全部经过我手。公司本月盘点出来库房货物比账面少了 2.5 万元的货，现公司要我赔偿，是否合理？另外这个月工资也扣下不发。如果我直接自己离职，是否可以？

资料来源：http://www.110.com/ask/problem/1146576，有改编。

6.2 拣货作业

在配送中心搬运成本中，拣货作业的搬运成本约占 80%~90%；在劳动密集型的配送中心中，与拣货作业直接相关的人力约占 50%；拣货作业时间约占整个配送中心作业时间的 30%~40%。因此，在配送作业的各环节中，拣货作业是整个配送中心作业系统的核心。应优化拣货系统、选用科学拣货方法、优化拣货作业排序、运用高效的拣货设备与工具，准确、快速、高效、低成本地完成拣货作业。

6.2.1 拣货作业概述

1. 拣货作业的概念和意义

(1) 拣货作业的概念

拣货作业是指依据顾客的订货要求或配送中心的送货计划，准确、快速地将物品从其储位或其他区域拣取出来，并按一定的方式进行分类、集中、等待配装送货的作业流程。

(2) 拣货作业的意义

如何满足客户需要，达到“在正确的时间内，将正确的商品及数量，以最好的产品状态与服务品质，在最低的运送成本下，送到正确的场地，给正确的客户”状态，将直接影响对客户的服务质量，影响仓储运作效率与成本。

传统的货物拣选系统通常使用书面文件来记录货物数据信息，拣货时根据书面的提货通知单或根据由出库凭证制定的拣货单，由人工进行搜索、拣取（见图 6-2）。在这样的货物拣选系统中，书面文件制定、货物数据信息查找、人工搬运等浪费了大量的人力、物力及时间，严重影响了物流的作业效率及竞争力。建立一个先进的货物拣选系统，不仅可以降低成本、提高工作效率，还可以提高客户满意度、提高企业竞争力。例如，武汉九州通医药配送中心，运用整箱货物自动化立体仓库存储和拆零平板电子拣选车（输入工号，自动统计工作量，形成拣选任务及行走路线），有效地降低了成本，提高了工作效率。

图 6-2　人工拣货

2. 拣货作业的基本流程

（1）形成拣货信息

拣货作业开始前，拣货作业的单据或信息必须先行处理完成。虽然有时拣货作业可以根据顾客的订单或公司的交货单直接进行，但这些原始拣货资料在拣货过程中容易被损坏，造成字迹不清、信息不全或人工出差错等情况。因此，有必要根据订单处理系统输出的拣货单或拣货信号进行人工或自动、半自动拣货，这样既减少差错，又可确定优化的拣选路线、拣选顺序，还能自动统计各种物品拣选数量和剩余库存数量，提高工作质量与服务水平，提高效率、降低成本。

（2）选取拣货方法

拣货方式、方法多种多样，是分区、分类接力式拣选；还是“一票到底”，一人负责拣选某一订单上的所有物品？是采用摘果法，还是播种法？是按托盘、整箱分拣，还是按单品分拣？是采取人员固定、货物移动的分拣方法，还是采用货物固定、人员行走的分拣方法？拣货方法的选取应根据产品特点、拣货数量、仓储设施特点等具体情况优化确定。

（3）实施拣货作业

分拣方法确定以后，就可以进行具体的拣货作业了。在实施拣货作业（人工拣选）时，首先要熟悉货位，确定行走路线，准确找到货位，确认货物型号和数量，然后将货物挑选、搬运到指定地点。在只有一台拣货设备（工具）拣货的情况下，系统设计应考虑行走路线、拣货时间优化设计等问题；在多台拣货设备（工具）同时运用时，还需考虑互不干扰，避免两车迎头相撞、交通堵塞等情况。

3. 拣货单位

拣货单位可分成托盘、箱及单品三种。一般而言，以托盘为拣货单位的体积及重量最大，其次为箱，最小单位为单品。除此之外，还有特殊品的拣选。

（1）单品单位

拣货单位为产品，单品即拣货的最小单位。单品可由箱中取出，通常由人手工拣取，也可由机器人自动完成。

（2）箱单位

拣货单位为整箱同种货物，可由托盘上或货位上取出。货物比较轻时，由人手工拣取。也可由设备（存取机器人）自动从货位上拣取。

（3）托盘单位

拣货单位为整个托盘上的同种货物，无法由人工直接存取搬运，须由存取机器人（设备）或利用叉车存取，再用叉车、拖板车等机械搬运。

（4）特殊品

体积大、形状特殊，无法按托盘、箱归类，或必须在特殊条件下作业的货物，如大型家具、桶装油料、长杆形货物、冷冻货品等，都属于具有特性的货物，拣货系统的设计将严格受限于商品特性。

一般来说，配送中心应与客户协商将各组商品的订单合理化，应考虑经济批量、货物尺寸及重量，与存储、运输工具尽量成倍比关系，或与存储容器、运输工具最佳装载数量（重量或体积）成倍比关系，进行系统优化。应避免过小单位出现在订单中，造成拣货时还要拆箱、拼装的情况，降低拣货效率、装箱效率和客户（货物到达地）验收入库等环节的物流运作效率。

小资料

空运相关常识

1. 飞机的装载限制

有关集装器及飞机的相关尺寸参见表6-1、表6-2，集装器包括集装箱、集装板等。

2. 集装箱

（1）空陆联运集装箱

空陆联运集装箱分为20ft或40ft，高和宽为8ft（1ft＝0.3048m）。这种集装箱只能装于全货机或客机的主货舱。

（2）主货舱集装箱

主货舱集装箱只能装于全货机或客机的主货舱，这种集装箱的高度是163cm以上。

（3）下货舱集装箱

下货舱集装箱只能装于宽体飞机的下货舱。

表 6-1 常见集装器的数据

名称	地板尺寸（cm×cm）	高度/cm	最大毛重/kg	使用机型
AKE	153×156	163	1588	通用
ALF	224×318	163	3175	B767 专用
AMP	224×318	163	6804	B747、A330
DPE	119×153	163	1225	B767 下货舱

表 6-2 机型的性能及其数据

机型	地面承受力/(kg/m^2)	货舱门尺寸（cm×cm）	最大装载量
777-200	976	前货舱：170×270	6 块 P1P/P6P 集装板或 18 个 AVE 集装箱
	976	后货舱：175×180	14 个 AVE 集装箱
	732	散货舱：114×97	$17m^3$（4082kg）
767-200	976	前货舱：175×340	3 块 P1P/P6P 集装板
	732	后货舱：175×187	10 个 DPE 集装箱
	732	散货舱：119×97	$12.0m^3$（2925kg）
767-300	732	前货舱：175×340	4 块 P1P/P6P 集装板
	732	后货舱：175×187	14 个 DPE 集装箱
	732	散货舱：119×97	$12.0m^3$（2925kg）
757	732	前货舱：107×107	$21.6m^3$（4672kg）
		后货舱：140×112	$24.7m^3$（7393kg）

6.2.2 主要的拣货方法

拣货的方式、方法多种多样，每种方式、方法都有其特点及最佳使用条件。方法选取是否合理将直接影响拣货的效率、拣货的准确性，影响物流成本的高低。

配送中心常用的拣货作业方法主要有两种：按单拣取法（摘果法）和批量拣取法（播种法）。

1. 按单拣取法（摘果法）

(1) 按单拣取法（摘果法）的含义

按单拣取法即根据拣货单（或订单），分拣人员或分拣工具迂回于各个货物储存点（货位），分别拣选拣货单（或订单）上所列种类及数量的货物（见图 6-3）。这个过程类似在百果园中，按所需不同种类的果品及数量，走到不同树下，进行摘果，故称摘果法。这也类似我们自家装修时，按所需采购装修材料清单，推购物车在建材超市里拣选货物。

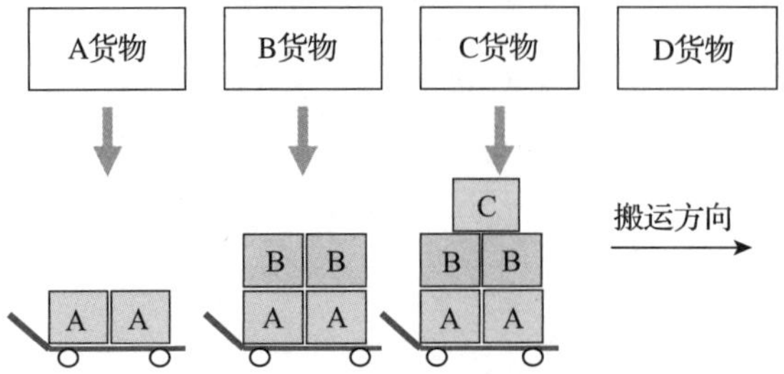

图 6-3 按单拣取法（摘果法）示意图

(2) 按单拣取法的种类

按单拣取法是每次拣取只针对一张订单，不进行订单分批。结合分区策略具体又可以分为单人拣取、分区接力拣取和分区汇总拣取几种方式。

1）单人拣取。单人拣取是指由一个人从头到尾负责一张订单的货物拣取。此种拣货方式的拣货单，只需将订单资料转为拣货需求资料即可。

2）分区接力拣取。分区接力拣取是指将存储或拣货区划分成几个区域，一张订单由各区人员采取前后接力的方式合力完成。

3）分区汇总拣取。分区汇总拣取是指将存储区或拣货区划分成几个区域，将一张订单拆成各区域所需的拣货单，再将各区域所拣取的商品汇集到一起。

(3) 按单拣取法的特点

1）易于实施，准确性高，差错率低。

2）机动灵活，各单之间互不影响，拣选顺序可根据紧急程度进行调整。

3）配货作业与拣货作业同时完成，减少作业环节，提高运作效率。

4）随时可进行拣选作业，客户等待时间短。

5）对物流系统、拣选设备等没有特定要求。

6）不论每个订单上品种多少、每个品种数量多少，工作人员都要按订单品种到指定货位拣选，尤其是在品种和数量都很小的情况下，会影响拣货效率。

2. 批量拣取法（播种法）

(1) 批量拣取法（播种法）的含义

批量拣取法是指由分拣人员或分拣工具从储存点（货位）取出各个客户（订单）共同需要的某种货物，然后迂回于各个客户的配货位置之间，按每个客户需要的数量分放后（播种），如图 6-4 所示，再集中拣选出共同需要的第二种货物，以此类推，直到把共同需要的货物全部拣取分放完，即完成各个客户的配货工作（各个客户的订单）。

(2) 订单分批的方法

批量拣取法首先要确定批量的大小与分批的方法，合理的订单分批可有效提高批量拣取的工作效率。常用的分批方法有如下几种：

1）总合计量分批。计算拣货作业前所有累积的订单中每一商品项目的总量，然后再按这一总量进行拣取。这样可将拣取路径缩至最短，提高拣货效率。此种方式适合于周期性配送。例如，可在中午前搜集所有的订单，在下午做合计处理，进行拣取、分类工作。

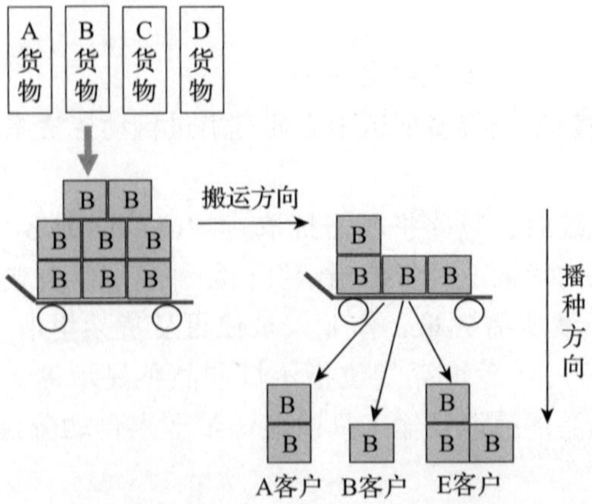

图 6-4　批量拣取法（播种法）示意图

2）按配送区域（或路径）分批。将同一配送区域、路径的订单汇总一起处理，提高配送效率。

3）按流通加工需求分批。将需做相同流通加工处理的订单汇总一起处理，增加流通加工处理批量，提高流通加工效率。

4）按车辆需求分批。如果配送商品需要特殊的配送车辆（如低温车、冷冻、冷藏车）或客户所在地需要特殊类型车辆时，可汇总合并处理。

5）时窗分批。当订单要求紧急发货时，可利用此策略，开启短暂而固定的时窗，如 20min 或 30min，再将这一时窗中所有的订单做成一批，进行批量拣取。这一方式常与分区策略及订单分割策略联合运用，特别适合于到达间隔时间短而平均的订单形态，同时，订购量及种类不宜太多。这种分批方式较适合密集频繁的订单，且能应付紧急插单的需求。

6）固定订单量分批。订单分批按先到先处理的基本原则，当订单累积达到设定的数量时，开始进行拣货作业。固定订单量的大小应考虑经济批量大小、运输工具、拣货工具、托盘等装货数量综合确定。这种方式偏重于维持较稳定的作业效率，但在处理速度上慢于时窗分批方式。

7）智慧型分批。订单输入计算机，经处理后，将拣取路径相近的订单分成一组。采用这种分批方式的配送中心通常将前一天的订单汇总后，经过计算机处理，在当日产生拣货单据，速度较快。

（3）批量拣取法的特点

1）减少在货架之间拣选货物时的行走距离，但增加播种工作及行走距离。

2）与按单拣取法（摘果法）相比，由于先汇总再分播，容易发生差错，增加装卸搬运环节。

3）有利于实现规模经济及优化配送环节。

4）有时快速反应能力差，需要累积到规定数量、等到规定时间才能拣选货物。

（4）新型整个货架批量拣取法

为了提高拣货效率，可采用圆形盘式机器人把货架中的某个单元货架整体搬运到播种现场，进行拣取与播种，完成拣取任务后再把该货架送回指定区域。

3. 其他拣取方式方法

(1) 计算机辅助拣货(电子标签拣选系统)

为了提高拣货作业的效率,很多配送中心通过引进自动拣货系统来提高拣选效率,电子标签拣货系统就是其中之一。

应用电子标签拣货系统后,只要将所需拣取货物清单(或客户的订单)输入操作台上的计算机,存放各种商品的货架上的货位指示灯和品种显示器会立刻显示出拣选商品在货架上的具体位置(即货格)及所需数量,作业人员便可从货架里取出商品,放入拣取运输工具里(如周转箱或拣货车),然后熄灭货位指示灯和品种显示器,完成某种型号货物拣货,完成拣取后,配齐订单商品的拣取运输工具由输送带送入自动分拣系统。这样可提高效率、减少差错。

(2) 利用重力(流动)式货架拣货

重力式货架的特征是用具有斜度的滚动导轨取代隔板,货物因自重而从隔板的后面自动向前流动,可通过控制部分滑轮,调节移动速度。利用重力(流动)式货架拣货的优点是:可减少作业人员工作强度、提高拣货效率、有效实施"先进先出"原则。缺点是占用空间较大。

(3) 自动化立体仓库拣货

自动化立体仓库的货位是固定的,通过在巷道中行走的堆垛机来存取货物。货物存放在托盘或统一规格的料箱中。这种自动化立体仓库建立在大型建筑物内,主要由高层货架、高速行走的堆垛机和控制用的计算机系统组成,实现了标准化和单元化。货物堆放在高层的货架上,可充分利用仓储空间,减少仓库占地面积。由于是计算机控制堆垛机自动拣货,因此不需要作业人员完成巡货、拣货和运输等工作。

6.2.3 拣货作业的信息传递方式

拣货信息是拣货作业的指令。拣货信息的作用在于指导拣货作业的进行,使拣货人员正确而迅速地完成拣货工作。拣货作业的依据是顾客的订单或其他送货指令。拣货信息既可以通过手工单据来传递,也可以通过其他电子设备和自动拣货控制系统传输。拣货作业的信息传递方式通常有以下几种:

1. 订单传票

订单传票是指直接利用客户的订单,或以物流配送中心送货单来作为拣货指示凭据。这种方法适合订单订购品种比较少、批量较小的情况,经常与按单拣取方式配合使用。该方式的优点是手续简单、步骤简单,无须输入拣货信息、打印拣货单订单。缺点是在传票和拣货过程中订单易受到污损,可能导致作业过程发生错误,而且订单上未标明货物储放的位置,拣货人员凭检验、记忆拣货,确定行走路线,迂回、重复、折返现象多,优化程度低,效率低,差错率高。

2. 拣货单传递

拣货单传递是指把原始的用户订单输入计算机进行拣货信息处理后打印出拣货单的方式。这种方式的优点是,经过处理后形成的拣货单上所标明的信息能更直接、更具体地指导拣货作业，可按货架、类别列出需拣货的项目，迂回、重复、折返现象少，也可列出拣货顺序及行走路线，减少行走路线及拣货时间，提高拣货作业效率和准确性。缺点是增加输入、输出程序，增加处理打印拣货单所需的成本。

3. 显示器传递

显示器传递是指在货架上安装灯号或安装液晶显示器，通过数位控制系统传递拣货信息，使相应储位上的显示器显示该商品应拣取的数量，拣完规定数量后，按一下开关，显示器清零。显示器传递方式可以配合人工拣货使用，防止拣货错误，增加拣货人员的反应速度，提高拣货效率。

4. 无线通信传递

无线通信传递是指在叉车上安装无线通信设备，通过这套设备把应从哪个储位拣取何种商品及拣取数量、行走路线、拣货顺序等信息指示给叉车上的司机或拣货车，使拣货人员准确拣取货物。这种传递方式通常适用于大批量出货时的拣货作业。

5. 计算机随行指示

计算机随行指示是指在叉车或台车上设置辅助拣货的终端机，拣取前先将拣货信息输入或导入，拣货人员依据叉车或台车上计算机屏幕的指示，到正确位置拣取货物。

6. 条码（或二维码）技术

条码是指利用黑白相间条纹的粗细而组成不同的平行线符号，取代商品货箱的号码数字。把它贴在商品或货箱表面上，经过扫描器阅读，计算机解码，把“线条符号”转变成“数字号码”便于计算机运算。扫描器通常一次只能扫描一个条码，也可同时扫描一组多个条码，为了提高效率，可选用360°扫描器，不用找条码，货箱一过即完成扫描，也可运用二维码技术传递信息。

7. 自动拣货系统传递

自动拣货系统传递是指拣货过程全部由自动控制系统完成。通过电子设备输入订单后形成拣货信息，在拣货信息指导下由自动分拣系统完成分拣作业。目前在国际上比较先进的有武汉九州通医药配送中心、武汉国药集团配送中心、慈溪太平鸟物流公司服装分拣系统等。

6.2.4 优化方法在拣货作业中的运用

1. 下一个最好法

从始点出发经过 n 点再回到始点（除始点外，各点只去一次）的拣货问题，是典型的邮递员问题，虽然可用专用软件求解，但模型复杂、不易掌握。最简单的办法是下一个最好法，即从始点出发先到最近货位 i 拣货，再从第 i 点出发，到距离第 i 点最近的第 j 点拣货，以此类推，选择最近下一个拣货点进行拣货，若最后还有一点没到，则强行到达该点，然后再回到始点。

这类问题的解法既可运用于拣货作业，又可运用于入库作业、配送作业、流通加工作业等环节。

【例题6-1】假设仓库只有一个出入口，其余资料见表6-3，拣货单上有5个零件需要拣取，零件集（零件所在货位）$J=\{J_1, J_2, \cdots, J_n\}$，其中 J_1 为仓库出入口。问：应如何安排拣取顺序，可以使完成5个零件拣取任务的行走距离比较短？

表6-3　零件所在货位之间的距离　（单位：m）

从	至				
	J_1	J_2	J_3	J_4	J_5
J_1		27	29	20	32
J_2	25		22	36	30
J_3	35	67		7	25
J_4	30	56	6		2
J_5	70	78	80	18	

解：从仓库出入口 J_1 到 J_4 最好，距离最短为20m；从 J_4 到 J_5 最好，距离最短为2m；从 J_5 到 J_2 最好（虽然到 J_4 更短，但因 J_4 已到过，不能再到一次，故舍去），距离最短为78m；从 J_2 到 J_3 最好，距离最短为22m；最后，从 J_3 强行回到始点 J_1，距离最短为35m，求解结果如下：

拣货路径为

$$J_1 \to J_4 \to J_5 \to J_2 \to J_3 \to J_1$$

行走距离为

$$20m+2m+78m+22m+35m=157m$$

2．正向改进后的下一个最好法

虽然下一个最好法简单，但优化程度不够理想，该方法存在如下三方面的缺欠：一是初始距离不能真实反映各点之间的"实际距离"；二是简单找下一个最好的（最小的），容易出错；三是最后环节强行连接，影响优化程度。

有两种改进方法可以解决这一问题：一是等价变化后，从始点出发，依据下一个最好原则，寻找一条到达各点再回到始点的方法，简称正向法；二是等价变换后，与前者相反，逆向寻找一条到达各点又回到始点线路的方法，简称逆向法。这里只介绍第一种方法，第二种方法将在配送线路中介绍。

正向法的具体做法是：首先，做等价变换，将每行、每列分别减去最小元素，以更真实地反映"实际距离"；其次，将已安排的行和列去掉，在剩下元素中按下一个最好法求解。

改进后的下一个最好法分三个步骤：第一步做等价变换，第二步选择路线，第三步形成最终行走方案并计算总的行走距离。

【例题6-2】假设仓库只有一个出入口，其余资料见表6-4，拣货单有5个零件需要拣取，零件集（零件所在货位）$J=\{J_1, J_2, \cdots, J_n\}$，其中 J_1 为仓库出入口。表中数据1000没有实际意义，是为了方便计算，设置足够大以表示不可选择。问：应如何安排拣取顺序，可以使完成5个零件拣取任务行走距离较短？

解：第一步做等价变换。每行、每列分别减去最小元素，见表6-4至表6-6。

表 6-4 原始数据每行最小元素 (单位：m)

从	至					
	J_1	J_2	J_3	J_4	J_5	min
J_1	1000	20	29	30	16	16
J_2	45	1000	22	28	30	22
J_3	35	41	1000	43	25	25
J_4	30	36	6	1000	12	6
J_5	46	47	45	43	1000	43

表 6-5 行变换后等价矩阵及每列最小元素 (单位：m)

从	至				
	J_1	J_2	J_3	J_4	J_5
J_1	984	4	13	14	0
J_2	23	978	0	6	8
J_3	10	16	975	18	0
J_4	24	30	0	994	6
J_5	3	4	2	0	957
min	3	4	0	0	0

表 6-6 列变换后等价矩阵 (单位：m)

从	至					
	J_1	J_2	J_3	J_4	J_5	出发行
J_1	981	0	13	14	0	√
J_2	20	974	0	6	8	
J_3	7	12	975	18	0	
J_4	21	26	0	994	6	
J_5	0	0	2	0	957	
到达列		√				

第二步选择路线。从 J_1 行出发，选择最小 0 元素对应货位 J_2 和 J_5，故有两个方案，随机选择 J_2 为第一个分支的方案。

第一个分支方案的求解步骤如下：

步骤一：选择 J_2 列，见表 6-6 中打对号的行和列，去掉打对号的行（J_1 行）和列（J_2 列）以及 J_1 列，得表 6-7。

表 6-7 方案一选择路线步骤一 (单位：m)

从	至			
	J_3	J_4	J_5	出发行
J_2	0	6	8	√
J_3	975	18	0	
J_4	0	994	6	
J_5	2	0	957	
到达列	√			

步骤二：从 J_2行出发，选择最小0元素对应货位 J_3，见表6-7中打对号的行和列，去掉打对号的行（J_2行）和列（J_3列），得表6-8。

表6-8 方案一选择路线步骤二 （单位：m）

从	至		
	J_4	J_5	出发行
J_3	18	0	√
J_4	994	6	
J_5	0	957	
到达列		√	

步骤三：从 J_3行出发，选择最小0元素对应货位 J_5，见表6-8中打对号的行和列，去掉打对号的行（J_3行）和列（J_5列），得表6-9。

表6-9 方案一选择路线步骤三 （单位：m）

从	至	
	J_4	出发行
J_4	994	
J_5	0	√
到达列	√	

步骤四：从 J_5行出发，选择最小0元素对应货位 J_4，见表6-9中打对号的行和列，去掉打对号的行（J_5行）和列（J_4列），得表6-10。

表6-10 方案一选择路线步骤四

从	至
	出发行
J_4	
到达列	

步骤五：从 J_4行回到 J_1。

第三步最终形成拣货路线方案并计算总的行走距离。

方案一行走路线为

$$J_1 \rightarrow J_2 \rightarrow J_3 \rightarrow J_5 \rightarrow J_4 \rightarrow J_1$$

方案一行走距离为

$$20\text{m} + 22\text{m} + 25\text{m} + 43\text{m} + 30\text{m} = 140\text{m}$$

第二个分支方案的求解步骤如下：

步骤一：选择 J_5列，见表6-11中打对号的行和列，去掉打对号的行（J_1行）和列（J_5列）以及 J_1列，得表6-12。

表 6-11 方案二选择路线步骤一（一） （单位：m）

从	至					
	J_1	J_2	J_3	J_4	J_5	出发行
J_1	981	0	13	14	0	√
J_2	20	974	0	6	8	
J_3	7	12	975	18	0	
J_4	21	26	0	994	6	
J_5	0	0	2	0	957	
到达列					√	

表 6-12 方案二选择路线步骤一（二） （单位：m）

从	至			
	J_2	J_3	J_4	出发行
J_2	974	0	6	
J_3	12	975	18	
J_4	26	0	994	
J_5	0	2	0	√
到达列	√			

步骤二：从 J_5行出发，选择最小 0 元素对应货位 J_2和 J_4，又出现两个方案，这里我们先选 J_2，另一个方案求解过程从略（另一方案路径是 $J_1 \to J_5 \to J_4 \to J_3 \to J_2 \to J_1$，总的行走距离为 16m + 43m + 6m + 41m + 45m = 151m）。见表 6-12 中打对号的行和列，去掉打对号的行（J_5行）和列（J_2列），得表 6-13。

表 6-13 方案二选择路线步骤二 （单位：m）

从	至		
	J_3	J_4	出发行
J_2	0	6	√
J_3	975	18	
J_4	0	994	
到达列	√		

步骤三：从 J_2行出发，选择最小 0 元素对应货位 J_3，见表 6-13 中打对号的行和列，去掉打对号的行（J_2行）和列（J_3列），得表 6-14。

表 6-14 方案二选择路线步骤三 （单位：m）

从	至	
	J_4	出发行
J_3	18	√
J_4	994	
到达列	√	

步骤四：从 J_3 行出发，选择最小 18 元素对应货位 J_4，见表 6-14 中打对号的行和列，去掉打对号的行（J_3 行）和列（J_4 列），得表 6-15。

表 6-15　方案二选择路线步骤四

从	至
	出发行
J_4	
到达列	

步骤五：从 J_4 行回到 J_1。

最终形成拣货路线方案并计算总的行走距离。

方案二行走路线为

$$J_1 \to J_5 \to J_2 \to J_3 \to J_4 \to J_1$$

方案二行走距离为

$$16\text{m} + 47\text{m} + 22\text{m} + 43\text{m} + 30\text{m} = 158\text{m}$$

选择三者最小的方案，即第一个分支方案，行走路线为：$J_1 \to J_2 \to J_3 \to J_5 \to J_4 \to J_1$，行走距离为 140m。

下一个最好法得到的方案路径是 $J_1 \to J_5 \to J_4 \to J_3 \to J_2 \to J_1$，总的行走距离为 $16\text{m} + 43\text{m} + 6\text{m} + 41\text{m} + 45\text{m} = 151\text{m}$。

实际运用时可用画线去除法代替表格法，简化运算过程。

实训题 6-1　*以例题 6-1 为例，用正向法求解优化线路。*

6.3 配货作业

配货作业是指将分拣出来的货物根据用户或配送路线进行分类，经过配货检查，装入容器和做好标识，集中放置在集货暂存区（等待装车后发送）的作业过程。

6.3.1 配货作业的步骤

1. 分类

分拣作业完成以后，配货作业首先要对分拣出来的货物根据用户或配送路线进行分类，集中放置在集货暂存区。如果在拣货的同时已经完成了分类，这一步就可以省略了。

分类的方法主要有人工分类、旋转货架分类以及自动分类机分类等。

2. 配货检查

分类后需要进行配货检查，以保证发运前的货物品种、数量、质量无误。为了提高人工检查的效率，可以将货物有规律地放置，如：进行“五五化”堆码等以便于点数；或者采用称重的办法先称出货物的总重量，再对照货物的单位重量，计算并核对配货数量；还可以采用抽查的方法。

为了提高效率，可以通过应用一些信息技术来进行配货检查，如通过扫描货物上的条码等进行配货检查，也可用无人机完成配货检查。

3. 包装、标识

一般来说，配货检查后还要对配送货物进行重新包装、打捆，以保护货物，提高运输效率，便于配送到户时客户识别各自的货物等。包装也是产品信息的载体，通过扫描包装上的条码还可以进行货物跟踪，包装上的装卸搬运说明可以指导配送人员对货物进行正确操作。

6.3.2 配货作业方式

1. 摘果方式

摘果方式与前面拣货方式中的摘果方式类似，是指搬运车往返于保管场所，从某个货位上取下某种商品巡回完毕后就完成了配货，接着再对下一个配货，通常每次只为一个客户服务。因此，配货作业的主要内容是对货物进行包装作业，以保护货物并方便发运。

一般来讲，如果整托盘拣取的货物允许整托盘发运，那么需要进行固定作业，也就是用包装膜或绳索将货物固定在托盘上；如果整托盘拣取的货物不采取托盘运输，那么需要将货物先从托盘上卸下，然后将其进行捆装；对于整箱拣取的货物，一般需要进行捆包作业；单件拣取的货物则进行装箱作业，以免货物丢失或损坏。

2. 播种方式

播种方式与前面拣货方式中的播种方式类似，是指将需要配送数量较多的同种商品集中搬运到发货场所，然后将每一货物所需的数量取出，分放到每货位处，直至配货完毕，然后再将下一种商品按上述方法继续配货。播种方式由于每次拣取的货物是为多个客户服务的，因此，其配货作业通常比摘果方式多一个拆箱、分类的程序。

课堂讨论：摘果方式和播种方式的优缺点有哪些？使用条件分别是什么？

6.4 流通加工作业

6.4.1 流通加工

1. 流通加工的含义

流通加工是为了提高物流速度和物品的利用率，在物品进入流通领域后，按客户的要求进行的加工活动，即在物品从生产者向消费者流动的过程中，为了促进销售、维护商品质量和提高物流效率，对物品进行一定程度的加工。具体来说，流通加工是指物品在从生产者向消费者流通过程中，为了增加附加价值、满足客户需求、促进销售而进行简单的组装、剪切、套裁、贴标签、刷标志、分类、检量、弯管、打孔等加工作业。

【小案例】

某服装物流配送中心在“双十一”期间订单业务量呈爆炸式增长，最后出库环节的流通加工是贴标签、装箱、封箱、放到传送带至分拣配货环节。多个班组同时并行作业，因拣货速度不均匀，送到包装组的活时多时少，又因为是计件工资，包装组经常抢活儿，谁抢到的活儿多，谁就挣得多。此外，靠近送货口，容易抢到活儿，就出现了外面活儿多、里面活儿少的现象。问：如何解决这些问题？

2. 流通加工的主要作业形式

流通加工的主要作业形式有以下几种：

（1）为弥补生产领域加工不足的深加工

许多产品受到一些因素限制，在生产领域中的加工只能到一定程度，不能完全实现终极的加工。例如，木材如果在产地完成成品加工，则会造成运输的极大困难，因此，原生产领域只能加工到圆木、板方材这个程度。进一步的下料、切裁、处理等加工则由流通加工完成。类似的还有钢板剪裁、套裁下料等。这种流通加工实际是生产的延续，是生产加工的深化，对弥补生产领域加工不足有重要意义。

（2）为满足需求多样化进行的服务性加工

市场的需求各式各样、变化莫测。企业也很难经济、快速地满足这种变化，而流通加工可以满足这种要求。

（3）为保护产品所进行的加工

物流过程中存在运输、储存、装卸、搬运等环节，在这些环节中保证物品质量、减少损坏是物流重要职责之一。与前两种加工不同，这种加工并不改变进入流通领域的“物”的外形及性质。这种加工主要采取稳固、改装、冷冻、保鲜、涂油等方式。

（4）为提高物流效率，方便物流的加工

有一些产品本身的形态使之难以进行物流操作，如鲜鱼装卸、储存困难，过大设备搬运、装卸困难，气体物运输、装卸困难等。进行流通加工，可以使物流各环节易于操作。例如，木屑、秸秆的压缩成型加工，液体变为固体的加工，水产品的冷冻加工等。

（5）为促进销售的流通加工

根据营销策略，需对一种或几种物品进行拆分或组合包装，需对物品进行细分切割（如植物叶、茎和根部分开销售；鱼头、鱼尾、鱼肚等分开销售）等加工。

6.4.2　流通加工中作业排序的优化方法

作业排序问题按加工中心分类，可分为一个加工中心问题和多个加工中心问题。一个加工中心问题可分为两种情况：一是这个加工中心只有一台设备，即单机排序问题；二是这个加工中心有多台相同设备，即平行机排序问题。多个加工中心问题可分为两个加工中心和三个及以上加工中心两种情况。下面分别就三种常见情况介绍优化排序方法。

1. 多个零件、一个加工中心、一台设备的排序问题

多个零件在一个加工中心的时间组织问题是比较简单的。因为只有一个加工中心且只有一台设备，n 项任务都需要在它上面完成加工，所以实质上是 n 项任务的 n 个全排列问题。不论怎样安排加工顺序，完成所有任务的时间是一定的。因此，优化的目标通常是平均流程时间最小或延期量最小等指标。安排加工顺序遵循的原则很多（多达几十种），常见的主要有以下几种原则：

1）最短加工时间（SPT）原则，即按加工时间长短来安排加工顺序，加工时间短的优先安排。

2）最早交货期（EDD）原则，即按交货期的先后顺序来安排加工顺序，交货期早的优先安排。

3）先到先服务（FCFS）原则，即按到达加工中心的先后顺序来安排加工顺序，先到先服务。

4）调整费用最小（MJC）原则，即按能使调整费用最小的加工顺序来安排生产任务。

5）“下一个是最好的”（Next is Best）原则，即按下一个调整费用最小的原则安排生产任务。

【例题 6-3】某一个加工中心计划期内接到 6 项任务，见表 6-16。试用前两个原则确定加工顺序。

表 6-16　加工中心任务　（单位：天）

生产任务编号 J_i	J_1	J_2	J_3	J_4	J_5	J_6
加工时间（T_i）	4	9	1	5	12	3
交货期（C_i）	25	22	8	6	35	15

解：1）按最短加工时间原则安排加工顺序，见表 6-17。

表 6-17　按最短加工时间原则安排加工顺序　（单位：天）

生产任务编号 J_i	J_3	J_6	J_1	J_4	J_2	J_5
加工时间（T_i）	1	3	4	5	9	12
计划完成时间（F_i）	1	4	8	13	22	34
交货期（C_i）	8	15	25	6	22	35
交货期延期量（D_i）	0	0	0	7	0	0

加工顺序为

$$J_3 \rightarrow J_6 \rightarrow J_1 \rightarrow J_4 \rightarrow J_2 \rightarrow J_5$$

平均流程时间为

$$\begin{aligned} F_p &= \frac{\sum F_i}{n} \\ &= \frac{1\text{ 天} + 4\text{ 天} + 8\text{ 天} + 13\text{ 天} + 22\text{ 天} + 34\text{ 天}}{6} \\ &= 13.67\text{ 天} \end{aligned}$$

平均延期量为

$$D_p = \frac{\sum D_i}{n}$$

$$= \frac{7}{6}\text{天} = 1.17\text{天}$$

2）按最早交货期原则安排加工顺序，见表6-18。

表6-18 按最早交货期原则安排加工顺序 （单位：天）

生产任务编号（J_i）	J_4	J_3	J_6	J_2	J_1	J_5
加工时间（T_i）	5	1	3	9	4	12
计划完成时间（F_i）	5	6	9	18	22	34
交货期（C_i）	6	8	15	22	25	35
交货期延期量（D_i）	0	0	0	0	0	0

加工顺序为

$$J_4 \rightarrow J_3 \rightarrow J_6 \rightarrow J_2 \rightarrow J_1 \rightarrow J_5$$

平均流程时间为

$$\begin{aligned} F_{\mathrm{p}} &= \frac{\sum F_i}{n} \\ &= \frac{5\text{天} + 6\text{天} + 9\text{天} + 18\text{天} + 22\text{天} + 34\text{天}}{6} \\ &= 15.67\text{天} \end{aligned}$$

平均延期量为

$$\begin{aligned} D_{\mathrm{p}} &= \frac{\sum D_i}{n} \\ &= \frac{0}{6} = 0 \end{aligned}$$

2. 多个零件、一个加工中心、多台设备的排序问题

这里我们首先介绍最优解下限，然后给出三种解法。

（1）最优解下限

许多学者给出最优解下限为

$$\mathrm{CL} \geqslant \max\left\{\left[\sum p_i/k\right]^1,\ \max(p_i)\right\} \tag{6-1}$$

式中 CL——最早完工时间下限；

p_i——第 i 个零件的加工时间；

k——设备数量；

$\max(p_i)$——零件的最长加工时间。

（2）LPT法（经典排序原则）

LPT法（经典排序原则）即大的优先排，哪台设备完工早就优先安排哪台设备进行加工。

【例题6-4】8个不同零件的加工时间见表6-19，要求分别在以下两种情况下求最优解下限：①有2台相同设备，$k=2$；②有3台相同设备，$k=3$。

表 6-19　零件加工时间（一）　（单位：h）

零件	J_1	J_2	J_3	J_4	J_5	J_6	J_7	J_8
加工时间（p_i）	3	10	12	15	30	5	1	4

解：首先在有 2 台相同设备的情况下求最优解下限。

因为 $\sum p_i = 3h + 10h + 12h + 15h + 30h + 5h + 1h + 4h = 80h$

$$\left[\sum p_i/k\right]^1 = [80h \div 2]^1 = 40h$$

$$\max(p_i) = 30h$$

所以 $CL \geqslant \max\left\{\left[\sum p_i/k\right]^1, \max(p_i)\right\} = \max\{40h, 30h\} = 40h$

然后再在有 3 台相同设备的情况下求最优解下限。

因为 $\sum p_i = 3h + 10h + 12h + 15h + 30h + 5h + 1h + 4h = 80h$

$$\left[\sum p_i/k\right]^1 = [80h \div 3]^1 = 27h$$

$$\max(p_i) = 30h$$

所以 $CL \geqslant \max\left\{\left[\sum p_i/k\right]^1, \max(p_i)\right\} = \max\{27h, 30h\} = 30h$。

【例题 6-5】 8 个不同零件的加工时间见表 6-20，每个零件数量均为 1 个，有 2 台相同的设备，试用 LPT 法运用 Excel 给出较优方案。

表 6-20　零件加工时间（二）　（单位：h）

零件	J_1	J_2	J_3	J_4	J_5	J_6	J_7	J_8
加工时间（p_i）	6	14	19	23	30	12	1	11

解：为了便于求解，首先将零件加工时间从大到小排列（运用 Excel 排序功能，即单击“数据”→“排序”）。表 6-21 中，Excel 相关计算公式如下：

K3 = sum(C3: J3)，M3 = max(C3: J3)，N3 = ceiling(K3/L3, 1)，O3 = max(M3, N3)，

K5 = sum(C5: J5)，K6 = sum(C6: J6)（运用求和公式，自动计算哪台设备完工时间早）。

安排步骤如表 6-21 中区域 C7: J7 所示，一共需要 8 步，2 台设备加工完成时间分别为 56h 和 60h。

表 6-21　LPT 法的求解过程及结果（Excel 形式）

	B	C	D	E	F	G	H	I	J	K	L	M	N	O
2		J_5	J_4	J_3	J_2	J_6	J_8	J_1	J_7	作业时间合计	k	max（p_i）	$[\sum p_i/k]^1$	CL
3		30	23	19	14	12	11	6	1	116	2	30	58	58
4										完工时间				
5	k_1	30			14		11		1	56				
6	k_2		23	19		12		6		60			LPT 法	
7	步骤	1	2	3	4	5	6	7	8					

(3) 截取法

LPT 法虽然可获得较优解，但当零件数量多时，步骤多、求解比较烦琐，为了解决这一问题，提出了截取法。截取法，顾名思义，就是将零件加工时间从大到小排列后，按小于或等于最优解下限截取零件累计加工时间长度，安排在第一台设备上，然后在剩余零件中，截取累计长度小于或等于最优解下限安排第二台设备上，以此类推，直到每台设备都被安排一次，余下零件均衡安排，这样当零件数量很多时，可明显减少安排步骤，简化求解过程，获得较优解。

【例题 6-6】 以例题 6-5 数据及条件为例，试用截取法运用 Excel 给出较优方案。

解： 求解过程及结果见表 6-22，2 台设备完工时间分别为 59h 和 57h，安排步骤仅为 4 步，优化程度较为理想。

表 6-22 截取法的求解过程及结果（Excel 形式） （单位：h）

	B	C	D	E	F	G	H	I	J	K	L	M	N	O
17		J_5	J_4	J_3	J_2	J_6	J_8	J_1	J_7			max（p_i）	$[\sum p_i/k]^1$	CL
18		30	23	19	14	12	11	6	1	116	2	30	58	58
19										完工时间				
20	k_1	30	23					6		59				
21	k_2			19	14	12	11		1	57			截取法	
22	步骤	1		2				3	4					

(4) 规划求解法

上述两种方法虽然可以获得较优解，但有时不够理想，当零件数量不是很大时（零件数量过多时，求解速度较慢），可用线性规划进行优化求解，得出最优解（相关规划解法参见本书第 7.5 节内容）。

3. 多个零件在两个加工中心的排序问题

(1) 约翰逊原则

1954 年，约翰逊提出 $n/2/F/F_{max}$ 排序问题最优解的排序规则。设 P_{1j} 和 P_{2j} 分别是零件在第一个加工中心和第二个加工中心加工的时间，则约翰逊原则如下：

1）找最小元素。若最小元素属于 P_{1j}，则最先安排；若最小元素属于 P_{2j}，则最后安排；若出现多个最小元素相等时，任意选，结果一样。

2）剔除已安排的零件，然后在剩下的元素中重复第一步，直到所有零件都安排完为止。

【例题 6-7】 设有 5 个零件，均需在两个加工中心（P_1、P_2）进行加工，且先在 P_1 加工，之后在 P_2 加工，有关资料见表 6-23，试按约翰逊原则排出最优的加工顺序，并计算最小的生产周期。

表 6-23　5 个零件加工资料　　（单位：h）

零件	J_1	J_2	J_3	J_4	J_5
$P_1(P_{1j})$	8	7	16	10	5
$P_2(P_{2j})$	12	2	9	4	10

解：根据约翰逊原则，首先找最小的加工时间，最小者 J_2 为 2，属于 P_{2j}，所以零件 J_2 安排在最后一位加工。把 J_2 剔除，在剩下 4 个零件中再找最小的加工时间，最小者 J_4 为 4，属于 P_{2j}，所以零件 J_4 安排在倒数第二位加工。把 J_4 剔除，在剩下 3 个零件中再找最小的加工时间，最小者 J_5 为 5，属于 P_{1j}，所以零件 J_5 安排在前面第一个加工。以此类推，安排步骤见表 6-24，按约翰逊原则安排最优加工顺序为：$J_5 \rightarrow J_1 \rightarrow J_3 \rightarrow J_4 \rightarrow J_2$，生产周期均为 48h（见图 6-5、图 6-6、表 6-25）。

表 6-24　加工步骤　　（单位：h）

零件	J_5	J_1	J_3	J_4	J_2
$P_1(P_{1j})$	5	8	16	10	7
$P_2(P_{2j})$	10	12	9	4	2
步骤	3	4	5	2	1

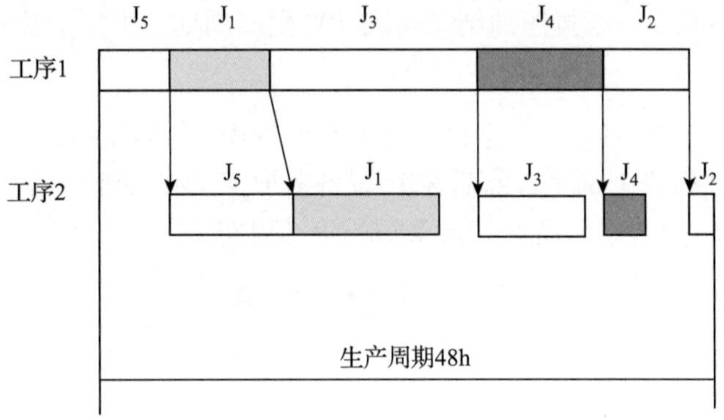

图 6-5　生产周期

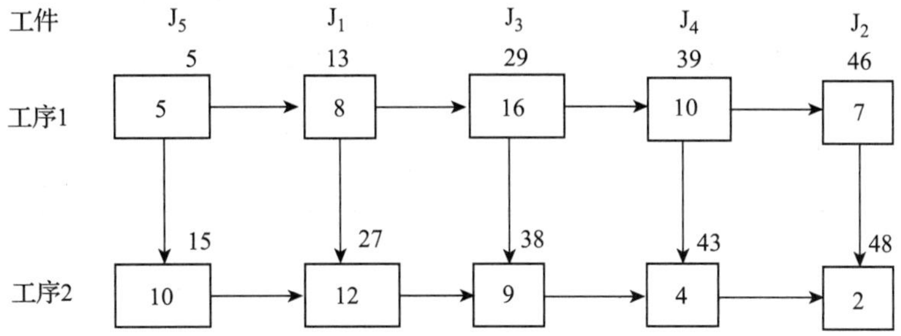

图 6-6　排序网络图（单位：h）

表 6-25　最优排序及生产周期　（单位：h）

零件	J_5	J_1	J_3	J_4	J_2
$P_1(P_{1j})$	5/5	8/13	16/29	10/39	7/46
$P_2(P_{2j})$	10/15	12/27	9/38	4/43	2/48

传统解法是画甘特图求解生产周期，相当麻烦。图 6-5 可以转化为图 6-6 的网络图，一方面，可以简化生产周期算法；另一方面，排序问题也是网络图问题，可以运用图论来求解排序问题。为了简化算法，图 6-6 又可转换为表格形式，免去画图麻烦，求解非常方便。各节点完成时间可用“/”等表示，例如，表 6-25 中的 J_3 列第二行对应的 16/29，代表 J_3 工序 1 作业时间为 16h，完成时间为 29h；J_3 列第三行对应的 9/38，代表 J_3 工序 2 作业时间为 9h，完成时间为 38h。

（2）加工时间比值法（系数法）

根据约翰逊原则求得的最优解有如下规律：上小下大（$P_{1j}/P_{2j} \leqslant 1$）排在前面，且按照 P_{1j} 递增顺序排序；上大下小（$P_{1j}/P_{2j} \geqslant 1$）排在后面，且按照 P_{2j} 递减顺序排序。因此，我们可用加工时间比值法排序。

加工时间比值法的解题步骤分为两大步：一是分组且排序；二是根据第一步分组排序的结果计算生产周期。具体如下：

步骤一：按照 P_{1j}/P_{2j} 的比值，升序排序，比值 $P_{1j}/P_{2j} \leqslant 1$ 为第一组；余下为第二组（$P_{1j}/P_{2j} > 1$）。第一组按第一行升序排序，第二组按第二行降序排序，得最优排序。

步骤二：根据步骤一分组排序的结果列表计算生产周期。根据最优排序，用 Excel 软件自动计算生产周期。

【例题 6-8】 某车间需加工 7 个零件，每个零件均需经过两道工序进行加工，且加工顺序都相同，首先在 P_1 设备上加工，然后在 P_2 设备上加工。有关资料见表 6-26，试用加工时间比值法，借助 Excel 软件求最优排序及最短的生产周期。

表 6-26　7 个零件加工资料　（单位：h）

零件	J_1	J_2	J_3	J_4	J_5	J_6	J_7
$P_1(P_{1j})$	6	18	32	2	18	22	8
$P_2(P_{2j})$	15	12	19	3	10	4	35

解：

第一步：根据表 6-26 中的资料计算 P_{1j}/P_{2j}，计算结果见表 6-27。按比值大小升序排序结果见表 6-28。

表 6-27　比值计算

零件	J_1	J_2	J_3	J_4	J_5	J_6	J_7
$P_1(P_{1j})$/h	6	18	32	2	18	22	8
$P_2(P_{2j})$/h	15	12	19	3	10	4	35
比值 P_{1j}/P_{2j}	0.4	1.5	1.684	0.667	1.8	5.5	0.229

表 6-28　按比值大小升序排序结果

零件	J_7	J_1	J_4	J_2	J_3	J_5	J_6
$P_1(P_{1j})$/h	8	6	2	18	32	18	22
$P_2(P_{2j})$/h	35	15	3	12	19	10	4
比值 P_{1j}/P_{2j}	0.229	0.4	0.667	1.5	1.684	1.8	5.5

前 3 个零件 J_7、J_1 和 J_4 比值小于或等于 1，所以这 3 个零件按第一道工序加工时间升序排序；余下 4 个零件比值大于 1，按第二道工序加工时间降序排序，得最优排序结果见表 6-29。

表 6-29　用 Excel 排出的最优顺序

行	列							
	B	C	D	E	F	G	H	I
14	零件	J_4	J_1	J_7	J_3	J_2	J_5	J_6
15	$P_1(P_{1j})$/h	2	6	8	32	18	18	22
16	$P_2(P_{2j})$/h	3	15	35	19	12	10	4
17	比值 P_{1j}/P_{2j}	0.667	0.4	0.229	1.684	1.5	1.8	5.5

第二步：根据最优排序结果计算最优解及最小生产周期，结果如表 6-30 所示。表 6-30 中，单元格 C22 = C14，然后复制 C22，粘贴到区域 C22: I22，可得零件顺序；单元格 E23 = E15 + max（E22，D23），然后复制 E23，粘贴到区域 C23: I24，可得最优解计算过程，右下角单元格 I24 = 110，即为最小生产周期。

表 6-30　用 Excel 计算的最优解时的最小生产周期

行	列							
	B	C	D	E	F	G	H	I
22	零件	J_4	J_1	J_7	J_3	J_2	J_5	J_6
23	$P_1(P_{1j})$/h	2	8	16	48	66	84	106
24	$P_2(P_{2j})$/h	5	23	58	77	89	99	110

线上扩展

6-1　多个零件在多个加工中心的排序问题

6.4.3　流通加工中下料优化方法

下料优化问题可分为一维下料优化、二维平面下料优化和三维立体下料优化问题。因篇幅所限，这里只介绍一维下料问题的优化解法，二维平面下料优化参见二维装箱问题解法。

这里主要探讨固定长度的管材、线材、棒料等一维下料问题，整捆的线材下料不在研究范围内。一维下料问题还可细分为几种长度大小不同的原材料和单一一种原材料两大类下料问题，下面先介绍单一固定规格原材料下料问题解法。

1. 单一固定规格原材料下料问题

假设原材料只有一种规格，要生产多种长度大小不同的产品：一种情况是每种产品获利都相等，各种产品有数量要求，问如何下料最节省原材料；另一种情况是每种产品获利不同，如何下料获利最大？

（1）如何下料最节省原材料

【例题6-9】 某车间要把10m长的棒料，截成137根3m长的和83根4m长的棒料，怎样截取最节省原材料？

分析： 这类问题，若产品种类不多，组合方案也不多，可把所有组合方案全部列出来，然后在这些方案中规划求解，可得最优解。若产品种类很多，组合方案也很多，则把所有组合方案全部列出来再规划求解的做法不经济、不可行，因为组合数量巨大，有时在规定时间内无法得到优化结果。因此，可以选择代表性好的组合方案，既保证各产品数量比例关系及所需数量，又保证组合方案的优化程度高，然后再在这些优选后的组合方案中规划求解，得到满意的近似最优解。

解： 因为该问题组合方案数较少，所以把全部组合方案列出，再规划求解，得出最优解。首先计算下料方案，经计算下料方案见表6-31。

表6-31　某车间下料方案

	方案1	方案2	方案3	需求量（根）
3m（根）	3	2	0	137
4m（根）	0	1	2	83
剩余长度/m	1		2	

设三个方案的下料个数分别为X_1、X_2和X_3，则数学模型为

目标函数：　$\min Z = X_1 + X_2 + X_3$　（6-2）

约束条件：　$\begin{cases} 3X_1 + 2X_2 \geqslant 137 \\ X_2 + 2X_3 \geqslant 83 \\ X_i \geqslant 0 \end{cases}$　（6-3）

运用Excel规划求解得$X_1 = 1$，$X_2 = 67$，$X_3 = 8$，$\min Z = X_1 + X_2 + X_3 = 1 + 67 + 8 = 76$（根）。

实训题6-2　某配送中心需要把原材料长100cm的棒料，截成A、B和C三种规格的棒料，这三种规格的棒料的订单数量分别为75根、50根和110根，见表6-32。问：如何下料，使所需原材料长100cm的棒料最少？

表 6-32　A、B、C 三种规格的棒料尺寸及订单数量

	A	B	C
尺寸（cm）	24	38	32
数量（根）	75	50	110
原材料尺寸（cm）	100		

（2）如何下料获利最大

【例题 6-10】某仓储企业短期内只有 10m 长的棒料 312 根，客户需求 3m 棒料至少 63 根，4m 长棒料至少 422 根，3m 长棒料每根获利 2 元，4m 长棒料每根获利 2.6 元，问：怎样截取获利最大？

解：设 3m 棒料下 X 根，设 4m 棒料下 Y 根，三种下料方案个数分别为 X_1、X_2和 X_3，为了便于求解，构造方案表，见表 6-33。则有

$$X = 3X_1 + 2X_2$$

$$Y = X_2 + 2X_3$$

表 6-33　某仓储企业下料方案

	方案 1	方案 2	方案 3	需求量（根）
3m（根）	3	2	0	63
4m（根）	0	1	2	422
剩余长度/m	1		2	

目标函数：　$\max Z = 2X + 2.6Y = 2 \times (3X_1 + 2X_2) + 2.6 \times (X_2 + 2X_3)$

约束条件：
$$\begin{cases} 3X_1 + 2X_2 \geqslant 63 \\ X_2 + 2X_3 \geqslant 422 \\ X_1 + X_2 + X_3 \leqslant 312 \\ X_i \geqslant 0 \end{cases}$$

Excel 规划求解表格设计见表 6-34，规划求解参数设计如图 6-7 所示，表中相关计算公式分别如下：

表 6-34　Excel 规划求解表

	B	C	D	E	F	G	H
2	获利		方案 1	方案 2	方案 3	需求量	原材料数量
3	2	3m	3	2	0	63	312
4	2.6	4m	0	1	2	422	
5		剩余	1		2		
6			X_1	X_2	X_3		
7			0	202	110	404	63
8						422	422
9						312	312
10		目标函数获利	1905.2	3m 产量	404	4m 产量	422

G7 = sumproduct（D3: F3，D7: F7），H7 = G3；

G8 = sumproduct（D4: F4，D7: F7），H8 = G4；

G9 = sum（D7: F7），H9 = H3；

D10 = sumproduct（B3: B4，G7: G8）；

F10 = G7，H10 = G8。

解得下料方案 2 下料 202 根，下料方案 3 下料 110 根，合计使用原材料 312 根，3m 生产 404 个，4m 生产 422 个，获利 1905.2 元。

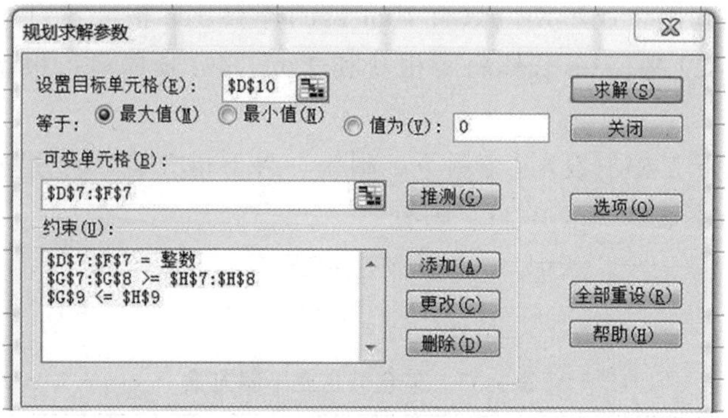

图 6-7　规划求解参数设计（下料问题 2）

2. 多种原材料下料问题

设 n 种原材料可供组合优化，变量为 $X_{ij}(i=1, 2, \cdots, n; j=1, 2, \cdots, k)$，$k$ 为选用的最大配装组合方案数，即用 X_{ij} 根第 i 型号原材料按第 j 个下料方案下料生产各种产品。每个下料方案中每种产品的下料个数为 $C_{hj}^{i}(i=1, 2, \cdots, n; h=1, 2, \cdots, m; j=1, 2, \cdots, k)$；每种原材料可生产各种产品的数量为 $QY_h^i(i=1, 2, \cdots, n; h=1, 2, \cdots, m)$；可生产第 h 种产品的总数量为 $TQY_h(h=1, 2, \cdots, m)$；每种原材料所需数量为 $VN_i(i=1, 2, \cdots, n)$；F_i 为第 i 种原材料单价；Q_h 为第 h 种产品的需求量；总成本为 TF。其数学模型为

目标函数：

$$\min TF = \sum F_i \times VN_i \tag{6-4}$$

约束条件：

$$\begin{cases} VN_i = \sum X_{ij}(i=1,2,\cdots,n; j=1,\cdots,k) \\ \sum X_{ij} \times C_{hj}^{i} = QY_h^i(i=1,2,\cdots,n; j=1,\cdots,k; h=1,2,\cdots,m) \\ TQY_h = \sum QY_h^i(i=1,2,\cdots,n; h=1,2,\cdots,m) \\ \sum QY_h^i \geqslant Q_h(i=1,2,\cdots,n; h=1,2,\cdots,m) \\ X_{ij}\text{ 为非负整数} \end{cases} \tag{6-5}$$

【例题 6-11】某配送中心可用三种不同规格原材料生产加工三种不同规格产品，三种原材料尺寸分别为 15m、10m 和 8m，单价分别为 660 元、580 元和 500 元，生产加工三种产品的尺寸分别为 3m、4m 和 5m，三种产品需求分别为 22 件、29 件和 21 件。问：所需原材料总成本最低为多少元？

解：该问题的规模比较小，可直接求解。

（1）单独用15m原材料生产三种产品的最优解

首先运用Excel软件，编制规划求解表并设置相关计算公式（见表6-35），列出可行的下料组合方案（见表6-35中区域C5: K7），然后根据上述数学模型运用Excel进行规划求解。

表6-35 用15m原材料生产三种产品的规划求解表（Excel形式）

	B	C	D	E	F	G	H	I	J	K	L
2		原材料规格/m			15			单价（元）		660	
3		下料组合方案									
4	产品	1	2	3	4	5	6	7	8	9	需求量（根）
5	3m（根）	5	3	3	2	2	1		1		22
6	4m（根）		1		2	1	3	1			29
7	5m（根）			1		1		2	2	3	21
8	剩余长度/m	0	2	1	1	0	0	1	2	0	
9											
10	变量	0	5	0	0	0	7	3	0	5	22
11											29
12											21
13	原材料总数（根）		20								
14	目标函数（元）		13200								

在表6-35中，变量区域为C10: K10，目标函数为D14，D14 = D13 * K2，区域L10: L12为三种产品的生产数量，规划求解约束条件为C10: K10 ≥0；C10: K10 = 整数；L10: L12 ≥ L5: L7（实际生产数量大于等于需求）。规划求解的结果是共需使用20根15m原材料，采用下料组合方案2、6、7和9，对应使用的原材料根数分别是5、7、3和5，所需原材料最低总成本为13200元。

（2）单独用10m原材料生产三种产品的最优解

求解过程同上，Excel规划求解过程及结果见表6-36。优化结果是共需使用31根10m原材料，采用下料组合方案3、4、5和6，对应使用的原材料根数分别是11、1、9和10，所需原材料最低总成本为17980元。

表6-36 用10m原材料生产三种产品的规划求解表（Excel形式）

	B	C	D	E	F	G	H	I	J	K	L
2		原材料规格/m			10			单价（元）		580	
3		下料组合方案									
4	产品	1	2	3	4	5	6	7	8	9	需求量（根）
5	3m（根）	3	2	2	1						22
6	4m（根）		1	1		2					29

（续）

	B	C	D	E	F	G	H	I	J	K	L
7	5m（根）				1		2				21
8	剩余长度/m	1	0	0	2	2	0				
9											
10	变量	0	0	11	1	9	10	0	0	0	23
11											29
12											21
13	原材料总数（根）		31								
14	目标函数（元）		17980								

（3）单独用8m原材料生产三种产品的最优解

求解过程同上，Excel规划求解过程及结果见表6-37。优化结果是共需使用3根8m原材料，采用下料组合方案2、3和4，对应使用根数分别是1、21和14，所需原材料最低总成本为18000元。

表6-37　用8m原材料生产三种产品的规划求解表（Excel形式）

	B	C	D	E	F	G	H	I	J	K	L
2		原材料规格/m			8			单价（元）		500	
3		下料组合方案									
4	产品	1	2	3	4	5	6	7	8	9	需求量（根）
5	3m（根）	2	1	1							22
6	4m（根）		1		2						29
7	5m（根）			1							21
8	剩余长度/m	2	1	0	0	8	8	8	8	8	
9											
10	变量	0	1	21	14	0	0	0	0	0	22
11											29
12											21
13	原材料总数（根）		36								
14	目标函数（元）		18000								

（4）三种原材料组合优化生产三种产品的最优解

三种原材料组合优化生产三种产品的Excel规划求解过程及结果见表6-38。

表6-38 三种原材料组合优化生产三种产品的规划求解表（Excel形式）

	B	C	D	E	F	G	H	I	J	K	L	M
2	原材料尺寸/m	单价（元）	产品尺寸/m	需求量（根）								
3	15	660	3	22								
4	10	580	4	29								
5	8	500	5	21								
6												
7	方案	1	2	3	4	5	6	7	8	9		
8	3m（根）	5	3	3	2	2	1	0	1	0		22
9	4m（根）	0	1	0	2	1	3	1	0	0		27
10	5m（根）	0	0	1	0	1	0	2	2	3		19
11												
12	方案	1	2	3	4	5	6	7	8	9		
13	3m（根）	3	2	2	1	0	0	0	0	0		0
14	4m（根）	0	1	1	0	2	0	0	0	0		0
15	5m（根）	0	0	0	1	0	2	0	0	0		2
16												
17	方案	1	2	3	4	5	6	7	8	9		
18	3m（根）	2	1	1	0	0	0	0	0	0		0
19	4m（根）	0	1	0	2	0	0	0	0	0		2
20	5m（根）	0	0	1	0	0	0	0	0	0		0
21												
22	变量	1	2	3	4	5	6	7	8	9		
23	X_{1j}	0	0	0	0	7	7	0	0	4	18	22
24	X_{2j}	0	0	0	0	0	1	0	0	0	1	29
25	X_{3j}	0	1	0	0	0	0	0	0	0	1	21
26	原材料总数（根）										20	
27	目标函数（元）										12960	

在表6-38中，区域B7: K10、B12: K15、B17: K20分别代表15m、10m和8m原材料的下料方案；M8: M10、M13: M15、M18: M20三个区域分别代表用三种原材料生产三种产品的实际生产数量；单元格M23、M24、M25分别代表三种产品使用三种原材料的总生产数量；变量区域为C23: K25；L23、L24、L25分别代表三种原材料的需求量；目标函数单元格为L27。

其中，部分单元格的计算公式如下：

L23 = sum（C23: K23），L24 = sum（C24: K24），L25 = sum（C25: K25）；

L26 = sum（L23: L25）;

M23 = M8 + M13 + M18，M24 = M9 + M14 + M19，M25 = M10 + M15 + M20;

L27 = sumproduct（C3: C5，L23: L25）。

根据三种原材料的下料组合方案，规划求解结果如下：共需使用三种原材料 20 根，其中，15m 原材料 18 根，分别按下料方案 5、6 和 9 下料生产，对应原材料根数分别为 7、7 和 4；10m 原材料 1 根，按下料方案 6 下料生产；8m 原材料 1 根，按下料方案 2 下料生产，三种原材料组合使用的最低总成本为 12960 元。

6.5 补货作业

6.5.1 补货作业的含义与内容

补货作业是指将货物从仓库保管区域搬运到拣货区的工作。当仓库模式为存拣分离的时，就会有补货作业。

补货作业主要应包括确定所需补充的货物，领取货物（商品），做好上架前的各种打理、准备工作，补货上架。

6.5.2 补货方式

1. 整箱补货

整箱补货是指由货架保管区整箱补货到流动货架的拣货区。这种补货方式由作业员到货架保管区取货箱，用手推车载箱至拣货区。这种方式较适合于体积小且少量多样出货的货品。

2. 托盘补货

托盘补货是指以托盘为单位进行补货。托盘由地板堆放保管区（或货架保管区）运到地板堆放动管区（或托盘货架动管区），拣货时把托盘上的货箱置于中央输送机送到发货区。当存货量低于设定标准时，立即补货。这种补货方式适合于体积大或出货量多的货品。

3. 货架补货

货架补货用于保管区与拣货区处于同一货架的情形，也就是将同一货架上的中下层作为动管区，上层作为保管区，而进货时则将动管区放不下的多余货箱放到上层保管区。当动管区的存货低于设定标准时，利用堆垛机将上层保管区的货物搬至下层动管区。这种补货方式适合于体积不大、存货量不高，且多为中小量出货的货物。

6.5.3 补货时机

何时补货应根据动管拣货区的货量是否能满足拣货需要而定。通常，可采用批次补货、定时补货或随机补货三种方式。

1. 批次补货

批次补货是指借助仓储管理系统，根据所需货品的总拣取量和动管拣货区的物品量，在每天或每一批次拣取前一特定时点补足物品。此为一次补足的补货原则，较适合一日内作业量变化不大，紧急插单不多，或是每批次拣取量大需要事先掌握信息的情况。

2. 定时补货

定时补货是指将每天划分为数个时段，补货人员在时段内检视（可借助其他信息技术，如通过电子自动显示系统、无人机检视等方式）动管拣货区货架上物品的存量，若不足即马上将货架补满。此为定时补足的补货原则，较适合分批拣货时间固定且处理时间也固定的情况。

3. 随机补货

随机补货是指由专门的补货人员，随时巡视动管拣货区的物品存量，发现不足随时补货。此为不定时补足的补货原则，较适合每批次拣取量不大、紧急插单多，以至于一日内作业量不易被事前掌握的情况。

6.6 出货作业

6.6.1 出货检查

1. 出货检查的主要内容

出货（发货）检查是指根据用户信息和车次，对拣选货品进行物品号码和数量的核实，以及品质的检查。拣货、配货作业完成后，应立即对物品进行复核检查，以保证出货物品数量准确、质量完好、包装完整，可杜绝差错的发生。对物品进行复核时，主要关注的是物品是否与出货单据相符。同时，为了提高仓库服务质量，仓管人员还要确保物品质量满足顾客的需要。出货检查作业包括核对拣取物品的信息，如客户名称、车次、产品编号及数量等，并且实施产品状态及品质的检验。

2. 出货检查方法

（1）商品条码检查法

这一方法最主要是要导入条码，通过条码进行货物跟踪。当进行出货检查时，作业员只需要扫描拣出货品的条码，计算机就会自动将资料与出货单比对，检查是否有数量或号码上的差异。

（2）声音输入检查法

声音输入检查法是一项新的技术，是由作业员发声读出货品的名称（或代号）及数量，之后计算机接收声音做自动判识，转成资料再与出货单进行比对。这一方式的优点在于作业员只要用嘴巴读取资料，手脚仍旧空着可做其他工作，自由度较高。但需注意的是，采用此法时，发音要准，且每次发音字数有限，否则计算机辨识困难，可能产生错误。

（3）重量计算检查法

重量计算检查法是先计算出货单上的物品总重量，然后称出发货物品的总重量，把两种重量相对比，检查发货数量是否正确。若能利用装有重量检核系统的拣货台车拣货，则在拣取过程中就能利用此方法来做检查，拣货员每拣取一样货品，台车上的计重器则会自动显示其重量并做查对，如此可完全省去事后的检查工作，效率更高。

3. 出货检查步骤

（1）检查出库单据

检查出库单据主要是审查物品出库凭证有无伪造、是否合乎规定手续、各项目填写是否齐全等，具体内容为如下五方面：

1）凭证有无涂改、是否过期。

2）凭证中各栏项目填写是否正确、完整等。

3）凭证中的字迹是否清楚。

4）印鉴及签字是否正确、真实、齐全。

5）出库物品应附的技术证件和各种凭证是否齐全。

（2）复核实物

复核实物就是根据物品出库凭证上所列项目对所发实物进行核对。复核查对的具体内容如下：

1）商品品名、规格是否相符。

2）商品数量是否准确。

3）出库商品应附的技术证件和各种凭证是否齐全。

4）包装质量状况如何，是否牢固、安全，是否满足运输要求等。

5）能否承受装载物的重量，能否保证在商品运输装卸中不致损坏。

6）是否便于装卸、搬运等作业。

7）怕震怕潮的商品，衬垫是否稳妥，密封是否严密。

8）收货人、到站、箱号、危险品或防震防潮等标志是否正确、醒目。

9）每件包装是否有装箱单，装箱单上所列各项目是否和实物、凭证等相符合。

（3）复核账、货结存情况

复核物品时，还要对配货时取货的货垛、货架上物品的结存数进行核对。检查物品的数量、规格等与出库凭证上标明的账面结存数是否相符，并要核对物品的货位、货卡有无问题，以便做到账、货、卡相符。

（4）做好检查记录

复核后，应该根据实际情况做好复核记录。此时，可以填写一份出库复核记录。

4. 物品出库复核方式

物品出库复核方式主要有个人复核、相互复核、专职复核和环环复核四种。

（1）个人复核

个人复核即由发货的仓管人员自己发货、自己复核，并对所发物品的数量、质量负全部责任。它适用于专业化程度高、存储品种单一、同一品种发货批量大而人员编制较少的仓库。

（2）相互复核

相互复核又称交叉复核，即两名仓管人员对对方所发物品进行照单复核，复核后双方共同承担责任。这种复核方式较个人复核容易发现问题，适用于出库业务繁杂、物品品种众多的仓库。

(3) 专职复核

专职复核是由仓库设置的专职复核员进行复核，专职复核人员与发货的仓管人员一同对出库物品的数量、质量承担责任。它有利于提高复核人员的工作效率，划清责任界限，适用于出库量较大的综合性仓库。

(4) 环环复核

环环复核即在发货过程中的各环节，都要根据物品出库凭证对其进行复核。这种复核方式虽然复杂、工序较多，但准确性极高，适用于分工细致的大型现代化仓库。

课堂讨论：宁波某物流企业出口的货物包含多种尺寸且重量不同，需要用几种不同的货柜（集装箱）装货，有低柜、高柜、20ft柜和40ft柜等多种货柜可用，不同货柜运费不同。问：可以采取哪些方法运送这些货物，使总的货柜费最低？

6.6.2 货物的出货方式

1. 托运

托运是物流的一种形式，是指托运人委托具有托运资质的公司将货物运输到指定地点，交给指定收货人的一种服务方式。根据托运方式不同，可分为海运托运、陆路托运、空运托运。托运的具体流程如下：仓库物料会计根据货主事先送来的发货凭证转开仓储发货单或备货单，交仓库保管员做好物料的配送、包装、集中、理货、待运等准备作业；设有理货员的仓库应由理货员负责进行集中理货和待运工作，保管员和理货员之间要求办理物料交接手续；然后，由仓库保管员（或直接由理货员）与运输人员办理点验交接手续，以便明确责任；最后由运输人员负责将物料运往车站或码头。

托运是较普遍采用的一种物料发货方式，适用于大宗、长距离的货物运输。采用这种方式，仓库应注意加强同运输单位的联系和衔接。

【小案例】

龙星物流减少装卸环节的措施

宁波龙星物流主要从事仓储、物料加工和分拨、装柜、卸柜服务，运输相关的仓储设施建设、经营，国际海运货物仓储、国际集装箱运作与堆场、国际货物运输代理等业务。为了减少装卸环节，龙星物流在仓库内设置了出口拼箱区（库），在出口拼箱区装箱的货物，无须在海关开箱卸货检验，这样减少了货物装卸环节，避免出现开箱检验后无法装箱的情况。

2. 送货上门

送货上门是指仓库根据收货单位的要求，按照提货单（出库凭证）所开列货物的品种、数量，用仓库自备的车辆将货物送到收货单位所指定的地方的一种服务方式。其交接手续在货车卸货地点进行。这种方式多为内、外贸储运公司所属的仓库，大型连锁超市公司配货中心（仓库）和产地，口岸批发企业所属的仓库采用。

3. 客户自提

客户自提是指收货单位或受收货单位委托的一方，持货主所开出库凭证并自备运输工具到仓库直接提货的一种发货方式。仓库会计根据发货凭证转开仓储发货单。仓库保管员按证单配货，经专人逐项复核后，将物料当面点交给提货人员，并办理交接手续，开出门单，由提货人员提走物料。这种出库方式一般适用于有自备车辆的收货单位，并且提货数量较少，运输距离较近。

4. 过户、移仓和取样

过户是一种就地划拨的发货方式，是指在不转移仓储物料的情况下，通过转账单变更物料的所有者的一种发货方式。物资虽未出库，但是所有权已从原有货主转移到新的货主。仓库必须根据原有货主开出的正式过户凭证，才能办理过户手续。物料过户时，仍由原货主填制正式的发货凭证，仓库据此做过户转账处理。

移仓是指货主单位因业务或保管需要而将储存的物料从某一仓位转移到另一仓位（或从甲仓库转移到乙仓库）的一种发货方式。移仓分内部移仓和外部移仓。内部移仓需填制仓储企业内部的移仓单，并据此发货；外部移仓则根据货主填制的物料移仓单结算和发货。

取样是指货主单位根据对货物质量检验、样品陈列等的需要，到仓库领取货样的一种发货方式。在办理取样业务时，仓库要根据货主填制的正式样品发货单转开仓储发货单，再核实物料的名称、规格、等级和数量等项后备货，经过复核，再将物料交提货人，并做好账务记录。

6.6.3 出货交接

发货时，发货员应该按照出库凭证逐笔向接货人员清点，然后将物品交给接货人员。交清后，发货员要在出库凭证上签名并加盖物品付讫日戳，同时给接货人员开具物品出门证，以便门卫放行。出货交接步骤如下：

1. 当面清点物品

发货时，发货员要与接货人员一起对物品进行最后一次清点，以确保物品种类、数量的准确。

2. 办理移交手续

物品清点无误后，发货员应该在发货单上填写实际发放数量并签字，然后将发货单交给接货人员，请接货人员在相应位置签字。

根据物品出货方式的不同，发货员需要与不同的人办理交接手续。

（1）代运出库交接

代运出库是指仓库接受客户的委托，先根据客户所开具的出库凭证办理出库手续，再通过运输部门把物品发运到指定的地方。

办理代运出库交接手续时，仓管人员应将包装好的物品交给承运单位，并与承运单位办理委托代运手续。

（2）送货出库交接

如果是送货出库，仓管人员应向运输人员点清，并办理内部交接手续。

(3) 自提出库交接

如果是用户自提，仓管人员应将物品向提货人员当面点清，并办理交接手续。

3. 物品交付

移交手续办理完成后，就可以让接货人员将物品运走。

6.6.4　出货现场清理

发货员应在物品出库后，对仓库现场进行清理，具体工作主要有以下几个方面：

(1) 清理现场

根据储存规划要求，对货物进行并垛、挪位，腾出新货位，以备新来货物使用。

(2) 清扫发货现场，保持清洁整齐

回收用过的苫垫材料，并妥善保管，以循环利用。

(3) 清查发货设备和工具

清查发货设备和工具有无丢失、损坏。

(4) 记账、归档

整理物品出入库情况、保管保养情况及盈亏数据等情况，然后记入档案，妥善保管，以备查用。

6.6.5　货物出库常见问题的处理

1. 出库凭证（提货单）异常处理

出库凭证（提货单）异常处理可分为五种情况：

1）凡出库凭证超过提货期限，用户前来提货，必须先办理手续，按规定缴纳逾期仓储保管费后方可发货。任何非正式凭证都不能作为发货凭证。提货时，用户发现规格开错，仓管人员不得自行调换规格发货。

2）凡发现出库凭证有疑点，以及出库凭证有假冒、复制和涂改等情况时，应及时与仓库保卫部门以及出具出库凭证的单位或部门联系，妥善进行处理。

3）出库凭证中进库还未验收或者未进库的货物，一般暂缓发货，并通知客户待货到并验收后再发货，提货期顺延。

4）如果发现出库凭证规格开错或印鉴不符时，仓管人员不得调换规格发货，必须通过制票员重新开票方可发货。

5）如客户因各种原因将出库凭证遗失，客户应及时与仓管人员和账务人员联系挂失；如果挂失时货已被提走，仓管人员不承担责任，但要协助客户找回物品；如果货还没有被提走，经仓管人员和账务人员查实后，做好挂失登记将原凭证作废，缓期发货。仓管人员必须时刻警惕，如再有人持作废凭证要求发货，应立即与保卫部门联系处理。

2. 提货数与实存数不符异常处理

若出现提货数量与物品实存数不符的情况，一般是实存数小于提货数。分以下几种情况处理：

1）如属于入库时记错账，则可以采用报出报入方法进行调整。

2）如属于仓管人员串发、错发而引起的问题，应由仓库方面负责解决库存数与提货数间的差数。

3）如属于客户漏记账而多开提货数，应由客户出具新的提货单，重新组织提货和发货。

4）如果是仓储过程中的损耗，需要考虑该损耗是否在合理的范围内，并与客户协商解决。合理范围内的损耗，应由客户承担；而超过合理范围之外的损耗，则由仓储部门负责赔偿。

当遇到提货数大于实际物品库存数时，无论是何种原因造成的，都需要和仓库主管部门以及客户及时取得联系后再做处理。

3. 串发货和错发货异常处理

串发货和错发货主要是指仓管人员由于对物品种类、规格不熟悉，或者由于工作中的疏漏，把错误规格、数量的物品发出库的情况。

如果物品尚未离库，应立即组织人力，重新发货。如果物品已经离开仓库，仓管人员应及时向主管部门和客户通报串发货和错发货的品名、规格、数量、提货单位等情况，会同客户和运输单位共同协商解决。一般在无直接经济损失的情况下由客户重新按实际发货数冲单（票）解决。如果已形成直接经济损失，应按赔偿损失单据冲转调整保管账。

4. 出库后异常情形处理

出库后异常情形处理可分为以下几种情况：

1）在发货出库后，若有客户反映规格混串、数量不符等问题，如确属仓管人员发货差错，应予纠正、致歉；如不属仓管人员差错，应耐心向客户解释清楚，请客户另行查找原因。凡属易碎物品，发货后客户要求调换，应以礼相待，婉言谢绝。如果客户要求帮助解决易碎配件，要协助其联系解决。

2）凡属客户原因，型号、规格开错，制票员同意退货，仓管人员应按入库验收程序重新验收入库。如包装或产品损坏，仓管人员不予退货，待修好后，按有关入库质量要求重新入库。

3）凡属产品的内在质量问题，客户要求退货或换货，应由质检部门出具检查证明、试验记录，经物品主管部门同意，方可退货或换货。

4）退货或换货产品必须达到验收入库的标准，否则不能入库。

5）物品出库后，仓管人员发现账实（结存数）不符，是多发或错发的要派专人及时查找追回以减少损失，不可久拖不予解决。

案例

华为智慧物流：为市场注入万物互联新动能

占地面积达25000m^{2}的华为松山湖供应链物流中心，是华为全球物流供应网络中的典型代表，也是华为供应、物流体系，从被动响应走向主动感知，向敏捷供应、智慧物流转型的结晶之一。该物流中心采用射频（RF）、电子标签拣货系统（PTL）、货到人挑选（GTP）、旋转式传送带（Carrousel）等多种先进技术，集物料接收、存储、挑选、齐套、配送功能于一体，是华为重要的样板点基地之一。截至目前，松山湖供应链物流中心已经初步实现了物流全过程可视，打造了收发预约、装车模拟、RFID 数字化应用等系列产品，取得了上千万元的收益。

1. 智慧物流：为数字化自动物流网络而生

智慧物流借助物联网、大数据、IT 服务化平台等技术，通过构建实时可视、安全高效、按需交付的物流服务能力，主动支撑交付保障，提升客户体验，有效改善物流运营效率。

在物流的关键节点，智慧物流可依据不同节点类型及场景优化流程，匹配最适宜的自动化工具和设备，从而实现小时级的履行能力，大大提高了工作效率。其中，仓储业务利用宽窄一体的 eLTE 无线通信技术和物联网（IoT）平台，统一连接和管理 AGV 无人车、自动扫码机等物流自动化设备，同时通过窄带物联网络广泛地连接到托盘、叉车等资产，从而实现自动进出库、自动盘点以及资产精准定位跟踪等功能，打造了高效快速的数字化仓储。不仅如此，在各个节点之间还可实现节点作业与实物运输的无缝连接、风险主动预警、全程可视可管理、实物“一个流”等高效运作模式。

智慧物流通过移动 App、AIS、物联网等物流先进技术应用，可实时掌握运载工具位置、库内作业状态等信息；通过打通各环节实现了信息的透明共享，以及实物流全过程可视，更好地在线协同人、车、货、仓；同时，通过与外部风险信息的实时互联，还可实现风险的主动预警、物流备选方案的智能提醒等。在配送环节，通过应用大数据及人工智能技术，智慧物流可对货物的配载及配送路线等情况进行智能计算，并给出最佳货物配载方案及最优运输路径，更加智能地实现了资源规划，并有效地提升了货物配送效率。

智慧物流技术使企业从生产到运输的全生命周期的流程可视，真正做到了“人与物的高效沟通”，促进了跨部门、跨企业的运营管理，通过提供一体化的数据集成服务，让客户获得了更高效、便捷、贴心的智慧物流体验。

2. 多位一体：构建全透明自动化物流体系

华为松山湖供应链物流中心按功能模块分成不同区域，包括栈板存储区及料箱存储区、货到人拣选区、高频物料拣选区、集货区等，以多位一体的先进模式，实现物流端到端业务可视及决策性业务智能处理，极大提升物流各环节协同运作效率。

栈板存储区及料箱存储区，可覆盖华为公司所有 PCBA 单板原材料管理；“中心仓 + 线边仓”的物料供应模式，实现了超期管理、潮敏管理、在线循环盘点和自动补货等功能；多维度、多层次的物料管理模式，满足了业务高可靠性、高复杂性的需求。

货到人拣选区为中低频物料拣选区，采用货到人的作业模式，降低了人工作业劳动强度，其二级缓存库实现了全自动出入库作业。不仅如此，该区域还通过采用 PTL 技术、播种式拣选、自动关联条码打印，实现了可同时处理多个订单，以及全面作业质量防呆和条码追溯。

高频物料拣选区采用小型堆垛机和流利式货架，实现了自动存储和补货作业，打造了存储、补货、拣选三位一体的立体作业模式。智慧物流技术使订单由系统进行自动下发和任务关联，通过 PTL、RF、接力式拣选和拣选防呆，可高效处理相关任务。

集货区依据交付对象设置了不同的集货区。集货区设置多个滑道，按任务令分滑道进行齐套，配合AGV无人智能送料小车，可以将物品直接供应到生产线工位上，实现库房与产线无缝对接。自动物流日均可处理10000个订单，日均出库16000个LPN（注册容器编码）。

资料来源：https://e.huawei.com/cn/case-studies/cn/2018/201807050934，有改编。

本章小结

6.1节出库作业管理概述，首先介绍了出库作业的内涵，然后介绍了出库业务流程。

6.2节拣货作业，首先论述了拣选作业的概念、流程、主要的拣货方法，然后介绍了拣货作业的信息传递方式，最后论述了下一个最好法和正向改进后下一个最好解法在拣货作业中的运用。

6.3节配货作业，介绍了配货作业的步骤和配货作业方式。

6.4节流通加工作业，首先介绍了流通加工，然后分别论述了多个零件、一个加工中心、一台设备的排序问题，多个零件、一个加工中心、多台设备的排序问题，多个零件在两个加工中心的排序问题在流通加工中的运用，最后论述了流通加工中下料优化方法。

6.5节补货作业，介绍了补货作业内容、方式和时机。

6.6节出货作业，介绍了出货检查、出货方式、出货交接、出货现场清理和货物出库常见问题的处理。

习　题

1. 简答题

(1) 货物出库的要求有哪些？

(2) 拣货作业的基本流程有哪些？

(3) 主要的拣货方法有哪些？

(4) 配货作业方式有哪些？

(5) 流通加工的主要作业形式有哪些？

(6) 主要的补货方式有哪几种？

(7) 简述物品出货检查步骤。

(8) 下料与装箱问题有何关系？

(9) 单一货物装箱（或下料）问题与多种不同货物装箱（或下料问题）目标函数有何不同？

(10) 单一工序平行机排序在物流的哪些环节中可以应用？

2. 计算题

(1) 8个不同零件的加工时间见表6-39，每个零件数量均为1个，有两台相同的设备，试用LPT法、截取法给出优化方案。

表 6-39　8 个不同零件的加工时间　　　　　　　　　　(单位：h)

J_1	J_2	J_3	J_4	J_5	J_6	J_7	J_8
16	14	19	23	30	17	3	11

(2) 某车间需加工 7 个零件，每个零件均需经过两道工序进行加工，且加工顺序都相同，首先在 P_1 设备上加工，然后在 P_2 设备上加工。有关资料见表 6-40，试用加工时间比值法，借助 Excel 软件求最优排序及最短的生产周期。

表 6-40　某车间 7 个零件的加工任务　　　　　　　　　　(单位：h)

零件	J_1	J_2	J_3	J_4	J_5	J_6	J_7
$P_1(P_{1j})$	15	18	32	20	18	22	7
$P_2(P_{2j})$	12	12	19	36	9	7	30

(3) 某车间要把 10m 长的棒料，截成 120 根 3m 长的和 170 根 4m 长的棒料，怎样截取最节省原材料？

(4) 某配送中心需要把原材料长 100cm 的棒料，截成 A、B 和 C 三种规格棒料，A、B 和 C 三种规格棒料订单数量分别为 60 根、80 根和 90 根，见表 6-41。问：如何下料，可以使所需原材料长 100cm 的棒料最少？

表 6-41　某配送中心下料原始资料

	A	B	C
尺寸 (cm)	24	38	32
数量 (根)	60	80	90
原材料尺寸 (cm)	100		

(5) 某仓储企业短期内只有 10m 长的棒料 520 根，客户需要 3m 长的棒料至少 120 根，4m 长的棒料至少 530 根。3m 长的棒料每根获利 2 元，4m 长的棒料每根获利 2.6 元。问：怎样截取获利最大？

(6) 假设仓库只有一个出入口，其余资料见表 6-42，拣货单有 5 个零件需要拣取，零件集（零件所在货位）$J=\{J_1, J_2, \cdots, J_n\}$，其中 J_1 为仓库出入口。问：如何安排拣取顺序，可以使完成 5 个零件拣取任务的行走距离比较短？

表 6-42　零件所在货位之间的距离　　　　　　　　　　(单位：m)

从	至				
	J_1	J_2	J_3	J_4	J_5
J_1	—	25	30	32	15
J_2	26	—	22	21	30
J_3	35	9	—	7	25
J_4	34	6	7	—	3
J_5	60	50	65	43	—

第 7 章

配送作业管理

案例导入

沃尔玛成功的配送管理模式

沃尔玛在 2023 年《财富》世界 500 强排行榜中排名第一位，2022 年实现营业收入 5727.54 亿美元、利润 136.73 亿美元。沃尔玛前任总裁大卫·格拉斯这样总结："配送设施是沃尔玛成功的关键之一，如果说我们有什么比别人干得好的话，那就是配送中心。"

沃尔玛公司 1962 年建立第一个连锁商店。随着连锁店铺数量的增加和销售额的增长，物流配送逐渐成为公司的发展瓶颈。于是，1970 年沃尔玛在公司总部所在地建立起第一间配送中心，集中处理公司所销商品的 40%。随着公司的不断发展壮大，配送中心的数量也不断增加。截至 2022 年，公司已发展到拥有近百家配送中心。每个配送中心占地约 10 万～12 万 m^2，为 100 家左右的连锁店配送货物，24 小时运作，每天可配送 20 万箱货物，配送成本只占销售额的 2%，比同行业低 50%。而其竞争对手只有约 50%～65% 的商品实现了集中配送。配送中心早已完全实现自动化，高效配送货物，商品在配送中心停留时间不超过 48h，大幅度降低了库存成本。

如今，沃尔玛在美国拥有 100% 的物流系统，配送中心已是其中一小部分，沃尔玛完整的物流系统不仅包括配送中心，还有更为复杂的资料输入采购系统、自动补货系统等。沃尔玛正是通过对商流、信息流的有效控制，使公司从采购原材料开始到制成最终产品，最后由销售网络把产品送到消费者手中的过程变得高效有序，实现了商业活动的标准化、专业化、统一化、单纯化，从而达到实现规模效益的目的，使其在零售业界所向披靡。物流管理系统如图 7-1 所示。

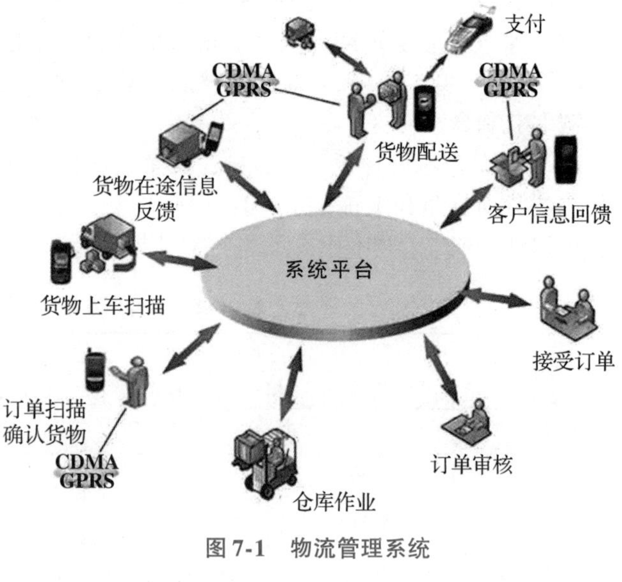

图 7-1 物流管理系统

资料来源：https://max.book118.com/html/2022/0305/7125166056004100.shtm，有改编。

第 1 章已经介绍了配送的概念及特点、配送的分类、配送中心与物流中心的概念、配送要素和配送作业流程等基本内容，本章主要讲解具体的配送作业管理与优化技术。

7.1　配送管理概述

7.1.1　配送管理的含义

配送管理是指为了以最低的配送成本达到客户所满意的服务水平，对配送活动进行的计划、组织、指挥、协调与控制。

7.1.2　配送管理的内容

配送管理可以从不同的角度来理解，通常包含以下内容：

1. 配送模式管理

配送模式一般是指企业对配送所采取的基本战略和方法。根据国内外的发展经验以及我国的配送理论与实践，目前主要有以下几种配送模式：自营配送模式、共同配送模式、第三方配送模式。企业选择何种配送模式，主要取决于四个方面的因素，即配送对企业的重要性、企业的配送能力、保证的服务及配送成本、市场规模与地理范围。

2. 配送作业管理

由于各种物品的属性不同，因此不同物品的配送会有各自的特点，但是配送的一般流程却大体相同。配送作业管理就是对配送流程中的各项活动进行计划和组织。

3. 配送业务管理

配送的对象、品种、数量较为复杂，为了做到有条不紊地组织配送活动，管理者需要遵循一定的工作程序对配送业务进行安排与管理，主要内容为选择配送路线和拟订配送计划。

4. 配送系统的要素管理

从系统的角度看，对配送系统各要素的管理主要包含以下内容：

1）人的管理。

2）财的管理。

3）物的管理。

4）信息管理。信息是配送系统的神经中枢，只有做到有效地收集、处理并及时传输物流信息，才能对系统内部的人、财、物等各个要素进行有效的管理。

5）方法管理。

5. 配送活动的职能管理

配送活动的职能管理主要有配送计划管理、配送质量管理、配送技术管理和配送经济管理各个方面。

6. 配送中心管理

配送中心是专门从事配送活动的场所。对配送中心的管理应从管理一个企业或者部门的角度出发，对其涉及的各项工作予以妥善的安排。

7.1.3 配送合理化

1. 配送合理化的内容

配送合理化即要实现五个“Right”（5R）服务：把好的产品（the Right Product），在规定的时间（at Right Time）、规定的地点（in the Right Place），以适当的数量（in the Right Quantity）、合适的价格（at the Right Price）提供给顾客。

2. 推行配送合理化的措施

（1）推行一定综合程度的专业化配送

采用专业设备、设施及操作程序，可以大幅度提高作业效率、降低成本，取得较好的配送效果，并降低配送过分综合化的复杂程度及难度，从而实现配送合理化。

（2）优化流通加工和配送环节，提高配送效率

必要的流通加工不仅可以保证产品质量，还可以大幅度提高配送效率。优化流通加工和配送环节可有效降低配送成本、提高配送效率。

（3）实施共同配送，降低成本，提高配送效率

在利益分配、成本分担、资源共享的基础上，实施共同配送可有效解决单独配送时配送量不足、配送资源不足、资源利用率不高、配送成本居高不下等弊端，可大幅度降低成本，提高配送效率。

（4）实行送取结合

配送企业可与用户建立稳定、密切的协作关系。配送企业不仅是用户的供应代理人，而且承担用户储存据点的作用，甚至成为产品代销人。在配送时，将用户所需的物资送到，再将该用户生产的产品用同一车运回，这种产品也成了配送中心的配送产品之一，或者作为代存代储，免去生产企业的库存包袱。这种送取结合的模式可以充分利用运力，更好地发挥配送企业的作用，从而实现配送合理化。

（5）实施准时配送

实施准时配送是准时制生产、精益生产理念在配送环节的应用，是配送合理化的重要内容。实施准时配送，可大幅度降低库存量，减少浪费；可以有效地安排接货的人力、物力，以追求最高效率的工作。准时配送也是提高供应保证能力的重要手段之一。

（6）快速反应、即时配送

作为计划配送的应急手段，即时配送是最终解决用户企业担心断供之忧、大幅度提高供应保证能力的重要手段。即时配送是配送企业快速反应能力的具体化，是配送企业能力的体现。

线上扩展

7-1 制定配送方案应遵循的原则

7.2 配送作业管理概述

1. 配送的含义

配送的含义在第 1 章中已经论述过，这里简单回顾一下。配送是指在经济合理区域范围内，根据客户要求，对物品进行拣选、加工、包装、分割、组配等作业，并按时送达指定地点的物流活动。配送是物流中一种特殊的、综合的活动形式，是商流与物流紧密结合，包含了商流活动和物流活动，也包含了物流中若干功能要素的一种形式。从物流的角度来讲，配送几乎包括了所有的物流功能要素，是物流的一个缩影或在某小范围中物流全部活动的体现。一般的配送集装卸、包装、保管、运输于一身，通过这一系列活动完成。

2. 配送作业内容

配送是物流企业按照用户订单或配送协议进行配货，通过科学统筹规划，选择经济合理的运输路线与运输方式，在用户指定的时间内，将符合要求的货物送达指定地点。可见，配送作业的主要内容是根据客户要求，做好配送计划工作，对物品进行拣选作业、流通加工作业、包装作业、分割作业、组配作业等内容，选用经济合理的运输工具、优化装载方法、确定优化运输路线，按时把货物送达指定地点。

拣选作业、流通加工作业已在前面章节讲过，这里不再赘述，重点讲述配送计划、配载装车、配送路线选择等内容。

7.3 配送计划

7.3.1 配送计划的种类及内容

1. 配送计划的概念

配送计划是指配送企业（配送中心）在一定时间内编制的生产计划。它是配送中心生产经营的首要职能和中心环节。配送计划的主要内容应包括配送的时间、车辆选择、货物装载以及配送路线、配送顺序等的具体选择。

2. 配送计划的种类

配送中心的配送计划一般包括配送主计划、日配送计划和特殊配送计划。

（1）配送主计划

配送主计划是指针对未来一定时期内，对已知的客户需求进行前期的配送规划，便于对车辆、人员、支出等做统筹安排，以满足客户的需要。例如，为迎接家电行业每年 3 ~7 月空调销售旺季的到来，配送中心可以提前根据各个客户前一年的销售情况及今年的预测情况，预测今年空调销售旺季的配送需求量，并据此制订空调销售旺季的配送主计划，提前安排车辆、人员等，以保证销售任务完成。

（2）日配送计划

日配送计划是配送中心逐日进行实际配送作业的调度计划。例如，订单增减、取消、配送任务细分、时间安排、车辆调度等。制订日配送计划的目的是使配送作业有章可循。与配送主计划相比，配送中心的日配送计划更具体、频繁。

（3）特殊配送计划

特殊配送计划是指配送中心针对突发事件或者不在主计划规划范围内的配送业务，或者不影响正常性每日配送业务所做的计划。它是配送主计划和日配送计划的必要补充。例如，空调在特定商场进行促销活动，可能会导致短期内配送需求量突然增加，这都需要制订特殊的配送计划，增强配送业务的柔性，提高服务水平。

3. 配送计划的内容

1）按日期排定用户所需商品的品种、规格、数量、送达时间、送达地点、送货车辆与人员等。

2）优化车辆行走路线与运送车辆趟次，并将送货地址和车辆行走路线在地图上标明或在表格中列出。如何选择配送距离短、配送时间短、配送成本低的线路，需要根据用户的具体位置、沿途的交通情况等做出优先选择和判断。除此之外，还必须考虑有些客户或其所在地点环境对送货时间、车型等方面的特殊要求。例如，有些客户一般不在上午或晚上收货，有些道路在某高峰期实行特别的交通管制等。因此，确定配送批次顺序应与配送线路优化综合起来考虑。

3）按用户需要的时间并结合运输距离确定起运提前期。

4）按用户要求选择送达服务方式。配送计划确定之后，向各配送点下达配送任务。依据计划调度运输车辆、装卸机械及相关作业班组与人员，并指派专人将商品送达时间、品种、规格、数量通知客户，使客户按计划准备好接货工作。

7.3.2 配送计划的编制

1. 编制配送计划的依据

编制配送计划的主要依据是：

1）客户订单。一般客户订单对配送商品的品种、规格、数量、送货时间、送达地点、收货方式等都有要求。因此，客户订单是拟订配送计划的最基本的依据。

2）客户分布（运输路线、距离）。客户分布是指客户的地理位置分布。客户位置离配送据点的距离长短、配送据点到达客户收货地点的路径选择，直接影响输送成本。

3）配送货物的体积、形状、重量、性能、运输要求及优化装载、配载方案。这些因素是决定运输方式、车辆种类、载重、容积、装卸设备的制约因素。

4）运输、装卸条件。运输道路交通状况、运达地点及其作业地理环境、装卸货时间、天气气候等对输送作业的效率也起较大的约束作用。

2. 配送计划的编制步骤

在充分掌握以上依据所列的必需的信息资料后，由电子计算机编制并最后形成配送计划表，或由计算机直接向具体执行部门下达指令。

其主要步骤是：

1）按日汇总各用户需求资料，用地图表明、矩阵表格列出。

2）计算各用户送货所需时间（包括装卸时间），以确定起送提前期。

3）确定每日各配送点的配送计划和可用的资源，可用图上或表上作业法完成，最好用规划求解法完成。

4）按计划的要求选择配送手段。

5）以表格形式拟订出详细配送计划。

7.3.3　配送计划的实施步骤

配送计划的实施过程通常分为五个阶段或步骤：

1）下达配送计划。通知用户和配送点，以使用户按计划准备接货，使配送点按计划组织送货。

2）配送点配货。各配送点按配送计划落实货物和运力，对数量、种类不符要求的货物，组织进货。

3）下达配送任务。配送点向运输部门、仓库、分货包装及财务部门下达配送任务，各部门组织落实任务。

4）发送。理货部门按要求对各用户所需的各种货物进行分货、配货、配装，并将送货交接单交驾驶员或随车送货人。

5）送达。车辆按规定路线将货物送达用户，用户清点接收后在回执上签章。配送任务完成后，由财务部门进行结算。

7.3.4　优化方法在配送计划中的运用

1. 车辆调度计划优化方法

车辆调度是指根据货物种类、数量，车辆类型及数量，配送中心分布位置、送达目的地分布及客户对各种货物的数量需求及时间要求，合理安排车辆、科学制定配送方案，在最大限度满足客户对各种货物的数量需求及时间要求的前提下，达到既定的目标（如路程最短、费用最小、耗时最少等目标）。制定车辆调度计划的方法有很多，这里只介绍几种常用方法。

（1）经验调度法

经验调度法就是根据实际经验进行车辆调度的方法。

【例题 7-1】 建材配送中心 A，某日需运送水泥 580t、盘条 400t 和不定量的平板玻璃。该中心有大型车 20 辆、中型车 20 辆、小型车 30 辆。各种车每日只运输一次物资，运输定额见表 7-1（为了提高运算效率，运用 Excel 表求解）。[⊖]

表 7-1　建材配送中心 A 的配送原始数据（Excel 形式）

	B		C	D	E	F
2			运水泥量/t	运盘条量/t	运玻璃量/t	车辆数量（辆）
3	车辆种类	大型车	20	17	14	20
4		中型车	18	15	12	20
5		小型车	16	13	10	30
6	需求量 Q_j/t		580	400		

⊖ 题中数据来自于 http://www.docin.com/p-1496380586.html。

解：运用经验调度法根据经验确定，车辆的安排顺序为大型车、中型车、小型车。货载的安排顺序为水泥、盘条、玻璃。由此得出派车方案，共完成货运量1080t。计算过程及结果见表7-2，相关Excel计算公式如下：

单元格C13 = sumproduct（C$3: C$5，C10: C12）；单元格D13 = sumproduct（D$3: D$5，D10: D12）；单元格E13 = sumproduct（E$3: E$5，E10: E12）；单元格C14 = C6，D14 = D6，E14 = E13；单元格C15 = sum（C14: E14）。

表7-2　经验调度法调度方案（Excel形式）

	B		C	D	E	F
9			运水泥	运盘条	运玻璃	车辆数量
10	车辆种类	大型车（辆）	20			20
11		中型车（辆）	10	10		20
12		小型车（辆）		20	10	30
13	可运输量 YQ_j/t		580	410	100	
14	需求量(实际运输量)Q_j/t		580	400	100	
15	总运输量ZQ/t		1080			

该方法的优点是简单、易于掌握；缺点是优化程度不高，需要人工给出方案，当货物种类较多、车辆类型较多时，计算过程比较烦琐，容易出错。

（2）运输定额比法

运输定额比法就是根据不同货物运输定额计算定额比，然后再根据定额比大小确定安排顺序，定额比大的优先安排，最终给出调度计划。

根据表7-1的资料，计算每种车运输不同货物的定额比，见表7-3。表7-3中，相关Excel计算公式如下：

单元格C19 = C3/D3，D19 = D3/E3，E19 = C3/E3；其余单元格类似，可复制C19: E19区域，粘贴到C20: E21区域。

表7-3　运输定额比（Excel形式）

	B	C	D	E	F
18	车辆种类	运水泥	运盘条	运玻璃	车辆数量（辆）
19	大型车	1.18	1.21	1.43	20
20	中型车	1.20	1.25	1.50	20
21	小型车	1.23	1.30	1.60	30

由表7-1知，运输水泥的效率最高，其次是盘条，最后是玻璃。在运输水泥时，小型车的定额比最大，所以优先安排小型车运水泥，将全部小型车均安排运水泥，经计算可运480t；在运盘条时，因小型车已全部安排完，不能再使用，而大型车和中型车相比，中型车的定额比最大，所以优先安排中型车运盘条，经计算20辆中型车全部运盘条，可运300t；

余下的水泥、盘条及玻璃由大型车辆运输，给出的最终方案见表 7-4，相关 Excel 计算公式与经验调度法类似，从略。

表 7-4 运输定额比法调度方案（Excel 形式）

	B		C	D	E	F
24			运水泥	运盘条	运玻璃	车辆数量
25	车辆种类	大型车（辆）	5	6	9	20
26		中型车（辆）		20		20
27		小型车（辆）	30			30
28	可运输量 YQ_j/t		580	402	126	
29	需求量（实际运输量）Q_j/t		580	400	126	
30	总运输量 ZQ/t		1106			

该方法的优点是优化程度高于经验调度法；缺点是计算工作量、优化顺序较复杂、烦琐、容易出错，当货物种类较多、车辆类型较多时，更加烦琐，更容易出错。

(3) 规划解法

为了克服经验调度法和运输定额比法的不足，更简单、更容易掌握的线性规划解法由此被提出。

线性规划解法的关键是建立数学模型，即建立目标函数表达式及约束条件。首先，确定目标函数。该类问题追求总的运输量最大，总运输量等于各种货物运输量之和，目标函数应为各种货物运输量之和最大。其次，确定约束条件。第一类约束条件是各类型号车辆数量约束；第二类是货物需求数量约束（数量大小、变化区间等约束）。最后是变量的设计与变量类型约束。

根据【例题 7-1】，因为水泥运输量和盘条运输量固定，只有玻璃运输量是可变的，因此，只要满足约束条件，追求玻璃运输量最大即可。因为该问题只有三种车型，即可使用车辆类型 $m=3$，需要配送货物种类 $n=3$，所以只设 $mn=3\times3=9$ 个变量即可。设变量为 X_{ij}，i 为车辆型号代码，$i=1, 2, 3$；j 为货物种代码，$j=1, 2, 3$；X_{ij} 可为非负整数，也可是非负数，若不是整数，代表可以混装其他货物（即设 X_{11}、X_{12}、X_{13} 分别为第一种型号车辆运输第一、第二和第三种货物的车辆数，若不能混装，则变量需为正整数；余者类推）。设 C_{ij} 为运输定额；K_i 为车辆数量；Q_j 为货物需求量；i 和 j 符号含义同上所述。根据上述分析，假设货物不能混装，该例题数学模型如下：

目标函数为

$$\max Z = C_{13}X_{13} + C_{23}X_{23} + C_{33}X_{33} \tag{7-1}$$

即

$$\max Z = 580 + 400 + C_{33}X_{33}$$

约束条件为

$$
\begin{cases}
X_{11}+X_{12}+X_{13}=K_1\\
X_{21}+X_{22}+X_{23}=K_2\\
X_{31}+X_{32}+X_{33}=K_3\\
C_{11}X_{11}+C_{21}X_{21}+C_{31}X_{31}\geqslant Q_1\\
C_{12}X_{12}+C_{22}X_{22}+C_{32}X_{32}\geqslant Q_2\\
X_{ij}\text{非负整数}
\end{cases}
\tag{7-2}
$$

该模型可用相关软件求解，这里只介绍运用 Excel 软件进行规划求解的方法，求解过程与结果见图 7-2 和表 7-5。

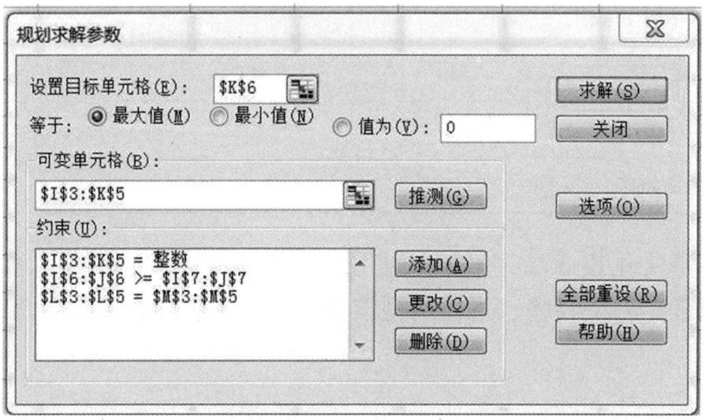

图 7-2　Excel 规划求解参数设计（例题 7-1）

表 7-5　Excel 规划求解表及其中一组最优解（例题 7-1）

	H		I	J	K	L	M
2			运水泥	运盘条	运玻璃	所用车辆数量	车辆数量
3	车辆种类	大型车（辆）	1	10	9	20	20
4		中型车（辆）	9	11	0	20	20
5		小型车（辆）	25	5	0	30	30
6	可运输量 YQ_j/t		582	400	126	1108	
7	需求量（实际运输量）Q_j/t		580	400	126		
8	总运输量 ZQ/t		1106				

表 7-5 中相关 Excel 计算公式分别如下：

目标函数单元格：I8 = sum（I7: K7）。

约束条件单元格的计算公式分别为

车辆数量单元格：L3 = sum（I3: K3），L4 = sum（I4: K4），L5 = sum（I5: K5）；

可运输量 YQ_j 单元格：I6 = sumproduct（C3: C5，I3: I5），J6 = sumproduct（D3: D5，J3: J5），K6 = sumproduct（E3: E5，K3: K5）。

可运输总量单元格：L6 = sum（I6: K6）；

需求量（实际运输量）Q_j 单元格：I7 = C6，J7 = D6，K7 = K6。

解得 $X_{11}=1$、$X_{12}=10$、$X_{13}=9$、$X_{21}=9$、$X_{22}=11$、$X_{23}=0$、$X_{31}=25$、$X_{32}=5$、$X_{33}=0$；$\max Z=580+400+126=1106$（t）。

该问题有多个最优解，表7-5是其中一组最优解；表7-6是另一组最优解，多求解几次也可获得与运输定额比法一样的结果。有多个最优解，便于灵活安排调度方案，满足多种需求。

表7-6 Excel规划求解表及另一组最优解（例题7-1）

	H		I	J	K	L	M
2			运水泥	运盘条	运玻璃	所用车辆数量	车辆数量
3	车辆种类	大型车（辆）	3	8	9	20	20
4		中型车（辆）	5	15	0	20	20
5		小型车（辆）	27	3	0	30	30
6	可运输量 YQ_j/t		582	400	126	1108	
7	需求量(实际运输量) Q_j/t		580	400	126		
8	总运输量ZQ/t		1106				

这类问题目标函数和约束条件的设置与选取直接影响优化程度，也会影响与实际情况是否相符，表7-7所示为选可运输量 YQ_j(L6) 为目标函数、运输量大于或等于需求量时的最优解结果。

表7-7 选可运输量 YQ_j（L6）为目标函数时的Excel规划求解最优解结果

	H		I	J	K	L	M
2			运水泥	运盘条	运玻璃	变量和	车辆数量
3	车辆种类	大型车（辆）	0	20	0	20	20
4		中型车（辆）	16	4	0	20	20
5		小型车（辆）	30	0	0	30	30
6	可运输量 YQ_j/t		768	400	0	1168	
7	需求量(实际运输量) Q_j/t		580	400	0		
8	总运输量ZQ/t		980				

注意要点1：解题的关键是最后两个约束条件，不用“=”而用“≥”是因为用“=”会使最优解范围缩小，用“≥”既能满足约束条件，又能不使范围缩小，安排车辆数可以装下超过所需数量的货物，但根据需要，只装所需数量，可得最优解；否则，则会强行缩小范围，虽然在该条件下也可以获得一个最优解，但通常比前者获得的最优解小。本例中采用大于或等于约束，可获得最优解1106t，而采用等于约束则只能获得最优解1102t。

注意要点2：该例题中，因为水泥、盘条需求量固定，所以目标函数只能选单元格I8或K6，得到的结果一样，不可选L6，即总的可运输量最大（见表7-7），因为约束条件是水泥、盘条运输量大于或等于需求量，超出部分该例题不需要，所以只能保证该条件下总的可运输量最大，不能保证实际运输量最大。

【例题7-2】建材配送中心B，某日需运送水泥300～550t，盘条100～420t和不定量的平板玻璃。该中心有大型车23辆、中型车26辆、小型车32辆。各种车每日只运输一次物资，运输定额见表7-8，试运用Excel规划求解，给出最佳运输方案，使总的运输量最大。

表7-8　建材配送中心B的配送原始数据（Excel形式）

	B		C	D	E	F
2			运水泥量/t	运盘条量/t	运玻璃量/t	车辆数量（辆）
3	车辆种类	大型车	20	17	14	23
4		中型车	18	15	12	26
5		小型车	16	13	10	32
6	需求量上限 UQ_j/t		550	420		
7	需求量下限 LQ_j/t		300	100		

解：目标函数选L6或I10，单元格I10 = L6，其余与例题7-1类似，从略。

解得 $X_{11}=0$、$X_{12}=3$、$X_{13}=20$、$X_{21}=3$、$X_{22}=23$、$X_{23}=0$、$X_{31}=31$、$X_{32}=1$、$X_{33}=0$，$\max Z=550\text{t}+409\text{t}+280\text{t}=1239\text{t}$，求解过程与结果参表7-9、表7-10和图7-3。该问题有多个解，表7-9和表7-10分别为两组最优解。

表7-9　Excel规划求解表及其中一组最优解（例题7-2）

	H		I	J	K	L	M
2			运水泥	运盘条	运玻璃	变量和	车辆数量
3	车辆种类	大型车（辆）	0	3	20	23	23
4		中型车（辆）	3	23	0	26	26
5		小型车（辆）	31	1	0	32	32
6	需求量(实际运输量) Q_j/t		550	409	280	1239	
7	需求量上限 UQ_j/t		550	420			
9	需求量下限 LQ_j/t		300	100			
10	总运输量 ZQ/t		1239				

表7-10　Excel规划求解表及另一组最优解（例题7-2）

	H		I	J	K	L	M
2			运水泥	运盘条	运玻璃	变量和	车辆数量
3	车辆种类	大型车（辆）	0	8	15	23	23
4		中型车（辆）	3	18	5	26	26
5		小型车（辆）	31	1	0	32	32
6	需求量(实际运输量) Q_j/t		550	419	270	1239	
7	需求量上限 UQ_j/t		550	420			
9	需求量下限 LQ_j/t		300	100			
10	总运输量 ZQ/t		1239				

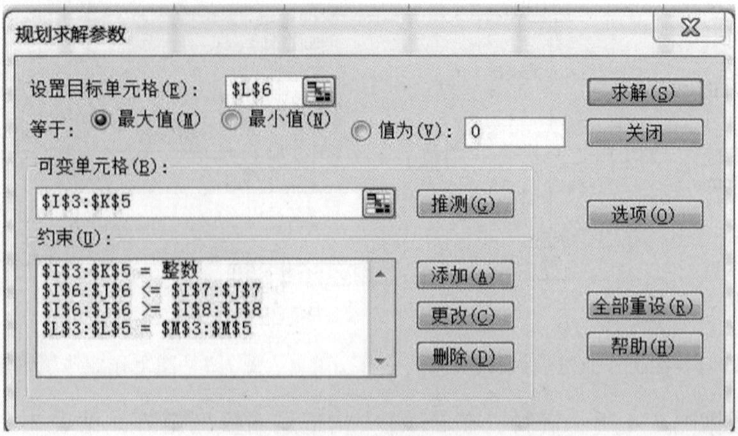

图 7-3 Excel 规划求解参数设计（例题 7-2）

实训题 7-1 建材配送中心 C，某日需运送水泥 360 ~ 530t、盘条 210 ~ 420t 和不定量的平板玻璃、密度板。该中心有大型车 22 辆、中型车 31 辆、小型车 28 辆。各种车每日只运输一次物资，运输定额见表 7-11，试运用 Excel 规划求解，给出最佳运输方案，使总的运输量最大。

表 7-11 建材配送中心 C 的配送原始数据（Excel 形式）

	B		C	D	E	F	G
2			运水泥量/t	运盘条量/t	运玻璃量/t	运密度板量/t	车辆数量（辆）
3	车辆种类	大型车	20	17	14	18	22
4		中型车	18	15	12	16	31
5		小型车	16	13	10	15	28
6	需求量上限 UQ_j/t		530	420			
7	需求量下限 LQ_j/t		360	210			

2. 图上作业法的规划解法

常用的配送优化方法有两种：① 图上作业法，就是把配送中心、需求点、供给量、需求量、距离等信息画在平面图上，根据图论优化理论，给出最优配送方案；② 表上作业法，就是将运输问题在表格上手工求解。虽然第一种方法比较直观，比较容易获得最优方案，但画图的过程烦琐，求解步骤多，相对不易掌握、不易操作。表上作业法也存在求解步骤多、烦琐、计算工作量大且容易出错的问题。因此，建议将这类配送问题转化为常规运输问题，再运用 Excel 规划求解，常规运输问题的解法参见第 2 章相关内容。

【例题 7-3】某物流公司，有三个配送中心，分别是 A_1、A_2 和 A_3，可提供某种货物数量分别是 6t、9t 和 13t，有五个需求点，分别是 B_1、B_2、B_3、B_4 和 B_5，需求量分别是 8t、5t、6t、3t 和 7t，其他数据如图 7-4 所示，根据图论优化理论用图上作业法给出最优方案，如图 7-5所示。问：如何运用 Excel 软件进行规划求解？

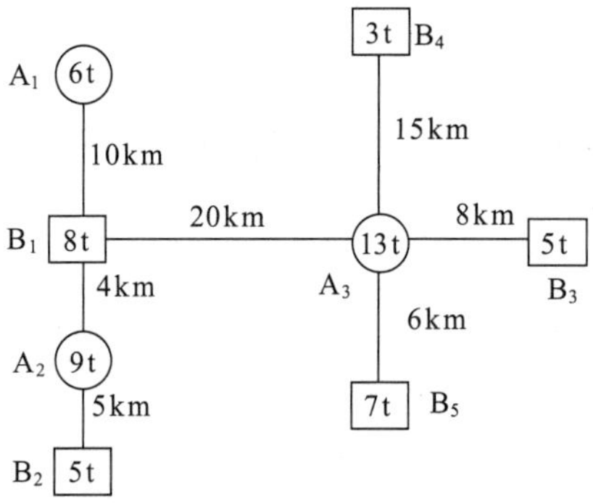

图 7-4 图上作业法原始资料

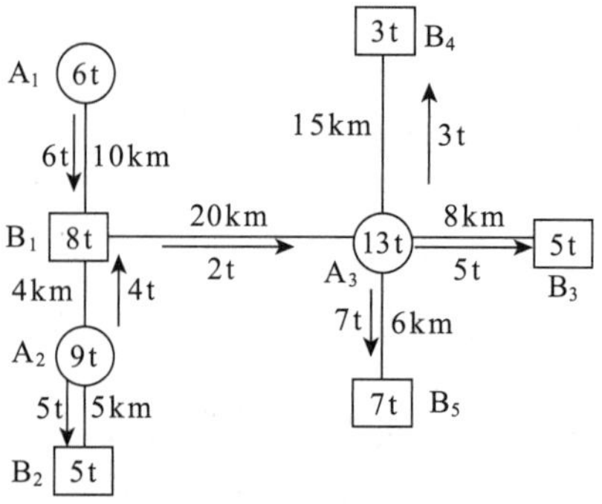

图 7-5 图上作业法最优解

解：首先根据图 7-4 所示资料，在 Excel 中构造运输模型矩阵，见表 7-12；然后，参照第 2 章运输问题解法及步骤进行求解，这里只给出最终优化方案，见表 7-13。

表 7-12 运输模型矩阵（Excel 形式）

	B	C	D	E	F	G	H
2		B_1	B_2	B_3	B_4	B_5	配送量/t
3	A_1/km	10	19	38	45	36	6
4	A_2/km	4	5	32	39	30	9
5	A_3/km	20	29	8	15	6	13
6	需求量/t	8	5	5	3	7	

表 7-13 Excel 规划求解最优方案（例题 7-3）

	B	C	D	E	F	G	H	I
9		B_1	B_2	B_3	B_4	B_5	变量和/t	配送量/t
10	A_1/t	6	0	0	0	0	6	6
11	A_2/t	2	5	0	0	2	9	9
12	A_3/t	0	0	5	3	5	13	13
13	变量和/t	8	5	5	3	7	28	
14	需求量/t	8	5	5	3	7		
15	目标函数/（t·km）	268						

3. 成本最低车辆调度方法

不同型号货车在一定区域内（不同地区收费标准不一样）运送距离一样时，运费不同。货物通常有三维尺寸和单件重量，每辆货车有载重量和容积（装货体积），通常货物尺寸与货车货厢尺寸不完全匹配、货物单件重量与货车载重量不完全匹配。因此，货车载重量与体积通常不可能被充分利用，应根据具体货车货厢三维尺寸、载重量和货物三维尺寸、单件重量，运用一定的方法计算每种型号的货车实际优化装载某种货物的数量、货厢体积利用率、载重利用率。

为了简化问题，这里只论述载重问题，体积问题忽略不计（实际也应该考虑）。

【**例题 7-4**】配送中心 D 有一种货物需要配送到广州某工厂，货物重量为 72.3t，有四种型号的货车可供使用，不同型号货车的运费、实际装载重量见表 7-14。

表 7-14 配送中心 D 的配送原始数据

项目	车型			
	1.5t	3t	5t	8t
运价（元/辆）	600	800	1200	1500
实际载重量/t	1.4	2.9	4.8	7.5
车辆数量限制（辆）	8	12	12	6
单一货车装货需要数量（辆）	52	25	16	10
单一货车装货总运费（元）	31200	20000	19200	15000

（1）假设各种型号的车辆数量没有限制，试分别计算只用某种型号货车运送货物的运费。

（2）若不考虑车辆数量限制，问：如何调度车量，使总运费最低？

（3）若考虑车辆数量限制，问：如何调度车量，使总运费最低？

解：（1）假设各种型号的车辆数量没有限制，则只用某种型号货车运送这种货物所需的车辆数量及总运费见表 7-14 最后两行，计算过程如下：

用 1.5t 车运送，所需车辆数为 $[72.3t/1.4t]^1=52$，每辆车运费为 600 元，所以总运费为

$$TC(1.5)=52\times600\text{ 元}=31200\text{ 元}$$

用 3t 车运送，所需车辆数为 $[72.3t/2.9t]^1=25$，每辆车运费为 800 元，所以总运费为

$$TC(3)=25\times800\text{ 元}=20000\text{ 元}$$

用 5t 车运送，所需车辆数为 $[72.3t/4.8t]^1=16$，每辆车运费为 1200 元，所以总运费为

$$TC(5)=16\times1200\text{ 元}=19200\text{ 元}$$

用 8t 车运送，所需车辆数为 $[72.3t/7.5t]^1=10$，每辆车运费为 1500 元，所以总运费为

$$TC(8)=10\times1500\text{ 元}=15000\text{ 元}$$

（2）若不考虑车辆数量限制，设四种型号货车的使用量分别为 X_1、X_2、X_3 和 X_4，总运费为 TC，则有如下数学模型：

目标函数：$\min TC=600X_1+800X_2+1200X_3+1500X_4$

约束条件：$\begin{cases}1.4X_1+2.9X_2+4.8X_3+7.5X_4\geqslant72.3\\ \text{变量为非负整数}\end{cases}$

运用 Excel 规划求解得 $X_1=0$，$X_2=0$，$X_3=1$，$X_4=9$，可装 72.3t，总运费为 14700 元。比用单一型号货车运送节约 300 元。

（3）若考虑车辆数量限制，设四种型号货车的使用量分别为 X_1、X_2、X_3 和 X_4，总运费为 TC，则有如下数学模型：

目标函数：$\min TC = 600X_1 + 800X_2 + 1200X_3 + 1500X_4$

约束条件：
$$\begin{cases} 1.4X_1 + 2.9X_2 + 4.8X_3 + 7.5X_4 \geqslant 72.3 \\ X_1 \leqslant 8 \\ X_2 \leqslant 12 \\ X_3 \leqslant 12 \\ X_4 \leqslant 6 \\ \text{变量为非负整数} \end{cases}$$

运用 Excel 规划求解得 $X_1=0$，$X_2=0$，$X_3=6$，$X_4=6$，可装 73.8t，实际只需要装 72.3t，所以，某一车少装 1.5t 即可，总运费为 16200 元。

【例题 7-5】配送中心 E 有一种货物需要配送到广州某工厂 37t、惠州某工厂 52t 和中山某工厂 43t，各种型号货车的装载吨数、数量限制、运费等相关资料见表7-15。问：如何安排调度车辆，使总运费最低？

表 7-15　配送中心 E 的配送原始数据（Excel 形式）

	B	C	D	E	F	G
2	货物种类					货物配送量/t
3	货车种类	1.5t	3t	5t	8t	
4	广州运费（元/辆）	600	800	1200	1500	37
5	惠州运费（元/辆）	450	600	900	1200	52
6	中山运费（元/辆）	650	900	1300	1600	43
7	装载吨数（t/辆）	1.4	2.9	4.8	7.5	
8	车辆数量限制（辆）	8	12	12	6	

解：在表 7-15 中，相关 Excel 计算公式如下：

G15 = sumproduct（C$7: F$7，C15: F15）

G16 = sumproduct（C$7: F$7，C16: F16）

G17 = sumproduct（C$7: F$7，C17: F17）

C18 = sum（C15: C17）

D18 = sum（D15: D17）

E18 = sum（E15: E17）

F18 = sum（F15: F17）

G19 = sum（C15: F17）

C20 = sumproduct（C4: F6，C15: F17）

Excel 规划求解参数设计如图 7-6 所示，结果见表 7-16。

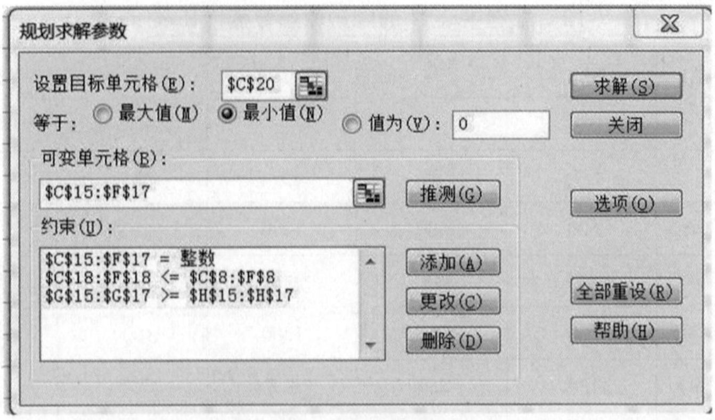

图 7-6　Excel 规划求解参数设计（例题 7-5）

表 7-16　Excel 规划求解最优方案（例题 7-5）

	B	C	D	E	F	G	H
14	j	1	2	3	4		货物配送量/t
15	X_{1j}（辆）	0	2	5	1	37.3	37
16	X_{2j}（辆）	0	8	6	0	52	52
17	X_{3j}（辆）	0	2	0	5	43.3	43
18	使用数量（辆）	0	12	11	6		
19	车辆总数（辆）					29	
20	总运费（元）	29100					

实训题 7-2　配送中心 F 有一种货物需要配送到广州某工厂 53t、惠州某工厂 52t 和中山某工厂 48t，各种型号货车的装载吨数、数量限制、运费等相关资料见表 7-17。问：如何安排调度车辆，使总运费最低？

表 7-17　配送中心 F 的配送原始数据（Excel 形式）

	B	C	D	E	F	G
2	货物种类					货物配送量/t
3	货车种类	1.5t	3t	5t	8t	
4	广州运费（元/辆）	600	800	1200	1500	53
5	惠州运费（元/辆）	450	600	900	1200	52
6	中山运费（元/辆）	650	900	1300	1600	48
7	装载吨数（t/辆）	1.4	2.9	4.8	7.5	
8	车辆数量限制（辆）	8	10	12	13	

实训题 7-3　配送中心 G 有两种货物（A 货物和 B 货物）需要配送，其中 A 货物需要配送到广州某工厂 21t、惠州某工厂 45t 和中山某工厂 42t，其中 B 货物需要配送到广州某工厂 51t、惠州某工厂 28t 和中山某工厂 31t，货物在各种型号货车装载吨数、各种型号货车数量、运费等相关资料见表 7-18。问：如何安排调度车辆，使总运费最低？

表 7-18 配送中心 G 的配送原始数据（Excel 形式）

	B	C	D	E	F	G	H
2	货物种类					A 货物/t	B 货物/t
3	货车种类	1.5t	3t	5t	8t		
4	广州运费（元/辆）	600	800	1200	1500	21	51
5	惠州运费（元/辆）	450	600	900	1200	45	28
6	中山运费（元/辆）	650	900	1300	1600	42	31
7	装载吨数（t/辆）	1.4	2.9	4.8	7.5		
8	车辆数量限制（辆）	8	12	17	21		

7.4 配载装车作业

7.4.1 配载装车作业的主要内容

物流公司零担运输装车是起运的开始。装车前必须根据车辆吨位、体积、货物性质和货物运送方向、中转、直达等做好货物配载工作。

1. 零担运输的配载

1）整理各种随货同行单据，包括提货联、随货联、托运单、零担货票及其他附送单据，按中转、直达分开。在组织中转时应考虑发运到中转次数最少的中转站进行中转，不得随意中转，更不能迂回中转。凡中转货物一律不得分批运送。

2）根据车辆核定吨位、车厢容积和起运货物的重量、理化性质、长度、大小和形状等，优化装车方案，合理配载，编制货物交接清单。

2. 装车组织

（1）备货

货运仓库接到货物装车交接清单后，应逐批核对货物台账、货位、货物品名和到站，点清件数，检查包装标志、票签或贴票。

（2）交代装车任务

货物装车前，仓库保管人员要将待装货物按货位、批量向承运车辆的随车理货员或驾驶员交代货物品名、件数、性能及具体装车次序、装载要求、防护要领和消防方法等。

（3）监装

实行装车时，可采用点筹对装法，由仓库保管员发筹，随车理货员或驾驶员收筹，按筹点数核对。零担运输配运员与随车理货员（或驾驶员）根据零担运输配运计划监装，并以随货同行的托运单及附件为凭证按批点交。装车时，应注意以下几点：

1）检查零担车车体、车门、车窗是否良好，车内是否干净。

2）根据车辆容积、货物的尺寸与重量均衡地分布货物，防止偏重或中心过高；对某些集中货物和畸形偏重货物，下面应垫以一定厚度的木板或钢板，并使其重心尽可能位于车辆纵横中心线的交叉点。

3）紧密地堆放货件，充分利用车辆载重量和容积，巧装满载，防止车辆运行中因震荡造成的货物倒塌、破损。

4）每批货物要堆放在一起，并按公—铁、公—水、公—航空、公—公联运中转零担和直线零担次序装车，为到站和中转站快速卸货提供便利。

中转站装卸零担运输，应先卸后装，依次进行，避免因货物混乱而产生差错。无论卸货进仓或装货上车，均按起点站装卸作业程序办理。在装车前还应将车上的货物按到达站远近适当整理，以降低下一站的卸货难度。

中转站应积极组织车辆发运，减少货物在中转站的滞留时间。对破散受潮、包装污染的货物，除在卸车交接时如实编制记录外，应先整理加固，然后再换装，严禁错来错转。

3. 站车交接

起运站与承运车辆，依据零担运输装车交接清单办理交接手续，在监装时按交接清单有关栏目逐批点交、逐批接收。交接完毕后，随车理货员或驾驶员应在交接清单上签收。

7.4.2 配载装车的目标与原则

1. 配载装车的目标

在保证货物质量与数量的前提下，尽可能提高车辆的装载率和利用率，提高装卸效率，节省运力，降低配送成本。

2. 配送车辆积载的原则

明确了客户的配送顺序后，就需要解决车辆积载的问题。为了提高配送效率、装卸效率和装箱率，降低配送成本和减少货损货差，车辆积载应遵循以下原则：

1）装车的顺序应为先送后装，后送先装。先送靠近货箱车门、货堆外围或顶部的货物，便于卸货。

2）轻重搭配，重不压轻，重货靠近货箱中心。装车时必须将重货置于底部，轻货置于货堆外围或顶部，避免重货压坏轻货，并使整箱货物重心下移，从而保证运输安全。怕压、易碎、易变形的产品，在装载时要采取防护措施。

3）大小搭配，大不压小，优化组合，充分利用货箱三维尺寸。

4）注意货物性质匹配，拼装在一个车厢内的货物，其化学属性、物理属性不能互相抵触。特别注意食品不能和有异味的、有毒的货物混装。

5）确定合理的堆码层次及方法，可根据车厢的尺寸、容积、货物外包装的尺寸来确定。

6）积载时不超重、分布均匀，积载时不能超过载重量限制，并且车厢内的货物重量应分布均匀，避免整箱货物的重心发生偏离，影响运输安全。

7）应防止车厢内货物之间发生碰撞、相互玷污。

7.4.3 影响配送车辆积载的因素

1）货物特性因素。例如，由于车辆容积的限制和运行限制（超高或超宽），轻泡货物无法满足车辆吨位，造成车辆吨位利用率较低；而重泡货物的比重大，因车辆载重限制，可能无法充分利用车辆容积。

2）货物包装情况。如果车厢尺寸与货物包装容器的尺寸不成整倍数关系，则无法装满车箱。例如，货物包装宽度为 80cm，车厢宽度为 220cm，装入货物后，车厢宽度方向还会剩余 60cm。长度方向和高度方向也有同样的问题，从而无法充分利用车辆容积。

3）有些货物不能拼装运输。应尽量选派核定吨位与所配送的货物重量接近的车辆去运输，或按有关规定减载运行，比如有些危险品必须减载运送才能保证安全。

4）由于装载技术的原因，车辆不能装足吨位。

5）托盘尺寸与货箱不匹配，造成载重量或容积的浪费。

6）装箱配载或装箱方案优化程度不高，造成载重量或容积的浪费。

7.4.4 提高运输车辆吨位和容积利用率的方法

1）研究各类车箱的装载标准，以及不同货物和不同包装体积的合理装载顺序，努力提高装载技术和操作水平，力求装足车辆核定吨位。

2）根据客户所需的货物品种和数量，调派适宜的车型承运，这就要求配送中心保持合适的车型结构。

3）凡是可以拼装运输的，尽可能拼装运输，但要注意防止差错。

4）优化配载或装箱方案，提高车辆积载。

5）根据各种车型优化后的配载或装箱方案，以及各种货物的数量，选择最佳型号的运输车辆。

7.5 优化方法在配载装车中的运用

7.5.1 多种不同货物在同一型号货车上的配载

1. 问题分析

多种不同货物在同一型号货车上的配载，类似于流通加工中的平行机排序问题（参见第 6 章)，但二者仍有区别。在解决加工中的平行机排序问题时，每台设备的加工时间越接近最优解下限越好，加工时间可以大于最优解下限，也可以小于最优解下限；但在装载问题中，因车辆容积（体积）或载重限制，每辆车装载货物的重量或体积只能小于车辆的容积（体积）或载重限制。因此，规划求解时，约束条件和目标函数与流通加工中的规划求解有所不同。若最优解下限小于车辆的容积（体积）或载重，只需解决如何装车使各辆车装载更均匀的问题时，则多数情况下的规划求解和流通加工中的平行机问题的规划求解方法相同。

2. 问题的解法

多种不同货物在同一型号上的货车配载可分为如下几种情况：第一种情况，计算需要多少辆车可以把这些货物装下；第二种情况，已知能装下所有货物的货车数量，计算如何装车，可以使每辆车的装载率更均匀；第三种情况，已知可用货车数量，但货物多，给定数量的货车装不下所有货物，计算如何装车可以使车装载率最大，剩余货物以后再处理。

为了提高优化程度，这里介绍运用 Excel 软件进行线性规划、求解装车方案的方法。

【例题 7-6】 现有货物 11 种，每种货物各 1 件，货物的重量信息见表 7-19，若使用车长 9.6m、载重 18t 的货车，问：

（1）运送这些货物共需要多少辆车？

（2）试用规划求解法计算，如何装车可以使每辆车的货物载重更均匀？

表 7-19　货物的重量信息（Excel 形式）

	B	C	D	E	F	G	H	I	J	K	L	M	N	O
2	货物种类	J_i	J_1	J_{10}	J_{12}	J_{13}	J_{16}	J_{17}	J_{18}	J_{19}	J_{20}	J_3	J_5	合计
3	货物重量/t	P_i	6	8	7	6	5	9	4	3	2	8	10	68

解：（1）首先，计算货物总重量 TDD：

$$\begin{aligned} \text{TDD} &= \sum P_i \\ &= 6\text{t} + 8\text{t} + 7\text{t} + 6\text{t} + 5\text{t} + 9\text{t} + 4\text{t} + 3\text{t} + 2\text{t} + 8\text{t} + 10\text{t} \\ &= 68\text{t} \end{aligned}$$

其次，计算所需车辆数 N：

$$N \geqslant [68\text{t}/18\text{t}]^1 = 4 \text{（辆）}$$

最后，计算每车应装货重量（吨数）TD：

$$18 \geqslant \text{TD} \geqslant \max\{[\sum P_i/k]^1, \max(P_i)\} = \max\{[68/4]^1, 10\} = 17(\text{t})$$

（2）构造 Excel 求解表，见表 7-20，设计规划求解参数，如图 7-7、图 7-8 所示，相关 Excel 部分主要公式如下：

单元格 O5 = sumproduct（D5: N5，D$3: N$3）；单元格 D9 = sum（D5: D8）；单元格 C11 = sum（O5: O8）；

目标函数值为单元格 C11；

变量区域为 D5: N8。

约束条件为

$D$5: $N$8 = bin；

$D$9: $N$9 ⩽ $D$10: $N$10；

$O$5: $O$8 ⩽ $P$5:$P$8。

求解结果为（装车方案）

第一辆车：J_{12}（7），J_{19}（3），J_3（8），累计重量为 18t；

第二辆车：J_{16}（5），J_{20}（2），J_5（10），累计重量为 17t；

第三辆车：J_{10}（8），J_{17}（9），累计重量为 17t；

第四辆车：J_1（6），J_{13}（6），J_{18}（4）；累计重量为 16t。

表 7-20 例题 7-6Excel 规划求解过程及结果

	B	C	D	E	F	G	H	I	J	K	L	M	N	O	P
2	货物种类	J_i	J_1	J_{10}	J_{12}	J_{13}	J_{16}	J_{17}	J_{18}	J_{19}	J_{20}	J_3	J_5	合计/t	载重/t
3	货物重量	P_i	6	8	7	6	5	9	4	3	2	8	10	68	
4															
5		M_1	0	0	1	0	0	0	0	1	0	1	0	18	18
6		M_2	0	0	0	0	1	0	0	0	1	0	1	17	18
7		M_3	0	1	0	0	0	1	0	0	0	0	0	17	18
8		M_4	1	0	0	1	0	0	1	0	0	0	0	16	18
9			1	1	1	1	1	1	1	1	1	1	1		
10			1	1	1	1	1	1	1	1	1	1	1		
11	Z/t	68													

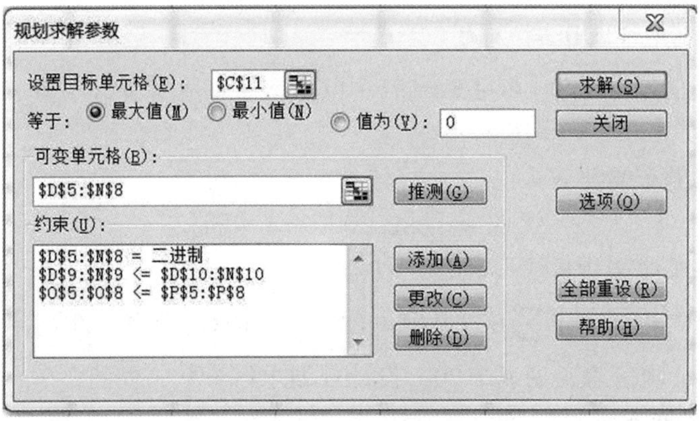

图 7-7 例题 7-6 Excel 规划求解参数设计（一）

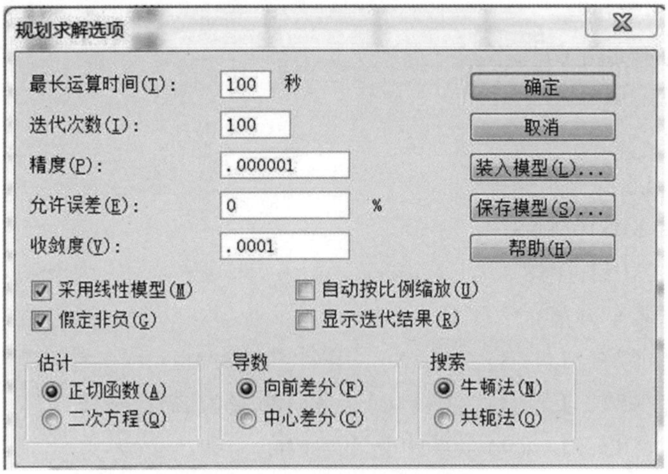

图 7-8 例题 7-6 Excel 规划求解参数设计（二）

【例题 7-7】11 件货物的重量信息见表 7-21，若用载重 25t 的两辆车进行配送（余下的货物以后再与新到货物一起进行优化处理），给出优化装车方案。

表 7-21　11 件货物的重量信息（Excel 形式）

	B	C	D	E	F	G	H	I	J	K	L	M	N	O
2	货物种类	J_i	J_5	J_{10}	J_{12}	J_{13}	J_{16}	J_{17}	J_{18}	J_{19}	J_{20}	J_1	J_3	合计
3	货物重量/t	P_i	10	8	7	6	5	9	4	3	2	6	8	68

解：Excel 规划求解过程及结果见表 7-22，主要计算公式为

单元格 D6 = sum（D4: D5）;

单元格 O5 = sumproduct（D3: N3，D5: N5）;

单元格 C8 = sum（O4: O5）;

目标函数 Z 为单元格 C8;

变量区域为 D4: N5。

约束条件为

D4: N5 = bin;

O4: O5 ≤ P4: P5;

D6: N6 ≤ D7: N7。

具体装车方案为

第一辆车：J_{12}（7），J_{13}（6），J_{20}（2），J_5（10），装货总重量 25t;

第二辆车：J_{10}（8），J_{17}（9），J_3（8），装货总重量 25t。

表 7-22　例题 7-7 Excel 规划求解过程及结果

	B	C	D	E	F	G	H	I	J	K	L	M	N	O	P
2	货物种类	J_i	J_1	J_{10}	J_{12}	J_{13}	J_{16}	J_{17}	J_{18}	J_{19}	J_{20}	J_3	J_5	合计/t	载重/t
3	货物重量/t	P_i	6	8	7	6	5	9	4	3	2	8	10	68	
4		M_1	0	0	1	1	0	0	0	0	1	0	1	25	25
5		M_2	0	1	0	0	0	1	0	0	0	1	(0)	25	25
6			0	1	1	1	0	1	0	0	1	1	1		
7			1	1	1	1	1	1	1	1	1	1	1		
8	Z/t	50													

小思考：在流通加工与装载中，解决平行机排序问题所追求的目标有何不同？约束条件有何不同？

回答：在流通加工中解决平行机排序问题所追求的目标是各平行机的完成时间越接近越好，因此，有的约束条件需小于或等于最优解下限，有的则需要大于或等于最优解上限，总的加工时间不变，为各零件作业时间之和；而在装载中，解决此类问题所追求目标是每辆车在不超重的情况下装载量越大越好，同样，货物的总重量也是不变的，即装车的货物重量与剩余没装车的货物重量之和等于货物的总重量。

实训题 7-4

(1) 多种不同货物在多种不同型号货车上的配载问题，用 Excel 规划求解的思路是什么？

(2) 在【例题 7-7】中，若用三辆载重分别为 12t、20t 和 5t 的车辆运输，装车方案是什么？

7.5.2 追求充分利用货车载重和容积时的配载问题解法

1. 货物摆放容积利用率较高时的解法

货物摆放容积利用率较高，是指当货物三维尺寸较小，或货厢三维尺寸与货物三维尺寸成倍比关系，或货物是袋装货物时，车辆的容积利用率高、容积损失率容易估计的情况。这种情况下，首先应根据经验确定容积利用率的货车的可利用容积，然后根据可利用的容积和载重，计算货物的装载重量。

设货车载重量为 W，车厢容积为 V，货物 A 的体积质量比为 R_A，货物 B 的体积质量比为 R_B，问 A 和 B 两种货物各装多少，才能充分利用货车的载重量和容积？

设装载 A 和 B 两种货物的重量为 W_A 和 W_B，则二者应满足如下约束条件：

$$W_A + W_B = W \tag{7-3}$$

$$W_A R_A + W_B R_B = V \tag{7-4}$$

由此可得

$$W_A = (V - WR_B)/(R_A - R_B) \tag{7-5}$$

$$W_B = (V - WR_A)/(R_B - R_A) \tag{7-6}$$

【例题 7-8】 $1m^3$ 聚丙烯塑料颗粒（袋装）的重量为 1.05t，$1m^3$ 石棉线的重量为 0.5t，用载重 10t、容积 $19m^3$ 的货车装运，根据经验估计容积利用率为 95%，问：两种货物各装多少吨才能满载？

解：首先确定货车的可利用容积 V 为

$$V = 19m^3 \times 95\% = 18.1m^3$$

分别计算两种货物的体积质量比为

$$\begin{aligned} R_A &= 1m^3/1.05t \\ &= 0.95m^3/t \\ R_B &= 1m^3/0.5t \\ &= 2m^3/t \end{aligned}$$

代入式（7-5）和式（7-6）可得

$$\begin{aligned} W_A &= (V - WR_B)/(R_A - R_B)t \\ &= (18.1 - 10 \times 2)/(0.95 - 2)t \\ &= 1.86t \\ W_B &= (V - WR_A)/(R_B - R_A)t \\ &= (18.1 - 10 \times 0.95)/(2 - 0.95)t \\ &= 8.19t \end{aligned}$$

【例题 7-9】有 A 和 B 两种货物需要运输，$1m^3$ 的 A 货物重 2.59t，$1m^3$ 的 B 货物重 0.56t，用载重 12t、容积 $20m^3$ 的货车装运，根据经验估计容积利用率为 95%，问：两种货物各装多少吨才能满载？

解：首先计算两种货物的体积质量比 R_A 和 R_B 分别为

$$R_A = 1t/2.59m^3 \approx 0.386t/m^3,\ R_B = 1t/0.56m^3 \approx 1.786t/m^3$$

根据题意可知，货车的可利用容积 $V = 20m^3 \times 95\% = 19m^3$，载重量 $W = 12t$。

代入式（7-5）和式（7-6）可得

$$\begin{aligned} W_A &= (V - W R_B)/(R_A - R_B)t \\ &= (19 - 12 \times 1.786)/(0.386 - 1.786)\ t \\ &= 1.737t \\ W_B &= (V - W R_A)/(R_B - R_A)t \\ &= (19 - 12 \times 0.386)/(1.786 - 0.386)t \\ &= 10.263t \end{aligned}$$

即 A 货物装 1.737t，B 货物装 10.263t 时可达到满载。

需要注意的是，组合配装存在适用条件，不是任意两种货物都可以组合配装。

因为

$$V - WR_B < 0 \tag{7-7}$$

所以得

$$V < WR_B \tag{7-8}$$

$$V/W < R_B \tag{7-9}$$

又因

$$V - WR_A > 0 \tag{7-10}$$

所以得

$$V > WR_A \tag{7-11}$$

$$V/W > R_A \tag{7-12}$$

所以适用条件为

$$R_B > V/W > R_A \tag{7-13}$$

若不满足这一约束条件，则配载时只能用一种货物最大限度装满。

解该问题时可用解方程法，也可运用 Excel，根据 W_A 和 W_B 的计算公式，编辑 Excel 计算公式，自动求解，还可运用 Excel 规划求解法进行求解。Excel 规划求解法不论是否满足适用条件，均可给出最优方案，一方面可以避免不满足适用条件、出现负数、不容易给出最佳方案的弊端；另一方面可以克服解方程法无法有效获得整数解的缺陷，以及无法有效解决多种货物、多不同车辆轻重搭配的问题。

实训题 7-5 $1m^3$ 聚丙烯塑料颗粒（袋装）的重量为 1.05t，$1m^3$ 石棉线的重量为 0.5t，用载重 28t、容积 $60m^3$ 的货车装运，根据经验估计容积利用率为 95%。问：两种货物各装多少吨才能满载？若货物包装是条状，经验估计容积利用率有何利弊？如何解决这一问题？

实训题 7-6 试用 Excel 编辑计算公式求解例题 7-8 配载问题。

实训题 7-7 试用 Excel 规划求解功能求解例题 7-9 配载问题。

2. 其他情况下的精确计算法

当货物不满足上述情况、装箱率很难估计、容积利用率无法估计时，应详细计算两种货物摆放方式所占用的容积，再根据体积质量比计算货物总重量，充分利用货车载重和容积。这就是精确计算法。这类问题实际上是比两种货物装箱问题更为复杂的装箱问题，不仅需要考虑货箱三维尺寸的充分利用，还要考虑载重、货物摆放重心是否合理、各承重轴是否超载等约束。

设货车载重量为 W，货箱容积为 V，货箱三维尺寸分别为 L、W 和 H，货物 A 的体积质量比为 R_A，三维尺寸分别为 L_A、W_A 和 H_A，每箱重 EW_A；货物 B 的体积质量比为 R_B，三维尺寸分别为 L_B、W_B 和 H_B，每箱重 EW_B，问：A 和 B 两种货物各装多少件，才能充分利用货车的载重量和容积？

设 A 和 B 两种货物各装 X_A 件和 X_B 件，则有如下计算公式：

$$V = LWH \tag{7-14}$$

$$EW_A = (L_A W_A H_A)/R_A \tag{7-15}$$

$$EW_B = (L_B W_B H_B)/R_B \tag{7-16}$$

装箱约束条件为

$$X_A EW_A + X_B EW_B = W \tag{7-17}$$

$$X_A(L_A W_A H_A) + X_B(L_B W_B H_B) = V \tag{7-18}$$

这是复杂装箱问题，在考虑载重总量和货箱体积的约束条件下，求得 A 和 B 各装多少个。可开发求解软件求解比较满意的近似最优解，可运用第 4 章中摆放货物求解模型加上重量约束对两种货物装箱方案进行求解，可获得比较理想的近似最优解。因求解过程相对复杂、篇幅较大，因学时所限，这里从略，只提供求解思路。

实训题 7-8 根据如下实际问题，给出求解思路及求解方案。

9.6m 箱式货车载重量 W 为 20t，车厢三维尺寸分别为 $L=9.6\text{m}$、$W=2.34\text{m}$ 和 $H=2.41\text{m}$，容积 V 为 54.14m^3。现有 A、B 两种货物，A 货物三维尺寸分别为 $L_A=42\text{cm}$、$W_A=31\text{cm}$ 和 $H_A=20\text{cm}$；B 货物三维尺寸分别为 $L_B=33\text{cm}$、$W_A=23\text{cm}$ 和 $H_A=18\text{cm}$，体积质量比分别为 $R_A=1.3$，$R_B=3$。问：A 和 B 两种货物各装多少件可充分利用货车载重量和容积？

7.5.3 追求轻重货物搭配、总利润最大时的配载问题解法

1. 货物的种类及划分标准

在货物运输领域，货物通常可分为重货、泡货、重泡货等。总的来说，体积小、重量大的货物为重货，反之为泡货，重泡货介于二者之间。具体实践中，不同的运输方式及企业的标准有所不同。

（1）空运的划分标准

空运的重泡比为 168kg/m^3，也就是说，1m^3 的重量大于或等于 168kg（或者说每吨体积小于 6m^3）的货物属于重货，按实重计；反之属于泡（轻）货，每立方米按 168kg 计重。

泡货计费重量计算公式为

$$长(cm)\times 宽(cm)\times 高(cm)\div 6000\ (cm^3/kg)=计费重量\ (kg) \tag{7-19}$$

泡重比为：

$$6000cm^3/kg=0.006m^3/0.001t=6m^3/t$$

重泡比为：

$$1kg/6000cm^3=1kg/0.006m^3=168kg/m^3$$

（2）陆运的划分标准

陆运中，重泡比为 $333kg/m^3$，泡重比为 $3m^3/t$。也就是说，$1m^3$ 的重量大于或等于 333kg 的货物属于重泡货，按实重计算；反之属于泡（轻）货，每立方米按 333kg 计重。

泡货计费重量计算公式为

$$长(cm)\times 宽(cm)\times 高(cm)\div 3000\ (cm^3/kg)=计费重量(kg) \tag{7-20}$$

（3）海运的划分标准

1）从船舶配积载角度考虑，凡货物积载因数小于船舶载货容积系数的货物，称为重货（Deadweight Cargo 或 Heavy Goods）；凡货物积载因数大于船舶载货容积系数的货物，称为轻泡货，又称轻货（Measurement Cargo 或 Light Goods）。

2）从计算货物运费角度考虑，按照国际航运业务惯例，凡货物积载因数小于 $1.1328m^3/t$ 的货物，称为重货；凡货物积载因数大于 $1.1328m^3/t$ 的货物，称为轻泡货。重货和轻泡货与积载、运输、保管和计费有很大的关系，因此，运输部门要按一定的标准划分重货和轻泡货。我国现行规定：凡每立方米货物的重量大于 1t 的为重货；小于 1t 的为轻泡货。

（4）其他划分标准

不同的企业也有不同的划分标准，以德邦为例，其规定的重泡比为 $210kg/m^3$，泡重比为 $4.76m^3/t$，即 $1m^3$ 的重量大于或等于 210kg 算重货，小于 210kg 算轻货。德邦的轻货计费重量公式为

$$长(cm)\times 宽(cm)\times 高(cm)\div 4760\ (cm^3/kg)=计费重量\ (kg) \tag{7-21}$$

不同物流公司实际操作中对泡重比的应用各不相同，有的快递泡货计费重量公式为

$$长(cm)\times 宽(cm)\times 高(cm)\div 6000\ (cm^3/kg)=计费货重\ (kg) \tag{7-22}$$

而在快运中，有的公司将每吨货物体积大于 $7m^3$ 的算泡货，泡货计费重量折算公式为

$$长(cm)\times 宽(cm)\times 高(cm)\div 7000\ (cm^3/kg)=计费重量\ (kg) \tag{7-23}$$

2. 配载实例㊀

从北京到长沙的路程为 1500km，车辆使用成本为 12000 元，市场收货运价为 400 元/t、120 元/m^3，17.5m 六轴半挂车（厢式）的荷载是 32t、容积为 $130m^3$，末端卸车分理费用为 1000 元/车。去掉缝隙、不规则货物等浪费的空间，设定装载率为 92%。

只运输泡货时的收益为

$$(130m^3\times 0.92\times 120\ 元/m^3)-12000\ 元-1000\ 元=1352\ 元$$

只运输重货时的收益为

$$(32t\times 0.92\times 400\ 元/t)-12000\ 元-1000\ 元=-1224\ 元$$

㊀ 此实例来自：杨少侠，https://www.zhihu.com/question/19911342/answer/187385934，有改编。

由此可以看出，一辆北京到长沙的 17.5m 货车，运送纯重货是亏损的，运送纯泡货的利润为 1400 元。

3. 轻重货物搭配总利润最大问题的解法

(1) 一辆车运输两种不同轻重货物时配载问题的解法

【例题 7-10】 从北京到长沙的路程为 1500km，车辆使用成本（C_1）为 12000 元，市场收货运价重货 A 为 400 元/t，重泡比为 1:2；泡货 B 为 120 元/m^3，重泡比为 1:5。17.5m 六轴半挂车（厢式）的荷载是 32t、容积为 130m^3，末端卸车分理费用（C_2）为 1000 元/车。假设载重利用率为 100%，容积利用率（装载率）为 92%，问：如何配载才能使获利 S 最大?

考虑到货物摆放时因货箱三维尺寸与货物三维尺寸通常不成倍比关系，还要兼顾货物摆放的重心，货箱容积不可能 100% 被利用，但货车载重量可被充分利用，或至少利用率比容积利用率高。

解：设重货 A 运价为 P_A（元/t），配载 W_At，对应体积为 $V_A$$m^3$；泡货 B 为运价为 P_B（元/m^3），配载 W_Bt，对应体积为 $V_B$$m^3$，其他符号同上所述，则数学模型为

目标函数为
$$\max Z = W_A P_A + V_B P_B \tag{7-24}$$

约束条件为
$$\begin{cases} W_A + W_B = W \\ V_A + V_B = V \\ \text{变量为非负} \end{cases} \tag{7-25}$$

又因
$$W_A R_A = V_A,\ W_B R_B = V_B$$

所以数学模型可改写为

目标函数为
$$\max Z = W_A P_A + W_B R_B P_B \tag{7-26}$$

约束条件为
$$\begin{cases} W_A + W_B = W \\ W_A R_A + W_B R_B = V \\ W_A,\ W_B \geqslant 0 \end{cases} \tag{7-27}$$

这里 W_A 和 W_B 为变量，其余均为常数。

这里配载问题具体数学模型为

目标函数为
$$\max Z = W_A \times 400 + W_B \times 5 \times 120$$

约束条件为
$$\begin{cases} W_A + W_B = 32 \\ W_A \times 2 + W_B \times 5 = 130 \times 92\% \\ W_A,\ W_B \geqslant 0 \end{cases}$$

获利为
$$S = \max Z - C_1 - C_2$$

运用 Excel 规划求解得（当变量取整数时）$W_A = 14$，$W_B = 18$，$S = 3400$。

变量取非负数时解得 $W_A = 13.33$，$W_B = 18.67$，$S = 3533.5$ 元。

当载重为 30t、容积为 120m^3 时，解得 $W_A = 10$，$W_B = 20$，$S = 3000$（原案例最优解）。

用 Excel 软件求解过程及结果见图 7-9 和表 7-23。其中，单元格 F7 = sum（D7: E7），F8 = sum（D8: E8），D8 = D7 * D5，E8 = E7 * E5，C9 = D7 * D3 + E7 * E5 * E3，C12 = C9 - C10 - C11，G3 = F3 * H3，G5 = F5 * H5。符号 NW 代表可利用载重量，NV 代表可利用容积。

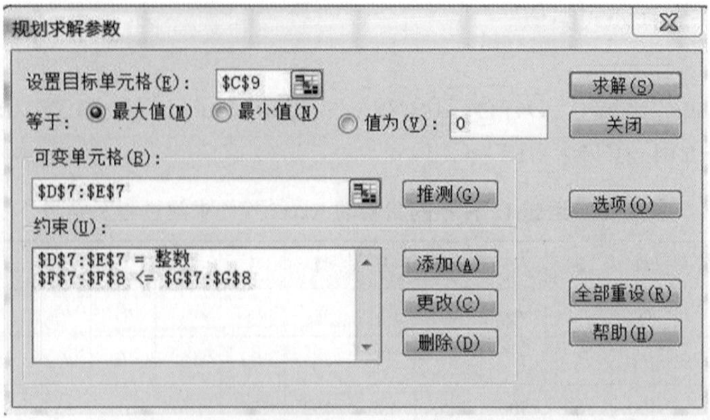

图 7-9　配载问题的 Excel 规划求解参数设计

表 7-23　Excel 规划求解一辆车运输不同轻重货物的配载问题

	B	C	D	E	F	G	H
2			P_A（元/t）	P_B（元/m^3）	W/t	NW(可利用载重)/t	装载率
3			400	120	32	32	100.00%
4			R_A	R_B	V/m^3	NV(可利用容积)/m^3	
5			2	5	130	120.003	92.31%
6							
7			14	18	32	32	
8			28	90	118	120.003	
9	目标函数总收入（元）	16400					
10	租车车价（元）	12000					
11	卸车分理费（元）	1000					
12	净收益（元）	3400					

（2）具有多种不同轻重货物组合时配载问题的解法

【例题 7-11】 有 12 种不同的货物，运价及泡重比等资料见表 7-24，重货价格单位为元/t，轻货价格单位为元/m^3，从北京到长沙的路程为 1500km，车辆使用成本（C_1）为 12000 元，一辆 17.5m 六轴半挂车（厢式）的荷载是 30t、容积为 130m^3，末端卸车分理费用（C_2）为 1000 元/车。假设载重利用率为 100%，容积利用率（装载率）为 92%，问：如何配载可以使获利最大？

表 7-24　货物运价及泡重比资料

货物	n_1	n_2	n_3	n_4	n_5	n_6	n_7	n_8	n_9	n_{10}	n_{11}	n_{12}
运价(元)	400	380	400	420	400	432	125	130	105	135	116	120
泡重比	2	2	1.4	2.2	2.3	1.5	6	5	4.5	5	5.3	5.2

解：运用 Excel 规划求解，求解过程及结果见表 7-25，相关计算公式如下：

单元格 P9 = sum（D9: O9），P10 = sum（D10: O10），D10 = D9 * D6，E10 = E9 * E6，区

域 F10: O10 与 D10 计算公式类似。

目标函数为

单元格 C11 = sumproduct（D4: I4，D9: I9）+ sumproduct（J4: O4，J10: O10）。

利润为单元格 C14 = C11 − C12 − C13。

表 7-25　运送 12 种不同货物的 Excel 规划求解过程及结果

	B	C	D	E	F	G	H	I	J	K	L	M	N	O	P	Q
2			n_1	n_2	n_3	n_4	n_5	n_6	n_7	n_8	n_9	n_{10}	n_{11}	n_{12}		
3			P_A	P_A	P_A	P_A	P_A	P_A	P_B	P_B	P_B	P_B	P_B	P_B	W	NW
4			400	380	400	420	400	432	125	130	105	135	116	120	30	30
5			R_a	R_a	R_a	R_a	R_a	R_a	R_b	R_b	R_b	R_b	R_b	R_b	V	NV
6			2	2	1.4	2.2	2.3	1.5	6	5	4.5	5	5.3	5.2	130	120
7			200	190	285.7	191	173.9	288	20.8	26	23.3	27	21.9	23.08		
8																
9			0	0	0	0	0	13	15	2	0	0	0	0	30	30
10			0	0	0	0	0	19.5	90	10	0	0	0	0	119.5	120
11	目标函数 总收入(元)	18166														
12	租车车价(元)	12000														
13	卸车分理费(元)	1000														
14	净收益(元)	5166														

经计算，第 6 种货物装 13t、所占体积为 19.5m^3，第 7 种货物装 15t、所占体积为 90m^3，第 8 种货物装 2t、所占体积为 10m^3，总利润 5166 元。

小思考：上述情况适合长途运输，那么近途配送是否可以借鉴？

7.6 配送路线选择

配送路线的确定是配送作业管理的重要组成部分。配送路线的选择与制定影响配送效率的高低、配送时间的长短及配送满意度，是客户评判企业配送成功与否的关键因素。配送路线在一定程度上决定了配送作业管理过程中订单处理、拣货作业等环节。影响配送运输的因素有很多，如车流量的变化、道路状况、突发交通事件（影响通行速度）、客户的分布状况、货物需求量及时间、货物属性、配送中心的选址、道路交通网、车辆额定载重量，以及车辆运行限制、配送过程中优化方法的选择等。

7.6.1 配送路线设计的原则及应考虑的因素

1. 配送路线设计的原则

在配送路线设计中，必须遵循以下原则：

(1) 满足客户需求、准时配送

配送路线的制定应在满足客户各种货物需求量及需求时间的前提下，根据客户分布特点和道路情况，考虑天气、交通、气候等诸多安全因素，从而得出理想的优化方案。

(2) 提高配送效率、降低配送成本

设计配送路线的主要目的是提高配送效率，科学、合理的配送路线可以达到事半功倍的效果，因此在合理确定配送路线的同时务必考虑是否方便配送，在兼顾时间要求的前提下，使配送路线短、成本低、装卸方便。

2. 配送路线设计时应考虑的因素

配送路线的设计受到许多条件的约束，路线设计要在满足这些约束条件的前提下制定出最短路线。一般而言，约束条件有以下几项：

1）满足所有收货人对货物品种、规格、数量的要求。

2）满足收货人对货物送达时间范围的要求。

3）在允许通行的时间（如某些城区白天对货车通行进行了限制）内进行配送。

4）各配送路线的货物量不得超过车辆容积及载重量的限制。

5）在配送中心现有运力允许的范围之内进行配送。

7.6.2 单点配送模式下的优化方法

单点配送模式是指当客户需求量大时，采用的整车直达的配送方式。

【例题 7-12】假设配送中心在图 7-10 中的第 1 点，第 13 点为需要配送的客户，货物需求量是 12t，可用前二后四两轴货车直接送货。各节点为交通路口（不可取的线路省去），各节点之间距离（单位：km）如图 7-10 所示，试给出最佳配送路径，使总的配送成本最低。

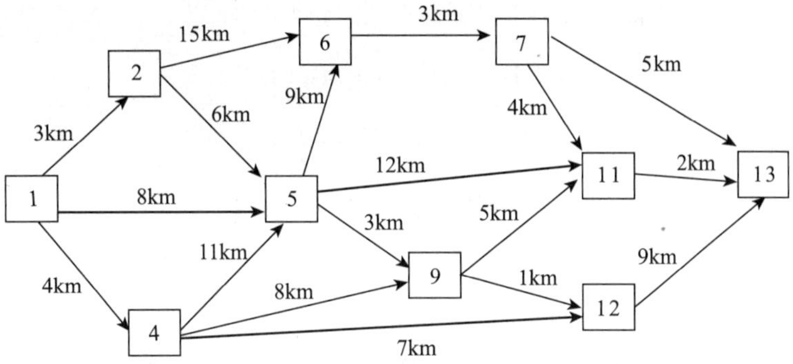

图 7-10　配送区域线路图

该问题的解法较多，常见解法有标号法、公式计算法、线性规划法、破圈法等。这里只介绍标号法和公式计算法。

1. 标号法

标号法适用于网络图比较简单、从配送中心到客户线路条数不太多的情况。当各段路况基本一致，耗油量、消耗时间与距离成正比且各路段比例一样时，可直接按最短路求解，否则，若总成本主要取决于耗油量，配送时间不需要考虑，则应估算各路段耗油量，找出一条耗油量最少的线路。同理，若总成本主要取决于时间，则应找出一条耗时最少的线路。下面以求最短路为例，说明求解步骤。

在画好的网络图中，从左至右，从上至下，顺着箭线方向依次给节点编号，且保证箭头处的编号大于箭尾处的编号，编号可不连续进行，以便再添加新的节点。首先把始点1（配送中心点）距离标为0，参见图7-11，即在第1节点上方“［ ］”方括号内标注0，含义是节点1到节点1的最短距离是0。然后从左至右顺着第1节点箭线方向对第2小的节点进行编号，第2节点编号规则是与该节点有箭线直接相连节点的最短距离加上这两点之间距离。从节点1到节点2最短距离为0+3km=3km，所以标号为［3km］；同理，第4节点标号为［4km］；第5节点具有代表性，与第5节点直接相连（箭头指向第5节点，箭尾对应的节点）有1、2、4三个节点，三条路找最小，即3km+6km，0+8km，4km+11km，三者最小为8km，标号为［8km］，所以从第1节点到第5节点最短距离为8km；以此类推，其余节点标号如图7-11所示，最后客户节点标号为［18km］，最后得到从第1节点（配送中心）到最后节点（客户）最短距离为18km，路线如图7-12所示的粗线构成的线路，即线路为1→5→9→11→13，线路长度距离为18km。

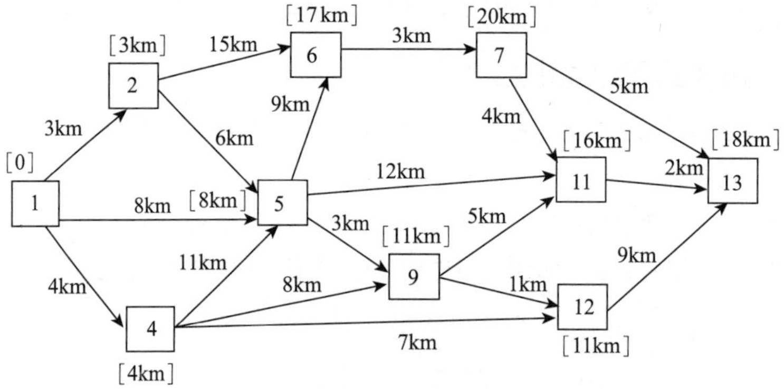

图7-11　标号法找最短路的过程

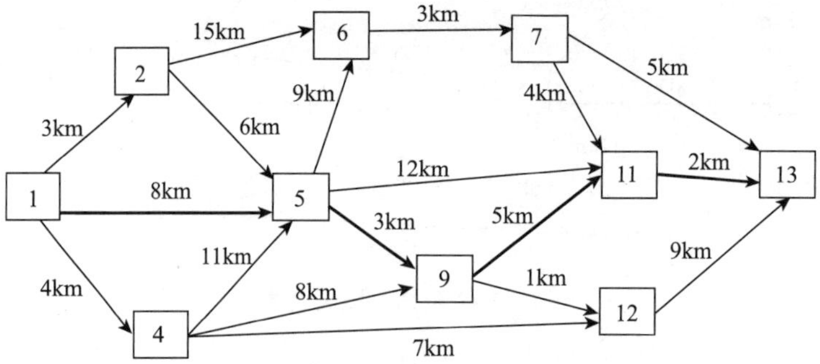

图7-12　标号法找到的最短路

2. 公式计算法

公式计算法适用于网络图较为复杂、线路条数很多的情况，尤其适用于某条线路突发交通情况、需快速决定最佳线路时，可借助软件求解。

这种方法首先要定义第1点的最短距离为0，然后根据公式一次计算到达各点的最短距离。

根据标号法不难得出如下计算公式：

$$SD_j = \min\{SD_i + D_{i,j}\},\ i<j \tag{7-28}$$

公式计算法的网络图画法与标号法相同，都要求从左至右、从上至下，顺着箭线方向依次给节点编号，且需保证箭头处的编号大于箭尾处的编号，编号可不连续进行，以便再添加新的节点。

符号 SD_j代表从第 1 节点到第 j 节点的最短距离；$D_{i,j}$代表从第 i 节点到第 j 节点的距离，若没有箭线直接相连，则视为无穷大，记为∞。

计算步骤如下：

$SD_1 = 0$；

$SD_2 = \min\{SD_1 + D_{1,2}\}$
$= \min\{0 + 3\text{km}\} = 3\text{km}$；

$SD_4 = \min\{SD_1 + D_{1,4}\}$
$= \min\{0 + 4\text{km}\} = 4\text{km}$；

$SD_5 = \min\{SD_2 + D_{2,5},\ SD_1 + D_{1,5},\ SD_4 + D_{4,5}\}$
$= \min\{3\text{km} + 6\text{km},\ 0 + 8\text{km},\ 4\text{km} + 11\text{km}\}$
$= 8\text{km}$；

$SD_6 = \min\{SD_3 + D_{3,6},\ SD_5 + D_{5,6}\}$
$= \min\{3\text{km} + 15\text{km},\ 8\text{km} + 9\text{km}\}$
$= 17\text{km}$；

$SD_7 = \min\{SD_6 + D_{6,7}\}$
$= \min\{17\text{km} + 3\text{km}\}$
$= 20\text{km}$；

$SD_9 = \min\{SD_4 + D_{4,9},\ SD_5 + D_{5,9}\}$
$= \min\{4\text{km} + 8\text{km},\ 8\text{km} + 3\text{km}\}$
$= 11\text{km}$；

$SD_{11} = \min\{SD_5 + D_{5,11},\ SD_7 + D_{7,11},\ SD_9 + D_{9,11}\}$
$= \min\{8\text{km} + 12\text{km},\ 20\text{km} + 4\text{km},\ 11\text{km} + 5\text{km}\}$
$= 16\text{km}$；

$SD_{12} = \min\{SD_4 + D_{4,12},\ SD_9 + D_{9,12}\}$
$= \min\{4\text{km} + 7\text{km},\ 11\text{km} + 1\text{km}\}$
$= 11\text{km}$；

$SD_{13} = \min\{SD_7 + D_{7,13},\ SD_{11} + D_{11,13},\ SD_{12} + D_{12,13}\}$
$= \min\{20\text{km} + 5\text{km},\ 16\text{km} + 2\text{km},\ 11\text{km} + 9\text{km}\}$
$= 18\text{km}$。

由此可得最优解线路为 1→5→9→11→13，距离为 18km。

7.6.3 一个配送中心在多点配送模式下的优化方法——改进后的下一个最好法

拣货优化方法中运用了改进后的下一个最好法，该方法不仅可在确定拣货顺序和路径中运用，还可在配送作业中运用。此外，常用的配送路线优化方法还有节约里程法、遗传算法等。本节将介绍改进后的下一个最好法在配送线路优化中的运用。

改进后的下一个最好法有两种：正向法和逆向法，其中，正向法已在第6章中论述，这里仅论述逆向法在配送线路优化中的运用及使用条件。

正向法首先，要做等价变换，将每行、每列分别减去最小元素，以更真实地反映"实际距离"；其次，把已安排的行和列去掉，在剩下的元素中按下一个最好法求解；最后，强行连接最后一点和始点（配送中心），若强行连接的距离比较小，则优化程度高，否则，优化程度会受到影响。逆向法则可以克服这一问题，即从回到始点出发，逆向，按下一个最好原则，找到一条优化线路。逆向法的最后阶段也存在强行连接始点的现象，若该连接距离比较小，则方案优化程度高，否则，优化程度受影响较大。可以将两种方法相结合，择优选择配送线路。

逆向法分三个步骤：第一步做等价变换；第二步选择路线；第三步形成最终行走方案并计算总的行走距离。

【例题7-13】 1个配送中心，有5个需求点需要配送货物，有关资料见表7-26。问：如何确定一辆配送车的配送线路，可以使行走的距离比较短？

表7-26 配送中心及各需求点之间的距离 （单位：km）

从	至				
	J_1	J_2	J_3	J_4	J_5
J_1		27	29	20	32
J_2	25		22	36	30
J_3	95	67		7	25
J_4	30	56	6		2
J_5	110	78	80	18	

解：（1）运用下一个最好法解得的配送路径及行走距离如下：

配送路径为1→4→5→2→3→1；

行走距离为20km + 2km + 78km + 22km + 95km = 217km。

（2）运用正向法求解可以得到两个方案，分别如下：

方案1的配送路径为1→2→3→4→5→1；

行走距离为27km + 22km + 7km + 2km + 110km = 168km。

方案2的配送路径为1→4→5→2→3→1；

行走距离为20km + 2km + 78km + 22km + 95km = 217km。

（3）运用逆向法的求解过程如下（见表7-27至表7-29）：

首先，进行行变换，每行分别减去每行最小元素，在表7-27中，单元格H3 = min（C3:G3），复制H3，粘贴到区域H3:H7，获得H列其他单元格的计算公式。在表7-28中，单元格C11 = C3 - $H3，复制C11，粘贴到区域C11:G15，得出表7-28计算的结果。

然后，进行列变换，每列分别减去每列最小元素，在表7-28中，单元格C16 = min（C11:C15），复制C16，粘贴到区域C16:G16，得该行其余计算公式。在表7-29中，单元格C20 = C11 - C$16，复制C20，粘贴到区域C20:G24，得出表7-29的结果。

表 7-27　Excel 逆向法计算过程——行变换　（单位：km）

	B	C	D	E	F	G	H
2		J_1	J_2	J_3	J_4	J_5	min
3	J_1	1000	27	29	20	32	20
4	J_2	25	1000	22	36	30	22
5	J_3	95	67	1000	7	25	7
6	J_4	30	56	6	1000	2	2
7	J_5	110	78	80	18	1000	18

表 7-28　Excel 逆向法计算过程——列变换　（单位：km）

	B	C	D	E	F	G
10		J_1	J_2	J_3	J_4	J_5
11	J_1	980	7	9	0	12
12	J_2	3	978	0	14	8
13	J_3	88	60	993	0	18
14	J_4	28	54	4	998	0
15	J_5	92	60	62	0	982
16	min	3	7	0	0	0

表 7-29　Excel 逆向法逆推过程（一）　（单位：km）

	B	C	D	E	F	G
19		J_1	J_2	J_3	J_4	J_5
20	J_1	977	0	9	0	12
21	J_2	0	971	0	14	8
22	J_3	85	53	993	0	18
23	J_4	25	47	4	998	0
24	J_5	89	53	62	0	982

最后，在表 7-29 上逆推，按下一个最好原则寻找配送路线。具体步骤如下：

首先去掉第 1 行，进到（回到）1 点下一个最好是 2，去掉第 1 列、第 2 行，见表7-30 和表 7-31；进到 2 点下一个最好是 4，去掉第 2 列、第 4 行，见表 7-32；进到 4 点下一个最好是 3 或 5，这里出现两个分支，有两个方案，先选 3 点（路线 1），去掉第 4 列、第 3 行，参见表 7-32 和表 7-33；进到 3 点下一个最好是 5，去掉第 3 列、第 5 行，参见表 7-33 和表 7-34；最后 5 点回到 1 点。

逆推路线 1：2→4→3→5→1。

配送路线 1：1→5→3→4→2→1。

行走距离为 32km + 80km + 7km + 56km + 25km = 200km。

表 7-30　Excel 逆向法逆推过程（二）　（单位：km）

	B	C	D	E	F	G
19		J_1	J_2	J_3	J_4	J_5
21	J_2	0	971	0	14	8
22	J_3	85	53	993	0	18
23	J_4	25	47	4	998	0
24	J_5	89	53	62	0	982

表 7-31　Excel 逆向法逆推过程（三）　（单位：km）

	B	D	E	F	G
19		J_2	J_3	J_4	J_5
22	J_3	53	993	0	18
23	J_4	47	4	998	0
24	J_5	53	62	0	982

表 7-32　Excel 逆向法逆推过程（四）　（单位：km）

	B	E	F	G
19		J_3	J_4	J_5
22	J_3	993	0	18
24	J_5	62	0	982

表 7-33　Excel 逆向法逆推过程（五）　（单位：km）

	B	E	G
19		J_3	J_5
24	J_5	62	982

表 7-34　Excel 逆向法逆推过程（六）

	B	G
19		J_5

另外一个路线（路线 2）前面的步骤与路线 1 相同，在进到 4 点时，选取另一个方案，即选 5 点，去掉第 4 列，第 5 行，见表 7-35；进到 5 点下一个最好是 3，去掉第 5 列，第 3 行，见表 7-36。

逆推路线 2：2→4→5→3→1。

配送路线 2：1→3→5→4→2→1。

行走距离为 29km + 25km + 18km + 56km + 25km = 153km。

两个方案择优，因此应选择路线 2 为最终路线，即

逆推路线：2→4→5→3→1。

配送路线：1→3→5→4→2→1。

行走距离为 153km。

表 7-35　Excel 逆向法逆推过程（七）　　　（单位：km）

	B	E	G
19		J_3	J_5
22	J_3	993	18

表 7-36　Excel 逆向法逆推过程（八）

	B	E
19		J_3

综上所述，可分别用改进后的下一个最好法（正向法）和改进后的下一个最好法（逆向法）求解，然后择优作为最终的优化配送线路。

7.6.4　一个配送中心在多点配送模式下的优化方法——规划解法

1. 规划解法原理

一个配送中心在多点配送模式中的配送问题是典型的旅行商问题，虽然可列出数学模型，但由于约束条件过多、问题规模大而无法直接求解，为了克服这一问题，这里介绍一种简便规划解法。为了便于求解，我们在指派问题模型的基础上，只增加本身节点不能到本身节点，即 $X_{ii}=0$ 约束；和走一步就出现循环的约束，即 $X_{ij}+X_{ji}\leqslant 1$ 约束。这样可大幅度减少无效组合数量，缩小可行域范围，提高求解速度。求解原理是破圈法，即不让从始点（第一点）出发的配送线路提前回到始点，出现没经过各点就提前回到始点的圈（简称含始点短圈）。破圈的办法是使出现含始点短圈对应的变量之和小于变量数。这样很快就能够获得满意的近似最优解（多数情况下就是最优解）。

2. 规划解法初始数学模型

规划解法在问题规模小时比较有效，规模大的问题往往因约束条件多而无法求解，影响了规划解法的应用推广。为了克服这一问题，我们简化数学模型，减少约束条件，使规划解法在问题规模大时也有效，简化后的数学模型如下：

目标函数为

$$\min Z = \sum_{i=1}^{m}\sum_{j=1}^{n} C_{ij}X_{ij}(\ i \neq j) \tag{7-29}$$

约束条件为

$$\begin{cases}\sum_{j=1}^{n} X_{ij} = 1 \quad (i = 1,\cdots,m;i \neq j)\\ \sum_{i=1}^{m} X_{ij} = 1 \quad (j = 1,\cdots,n;i \neq j)\\ X_{ij} = 0 \quad (i = j)\\ X_{ij} + X_{ji} \leqslant 1 \quad (i \neq j)\\ X_{ij} = 0 \text{ or } 1\end{cases} \tag{7-30}$$

【例题 7-14】某配送中心给 6 个客户配送货物，配送中心编号为 1，其余 6 个客户编号分别为2至7，出发点用 A_i 表示，到达点用 B_j 表示，两点之间的距离原始数据见图7-13中左上角区域A2: I10。试给出优化后的配送方案及总的行走距离。

		1	2	3	4	5	6	7
		B_1	B_2	B_3	B_4	B_5	B_6	B_7
1	A_1		18	25	32	23	26	34
2	A_2	23		18	27	26	19	45
3	A_3	12	31		16	61	33	17
4	A_4	24	18	43		16	10	24
5	A_5	18	32	35	31		21	32
6	A_6	27	43	19	21	32		32
7	A_7	16	28	24	23	31	33	
	Z	127						

		1	2	3	4	5	6	7
		B_1	B_2	B_3	B_4	B_5	B_6	B_7
1	A_1	0	1	1	1	1	1	1
2	A_2	1	0	1	1	1	1	1
3	A_3	1	1	0	1	1	1	1
4	A_4	1	1	1	0	1	1	1
5	A_5	1	1	1	1	0	1	1
6	A_6	1	1	1	1	1	0	1
7	A_7	1	1	1	1	1	1	0

图7-13 Excel求解表原始数据及 $X_{ii}=0$ 约束矩阵（单位：km）

解：根据规划求解法初始数学模型构建Excel规划求解表并设计变量区域、约束条件计算公式和目标函数计算公式，如图7-13至图7-16所示。变量区域为图7-14中的区域C15: I21；本身不能到本身 $X_{ii}=0$ 约束为图7-13中的区域M4: S10；每行约束为图7-14中的区域J15: K21，其中单元格J15 = sum（C15: I15），复制J15粘贴至区域J16: J21即可；每列约束为图7-14中的区域C22: I23，其中单元格C22 = sum（C15: C21），复制C22粘贴至区域D22: I22即可；$X_{ij}+X_{ji}\leqslant 1$ 的约束如图7-15至图7-17所示，在图7-15中，运用转置计算公式“ = transpose（C15: I21）”，可将图7-14的变量矩阵转置得变量转置矩阵；在图7-16中，单元格C37 = C15 + C27，复制C37粘贴至整个区域C37: I43；图7-17是 $X_{ij}+X_{ji}\leqslant 1$ 约束矩阵；目标函数为图7-13中的单元格C12 = sumproduct（C4: I10，C15: I21）；Excel规划求解参数设计如图7-18所示。

		1	2	3	4	5	6	7			
		B_1	B_2	B_3	B_4	B_5	B_6	B_7			
1	A_1	0	1	0	0	0	0	0	1	1	
2	A_2	0	0	1	0	0	0	0	1	1	
3	A_3	0	0	0	0	0	0	1	1	1	
4	A_4	0	0	0	0	1	0	0	1	1	变量矩阵
5	A_5	0	0	0	0	0	1	0	1	1	
6	A_6	0	0	0	1	0	0	0	1	1	
7	A_7	1	0	0	0	0	0	0	1	1	
		1	1	1	1	1	1	1			
		1	1	1	1	1	1	1			

图7-14 Excel求解表变量矩阵（单位：km）

		1	2	3	4	5	6	7	
		B_1	B_2	B_3	B_4	B_5	B_6	B_7	
1	A_1	0	0	0	0	0	0	1	
2	A_2	1	0	0	0	0	0	0	变量转置矩阵
3	A_3	0	1	0	0	0	0	0	
4	A_4	0	0	0	0	0	1	0	
5	A_5	0	0	0	1	0	0	0	
6	A_6	0	0	0	0	1	0	0	
7	A_7	0	0	1	0	0	0	0	

图7-15 Excel求解表变量转置矩阵（单位：km）

		1	2	3	4	5	6	7
		B_1	B_2	B_3	B_4	B_5	B_6	B_7
1	A_1	0	1	0	0	0	0	1
2	A_2	1	0	1	0	0	0	0
3	A_3	0	1	0	0	0	0	1
4	A_4	0	0	0	0	1	1	0
5	A_5	0	0	0	1	0	1	0
6	A_6	0	0	0	1	1	0	0
7	A_7	1	0	1	0	0	0	0

$X_{ij}+X_{ji}$矩阵

图 7-16　Excel 求解表 $X_{ij}+X_{ji}$ 矩阵（单位：km）

		1	2	3	4	5	6	7
		B_1	B_2	B_3	B_4	B_5	B_6	B_7
1	A_1	1	1	1	1	1	1	1
2	A_2	1	1	1	1	1	1	1
3	A_3	1	1	1	1	1	1	1
4	A_4	1	1	1	1	1	1	1
5	A_5	1	1	1	1	1	1	1
6	A_6	1	1	1	1	1	1	1
7	A_7	1	1	1	1	1	1	1

图 7-17　Excel 求解表 $X_{ij}+X_{ji}\leqslant 1$ 约束矩阵（单位：km）

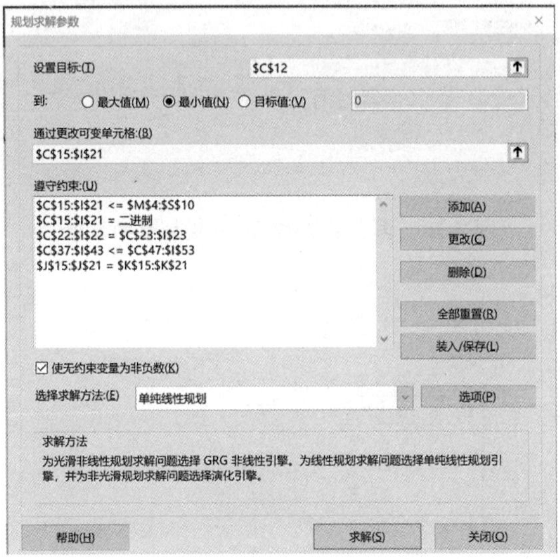

图 7-18　初次求解的 Excel 规划参数设计

初次求解可得目标函数值为 127km，$X_{12}=1$、$X_{23}=1$、$X_{37}=1$ 和 $X_{71}=1$ 构成含始点短圈，$X_{45}=1$、$X_{56}=1$ 和 $X_{64}=1$ 构成另外一个含始点短圈；增加 $X_{12}+X_{23}+X_{37}+X_{71}\leqslant 3$ 约束，则 Excel 规划求解表如图 7-19 所示，其中单元格 L12 = D15 + E16 + I17 + C21，再求解，得

$X_{12}=1$、$X_{26}=1$、$X_{63}=1$、$X_{37}=1$、$X_{74}=1$、$X_{45}=1$ 和 $X_{51}=1$，为可行优化解，此时，目标函数为 130km。求解过程，如图 7-19 至图 7-21 所示。

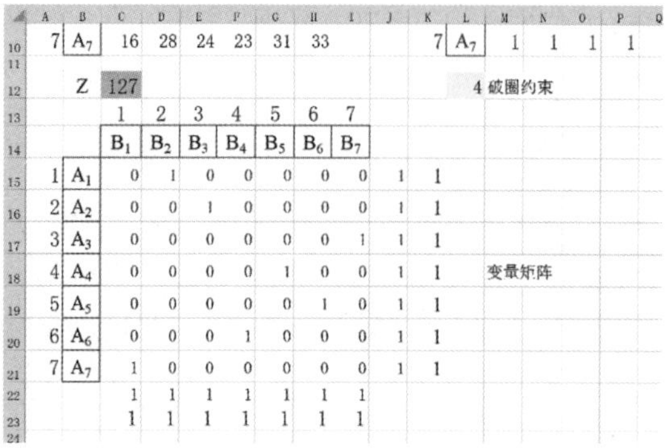

图 7-19　Excel 求解表增加破圈约束

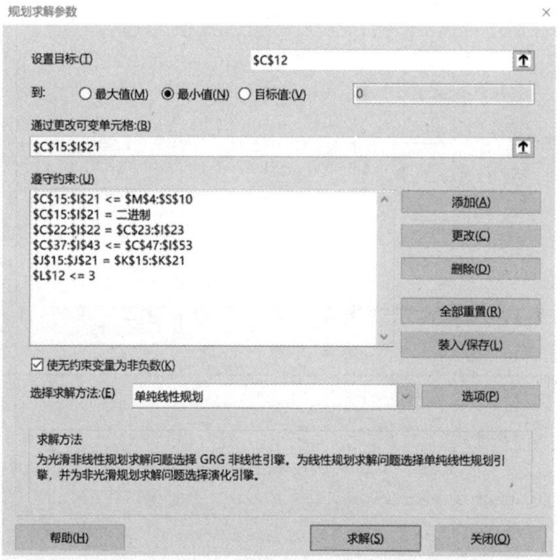

图 7-20　再次求解的 Excel 规划参数设计

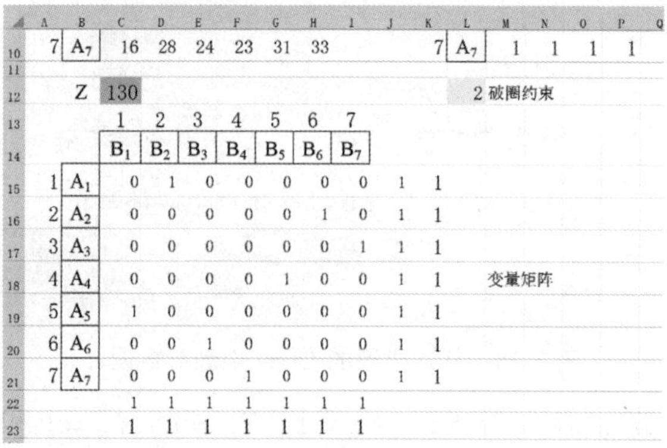

图 7-21　可行优化解

案例

安顺烟草物流抢单配送模式

提高卷烟物流配送效率，提升送货服务水平，是烟草行业一直以来对商业卷烟物流工作的核心要求。“互联网+”、共享经济、移动信息技术等新技术、新业态的快速发展，给商业卷烟物流带来了新的工作思路。借鉴滴滴打车、美团外卖等O2O软件的抢单配送模式，安顺烟草在进行配送线路优化的基础上，以配送服务满意度、配送量等指标，建立合理的薪酬分配体系，创新卷烟物流的抢单配送模式，解决配送模式单一、激励机制缺失的问题，实现配送人员由被动向主动的转变。

1. 安顺烟草卷烟配送的现状

安顺市烟草公司（以下简称安顺烟草）卷烟物流中心，共负责全市13000多个零售户的卷烟配送任务，目前共有送货组19个，配送车辆23辆（含机动备用车），全部为直送车，无中转送货业务。多年来，该卷烟物流中心通过不断优化送货线路，压缩送货车组、送货人员数量，其卷烟配送效率、单箱配送成本、车辆满载率已达全省最优水平。

但在新常态下，卷烟营销推进市场化取向改革，要求企业最大限度地满足市场需求，卷烟配送频次增加和对服务质量的要求越来越高，给卷烟物流工作带来了更大的挑战，尤其是对配送环节的影响尤为显著。目前，省局物流管控平台已包含配送模块，送货线路是根据送货员对零售户的送货经验手工设置的，采用“一域、一线、一车”的固定线路配送模式。这种模式主要存在以下问题：

一是送货节奏越来越快，配送人员工作量增加。以安顺市为例，为满足市场需求，访销周期由14天变为10天，由每月送两次货改为送三次货，这直接导致配送人员的工作量提升了5%。

二是配送车辆满载率下降，配送成本升高。送货次数的增加，导致车辆的车杂费、燃油费、修理费等成本支出增加，抬高了卷烟配送成本。

三是配送人员工作量排配不均衡。传统的依靠人工指派式的配送模式无法保证配送人员工作量、休息时间的均衡，必然导致配送人员抱怨多、工作热情不高。

四是配送服务满意度不高。配送工作量的增加，导致配送人员服务标准作业无法执行到位、偏远地区无法配送到户等，造成配送服务满意度不高。

五是薪酬分配模式不合理。在传统的薪酬分配模式下，配送人员“干多干少一个样，干好干坏一个样”，工作上存在“吃大锅饭”现象，薪酬拉不开差距，配送人员的工作积极性不高，这种薪酬分配模式已不能适应新的配送模式。

2. 安顺烟草抢单配送模式的研究

安顺烟草在借鉴滴滴打车、美团外卖等O2O软件先进经验的基础上，以卷烟物流配送为切入点，通过开展配送任务测评、基于配送工作量的线路优化、到货服务满意度测评三项基础工作，构建基于服务满意度测评的抢单平台和基于抢单模式的绩效薪酬分配机制，实现“311”卷烟物流抢单配送模式，通过配送任务测评、线路动态优化、服务满意度测评、员工自主抢单、绩效薪酬重新分配等措施，实现提高物流配送效率、调动员工积极性、提高物流配送市场化程度的目标。

（1）配送任务测评

配送任务测评是研究影响配送任务的评测指标和评测方法，得出配送任务工作量，为线路优化提供数据支撑。具体包括分析影响配送任务工作量的送货时间、送货里程、送货户数、送烟量等评测指标，得出评测指标维度；基于评测指标维度，运用数理统计分析方法，研究配送任务工作量评测标准；运用评测方法，对配送任务进行科学评测。

（2）基于配送工作量的线路优化

基于配送工作量的线路优化是通过线路优化，实现最优线路组合，为抢单管理和绩效考核提供技术支撑和信息服务。具体包括研究线路优化模型，基于配送工作量，综合车载率、配送线路等因素，优化配送线路规划算法；对全区域线路进行动态优化调整，智能统计分析配送任务工作量，形成任务抢单清单；开展精准配送引导电子地图的研究，通过导航指引，使送货车辆能够按照规定行驶路线，实现精准配送。

（3）到货服务满意度测评

进行到货服务满意度测评，有助于研究送货服务质量。具体做法是以安顺烟草卷烟配送服务满意度初始评测指标为基础，通过指标隶属度和重要性分析，研究设定到户服务满意度测评值；搭建基于微信公众号的到货服务满意度测评平台，采用“定性指标定量化，定量指标标准化”方法，进行测评指标采集；研究服务满意度测评方法，得出科学、合理的满意度测评结果。

（4）基于服务满意度测评的抢单平台

基于服务满意度测评的抢单平台将服务质量与个人绩效相结合，构建以“抢单为主、派单为辅、派抢结合、灵活调整”的卷烟配送抢单模式。具体做法是研究卷烟配送抢单规则，根据到货服务满意度测评结果，综合考虑配送量、配送里程等因素，动态调整配送车组抢单优先级；研究配送订单绩效评价标准，对配送数量、配送里程、配送户次、配送时间等因素进行综合分析，为配送车组抢单提供依据；搭建抢单信息平台，对抢单模式进行智能化管理。

（5）基于抢单模式的绩效薪酬分配

基于抢单模式的绩效薪酬分配，将绩效收入与配送业绩相结合，实现绩效激励。具体做法是研究绩效考核维度，对配送数量、配送里程、配送户次、配送时间等业绩指标和陌生难度和管制难度等调节指标进行分析，确定各维度所占权重；设定各考评维度的具体考评标准，得出绩效指标考评方法；研究绩效薪酬分配管理方法，根据绩效考评指标评价结果，运用数理统计方法，对配送人员实现绩效薪酬分配。

3. 安顺烟草抢单配送模式的系统化应用

安顺烟草针对抢单配送模式已经进行了系统化的开发与应用。抢单业务由配送管理员控制，即控制启动抢单和结束抢单，送货员通过移动智能设备（手机）中的移动办公App完成抢单。

（1）抢单流程设计

抢单流程包括配送运算、开始抢单、获取检查列表、抢单、结束抢单、配送审核等环节。

（2）抢单系统界面

在送货员的移动办公App工具箱中增加抢单管理功能入口。

（3）抢单管理

移动办公 App 的抢单管理功能包括“未抢单列表”和“已抢单列表”两个标签页。“未抢单列表”显示待抢单的任务单列表，每个列表项显示任务单的单号、送货户数、送货量、配送日期、线路名称、预计里程、预计时间等信息。“未抢单列表”中的“抢单”按钮用来进行抢单操作，点击后弹出是否抢单成功的提示。“已抢单列表”显示已抢单的任务单列表，每个列表项显示任务单的单号、送货户数、送货量、配送日期、线路名称、预计里程、预计时间等信息。

（4）核心逻辑

1）抢单管理功能默认显示“未抢单列表”。

2）每次进入该功能，移动 App 都要从服务器端获取最新的未抢单列表信息，也可以通过下拉刷新重新获取列表信息。

3）移动 App 从服务器端获取未抢单列表的数据交互协议详见数据流转中的交互协议。

4）移动 App 从服务器端获取未抢单列表的逻辑大致如下：

首先，送货员只能获取所属送货部下的任务列表，因此需要先获取送货员所属的送货部信息。这主要通过三个步骤进行：一是根据送货员查找配送车所属的送货部信息；二是如果第一步无法获取，则根据送货员的组织上级查找送货部编码；三是如果前两步都获取不到，则返回错误提示“获取列表失败，没有获取到送货员所属的送货部”。

其次，只有开始抢单且状态为未抢单的任务才是未抢单任务，未抢单任务还需要过滤送货部；只有状态为已抢单的任务才是已抢单任务，已抢单任务需要过滤送货员和日期（暂时默认取最近 7 天）。

5）因为抢单管理是个实时性非常强的功能，移动 App 需要与服务器端进行频繁的数据交互，因此移动 App 收到服务器端的未抢单列表后，不需要在本地库存储，直接解析展示即可，如果网络不通则不显示并给出提示。

6）移动 App 解析未抢单列表时，需要注意如果任务单之间有关联，则需要合并展示。

7）点击“抢单”按钮弹出提示：“确认要抢单吗?”点确认后向服务器端发送抢单请求，具体的抢单交互协议详见数据流转中的交互协议。

8）服务器端收到抢单请求后的逻辑如下：

首先，判断该任务单是否可以抢单，通过状态查询的 SQL 即可实现，具体 SQL 可以参考获取未抢单列表的 SQL。

其次，如果任务单不能被抢单则直接返回错误提示；如果任务单可以被抢单，则需要先获取驾驶员和车辆信息，通过送货员和配送任务所属送货部查找配送车的相关信息。

最后，获取完车辆、驾驶员信息（可能会获取多条，只取第一条信息）后需要更新配送单表和抢单表的相关信息并返回成功提示，更新信息。

9）移动 App 需要对服务器端返回的信息做相应的处理，如果返回成功则提示抢单成功并跳转到“已抢单列表”并获取已抢单列表；如果返回失败则提示抢单失败并重新获取未抢单列表信息。

10）获取已抢单列表的逻辑与获取未抢单列表的逻辑类似，详情请查看上述逻辑。

11）点击“未抢单列表”或“已抢单列表”中的列表项，进入任务单明细界面并向服务器端请求任务单明细信息，具体的交互协议详见数据流转中的交互协议。

安顺烟草在借鉴滴滴打车、美团外卖等O2O软件先进经验的基础上，构建了卷烟物流抢单配送模式，基于配送任务测评研究，对配送线路进行动态优化；根据配送服务满意度测评，规划科学合理的抢单规则，由员工自主抢单；实现抢单数量与薪酬挂钩，配送业绩与绩效收入相结合，重新分配配送员工薪酬，提高物流配送市场化程度。

资料来源：潘红兴，罗玉雪，朱发松. 安顺烟草物流抢单配送模式的研究［J］. 物流技术与应用，2020，25（10）195－198. 有改编。

本章小结

7.1 节配送管理概述，介绍了配送管理的含义、内容、配送合理化和推行配送合理化的措施。

7.2 节配送作业管理概述，介绍了配送的含义和配送作业的内容。

7.3 节配送计划，介绍了配送计划的种类及内容、配送计划的编制、配送计划的实施步骤和优化方法。在优化方法的运用中首先论述了车辆调度计划的经验调度法、运输定额比法和更为高效的规划解法；然后论述了图上作业法的规划解法；最后论述了成本最低车辆调度方法。

7.4 节配载装车作业，介绍了配载装车作业的主要内容、装车配载的目标与原则、影响配送车辆积载的因素、提高运输车辆吨位和容积利用率的办法。

7.5 节优化方法在配载装车中的运用，首先论述了多种不同货物在同一型号货车配载问题的解法；其次论述了只考虑充分利用货车载重和容积时轻重配载问题的解法，最后论述了轻重货物搭配、总利润最大时的配载问题解法。

7.6 节配送路线选择，首先论述了配送路线设计的原则及应考虑的因素；然后论述了单点配送模式下的优化方法；最后论述了一个配送中心给多点配送模式下的优化方法，包括改进后的下一个最好法和规划解法。

习 题

1. 简答题

（1）配送合理化的5R内容是什么？

（2）推行配送合理化的措施主要有哪些？

（3）配送作业主要内容有哪些？

（4）配送计划的种类主要有哪些？

（5）编制配送计划的依据主要有哪些？

（6）运输定额比法的优缺点有哪些？

（7）装车配载的原则主要有哪些？

（8）影响配送车辆积载的因素主要有哪些？

2. 判断题

（1）任意两种货物都可以优化配载。（　）

（2）图上作业法可用规划求解完成。（　）

（3）表上作业法可用规划求解完成。（　）

（4）只要装满车就没有浪费。（　）

（5）三维装箱问题也可用规划求解获得满意较优解。（　）

（6）下料优化方法可用于解决装箱问题。（　）

（7）货物数量多时通常用载重量大的车运送效率高、成本低。（　）

（8）流通加工中平行机问题与多辆相同货车装车问题类似，约束条件略有不同。（　）

（9）移动互联网技术使配送动态优化成为可能。（　）

（10）无人机或无人驾驶交通工具可用于配送工作。（　）

3. 计算题

（1）建材配送中心 H，某日需运送水泥 300～520t、盘条 100～400t 和不定量的平板玻璃。该中心有大型车 22 辆、中型车 28 辆、小型车 30 辆。各种车每日只运输一次物资，运输定额见表 7-37，试运用 Excel 规划求解，给出最佳运输方案，使总的运输量最大。

表 7-37　建材配送中心 H 的车辆运输定额及配送原始数据（Excel 形式）

	B		C	D	E	F
2			运水泥量/t	运盘条量/t	运玻璃量/t	车辆数量（辆）
3	车辆种类	大型车	20	17	14	22
4		中型车	18	15	12	28
5		小型车	16	13	10	30
6	需求量上限 UQ_j		520	400		
7	需求量下限 LQ_j		300	100		

（2）建材配送中心 L，某日需运送水泥 320～500t，盘条不少于 220t，平板玻璃 10t 和不定量的密度板。该中心有大型车 22 辆、中型车 28 辆、小型车 26 辆。各种车每日只运输一次物资，运输定额见表 7-38，试运用 Excel 规划求解，给出最佳运输方案，使总的运输量最大。

表 7-38　建材配送中心 L 的车辆运输定额及配送原始数据（Excel 形式）

	B		C	D	E	F	G
2			运水泥量/t	运盘条量/t	运玻璃量/t	运密度板量/t	车辆数量（辆）
3	车辆种类	大型车	20	17	14	18	22
4		中型车	18	15	12	16	28
5		小型车	16	13	10	15	26
6	需求量上限 UQ_j		500				
7	需求量下限 LQ_j		320	220	10		

（3）某配送中心有一种货物需要配送到广州某工厂，货物重量为 82.5t，有 4 种型号货车可供使用，不同型号货车的运费和实际装载重量见表 7-39。

1）假设各种型号车辆数量没有限制，试分别计算只用某种型号货车运送货物的成本。

2）若不考虑车辆数量限制，问：如何调度车量，使总运费最小？

3）考虑车辆数量限制，问：如何调度车量，使总运费最小？

表 7-39　不同型号货车的运费和实际装载重量

项目	车型			
	1.5t	3t	5t	8t
广州运费（元）	600	800	1200	1500
实际载重量/t	1.45	2.85	4.85	7.5
车辆数量限制（辆）	8	12	13	7

（4）配送中心 M 有一种货物需要配送到广州某工厂 51t、惠州某工厂 48t 和中山某工厂 55t，货物在各种型号货车装载吨数、各种型号货车数量、运费等相关资料见表 7-40所示，问：如何安排调度车辆，使总运费最低？

表 7-40　配送中心 M 的配送原始数据（Excel 形式）

	B	C	D	E	F	G
2	货物种类					货物/t
3	货车种类	1.5t	3t	5t	8t	
4	广州运费（元/辆）	600	800	1200	1500	51
5	惠州运费（元/辆）	450	600	900	1200	48
6	中山运费（元/辆）	650	900	1300	1600	55
7	装载数量（辆）	1.45	2.9	4.85	7.7	
8	车辆数量限制（辆）	8	10	15	12	

（5）现有货物 11 种，每种货物各 1 件，有关数据参见表 7-41，用 9.6m、载重 20t 的货车运输。求：

1）需要多少辆货车？

2）若用 3 辆车装货，如何装车才能充分利用车辆载重？

表 7-41　11 种待配送货物的原始数据（Excel 形式）

	B	C	D	E	F	G	H	I	J	K	L	M	N	O
2	货物种类	J_i	J_1	J_{10}	J_{12}	J_{13}	J_{16}	J_{17}	J_{18}	J_{19}	J_{20}	J_3	J_5	合计
3	货物重量/t	P_i	6.2	8.6	7.3	6.5	8.2	9	4.5	7	2	8	7.8	75.1
4	数量（件）		1	1	1	1	1	1	1	1	1	1	1	

（6）根据表 7-42 的资料，给出载重 20t 的 3 辆车的优化装车（余下货物以后来车时与新到货物一起优化处理）方案。

表 7-42　待配送货物的原始数据（Excel 形式）

	B	C	D	E	F	G	H	I	J	K	L	M	N	O
2	货物种类	J_i	J_5	J_{10}	J_{12}	J_{13}	J_{16}	J_{17}	J_{18}	J_{19}	J_{20}	J_1	J_3	合计
3	货物重量/t	P_i	10	8	7	6	5	9	4	3	2	6	8	68
4	数量（件）		1	1	1	1	1	1	1	1	1	1	1	

（7）有 A 和 B 两种货物需要运输，A 货物 $1m^3$ 重 2.7t，B 货物 $1m^3$ 重 0.42t，用载重 12t、容积 $20m^3$ 的货车装运。根据经验估计容积利用率为 95%。问：两种货物各装多少吨才能满载？

（8）从北京到长沙路程为 1500km，车辆使用成本（C_1）为 12000 元，市场收货运价重货 A 为 420 元/t，重泡比为1:2；泡货 B 为 130 元/m^3，重泡比为1:5。17.5m 六轴半挂车（厢式）荷载吨位是 32t、容积为 $130m^3$，末端卸车分理费用（C_2）为 1000 元/车。假设载重利用率为 100%，容积利用率（装载率）为 90%。问：如何配载获利最大？

（9）某物流企业有 3 个配送中心、4 个需求点（销地）需要配送货物。货物到达 4 个需求点（销地）的时间要求分别为 15h、18h、20h 和 16h，其余相关资料见表 7-43 和表 7-44，使用规划求解法给出优化配送方案，并计算总的运输成本。

表 7-43　某物流企业原始资料（Excel 形式）　　（运价单位：元/t）

	B	C	D	E	F	G
3	销地 / 产地	B_1	B_2	B_3	B_4	供给量/t
4	A_1	160	230	190	210	42
5	A_2	100	120	270	110	40
6	A_3	210	215	170	95	48
7	需求量/t	28	45	32	25	
8	要求到达时间/h	15	18	20	16	
9	车辆行驶速度/(km/h)	80	装卸速度（t/h）	6		

表 7-44　产地与销地之间的运输距离（Excel 形式）　　（单位：km）

	J	K	L	M	N
3	销地 / 产地	B_1	B_2	B_3	B_4
4	A_1	1200	1680	1280	1200
5	A_2	640	880	2080	960
6	A_3	1760	1120	1280	800

第 8 章

仓储配送成本与绩效管理

案例导入

京东仓储成本及其管理优势

我国社会物流总成本占全国 GDP 的比重为 14% 左右，而发达国家的社会物流总成本只占 GDP 的 8% 左右。专家表示，一个百分点的下降意味着数千亿元成本的节约。近几年，我国物流成本居高不下，成为制约企业获得更多利润、提供更好服务的一大门槛。因此，降低物流成本，加强仓储成本管理对物流企业尤为重要。

京东商城是我国自营电商市场的“领头羊”，它在发展初期就建立了自己的物流体系，发展并建立了包含仓储网络、综合运输网络、“最后一公里”配送网络、大件网络、冷链物流网络和跨境物流网络在内高效协同的六大网络。目前，京东已成为我国领先的以技术驱动的物流与供应链综合服务商，在全国管理物流仓储总面积超 3000 万 m^2。

1. 京东仓储成本的主要构成

（1） 建造、购买或租赁仓库及仓储设备所带来的成本

这是仓储成本的其中一大部分，京东在全国范围有七大物流中心，256 个大型仓库，6906 个配送站和自提点，覆盖全国 2655 个区县。上海的“亚洲一号”是当今我国最大的物流中心之一，占地 300 亩，共 20 万 m^2，巨大的投资成本可想而知。自建仓库的投资及折旧构成显性成本；因投资占用资金的利息及这些资金用来投资其他项目的盈利即机会成本，构成隐性成本。除了自建仓库，每年的租赁成本也是一笔很大的支出，租赁过程中可能出现的仓库损坏等风险构成风险成本。

（2） 员工工资及福利

众所周知，互联网行业员工的工资福利都不错，京东的员工待遇除了五险一金，还享有其他福利高达 38 项，如餐补、工龄补贴等。与一般互联网企业相比，京东的员工工资水平处于上游，京东共有员工约 14 万人，其中仓储部门约 3 万人，而仓储部门的工作多为基层工作，可见，京东仓储部门员工工资及福利构成仓储成本的一部分。

（3） 各类仓储作业带来的成本，如装卸搬运成本、流通加工成本等

京东日平均订单量高达 300 多万笔，每一件商品从入库前的挑选准备，到入库后的正确挑选及摆放，再到根据订单进行包装加工和最后出库，这一系列工作需要大量的人工投入。此外，低值易耗品的耗费、设备维修折旧费、装卸搬运费、管理费等间接费用构成了与仓储有关的作业成本。由于订单量巨大，这类成本也占据仓储成本的很大一部分。

2. 京东仓储成本的管理优势

(1) 缩短供应链，从长远来看，成本较低

仅从同城配送来看，使用第三方物流每单成本约 12 元，而使用京东自营物流的成本仅 7.44 元，每单节约 4～5 元成本，每天约 300 万笔订单，自然节约大量成本。究其原因，传统的物流为 C2C 模式，商品从生产商到消费者要经过多次转手。例如，农田里的西瓜，先要被农民摘下放在小车里，然后被拉到地头，再被从小车里搬出转到卖瓜的大卡车上，这就有三次转手；之后，再由大卡车拉到集市上给批发商，批发商再给如沃尔玛这样的超市，最后到消费者手中，这样算来，最少有 6 次转手。而京东自营可以使商品直接从厂商到仓库，再到消费者手中，没有中间商，减少了商品的搬运次数，成本自然很低。减少物品的流动，是京东商城设计物流的一个核心点。

(2) 配送速度快，有利于提高用户体验、增加用户量

自京东商城成立以来，京东用户量不断增加，这得益于其良好的服务，京东物流实施的“211 限时达”，广受好评。京东全国仓库众多，每笔订单都从最近的仓库发货，已实现 73% 的订单当天送达，92% 的订单 24h 内送达。自建仓库选址遵循三大策略：① 市场定位策略，选址离最终用户最近；② 制造定位策略，选址离产地最近；③ 中间定位策略，选址在最终用户和产地中间。如自提点的设立，惠及广大“上班族”，下班后直接在楼下取件，解决不能及时收件的问题，也避免京东员工因无人收件改日再送一次的情况，节约时间。物流快、服务好正是京东不断积累消费者的原因。

(3) 方便管理员工，在与第三方物流的合作中有较大话语权

一方面，自建物流系统实现了员工由公司直接管理，公司可以辞退在绩效考核中一直表现很差的员工，在员工管理方面有很大的自主权；另一方面，京东也和第三方物流合作，对合作的对象有一定的要求，如果顾客投诉率过高，京东可关闭其窗口，比如天天快递就曾因服务质量差被京东“封杀”。这一举动看似霸道，归根结底还是因为京东有自己的仓库和物流系统，不依赖于第三方物流，不会处于被动的地位。可见，自建仓储使京东走上了不同寻常的道路，拥有了更大的自主权和话语权。

互联网的发展为物流企业提供了广阔的发展前景，但是利润的获取是以高昂的物流成本为代价的，所以，对各企业来说这既是机遇也是挑战，而解决问题最根本的方法就是有效地降低物流成本。仓储成本占总物流成本的比例很大，降低仓储成本的重要性就显而易见了。

资料来源：https://mp.weixin.qq.com/s/cWErJZS9_05T0TuttX-OHQ，有改编。

8.1 仓储成本管理

在物流系统中，仓储和运输是物流的两大支柱，也是物流的两个主要功能要素。仓储是和运输相对应的一个概念，运输是以改变“物”的空间状态为目的的活动，而仓储则是以改变“物”的时间状态为目的的活动，以平衡产需之间的时间差异。

在物流学科体系中，仓储与库存是有区别的。库存是指处于储存状态的物品，广义的库存还包括处于制造加工状态和运输状态的物品。仓储是指保护、管理、储藏的物品，是包括库存在内的一种广泛的经济现象。

仓储从储存的目的上分为生产储备、消费储备和流通储备。生产储备是企业为保持生产的正常进行而保有的物质准备，这种储备是在生产领域或已脱离流通领域但尚未投入生产过程中的储备。生产储备一般以库存形式存在，占用生产企业的流动资金。生产储备一般有三种：经常储备、保险储备和季节储备。消费储备是为了保持消费的需要而保有的物质储备，这种储备是在最终消费领域或已脱离流通领域而尚未进入消费过程中的储备。流通储备是社会再生产中，为保证社会再生产的正常而保持在流通领域中的“物”的暂时停滞。

仓储成本是指为开展物流仓储活动而发生的各种费用，仓储成本的高低直接影响着企业的利润水平，因此在物流管理系统中，仓储成本管理的目的是以尽可能低的费用在适当的时间、适当的地点和适当的场所存放适当数量的存货，仓储成本管理是企业物流管理的一项重要内容。

8.1.1　仓储成本的构成

仓储成本主要包括仓储持有成本、订货或生产准备成本、缺货成本和在途库存持有成本等。

1. 仓储持有成本

仓储持有成本是指为保持适当的库存而发生的成本。仓储持有成本主要包括资金占用成本、仓储维护成本、仓储运作成本、仓储风险成本。

（1）资金占用成本

资金占用成本也称利息费用或机会成本，是仓储成本的隐含费用。资金占用成本反映失去的盈利能力，即如果资金投入其他方面而取得投资回报，那这种尚未获得的回报就是资金占用成本。为了核算上的方便，一般情况下，资金占用成本用所占用资金支付的银行利息来衡量。资金占用成本是仓储持有成本的一个重要组成部分，通常用持有库存的货币价值的百分比表示，也有用企业新投资最低回报率来计算资金占用成本的。

（2）仓储维护成本

仓储维护成本主要包括与仓库有关的租赁费用、取暖费用、照明费用、设备折旧费用、保险费用和税金等。仓储维护成本随企业的仓储方式不同而有所不同。如果企业利用自用的仓库，大部分仓储维护成本是固定的；如果企业利用公共的仓库，仓储维护成本为变动成本，随库存数量的变化而变化。

（3）仓储运作成本

仓储运作成本主要与货物的出入库作业有关。具体包括：

1）装卸搬运作业成本。装卸搬运作业成本包括以下六项：一是支付给装卸搬运工人、装卸搬运司机和装卸搬运管理人员的工资、加班费、津贴、职工福利、劳动保护费用等；二是装卸搬运过程中消耗的燃料和电能等能源的费用；三是装卸过程中，消耗的轮胎、垫带及耗用的机油、润滑油等成本；四是装卸搬运的机械工具的折旧成本；五是为装卸搬运机械和工具进行维护和修理所发生的成本；六是在装卸搬运作业过程中发生的货损、机械损坏、人员伤亡等赔偿费用。

2）装卸搬运作业除外的成本。装卸搬运作业除外的成本是指出入库作业、验货、备货、仓储设施与设备的日常养护与管理的成本，包括从事以上作业员工的工资、加班费、奖金、福利等费用；以上作业消耗的能源、低值易耗品的成本；以上作业使用的机器和工具的折旧及维修费用，如果机器或工具为租赁所得，则租金代替折旧。

3）应由仓储作业承担的营运间接费用。

(4) 仓储风险成本

仓储风险成本是指由于企业无法控制的原因而造成的库存货物贬值、损坏、丢失、变质等损失。

2. 订货或生产准备成本

订货或生产准备成本是指企业向外部的供应商发出采购订单的成本，或指企业内部的生产准备成本。

(1) 订货成本

订货成本是指企业为了实现一次订货而进行的各种活动的费用，包括处理订货的差旅费、办公费等支出。订货成本分为固定成本和变动成本两部分：与订货次数无关的成本，如常设机构的基本开支等，称为订货的固定成本；与订货次数有关的成本，如差旅费、通信费等，称为订货的变动成本。

(2) 生产准备成本

生产准备成本是指当库存的某些货物不由外部供应而由企业自己生产时，企业为生产这批货物而进行准备的成本。生产准备成本也分为固定成本和变动成本两部分：与生产货物的数量无关的费用，如更换模具、增添某些专用设备等的成本，属于生产准备成本中的固定成本；与生产货物的数量有关的费用，如材料费、加工费、人工费等，属于生产准备成本中的变动成本。

3. 缺货成本

缺货成本是指由于库存供应中断而造成的损失，包括原材料供应中断造成的停工损失、产成品库存缺货造成的延迟发货损失和丧失销售机会的损失。如果生产企业以紧急采购代用材料来解决库存材料的中断之急，那么缺货成本表现为紧急额外购入成本，即紧急采购成本大于正常采购成本的部分。

4. 在途库存持有成本

在途库存是指企业以货到付款方式销售货物，尚在运输途中未到达客户指定场所的货物。在这种情况下，由于货物的所有权并未转移，从理财的角度来看，仍属于企业的库存，运货方式及所需的时间是储存成本的一部分。

8.1.2 仓储成本的计算

仓储成本的计算分为取得成本、储存成本和缺货成本。

1. 取得成本

取得成本是指为取得存货而支出的成本。取得成本又可以分为订货成本和购置成本，前者是指取得订单的成本，与订货次数无关；后者是存货本身的价值。取得成本为

$$\mathrm{TC_a} = F_1 + \frac{K_a D}{Q} + D \cdot U \tag{8-1}$$

式中　TC_a——取得成本；

F_1——订货固定成本；

K_a——每次订货的变动成本；

D——年需求量；

Q——每次订货批量；

U——单价。

2. 储存成本

储存成本是指企业为储存存货而发生的成本，如仓储费、搬运费、保险费、占用资金的利息等。储存成本可以分为变动成本和固定成本两部分，前者与存货数量的多少有关，后者与存货数量无关。因此储存成本为

$$TC_c = F_2 + \frac{K_c Q}{2} \tag{8-2}$$

式中　TC_c——储存成本；

F_2——固定储存成本；

K_c——单位变动储存成本。

3. 缺货成本

缺货成本是指由于存货不能满足生产经营活动的需要而造成的损失，如失销损失、信誉损失、紧急采购额外支出等。缺货成本用 TC_s 表示。

4. 存储总成本

存储总成本为取得成本、储存成本和缺货成本之和，用 TC 表示。它与每次订货批量 Q 的关系式为

$$\begin{aligned}总成本（TC）&= 取得成本 + 储存成本 + 缺货成本 \\ &= TC_a + TC_c + TC_s \\ &= F_1 + \frac{K_a D}{Q} + DU + F_2 + \frac{K_c Q}{2} + TC_s \end{aligned} \tag{8-3}$$

从上式可知，如果订货批量 Q 有所加大，可以使取得成本 TC_a 和缺货成本 TC_s 有所减少，但相应地会使储存成本 TC_c 有所增加；反之，如果订货批量 Q 有所减少，可以使储存成本 TC_c 有所减少，但相应地会使取得成本 TC_a 和缺货成本 TC_s 有所增加。存货管理的目标是使存货的总成本达到最小，即确定经济批量（Q_E）。

小思考：一种货物的购买数量小于 1000 件时，单价 100 元/件；购买数量大于等于 1000 件时，单价 90 元/件。某企业现需要购买 860 件该货物。问：能否以少于 86000 元的金额获得所需的 860 件货物？

回答：采用创新的采购模式，联合几家一起采购，或采用团购等方式有可能实现。例如，企业可以先购买 1000 件该货物，支付 90000 元，再卖出多出的 140 件，只要这 140 件卖出的总价高于 90000 − 86000 = 4000（元），就可实现支出少于 86000 元的目标。

8.1.3　仓储成本控制

1. 仓储成本控制的原则

（1）政策性原则

在仓储成本控制过程中，要重视成本控制与质量的关系，不能片面追求降低仓储成本，而忽视储存物资的保管要求和保管质量。

（2）经济性原则

1）注重成本效益平衡。即因仓储成本控制而发生的成本费用支出，不应超过因缺少控制而丧失的收益。为建立严格的仓储成本控制制度而发生的人力物力支出不应超过建立这项控制所节约的成本。

2）企业应在仓储活动的重要领域和环节上对关键的因素加以控制，而不是对所有成本项目都进行同样周密的控制。

3）仓储成本控制要起到降低成本、纠正偏差的作用，并具有实用、方便、易于操作的特点。

4）在仓储成本控制中要贯彻"例外原则"，对正常储存成本费用支出可以从简控制，而特别关注各种例外情况。

（3）分级归口管理原则

企业的仓储成本控制目标，应层层分解，落实到各环节、各小组甚至个人，形成一个仓储成本控制系统。

（4）权责利相结合原则

仓储成本控制不仅要落实责任，制定与控制者责任大小、控制范围相一致的目标，更要充分调动他们的积极性，将仓储成本控制的好坏与奖励的大小结合起来。

2. 仓储成本控制的方法

（1）存货订购点控制法

订购点控制法是以固定订购点和订购批量为基础的一种存货控制方法，如图 8-1 所示。当库存低于或等于再订购点时就提出订货计划，并且每次订购的数量都是固定的。实施订购点控制的关键是确定订购批量和再订购点，再订购点的确定要考虑交货时间和保险储备量。

订购点控制法的优点是：

1）能经常掌握库存量动态，不易出现缺货。

2）保险储备量少，仓储成本相对较低。

3）每次订购量固定，能采用经济批量。

4）盘点和订购手续简单。

订购点控制法的缺点是：

1）订购时间不确定，难以编制严密的采购计划。

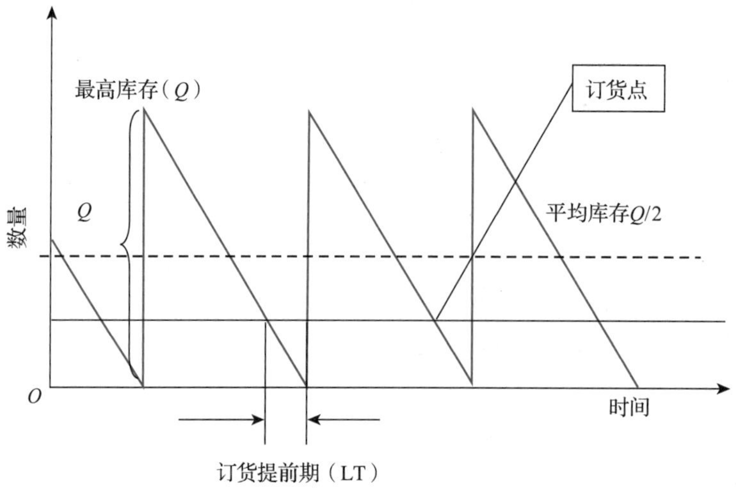

图 8-1　订购点控制法

2）不适用于需求量变化比较大的物资，不能及时调整订购批量。

订购点控制法一般用于单位价值较低、需求量比较稳定、缺货损失较大、储存成本较高的货物仓储。

（2）存货定期控制法

定期控制法是指以固定的订购周期为基础的一种库存控制方法。它以定期盘点为基础，按固定的时间间隔检查库存量，并提出订购批量计划，订购批量根据盘点时的实际库存量和下一个进货周期的预计需要量而定。

定期控制法的特点是：订购时间固定，能调整订购批量，保险储备量较大，每次订购量不固定。

定期控制法的适用范围为：① 需求量较大，有较严格的保管期限的物资；② 需求量变化大，可以事先确定用量的物资；③ 发货次数较多，难以进行连续动态管理的物资。

（3）存货 ABC 分析控制法

ABC 分析控制法的基本思想是：重要的存货重点管理，不重要的存货一般管理。根据存货的重要程度将存货分为 A、B、C 三类。在实际应用中，通常人们将价值占总库存价值 65%~80%、数量占总库存量 15%~20% 的物品划归为 A 类，将价值占总库存价值 15%~20%、数量占总库存量 30%~40% 的物品划归为 B 类，将价值占总库存价值 5%~15%、数量占总库存量 40%~55% 的物品划归为 C 类。A 类物资数量不多但占用资金较大，应该严格按照最佳库存量管理，定期检查盘存；C 类物资数量较多但占用资金不大，应该定期盘点适当控制库存；B 类物资可针对不同情况分别管理，对金额较高的物资可比照 A 类物资管理，对金额较低的物资比照 C 类物资管理。

实训题 8-1　根据表 8-1，运用 ABC 分析控制法对物资进行分类。

表 8-1　货物使用量及单价情况

序号	物资代码	月使用量（个）	单价（元/个）	月费用（元）
1	B－83	15000	0.09	1350
2	C－11	110000	0.05	5500
3	K－19	5000	0.1	500
4	M－30	8000	0.15	1,200
5	Q－2	2000	0.11	220
6	U－16	75000	0.07	5250
7	V－9	16000	0.11	1760
8	X－28	208000	0.12	24960
9	X－30	50000	0.08	4000
10	Y－15	289000	0.1	28900
11	合计			73640

8.2 配送成本管理

8.2.1 配送成本的构成

配送是物流系统中的一种特殊的、综合的活动形式，是商流与物流的紧密结合，包含了物流中若干功能要素的一种物流活动。从物流角度来说，配送几乎包括了所有的物流功能要素，是物流的一个缩影或在较小范围内物流全部活动的体现。一般的配送集装卸、包装、保管、运输于一身，通过一系列活动实现将物品送达客户的目的。特殊的配送则还要以流通加工活动为支撑，其内容更为广泛。

配送成本是指在配送活动的备货、储存、分拣、配货、送货、送达服务及配送加工等环节中所发生的各项费用的总和。配送成本主要由以下费用构成：

1. 配送运输费用

配送运输费用是指配送车辆在完成配送货物过程中，发生的各种车辆费用和运输间接费用。车辆费用是指配送车辆从事配送作业所发生的各项费用。运输间接费用是指在配送运输环节，为管理和组织配送运输所发生的各项管理费用和业务费用。具体包括驾驶员及助手的工资及福利费、燃料费、轮胎费、修理费、折旧费、车船税等项目。

2. 分拣费用

(1) 分拣人工费用

分拣人工费用即从事分拣的作业人员及有关人员的工资、奖金、补贴等费用的总和。

(2) 分拣设备费用

分拣设备费用即分拣机械设备的折旧费用及修理费用。

3. 配装费用

(1) 配装材料费用

常见的配装材料有木材、纸、自然纤维、合成纤维和塑料等。包装材料功能不同，则成本差异很大。

(2) 配装辅助材料费用

配装辅助材料费用主要包括包装标记、标志的印刷及拴挂物费用等。

(3) 配装人工费用

配装人工费用即从事配装工作的工人及有关人员的工资、奖金、补贴等费用的总和。

4. 流通加工费用

(1) 流通加工设备费用

流通加工设备费用因流通加工形式不同而不同，购置这些设备所支出的费用，以折旧费的形式转移到被加工产品中去。

(2) 流通加工材料费用

流通加工材料费用即在流通加工过程中，投入到加工过程中的一些材料消耗所需要的费用。

(3) 流通加工人工费用

流通加工人工费用即在流通加工过程中，从事加工活动的管理人员、工人及有关人员的工资、奖金等费用的总和。

5. 营运间接费用

营运间接费用是指不能直接计入各类成本计算对象的费用，如配送各环节间接从事配送活动人员的工资及福利费、办公费，以及配送各环节发生的水电费、折旧费等费用。营运间接费用于月终时，通过编制“营运间接费用分配表”，以分摊的形式，分别计入配送各环节成本。

在实际应用中，应该根据配送的具体流程归集成本。不同的配送模式，其成本构成差异较大；相同的配送模式，由于配送物品的性质不同，其成本构成差异也很大。

8.2.2 配送成本的计算

配送成本的核算是多环节的核算。配送各环节的成本都具有各自的特点，如流通加工费用的核算与配送运输费用的核算，具有明显的区别，其成本计算的对象及计算单位都不同。配送成本的计算由于涉及多环节，对每个环节应当单独计算。

配送成本总额由各个环节的成本组成，即

配送成本 = 配送运输费用 + 分拣费用 + 配装费用 + 流通加工费用

需要指出的是，在进行配送成本核算时，要避免配送成本重叠交叉，夸大或缩小费用支出，使配送成本失去真实性。

1. 配送运输费用

1) 工资及职工福利费根据“工资分配汇总表”和“职工福利费计算表”中分配的金额计入成本。

2）燃料费根据“燃料费用汇总表”中分配的金额计入成本。

3）轮胎分外胎和内胎。外胎如果采用一次摊销法，根据“轮胎发出凭证汇总表”中各车型领用的金额计入成本；采用按行驶公里提取法的，根据“轮胎摊提费计算表”中各车型应负担的摊提额计入成本。发生轮胎翻新费时，根据付款凭证直接计入各车型成本或通过摊销费用分期摊销。内胎、垫带根据“材料发出凭证汇总表”中各车型成本领用金额计入成本。

4）修理费是对配送运输车辆进行保养和修理的费用，根据“辅助生产费用分配表”中分配的金额计入成本。

5）折旧费根据“固定资产折旧计算表”中按照配送车辆提取的折旧金额计入成本。

6）车船税、行车事故损失和其他费用如果是通过银行转账、应付票据、现金支付的，根据付款凭证等直接计入有关的车辆成本；如果是在企业仓库内领用的材料物资，根据“材料发出凭证汇总表”“低值易耗品发出凭证汇总表”中各车型领用的金额计入成本。

7）配送间接费用根据“营运间接费用分配表”计入有关配送车辆成本。

2. 分拣费用

1）工资及职工福利费根据“工资分配汇总表”和“职工福利费计算表”中分配的金额计入成本。

2）修理费是辅助生产部门对分拣机械进行保养和修理的费用，根据“辅助生产费用分配表”中分配的金额计入成本。

3）折旧费根据“固定资产折旧计算表”中按照分拣机械提取的折旧金额计入成本。

4）其他费用根据“低值易耗品发出凭证汇总表”中分拣领用的金额计入成本。

5）分拣间接费用根据“营运间接费用分配表”计入成本。

3. 配装费用

1）工资及职工福利费根据“工资分配汇总表”和“职工福利费计算表”中分配的金额计入成本。

2）材料费用根据“材料发出凭证汇总表”“领料单”及“领料登记表”等原始凭证，将配装成本耗用的金额计入成本。

3）辅助材料费用根据“材料发出凭证汇总表”“领料单”中的金额计入成本。

4）其他费用根据“材料发出凭证汇总表”“低值易耗品发出凭证”中配装作业领用的金额计入成本。

4. 流通加工费用

1）工资及职工福利费根据“工资分配汇总表”和“职工福利费计算表”中分配的金额计入成本。

2）材料费用中的材料和燃料费用根据“材料发出凭证汇总表”“领料单”“领料登记表”等原始凭证，将流通加工耗用的成本计入；外购动力费用根据有关付款凭证计入。

3）流通加工间接费用根据“营运间接费用分配表”计入成本。

8.2.3　配送成本控制

1. 配送成本控制的必要性

配送成本控制是指在配送经营过程中，按照规定的标准分析影响成本的各项因素，使配送各环节生产耗费控制在预定的范围内。配送企业可以通过合理的方式降低配送过程中的成本费用，和客户共同分享因节约所带来的利润，与此同时增强企业的竞争力。因此，进行配送成本控制尤为重要。

2. 配送成本控制策略

（1）混合策略

混合策略是指配送业务一部分由企业自身完成，另一部分由第三方物流完成。

（2）差异化策略

差异化策略是指针对企业拥有的多种商品，根据产品特点和销售水平，设置不同的库存、采取不同的运输方式及选取不同的储存地点。

（3）合并策略

合并策略包括两个方面的内容：一是配送方式上的合并，二是共同配送。配送方式上的合并是指企业在安排车辆完成配送任务时，充分利用车辆的容积和载重量，做到满载满装。共同配送是指多个企业联合起来，在配送中心的统一指挥和调度下联合行动，在较大的地域内协调运作，提供系列化的配送服务。

（4）延迟策略

延迟策略是指对产品的外观、形状及其生产、组装、配送尽可能推迟到接到客户订单后再确定。

（5）标准化策略

标准化策略是指尽量减少因品种多变而导致的附加配送成本，尽可能多地采用标准零部件、模块化产品。

3. 配送成本控制的主要措施

（1）加强配送的计划性

针对商品的特性，制定不同的配送申请和配送制度。

（2）确定合理的配送路线

根据使用的车辆数、驾驶员数、油量、行车的难易度、装卸车的难易度及送货的准时性等，采用科学的方法确定合理的配送路线。

（3）进行合理的车辆配载

企业销售的商品不仅包装形态、储运性质不同，而且密度差别较大。密度大的商品往往达到了车辆的载重量，但体积空余较大；密度小的商品虽达到车辆的最大体积，但达不到载重量。因此需要实行轻重配装，既能使车辆满载，又能充分利用车辆的有效体积，从而减少配送费用。

（4）建立计算机管理系统

在拣货配货中运用计算机管理系统，应用条码技术，提高拣货的速度、准确性，提高配货效率，从而提高生产效率，节省劳动力，降低配送成本。

（5）制定配送成本标准

将配送流程标准化，制定一系列具体可行的标准，尽量减少不增值流程，降低配送成本。

(6) 监督配送成本的形成

根据配送成本控制标准对配送成本的各个项目进行检查、评比和监督，既要检查指标本身的执行情况，也要检查和监督影响指标的各项条件。

(7) 及时纠正偏差

成本控制标准制定后要及时与实际费用比较，对配送成本差异发生的原因，查明责任者，查清情况，提出改进措施，加以贯彻执行。

8.3 仓储绩效管理

绩效管理是指管理者和员工为了达成组织目标共同参与的绩效计划制订、绩效辅导沟通、绩效考核评价、绩效结果应用、绩效目标提升的持续循环过程。开展绩效管理的目的是正确判断企业的实际经营水平，提高经营能力，改善管理水平，从而增加企业的整体效益。仓储绩效管理是指采用一定的指标体系，按照一定的评价标准，通过定量、定性等分析方法，对仓储运作绩效进行综合评价的一系列管理活动，包括仓储质量绩效管理、仓储效率绩效管理、仓储成本绩效管理、仓储效益绩效管理和仓储安全管理五个方面。

8.3.1 仓储质量绩效管理

1. 仓储质量及其管理的特点

仓储是一种服务，其特点是整个仓储作业过程就是产品生产过程和消费过程的统一。从仓储服务供给方的角度看，仓储质量是仓储所提供的经营、作业和保管等一系列服务良好状态的反映。从客户需求方的角度看，仓储质量是客户对仓储作业在功能性、经济性、安全性、时间性和舒适性等方面提出的要求。

仓储质量的特点主要体现在以下几个方面：① 充分利用仓库、货场等资源，尽可能地开发利用空间，减少空置，使仓库能容纳最多的货物。② 货物进出仓库通畅迅速，尽量减少运输工具停库时间。③ 提高货物流通速度，缩短滞库时间，加快周转速度。④ 科学合理地保管货物，堆垛稳固，摆放整齐，安全保质，查找便利，账、卡、证、物相符。⑤ 货物自然损耗控制在最低水平，意外事故和不可抗力所造成的损失降到最低程度，如果货物受到损耗，能及时得到维护。⑥ 合理配置资源，尽可能实现规模经济，降低仓储成本。⑦ 力争彻底消灭仓储保管操作风险。⑧ 提高服务水平，对内工作管理要量化和标准化，对外服务要个性化和协议化，避免与客户发生纠纷。

仓储质量管理的特点有以下四项：① 要具有全面性。一方面要对包括入库、检验、存放、堆码、保管养护、出库、发送各环节在内的仓储全过程进行管理；另一方面仓储管理必须是全员参加。② 要具有服务性。一方面仓储作业要为用户服务；另一方面各仓储作业在运作过程中，每个环节都要为下一个环节做好服务，尽量发挥整体的协作性。③ 要具有预防性。坚持“以防为主，防检结合”的质量管理原则，把质量管理的重点从“事后把关”转到“事先控制”上来。④ 要具有科学性。仓储作业的一切质量标准要根据统计分析的结果制定，质量管理的程序要按照计划、实施、检查、处理的顺序来实施，并且每次循环逐步提高质量。

2. 仓储质量管理的内容

仓储质量管理包括两个方面：一是加强仓储作业过程的质量管理；二是建立健全质量保证体系和质量管理组织系统。具体可分为如下五项内容：

(1) 入库作业质量管理

1) 货物质量验收。按存货单位提供的验收资料或标准进行检验，对批量大的商品可采取抽验法，未经验收的货物不能入库。

2) 货物数量验收。计重货物按合同条款和有关规定进行称重检验，计件货物按件数清点。

3) 货物包装验收。检查包装是否完整无损，表面有无水渍、发霉、污染或其他异常，包装有问题的商品不能入库。

4) 货物入库的手续凭证验收。没有入库单和其他有关凭证的货物不能办理入库。

5) 入库货物要做到账、证、卡、货一致。

(2) 保管作业质量管理

保管作业质量管理包括如下九个方面的内容：

1) 入库商品实行分区存放、分类保管，按货位编号确定存货位置。

2) 商品装卸搬运、堆放等作业要根据指示标志进行，不能损坏货物和破坏包装。

3) 商品堆垛要适合包装形状和商品特性，做到货垛稳固，排列整齐。

4) 在充分利用仓容的同时要注意库房堆码货垛高度不得超过地坪负荷量。

5) 商品堆码采取“五五化”堆码法，层批标量、数量显示清楚。

6) 货堆之间宽度适中，留有通道，以保证安全。

7) 定期盘点，根据气候做好货物养护工作。

8) 保持库房和其他仓储清洁卫生，合理控制温湿度。

9) 定期做好安全检查，消除隐患。

(3) 出库作业质量管理

出库作业质量管理包括如下四个方面的内容：

1) 严格依照正式出库单和其他有关凭证组织相应名称、规格、数量的货物进行出库。

2) 按照先进先出、易霉先出、易锈易坏先出、近期失效先出的原则组织货物出库。

3) 出库商品要质量完好，数量准确，包装牢固，商标正确，标志清楚。

4) 出库后快速结算相关费用。

(4) 加工作业质量管理

加工作业质量管理包括如下两方面的内容：

1) 拆箱、拼箱、改箱号、合并分拆部件等加工作业要完全按照客户的要求进行。

2) 加工作业中不能破坏货物的原有属性。

(5) 仓储质量管理体系

仓储质量管理的内容不只是仓储活动中各项作业质量管理内容的总和，还应该包括保证各项作业质量管理得以实施的组织体系。质量保证体系能使仓储企业以保证和提高工作质量和服务质量为目标，运用系统的方法，把各个环节的质量管理职能组织起来，形成一个有明确任务、职责和权限，互相协调、促进的有机整体。仓储质量管理体系是实现质量保证体系的组织保证。

3. 仓储质量管理的方法

在全面质量管理的理念下，通常用 PDCA 循环法来进行质量管理。PDCA（PDCA 循环）最早是由美国质量管理专家戴明提出来的，因此又称为“戴明环”。所谓 PDCA 循环法，是指质量管理依次完成计划（Plan）、执行（Do）、检查（Check）和处理（Action）四个步骤，并不断循环运转。其中，计划（Plan）是指制订企业质量管理计划，包括标准、目标和活动内容；执行（Do）是指组织实施和执行质量管理计划；检查（Check）是指由质量管理机构对计划执行情况进行检查，与质量标准进行对比，若发现问题及时查明原因；处理（Action）是指根据检查结果和客户意见，对成功的经验加以肯定，形成标准，进行推广，对失败的教训提出修改计划。这四个步骤一环扣一环，互相促进，在不断循环的过程中逐渐推进仓储质量水平的提高。

4. 仓储质量绩效管理的指标

仓储质量绩效管理的指标主要有如下六个：

(1) 收发货错误率

收发货错误率表示仓库在某一时期错误收发货物的程度。其公式如下：

$$\text{收发货错误率}=\frac{\text{收发货物差错累计笔数}}{\text{收发货物累计笔数}}\times 100\% \qquad (8\text{-}4)$$

这是仓储管理的重要质量指标，可以用来衡量收发货物的准确性，以保证仓储服务的质量。仓库的收发货错误率应当控制在 0.5% 以下。

(2) 账货相符率

账货相符率是指在货物盘点时，仓库货物保管账面上的货物储存数量与相应库存实有数的相互符合程度。其公式如下：

$$\text{账货相符率}=\frac{\text{账货相符笔数}}{\text{储存货物总笔数}}\times 100\%\text{ 或 }=\frac{\text{账货相符件数(重量)}}{\text{储存货物总件数(重量)}}\times 100\% \qquad (8\text{-}5)$$

(3) 货物损耗率

货物损耗率反映货物保管与养护的实际情况。该指标属于反指标，应尽可能降低。其公式如下：

$$\text{货物损耗率}=\frac{\text{货物损耗额(元)}}{\text{货物保管总额(元)}}\times 100\%\text{ 或 }=\frac{\text{货物损耗量(t 或 kg)}}{\text{货物保管总额(t 或 kg)}}\times 100\% \qquad (8\text{-}6)$$

(4) 平均保管损失

平均保管损失反映保管发生损失的水平。该指标属于反指标，应尽可能降低。其公式如下：

$$\text{平均保管损失}=\frac{\text{保管损失金额(元)}}{\text{货物存储量(件或 t 或 kg)}} \qquad (8\text{-}7)$$

(5) 货物及时验收率

货物及时验收率反映货物验收的效率。其公式如下：

$$\text{货物及时验收率}=\frac{\text{期内及时验收笔数}}{\text{期内收货总笔数}}\times 100\% \tag{8-8}$$

(6) 设备完好率

设备完好率反映设备维护保养的效果。其公式如下：

$$\text{设备完好率}=\frac{\text{期内完好设备台数}}{\text{同期设备总台数}}\times 100\% \tag{8-9}$$

8.3.2　仓储效率绩效管理

1. 仓储效率管理的含义

仓储效率是指在仓储作业过程中，仓储成果与各种仓储资源之间的对比关系。仓储成果表现为储存了多少质量完好的货物。仓储资源包括两类：一类是仓储设备，如仓库、货架等；另一类是一定数目的仓储管理人员的劳动时间。仓储效率管理是指为了保证和提高仓储效率所进行的一系列管理活动。

2. 仓储效率管理的内容

仓储效率管理的内容可分为如下五个方面：

(1) 充分利用现有的仓储设备

对仓库、仓位、货架等各种仓储设备实行科学的管理和合理的规划，在保证货物质量、安全、进出方便的前提下，按照科学的方式堆码摆放货物，尽可能提高仓库面积利用率和每平方米货物储存量，实行仓库货物储存量和仓库面积利用的定额管理。

(2) 提高仓储管理人员的劳动生产率

从仓储作业过程来看，提高劳动生产率的主要途径有：① 开展技术革新，进行技术改造，采用先进的仓储技术设备装备仓储企业，使仓储装卸、搬运、保管、堆码、维护作业实现机械化、自动化。实现劳动工具和手段的现代化是提高仓储劳动生产率最主要的途径。② 开展职工培训，进行智力投资，提高仓储管理人员的业务技术水平和劳动技能的熟练程度。③ 改进仓储劳动组织，合理组织仓储作业过程中的劳动，是充分发挥劳动潜力的有效途径。④ 建立合理的薪酬体系，并实行严格的考核制度，使职工的劳动成果同他们的物质利益紧密结合，激发劳动者的积极性、主动性和创造性，从而提高劳动者的劳动生产率。

(3) 建立完善的仓储管理体系

根据客户要求和以往的经验制订科学合理的仓储计划，制定仓储作业各环节的要求标准和作业原则，合理地设置管理部门和机构，完善管理体系，加强统计核算以及经济责任制。

(4) 扩大仓储经营范围

充分利用仓库联系面广、储存手段先进等有利条件，向多功能的配送中心发展，如开展流通加工、配送等项业务，为客户提供更多的服务。

（5）利用先进的仓储技术

1）提高仓储密度和仓容利用率的技术：① 采取高垛的方法，增加储存高度。如采用高层货架或集装箱设备存储货物。② 缩小库内通道宽度以增加储存有效面积。例如，采用窄巷道式通道，配以轨道式装卸车辆；或采用侧叉车、推拉式叉车，以减少叉车转弯所需的宽度。③ 减少库内通道数量以增加储存有效面积。

2）提高仓储定位效率的技术：①“四号定位”技术，这即用一组 4 位数字来确定存取位置的固定货位方法，这 4 个号码包括库号、架号、层号和位号。② 采用计算机定位系统。

3）提高监测盘点效率的技术：①“五五化”堆码；② 计算机监测盘点系统。

4）保证“先进先出”的技术：① 贯通式货架系统；②“双仓法”存储；③ 计算机存取系统。

3. 仓储效率绩效指标

衡量仓储效率的指标主要有以下六个：

（1）仓库利用率

仓库利用率是反映仓库利用程度的指标，从面积和容积两个方面来衡量。其公式分别如下：

$$仓库面积利用率=\frac{仓库的有效堆放面积}{仓库总面积}\times 100\% \tag{8-10}$$

$$仓库容积利用率=\frac{报告期平均仓库容量}{仓库的总容量}\times 100\% \tag{8-11}$$

（2）设备利用率

设备利用率是反映设备使用程度的指标，从数量和时间两个维度衡量。其公式分别如下：

$$设备能力利用率=\frac{报告期设备实际载荷量}{报告期设备额定载荷量}\times 100\% \tag{8-12}$$

$$设备时间利用率=\frac{报告期设备实际作业工时数}{报告期设备额定作业工时数}\times 100\% \tag{8-13}$$

（3）劳动生产率

劳动生产率是反映仓储人员工作效率的指标。其公式如下：

$$劳动生产率(t/工日)=\frac{全年货物出入库总量(t)}{仓库全员年工日总数(工日数)} \tag{8-14}$$

（4）资金使用效率

资金使用效率是反映仓储货物占用资金情况的指标，包括固定资产和流动资金两个方面。其公式分别如下：

$$单位货物固定资产平均占用量(元/t)=\frac{报告期固定资产平均占用金额(元)}{报告期平均货物储存量(t)} \tag{8-15}$$

$$单位货物流动资金平均占用量(元/t)=\frac{报告期流动资金平均占用金额(元)}{报告期平均货物储存量(t)} \tag{8-16}$$

其中，报告期固定资产和流动资金平均占用金额是期初数和期末数的平均值。

(5) 平均收发货时间

平均收发货时间是反映收发货流程效率的指标。其公式如下：

$$平均收发货时间=\frac{收发货物时间总和(小时)}{收发货物总笔数(笔)} \tag{8-17}$$

(6) 库存周转率

库存周转率是反映储存货物流转速度的指标。其公式如下：

$$库存周转率=\frac{该期间的出库总金额}{该期间的平均库存金额}\times 100\% \tag{8-18}$$

$$平均库存金额=\frac{期初库存金额+期末库存金额}{2} \tag{8-19}$$

8.3.3 仓储成本绩效管理

1. 仓储成本分析方法

仓储成本绩效管理的目的是控制和降低仓储成本，提高经济效益。通过价值分析（VA）法发现成本控制空间，其基本原则有三条：① 消除浪费，排除无用的环节和工作；② 尽可能采用标准化和规范化的方法；③ 经常分析有无更好的方法。

2. 降低仓储成本的途径

(1) 分类管理

对储存的货物进行ABC分析，对量小金额大且重要的A类存货实行重点管理，对量大金额较大的B类存货实行常规管理，对量大金额小的C类存货实行一般管理。根据分类合理配置资源，对需要重点管理的货物加大养护和管理投入，以保证仓储货物质量；对只需一般管理的货物相应地压缩成本。

(2) 实现规模经济

当仓储的社会总需求达到一定规模时，整合仓储业务，进行集中管理。用大规模的集中管理来替代小规模的分散管理，以节约仓储成本中的固定成本。

(3) 加速库存周转

通过与整个供应链协调，加快库存周转，缩短库存周期，变静态仓储为动态仓储，同时也可加快资金周转，提高资本使用效益，减少货物损耗，增加仓库吞吐能力，从而降低成本。

3. 仓储成本绩效指标

(1) 平均储存费用

$$平均储存费用(元/t)=\frac{每月储存费用总金额(元)}{月平均储存量(t)} \tag{8-20}$$

(2) 单位进出库成本

$$单位进出库成本(元/t)=\frac{进出库费用(元)}{进出库物资量(t)} \tag{8-21}$$

8.3.4　仓储效益绩效管理

仓储效益绩效管理的目的是提高经济经营管理的经济效益，反映仓储收益情况的指标主要有：

（1）资金利润率

$$资金利润率 = \frac{利润总额}{固定资产平均占用 + 流动资金平均占用} \times 100\% \tag{8-22}$$

其中

$$\begin{aligned} 利润总额 &= 仓库总收入额 - 仓库总支出额 \\ &= 仓库营业收入 - 储存成本 - 税金 + 其他业务利润 - 营业外支出净额 \end{aligned} \tag{8-23}$$

（2）收入利润率

$$收入利润率 = \frac{利润总额}{仓储营业收入} \times 100\% \tag{8-24}$$

（3）人均利润率

$$人均利润率(元/人) = \frac{利润总额(元)}{全员人数(人)} \times 100\% \tag{8-25}$$

（4）每吨保管货物利润率

$$每吨保管货物利润率(元/t) = \frac{利润总额(元)}{货物储存总量(t)} \times 100\% \tag{8-26}$$

8.3.5　仓储安全管理

仓储的安全性指标用来反映仓储生产和作业的安全程度，它可以用发生的各种事故的大小和次数来表示，主要有人身伤亡事故、仓库失火、爆炸、被盗事故、机械损坏事故五大类。这类指标一般无须计算，只是根据损失的大小来划分不同等级，以便于考核。

8.4　配送绩效管理

配送绩效管理的目的是提高配送质量和效率，在保证服务、降低成本的同时实现安全、高效的配送。配送绩效管理包括配送质量绩效管理、配送效率绩效管理、配送成本绩效管理和配送服务绩效管理四个方面。

8.4.1　配送质量绩效管理

配送质量是指配送经营、作业、调配和服务等一系列活动的良好程度，用来衡量是否满足了客户的各种需要。配送质量绩效管理是为了实现和提高配送作业质量而进行各种管理活动，包括配送作业过程的质量管理和建立质量管理组织系统两个方面。配送作业由备货（包括集货、分拣和配货）、运输（包括装卸、调度和运输）、流通加工和送达服务（包括送达确认、信息反馈和事后服务）四个环节构成。配送质量指标有以下几个：

（1）准时配送率

$$准时配送率 = \frac{准时配送次数}{配送总次数} \times 100\% \tag{8-27}$$

（2）损失率

$$损失率 = \frac{经济损失之和}{配送业务总收入} \times 100\% \tag{8-28}$$

（3）货损货差率

$$货损货差率 = \frac{货损货差数}{配送货物总数} \times 100\% \tag{8-29}$$

（4）事故频率

$$事故频率(次/万\ km) = \frac{报告期内事故次数}{报告期内总行驶公里数/10000} \tag{8-30}$$

（5）安全间隔里程

$$安全间隔里程(万\ km/次) = \frac{报告期内总行驶公里数/10000}{报告期内事故次数} \tag{8-31}$$

（6）车船完好率

$$车船完好率 = \frac{报告期内运营车船完好总天数}{报告期内车船总天数} \times 100\% \tag{8-32}$$

8.4.2 配送效率绩效管理

1. 配送效率绩效管理的含义

配送作业包括集货、分拣、配货、装卸、调度、运输、流通加工、送达服务等环节。配送效率绩效管理是为了保证和提高配送效率所进行的一系列管理活动。

2. 配送效率绩效管理的内容

配送效率绩效管理包括充分利用现有设备，提高配送人员的劳动效率和构建完善的管理体系等内容。具体可分为如下五个方面：

1）利用 EDI 技术实现电子订货，提高订货和收发货效率。

2）利用条码技术和无线射频技术，提高收发货时的验货效率。

3）在配送中心配备自动化作业设备，提高货物装卸效率。

4）采用数码备货自动化设备，提高备货效率。

5）运用 GPS 技术跟踪货物车辆，提高调度运输效率。

3. 配送效率指标

（1）车船利用率

$$车船利用率 = \frac{报告期内运营车船投产总天数}{报告期内车船总天数} \times 100\% \tag{8-33}$$

（2）车船满载率

$$车船满载率 = \frac{车船实际装载能力}{车船装载能力} \times 100\% \tag{8-34}$$

（3）总运力贡献率

$$总运力贡献率(吨位产量)=\frac{报告期内完成的周转量}{报告期内总运力} \tag{8-35}$$

（4）实际油耗

$$实际油耗(L/百吨公里)=\frac{报告期实际油耗(L)}{报告期实际吨公里数/100} \tag{8-36}$$

（5）修保费（率）

$$修保费(元/千公里)=\frac{车辆保养及小修费用(元)}{行驶公里数/1000} \tag{8-37}$$

8.4.3　配送成本绩效管理

配送成本绩效管理是指在保证配送质量的前提下，通过一定的方法和措施提高配送效率、降低配送成本。配送成本在效益上的体现有以下四个指标：

（1）平均配送费用

$$平均配送费用=\frac{每月配送费用总额}{月平均配送量} \tag{8-38}$$

（2）吨公里成本

$$吨公里成本=\frac{报告期内运输总成本(元)}{报告期内货物总周转量(吨·公里)} \tag{8-39}$$

（3）平均装卸成本

$$平均装卸成本=\frac{装卸总成本}{装卸货物总量} \tag{8-40}$$

（4）平均流通加工成本

$$平均流通加工成本=\frac{流通加工总成本}{流通加工货物总量} \tag{8-41}$$

8.4.4　配送服务绩效管理

配送服务可以概括为两个“保证”：① 保证运送，即在客户规定的时间内把货物运送到规定的地点；② 保证质量，即在配送全过程中保证客户货物的质量和安全。配送服务质量要素包括以下七个方面：

（1）交货频率

交货频率用交货速度来衡量：一日一次；一日两次及以上；一周一次；一周两三次；一周三次以上。

（2）指定时间

指定时间用时间长度来衡量。

（3）配送系统的灵活性

配送系统的灵活性用配送速度、准确比例和详细性来衡量，包括对客户要求反应的及时性和准确性。

(4) 配送系统的纠错能力

配送系统的纠错能力用应答与需要恢复的时间来衡量，包括出现错误后纠错的程序以及效率和时间。

(5) 提供信息

提供信息用详细性来衡量。提供信息包括交货期、到货日期、运送过程中的商品信息及追踪信息。

(6) 进货条件

进货条件用准确性和详细性来衡量，包括交货方式、定价、包装和免检。

(7) 配送服务后的支持

配送服务后的支持用应答时间和应答质量来衡量，包括配送服务的信息反馈、客户配送方案的设计与改进。

案例

戴尔库存管理启示二：零库存营运模式

1. 零库存理论概述

所谓零库存，是一种特殊的库存管理模式，它可以被总结为以下两种概念。

第一种概念是将库存商品量化的零库存，一般指的是数量和成本方面的零库存。它是指企业生产所用的原材料、在产品在从材料采购阶段一直到最后产成送到最终消费者手中的生产流程中，企业通过实施或者改善库存控制战略，尽量使企业库存商品的数量配置能接近于最优化配置。

第二种概念是泛化的零库存，一般指的是企业所有权方面和物流运作方面的零库存。所有权方面的零库存是戴尔公司（以下简称戴尔）在供应商管理库存模式中所提出的概念，即就算企业自身仓库存满了存货，然而如果这些存货的所有权不属于企业本身，则这种情况也能算作零库存；物流运作方面的零库存是指企业如果不用仓库存储在产品及其生产原材料，而是使它们以一种原料周转的状态存在，或者说企业通过手段尽可能地缩短产品从材料入库和产成品出库之间的时间间隔，这种情况也能称之为零库存。

2. 戴尔公司零库存营运模式分析

自 21 世纪以来，由于个人电脑市场的迅速扩张，戴尔公司在生产、销售、定制个人电脑的同时，推出配合个人电脑使用的外围设备和适用于各类数据中心的服务器产品，以增加自己的产品在市场上的竞争优势。

(1) 戴尔公司的库存危机

在戴尔公司初创的时候，一次偶然的机会，使戴尔公司在资本市场上筹集到了 3000 万美元的资金，企业购入了大批当时被认为优质的内存设备，以进行大批量的电脑生产。然而，在戴尔公司采购该批内存设备的三个月后，由于易安信内存生产企业（EMC）推出了性能更稳定且造价更低的内存设备，戴尔公司发生了重大的库存积压事件，并且 EMC

公司新技术的不断提出，致使戴尔公司在三个月前大量采购的内存设备的价格大幅度下跌。受到这次存货危机事件的教训后，戴尔公司的创始人迈克尔·戴尔及公司经营管理层开始着眼于存货结构的合理分配。

(2) 戴尔实行零库存管理需具备的条件

戴尔在整个电脑生产行业中是实施零库存管理的首创者，在其取得巨大成功的背后，完整的直销销售结构及健全的物流运作系统是必不可少的。

1) 完整的直销销售结构。戴尔一直以“直线订购模式”为其生产服务标准。在这种独特的模式下，戴尔公司在采购电脑生产组装的材料时会直接与材料供应商联系，而在卖出电脑时会选择性地回避中间零售商，直接与最终消费者取得联系。其实，采取这种生产商直面客户的销售方式，对客户来说，可以起到避免中间商赚取差价的作用；对戴尔公司来说，在产品的改进方面可以直接倾听到客户的声音，在成本和销售方面可以节约销售成本，获得有更大的让利空间。

2) 健全的物流运作系统。戴尔公司定制模式的背后有一个强大而且反应迅速的物流运作系统作为支撑。在产品从供应链环节到最终销售环节的物流运作系统分为三个部分，分别是供应物流、生产物流以及销售物流。

①供应物流。戴尔选择和柏灵顿全球物流公司合作进行物流配送。在零部件的配送过程中，首先，戴尔会在第一时间根据需求与供应链上的各个供应商交流采购计划；其次，供应商会迅速地将零部件存放于柏灵顿物流公司的仓储中心；最后，柏灵顿物流公司在收到供应商的提货通知后，会在2个小时内将零部件送至戴尔公司的组装中心。正是柏灵顿物流公司迅速的送货速度和与供应商的密切合作关系，使得戴尔公司的零部件库存周期一直低于一周，远低于宏碁电脑生产企业20天以上的零部件库存周期水平。

②生产物流。由于戴尔公司一直致力于将电脑产品个性化，戴尔公司的生产组装环节就会更复杂，在生产环节中，戴尔公司也必须选择与企业多变的装配方式相匹配的物流模式。在收到订单后，各个供应商会在将零部件存放在柏灵顿物流公司的仓储中心之前对不同订单的不同零部件进行单独包装，再送往戴尔公司的组装中心。从戴尔公司整个生产环节的效率来看，零部件从离开供应链到电脑组装测试完毕出库的环节，最多只需要7小时。

③销售物流。由于戴尔的分公司众多，面向客户群体较多，戴尔公司目前在美国本土合作的销售物流公司有联邦、柏灵顿和敦豪等。在产品进行最终检测之前，戴尔公司会将配送信息、配送量及具体配送时间告知物流公司，让物流公司提早做好配送计划并按时完成配送，在整个配送过程中，戴尔公司会利用物流公司的信息系统实时收集配送状态，再通过邮箱、PowerEdge服务器上客户的个人主页将实时物流信息反馈给客户。

(3) 戴尔公司零库存管理的实现方式

戴尔公司零库存管理模式由供应链环节库存管理模式和生产环节库存管理模式组成。在供应链环节中，戴尔公司采用的是供应商管理库存（VMI）模式；在生产环节中，戴尔公司采用的是联合库存管理（JMI）模式。

1) VMI模式。VMI模式是基于供应链管理的一种库存管理模式，戴尔公司的供应链指的是在每生产出一台电脑的背后，从最初提供电脑零部件的供应商到最终将电脑送至消费者手中的物流公司，参与最终消费品制作的各个企业连成的一个具有整体功能的网络链状结构。戴尔公司在供应链管理中的精明之处在于戴尔公司会为供应链上的各个企业设置不同的福利，比如，给予零部件供应商地区销售代理商的资格，这种从“我负责为你生产”到“我为自己的利润而生产”观念的改变，不仅使零部件供应商在生产组装零部件的同时也能得到卖出产品的利润，更难得的是可以将戴尔公司和零部件供应商之间主动与被动的关系转换为战略同盟的关系，让零部件供应商能主动地加入到产品的生产中来，使供应链中各个环节的联系更加契合，从而为戴尔公司创造更高的利润。

2）JMI 模式。从戴尔公司整个零库存生产管理过程的宏观角度来看，戴尔公司采用的是即时供应、坚持按单生产的管理理念，即戴尔公司在接到订单后，采取有多少需求就采购多少零部件这种“以需定产”的生产模式。采取这种生产管理方式可以使企业在资源分配上将有限的资源合理化配置。

从戴尔公司生产过程的微观角度来看，戴尔公司采用的是零库存制造企业常用的协作分包方式。所谓“分包”，指的是戴尔公司类似于金字塔的塔尖，塔尖下层的大批零部件生产企业以“生产品种繁多，单次生产批量较小，多次生产配送”的方式来配合戴尔公司的生产出货，使戴尔公司的供应库存为零。所谓“协作”，指的是戴尔公司在众多零部件生产企业的配合下，清空了自己的供应库存，与此同时，塔尖下层的零部件生产企业也可以调控自己的生产模式，只管保证按时按量地向戴尔公司提供相应的生产零件即可。这样一来，不光塔尖的戴尔公司可以不用额外设置存货一级库存，塔尖下层的众多零部件生产企业也只需满足戴尔公司的生产量即可，从而使得零部件生产企业也实现了零库存。

3. 戴尔公司零库存营运模式的启示

（1）戴尔公司两种零库存管理模式与传统管理模式的差别分析

1）戴尔公司 VMI 模式与 JMI 模式的区别。二者的区别主要体现在以下几个方面。其一，在先后顺序上，先有 VMI 模式后有 JMI 模式，最终结合发展成戴尔公司现在推行的零库存营运模式。其二，两种库存管理模式的侧重范围不同，VMI 模式侧重于戴尔公司给予零部件供应商的库存决策及共同经营的权利，JMI 模式在宏观生产模式上更趋向于按单生产的模式，在微观的生产过程中更倾向于塔尖企业与下层企业的配合、降低双方库存及平衡风险的方向。其三，两种库存管理模式的实行者不同，VMI 模式是由供应商来维持库存数量，且在库存缺乏的时候，供应商有一定的生产能力对自己库存的缺乏部分进行补货，而 JMI 模式主要是由参与到生产过程中的每个企业实行，而且它们的地理位置一般也较为接近，便于及时供货及相互交流。

2）VMI 模式与传统库存管理模式的区别。VMI 模式与传统库存管理模式的区别主要体现在以下几个方面。其一，在传统库存管理模式下，企业与零部件供应商独立作业，互不干扰；而在 VMI 模式下，戴尔公司会邀请零部件供应商参与到自己的供应链管理中来，由供应商启动交易。其二，在传统库存管理模式下，企业实行的是人工订单模式，这种订单模式的出错率较高；而在 VMI 模式下，戴尔公司由于有供应链上各个供应商的协助，各环节的采购流程更加系统化。

3）JMI 模式与传统库存管理模式的区别。JMI 模式与传统库存管理模式的区别主要体现在如下几个方面。其一，在生产模式上，JMI 模式更强调塔尖企业和下层企业的协调性，供应商根据企业要求提供充裕且适量的零部件，使得双方达到同步生产的目的，以此达到供需关系合理化和利润最大化；而传统的库存管理模式只依照自己生产能力的大小生产零部件，不考虑上层企业的需求量。其二，在仓储中心的建设上，采用 JMI 模式的各企业会建立大小相匹配的仓储中心，以降低库存的不确定性；而采用传统库存管理模式的企业则会建立自己所需容量大小的仓储中心，一旦上层企业的需求量剧增或骤降，采取传统库存管理模式的企业将会面临库存不够或库存积压的极端现象。其三，在信息的共享程度上，采用 JMI 模式使上层的戴尔公司和下层的零部件生产企业真正实现了生产信息共享及生产风险共担的合作关系；而采用传统库存管理模式的企业将自己承担营运风险。其四，在转变营运模式的能力上，采用 JMI 模式的戴尔公司为落实零库存营运模式打下了坚固的基础，而采用传统库存管理模式的企业则较难发生较大的变革。

(2) 戴尔公司两种零库存管理模式对我国电脑生产企业的启示

首先，从戴尔公司 JMI 模式和 VMI 模式的相互比较中可以发现，我国电脑行业要想成功地实现零库存，就要综合 JMI 模式和 VMI 模式的优点，在邀请各个企业参与到企业生产经营中的同时，要注重企业之间的相互交流、相互了解。

其次，从戴尔公司 VMI 模式和传统库存管理模式的比较中可以发现，VMI 模式相较于环节较为冗长、生产成本更高的传统库存管理模式而言，更具有竞争优越性。在我国电脑生产企业中应用 VMI 模式时，企业在谋求利润的同时，要考虑到供应商的利益。共同发展、共谋利润才能维持长久的合作关系。

最后，从戴尔公司 JMI 模式和传统库存管理模式的比较中可以发现，JMI 模式无论在生产模式、仓储中心的建设、信息的共享程度，还是转变营运模式的能力上，都比传统库存管理模式更胜一筹。在我国电脑生产企业中应用 JMI 模式时，企业要注重生产信息的同步化，力求企业之间的默契配合。

我国电脑生产企业在实行零库存营运模式的过程中，在降低生产成本和管理费用、规避存货积压风险及减少企业资金占用的同时，要注意与供应链上多方供应商保持合作的关系，避免供应链上出现垄断格局，将生产的自主权及议价权掌握在企业自己的手上。在产品需求量激增的时候，要给予适量的利润激励政策，尽可能地提高供应商的生产效率，促进企业利润的增长。对于零库存的实施所伴随的物流成本增加的问题，与发达国家相比，我国电脑生产企业在物流管理与资金运作水平方面仍有一定的差距，针对我国目前尚未成熟的物流体系，我国电脑生产企业要加合理控制制造成本以外的流通领域。

资料来源：叶珍娭，王恒熠．戴尔零库存营运模式对我国电脑行业的启示［J］．商讯．2019（29）：1－2．有改编。

本章小结

8.1 节仓储成本管理，首先介绍了仓储成本的概念及其构成，其次论述了仓储成本计算方法，最后论述了仓储成本控制的原则和方法。

8.2 节配送成本管理，首先介绍了配送成本的概念及其构成，其次论述了配送成本计算方法，最后论述了配送成本管理策略和措施。

8.3 节仓储绩效管理，分别论述了仓储质量绩效管理、仓储效率绩效管理、仓储成本绩效管理和仓储效益绩效管理等内容。

8.4 节配送绩效管理，分别论述了配送质量绩效管理、配送效率绩效管理、配送成本绩效管理和配送服务绩效管理的主要内容。

习　题

1. 单选题

（1）配送成本中的营运间接费用是指（　　）。

A. 汽车货运企业所属的基层分公司（或车队）、车站发生的营运管理费用

B. 汽车运输企业行政管理部门（总公司）的管理费用

C. 企业营运车辆从事运输生产活动所发生的各项费用

D. 车辆费用

（2）配送成本总额是由各个环节的成本组成的，即（　　）。

A. 配送成本 = 配送运输费用 + 分拣费用 + 配装费用 + 流通加工费用

B. 配送成本 = 配送运输费用 + 分拣费用 − 配装费用 + 流通加工费用

C. 配送成本 = 配送运输费用 + 分拣费用 − 配装费用 − 流通加工费用

D. 配送成本 = 配送运输费用 + 分拣费用 + 配装费用 − 流通加工费用

（3）仓库租赁费属于（　　）成本。

A. 运输　　B. 包装　　C. 仓储　　D. 流通加工

（4）在反映仓库生产成果数量的指标中，（　　）更能体现仓库空间的利用程度和流动资金的周转速度。

A. 存货周转率　　B. 吞吐量　　C. 库存量　　D. 库存品种

2. 多选题

（1）仓储成本主要包括（　　）。

A. 仓储持有成本　　B. 订货成本

C. 生产准备成本　　D. 缺货成本　　E. 在途库存持有成本

（2）仓储持有成本主要包括（　　）。

A. 资金占用成本　　B. 仓储维护成本

C. 仓储运作成本　　D. 仓储风险成本　　E. 在途库存持有成本

（3）缺货成本（　　）。

A. 是指由于库存供应中断而造成的损失

B. 包括原材料供应中断造成的停工损失

C. 包括产成品库存缺货造成的延迟发货损失

D. 包括丧失销售机会的损失（还应包括商誉损失）

E. 是由于外部和内部中断供应所产生的

（4）影响采购批量的成本因素有（　　）。

A. 取得成本　　B. 储存成本

C. 缺货成本　　D. 运输时间　　E. 核算方法

（5）订购点控制法的优缺点有（　　）。
A. 能经常掌握库存量动态，不易出现缺货
B. 保险储备量少，仓储成本相对较低
C. 每次订购量固定，能采用经济批量，也便于进货搬运和保管作业
D. 盘点和订购手续比较简单，尤其便于计算机进行控制
E. 订购时间不确定，难以编制严密的采购计划，不适用需求量变化较大的物资，不能及时调整订购批量

（6）ABC 分析控制法：（　　）。
A. 基本原理是“关键的是少数，次要的是多数”
B. 根据各项存货在全部存货中重要程度的大小，将存货分为 A、B、C 三类
C. A 类物资，占用资金较大，应该严格按照最佳库存量的办法，采取定期订货方式，设法将物资库存降到最低限度，并对库存变动实行经常或定期检查，严格盘存等
D. C 类物资虽然数量较多，但占用的资金不大，因此在采购订货方式上，可以用定量不定期的办法，即按订货点组织订货，在仓库管理上可采取定期盘点，并适当控制库存
E. B 类物资，可针对不同情况，对金额较高的物资可按 A 类物资管理，对金额较低的物资可按 C 类物资管理

（7）流通加工费用由以下方面构成：（　　）。
A. 流通加工设备费用　　B. 流通加工材料费用
C. 流通加工人工费用　　D. 流通加工其他费用　　E. 运输费用

（8）分拣费用包括（　　）。
A. 分拣人工费用　　B. 分拣设备费用
C. 配送运输费用　　D. 配装材料费用　　E. 流通加工材料费用

（9）反映仓储质量的指标主要有（　　）。
A. 收发货错误率　　B. 业务赔偿率
C. 账实相符率　　D. 货物损耗率　　E. 缺货率

3. 简答题

（1）仓储成本的构成有哪些？
（2）仓储成本的控制方法有哪些？
（3）配送成本控制的主要措施有哪些？
（4）仓储效率管理的内容有哪些？

4. 论述题

论述仓储的绩效管理体系。

参考文献

[1] 王先庆. 智慧物流：打造智能高效的物流生态系统 [M]. 北京：电子工业出版社，2019.
[2] 马笑，刘昌祺. 物流配送中心分类与拣货系统实用技术 [M]. 北京：机械工业出版社，2014.
[3] 邹安全，曾峥. 物流设施布局与优化 [M]. 北京：中国财富出版社，2018.
[4] 马宁. 电子商务物流管理：微课版 [M]. 3 版. 北京：人民邮电出版社，2020.
[5] 谢明，陈瑶，李平. 电子商务物流 [M]. 2 版. 北京：北京理工大学出版社，2020.
[6] 林贤福，黄裕章. 仓储与配送管理实务 [M]. 北京：北京理工大学出版社，2018.
[7] 贾春玉，双海军，钟耀广. 仓储管理 [M]. 大连：东北财经大学出版社，2020.
[8] 冯耕中，李毅学，华国伟. 物流配送中心规划与设计 [M]. 2 版. 西安：西安交通大学出版社，2011.
[9] 贾春玉，双海军，钟耀广. 仓储与配送管理 [M]. 北京：机械工业出版社，2019.
[10] 宋洋，李东，肖锭. 仓储与配送项目教程 [M]. 成都：电子科技大学出版社，2013.
[11] 何庆斌. 仓储与配送管理 [M]. 2 版. 上海：复旦大学出版社，2015.
[12] 邓春姊，卢改红. 仓储管理 [M]. 南京：南京大学出版社，2016.
[13] 蒋长兵，吴承健，彭建良. 运输与配送管理：实验与案例 [M]. 北京：中国物资出版社，2011.
[14] 尤美虹. 仓储管理实务 [M]. 武汉：武汉大学出版社，2013.
[15] 汝宜红，宋伯慧. 配送管理 [M]. 3 版. 北京：机械工业出版社，2016.
[16] 傅莉萍. 仓储管理 [M]. 北京：清华大学出版社，2015.
[17] 陈虎. 物流配送中心运作管理 [M]. 北京：北京大学出版社，2011.
[18] 雷洪涛. 物流配送路径优化与配送区域划分 [M]. 北京：国防工业出版社，2015.
[19] 梁金萍. 运输管理 [M]. 2 版. 北京：机械工业出版社，2015.
[20] 贾春玉，汪德荣，孙琪恒. 企业生产运作管理 [M]. 北京：中国财富出版社，2017.
[21] 贾争现. 物流配送中心规划与设计 [M]. 3 版. 北京：机械工业出版社，2014.
[22] 贾春玉. 论网络图线路条数的计算及其应用 [J]. 长春大学学报，1994 (3)：34 - 39.
[23] 姚恩瑜，何勇，陈仕平. 数学规划与组合优化 [M]. 杭州：浙江大学出版社，2001.
[24] 陈志祥. 现代生产与运作管理 [M]. 广州：中山大学出版社，2002.
[25] 韩伯棠. 管理运筹学 [M]. 5 版. 北京：高等教育出版社，2020.
[26] 阙树林. 基础工业工程 [M]. 北京：高等教育出版社，2005.
[27] 贾春玉. 运输问题新解法的探讨 [J]. 系统工程学报，2004 (2)：207 - 211，217.
[28] 贾春玉，胡若非，洪琦. 带时间约束运输问题的简便解法 [J]. 系统工程，2004，22 (8)：14 - 16.
[29] 于福，贾春玉. $m \times n$ 流水型排序问题关键零件法的改进 [J]. 哈尔滨工业大学学报，2004，36 (6)：848 - 850.
[30] 贾春玉. 匈牙利法在排序中的运用的探讨 [J]. 科技进步与对策，2005 (1)：143 - 145.
[31] 柴敏波，贾春玉，甄玉敏. 综合评分法中的评分方法研究 [J]. 商场现代化，2009 (17)：22 - 24.
[32] 贾春玉，朴惠淑，温良. 圆柱形货物三维装箱问题简便解法 [J]. 长春大学学报，2021，31 (11)：32 - 37.
[33] 蒲荣雪，吴玲，李国柳，等. 单一货物摆放无约束三维装箱简便快速优化装箱方法 [J]. 技术与创新管理，2017，38 (2)：132 - 135.

[34] 贾春玉，朴惠淑. 圆柱形货物摆放公式计算法的改进与完善 [J]. 成组技术与生产现代化，2021，38 (1)：8 - 13.

[35] 贾春玉. 一类多车、多货物运输配送问题新的简便解法 [J]. 成组技术与生产现代化，2019，36 (3)：20 - 25.

[36] 陈晓倩，郑思亮，王义邴，等. 基于“5 块”法的二种货物二维装箱优化模型构建与研究 [J]. 宁波工程学院学报，2019，32 (2)：8 - 13.

[37] 贾春玉，刘海金，周艳. 提高圆形货物装箱率新的简便法研究 [J]. 武汉商学院学报，2022，36 (6)：53 - 58.

[38] 何建佳. 智慧物流与供应链管理：微课版 [M]. 北京：清华大学出版社，2022.

[39] 陈金莎，王家荣，齐宇捧，等. 旅行商式配送问题新的简便解法 [J] 物流工程与管理，2019，41 (12)：93 - 95.